传统的发明

The Invention of Tradition

[英国] 埃里克·霍布斯鲍姆 特伦斯·兰杰 编
顾杭 庞冠群 译

译林出版社

图书在版编目（CIP）数据

传统的发明 /（英）埃里克·霍布斯鲍姆（Eric Hobsbawm），（英）特伦斯·兰杰（Terence Ranger）编；顾杭，庞冠群译．—南京：译林出版社，2020.2（2023.7重印）
（人文与社会译丛 / 刘东主编）
书名原文：The Invention of Tradition
ISBN 978-7-5447-8022-3

Ⅰ.①传… Ⅱ.①埃… ②特… ③顾… ④庞… Ⅲ.①传统文化－研究－英国 Ⅳ.①G156.1

中国版本图书馆 CIP 数据核字（2019）第 230734 号

This is a simplified Chinese edition of the following title published by Cambridge University Press:
The Invention of Tradition
ISBN 9781107604674

著作权合同登记号　图字：10-2022-463 号

传统的发明 ［英国］埃里克·霍布斯鲍姆　特伦斯·兰杰 / 编　顾杭　庞冠群 / 译

责任编辑　刘　静
装帧设计　周伟伟
校　　对　孙玉兰
责任印制　董　虎

原文出版　Cambridge University Press, 1983
出版发行　译林出版社
地　　址　南京市湖南路1号A楼
邮　　箱　yilin@yilin.com
网　　址　www.yilin.com
市场热线　025-86633278
排　　版　南京展望文化发展有限公司
印　　刷　南京新世纪联盟印务有限公司
开　　本　880 毫米 ×1240 毫米　1/32
印　　张　13
插　　页　4
版　　次　2020 年 2 月第 1 版
印　　次　2023 年 7 月第 3 次印刷
书　　号　ISBN 978-7-5447-8022-3
定　　价　75.00 元

主 编 的 话

刘　东

总算不负几年来的苦心——该为这套书写篇短序了。

此项翻译工程的缘起，先要追溯到自己内心的某些变化。虽说越来越惯于乡间的生活，每天只打一两通电话，但这种离群索居并不意味着我已修炼到了出家遁世的地步。毋宁说，坚守沉默少语的状态，倒是为了咬定问题不放，而且在当下的世道中，若还有哪路学说能引我出神，就不能只是玄妙得叫人着魔，还要有助于思入所属的社群。如此嘈嘈切切鼓荡难平的心气，或不免受了世事的恶刺激，不过也恰是这道底线，帮我部分摆脱了中西"精神分裂症"——至少我可以倚仗着中国文化的本根，去参验外缘的社会学说了，既然儒学作为一种本真的心向，正是要从对现世生活的终极肯定出发，把人间问题当成全部灵感的源头。

不宁惟是，这种从人文思入社会的诉求，还同国际学界的发展不期相合。擅长把捉非确定性问题的哲学，看来有点走出自我囿闭的低潮，而这又跟它把焦点对准了社会不无关系。现行通则的加速崩解和相互证伪，使得就算今后仍有普适的基准可言，也要有待于更加透辟的思力，正是在文明的此一根基处，批判的事业又有了用武之地。由此就决定了，尽管同在关注世俗的事务与规则，但跟既定框架内的策论不同，真正体现出人文关怀的社会学说，决不会是医头医脚式的小修小补，而必须以激进亢奋的姿态，去怀疑、颠覆和重估全部的价值预设。有意思的是，也许再没有哪个时代，会有这么多书生想要焕发制度智慧，这既凸显了文明的深层危机，又表达了超越的不竭潜力。

于是自然就想到翻译——把这些制度智慧引进汉语世界来。需要说明的是，尽管此类翻译向称严肃的学业，无论编者、译者还是读者，都会因其理论色彩和语言风格而备尝艰涩，但该工程却绝非寻常意义上的“纯学术”。此中辩谈的话题和学理，将会贴近我们的伦常日用，渗入我们的表象世界，改铸我们的公民文化，根本不容任何学院人垄断。同样，尽管这些选题大多分量厚重，且多为国外学府指定的必读书，也不必将其标榜为“新经典”。此类方生方成的思想实验，仍要应付尖刻的批判围攻，保持着知识创化时的紧张度，尚没有资格被当成享受保护的“老残遗产”。所以说白了：除非来此对话者早已功力尽失，这里就只有激活思想的马刺。

主持此类工程之烦难，足以让任何聪明人望而却步，大约也惟有愚钝如我者，才会在十年苦熬之余再作冯妇。然则晨钟暮鼓黄卷青灯中，毕竟尚有历代的高僧暗中相伴，他们和我声应气求，不甘心被宿命贬低为人类的亚种，遂把迻译工作当成了日常功课，要以艰难的咀嚼咬穿文化的篱笆。师法着这些先烈，当初酝酿这套丛书时，我曾在哈佛费正清中心放胆讲道：“在作者、编者和读者间初步形成的这种‘良性循环’景象，作为整个社会多元分化进程的缩影，偏巧正跟我们的国运连在一起，如果我们至少眼下尚无理由否认，今后中国历史的主要变因之一，仍然在于大陆知识阶层的一念之中，那么我们就总还有权想象，在孔老夫子的故乡，中华民族其实就靠这么写着读着，而默默修持着自己的心念，而默默挑战着自身的极限！”惟愿认同此道者日众，则华夏一族虽历经劫难，终不致因我辈而沦为文化小国。

一九九九年六月于京郊溪翁庄

译者的话

面对“传统的发明”这样一个新奇的题目，我们难免心生疑问：本应在时间的长河中缓慢积淀而成的传统如何被发明、创造？本书的六位作者以一组精彩的论文告诉读者，许多所谓的传统实际上是为回应社会与政治的变迁而被建构出来的，它们貌似悠久，实乃晚近的发明创造。这些论文主要讨论了18世纪末至20世纪中叶的英国及其殖民地发明传统的情况。

休·特雷弗—罗珀与普赖斯·摩根分别考察了苏格兰与威尔士构建民族象征物、重塑民族传统的进程。面对英格兰的统治及其语言、文化的入侵，苏格兰与威尔士的“爱国者们”力图通过颂扬各自的民族特性来保持文化上的独立性，并加强其民族认同。特雷弗—罗珀的研究指出，17至18世纪的苏格兰并没有独立的传统，所谓独特的高地传统乃是18世纪末和19世纪完成的追溯性发明。他着重揭示了苏格兰高地传统的典型象征物——克兰格子呢短褶裙的真实起源。苏格兰短褶裙的样式出自英格兰的工业家之手，以格子呢的图案区分氏族的想法则由投机的格子呢制造商们首创。耽于幻想、试图通过想象与虚构来塑造高地文明的艾伦兄弟撰写了《苏格兰的衣橱》和《克兰的装束》,这两本书凭借捏造的史实强化了克兰格子呢起源悠久的观念,重构了苏格兰业已消亡的克兰体系。与苏格兰人创造高地传统相比,摩根所展示的威尔士人文化发明的内容则更为丰富。在18世纪和19世纪初,威尔士旧有的文化与生活方式已然衰微甚至消亡,当地的学者和爱国者们自觉行动起来以保存、发展威尔士的事物。在这一过程中,他们追寻往昔,不断地复活并改造传统,甚至创造传统,比如:复兴衰落已久的威尔士诗歌大会;认定威尔士民族的凯尔特起源;提高威尔士语的地位,强调其纯洁性,甚至将其描述为一切语言的根源;将英格兰歌曲威尔士化,并创造威尔士历史歌曲,从而把威尔士塑造成为古老的音乐之乡;制造民族英雄马多;保护地方风景,赋予其历史与人文意义。这些尝试共同构建出一种新的威尔士特性。

接下来的四篇文章转向了政治传统的发明。大卫·卡纳迪恩分析了1820年至1977年间英国王室仪式精致化的过程,他将礼仪放置在广泛的历史背景之中考察其变迁,揭示仪式表演所暗含的意义。作者发现,英国王室盛典的“千年传统”绝非如此悠久,直至19世纪70年代末期,英国王室仪式仍是十分笨拙、魅力有限。而到19世纪末20世纪初,英国君主的真正权威逐渐衰落,却成了民族的领袖,受大众崇拜,被盛大的仪式庆典所环绕。若从国际环境着眼,此时国际关系日益紧张,各国仪式上的攀比也是展示竞争的手段。至20世纪前期,英国王室仪式又被赋予了新的意义。在一个发生剧变的年代,君主制礼仪成了表达连续性与稳定性的重要方式,它被人们描绘为悠久传统的化身。

博纳德·科恩与特伦斯·兰杰的研究视野拓展到了英帝国的殖

民地，讨论了欧洲的传统是如何被移植到印度和非洲的。科恩关注的是，19世纪英国统治者如何建立起一种向印度人展示英国之权威的仪式风格。1858年之前，由于莫卧儿皇帝仍然是印度政治秩序的核心象征，英国人无法用象征手段将印度人吸收进他们的统治之中。因为存在文化差异，英国人在沿用印度本土的礼仪时大大改变了其意义。1858年后，维多利亚女王被确立为印度的君主，为满足直接统治的需要，英国统治者要在印度建立新的认同中心，并且要以仪式、象征的手段将印度的王公贵族纳入新的等级秩序之中。实际上，印度总督以欧洲的模式以及相关的礼仪创造出了“封建的”印度贵族的等级，将印度王公变成了英国的爵士，以换取他们的忠诚。科恩重点考察了1877年的帝国集会，正是这次集会以仪式活动与象征手段展现了维多利亚女王的权威以及印度王公与女王的关系。以往的研究仅将1877年的集会视作无聊的表演，科恩却不这样看。他认为，这次盛会奠定了一种仪式风格，成为印度人和欧洲人衡量公共仪式的标准，更意味深长的是，印度早期的民族主义运动所采纳的公共政治风格也深受其影响。

兰杰阐释的“殖民统治时期非洲传统的发明”，展示了发明传统的复杂图景，它至少涉及三个层次。首先，为了将非洲的白人定居者转变为一个令人信服的统治阶级，殖民者不仅依靠军事或经济的力量，还通过移植或发明新传统，来显示白人乃是非洲人的主人。因此，殖民者在非洲发明出了一整套学校、职业和军团等传统，它们可以用来创造一个明确界定的等级社会，其中欧洲人发号施令，非洲人接受命令。其次，在非洲缺乏广泛存在的君主制的情况下，英国统治者创造了一个本土的君主制传统。因为殖民政府不希望通过不断运用武力来实施统治，所以它需要寻找更多的本土合作者，尤其是乡村的酋长、村长和长老等人，而这种合作背后又需要一种意识形态作为支撑，结果殖民者在帝国君主制思想中找到了这种意识形态。于是，行政官员对非洲人不断灌输国王几乎就是无所不能、无所不知和无所不在的神的观念，并通过仪式活动使这样的观念更具影响力。再次，英国统治者还为非洲人发明非洲传统，他们整理、传播这些传统，使原本灵活多变的习俗变成了确定无疑的东西。值得注意的是，由欧洲输入的发明性传统不仅为白人提供了发号施令的模式，而且还为很多非洲人提供"现代"行为的模式，他们尝试着以相对独立的方式利用欧洲移植的传统，以建立新社会。

除了以上各篇论文，本书的编者之一、英国著名历史学家霍布斯鲍姆还撰写了导论和最后一章。在导论中，他为工业革命以来的发明性传统做了理论上的概括。在最后一章中，他试图将传统的发明这一主题应用于欧洲的其他国家，提出第一次世界大战前的三四十年是欧洲大规模生产传统的年代，这一时期深刻而迅速的社会变化，导致了新传统层出不穷。这些传统既包括官方创造的政治传统（比如公共仪式、纪念碑和雕像），也包括非官方的群众运动、社会团体发明的各种传统（比如五一劳动节、足总杯决赛、温布尔登公开赛、校友协会），它们的出现或是强化了对国家的顺从与忠诚，或是体现了工人阶级的阶级意识以及中产阶级的团体认同。文集通常给人以松散、拼凑之感，而霍布斯鲍姆的开篇与末章赋予了本书一种整体感，并使传统的发明这一主题成为认识19世纪欧洲历史的新视角。

在翻译过程中，笔者深深叹服各位作者的博学，文中详尽的史料、坚实的论据、精辟的分析都给人留下了深刻的印象。更难能可贵的是，本书将学术性与可读性相结合，在充分论证学术观点的同时，把一个个发明传统的故事娓娓道来。因此，本书自1983年推出以来便不断被重印，成为名副其实的学术畅销书。今天，“传统的发明”一词已经被学术界广泛接受，它作为标题出现在许多不同种类的论文之中。

庞冠群

2008年7月

目　录

第一章　导论：发明传统　埃里克·霍布斯鲍姆 ………………… 001

第二章　传统的发明：苏格兰的高地传统

休·特雷弗—罗珀 …………………………………… 018

第三章　从衰亡到景致：浪漫主义时期对威尔士历史的追寻

普赖斯·摩根 ……………………………………………… 053

第四章　仪式之背景、表演与意义：英国君主制与“传统的发明”，1820—1977年　大卫·卡纳迪恩 ……………… 128

第五章　维多利亚时期印度的权威表象之确立

博纳德·S.科恩 …………………………………………… 211

第六章　殖民统治时期非洲传统的发明　特伦斯·兰杰 ……… 265

第七章　大规模生产传统：1870—1914年的欧洲

埃里克·霍布斯鲍姆 ……………………………………… 333

索　引 ………………………………………………………… 389

撰稿者：

大卫·卡纳迪恩（David Cannadine）：
哥伦比亚大学历史教授，著作包括《领主和地主：贵族统治和城镇，1774—1967年》（1980）、《英国贵族统治的衰亡》（1990）。

博纳德·S.科恩（Bernard S. Cohn）：
芝加哥大学人类学教授，著有很多关于历史与人类学的相互影响和印度社会研究的论文。

埃里克·霍布斯鲍姆（Eric Hobsbawm）：
伦敦大学伯克贝克学院经济与社会史荣誉退休教授，《过去与现在》杂志创始人之一。他著述甚丰，其中有《1780年以来的民族和民族主义：进程、神话与现实》（1990）。

普赖斯·摩根（Prys Morgan）：
斯旺西的大学学院历史讲师。他已出版了大量有关威尔士的著作，并参与了很多有关威尔士历史的书籍的撰写。

特伦斯·兰杰（Terence Ranger）：
牛津大学罗兹种族关系学教授，圣安东尼学院研究员。他著有《非洲宗教历史研究》（1972）和《东非舞蹈与社会》（1975）。

休·特雷弗—罗珀（Hugh Trevor-Roper）：
格兰顿的戴克爵士，1980—1987年任剑桥大学彼得学院院长。1957年起曾任牛津大学历史学钦定讲座教授。

第一章

导论：发明传统

埃里克·霍布斯鲍姆

英国君主制在公共仪式中展现出的盛大华丽，使人以为它是具有悠远历史的最为古老的君主制。然而，正如本书第四章所证实的，现代英国君主制事实上是19世纪末和20世纪的产物。那些表面看来或者声称是古老的“传统”，其起源的时间往往是相当晚近的，而且有时是被发明出来的。熟悉古老的英国大学里学院情况的人将会记起此类“传统”是如何在小范围内确立的，尽管某些传统，如圣诞夜剑桥大学国王学院的附属教堂中举行的一年一度的《圣经》选读和圣诞颂歌节（Festival of Nine Lessons and Carols），通过广播这一现代大众媒体已变得家喻户晓。这一认识构成了由历史杂志《过去与现在》组织的一个讨论会的出发点，并由此奠定了本书的基础。

“被发明的传统”这一说法，是在一种宽泛但又并非模糊不清的意义上被使用的。它既包含那些确实被发明、建构和正式确立的“传统”，也包括那些在某一短暂的、可确定年代的时期中（可能只有几年）以一种难以辨认的方式出现和迅速确立的“传统”。英国国王的圣诞广播讲话（确立于1932年）就是前一种传统的范例；与英国足总杯决赛相关联的实践活动的出现和发展则是后一种传统的代表。很明显，这些传统将不会同样长久，但是我们首要考虑的是它们的出现和确立情况，而不是它们生存的可能性。

"被发明的传统"意味着一整套通常由已被公开或私下接受的规则所控制的实践活动，具有一种仪式或象征特性，试图通过重复来灌输一定的价值和行为规范，而且必然暗含与过去的连续性。事实上，只要有可能，它们通常就试图与某一适当的具有历史意义的过去建立连续性。一个突出的例子是，19世纪重建英国议会大厦时，有意识
1 地选择哥特式建筑风格，而第二次世界大战结束后重建议会会议厅时，同样有意识地决定采取与过去完全相同的基建图。新传统插入其中的那个具有历史意义的过去，并不需要是久远的、于时间迷雾之中遥不可及的。就其自身而言可谓与过去决裂的革命和"进步运动"，也有和自身相关的过去，尽管它可能在某一日期被截断，例如1789年。然而，就与具有历史意义的过去存在联系而言，"被发明的"传统之独特性在于，它们与过去的这种连续性大多是人为的（factitious）。总之，它们采取参照旧形势的方式来回应新形势，或是通过近乎强制性的重复来建立它们自己的过去。现代世界持续不断的变化、革新，与将现代社会生活中的某些部分构建成为不变的、恒定的这一企图形成了对比，正是这种对比，使得研究过去两个世纪的历史学家们对"传统的发明"如此着迷。

此种意义上的"传统"必须与支配所谓"传统"社会的"习俗"清楚地区分开来。"传统"，包括被发明的传统，其目标和特征在于不变性。与这些传统相关的过去，无论是真实的，还是被发明的，都会带来某些固定的（通常是形式化的）活动，譬如重复性的行为。传统

社会的“习俗”则具有双重功能,即发动机和惯性轮。虽然它并不妨碍一定程度上的革新与变化,但显而易见的是,必须与先例相适应甚至一致的要求,给其带来了众多限制。它所做的是,为所期望的变化(或是对变革的抵制)提供一种来自历史上已表现出来的惯例、社会连续性和自然法的认可。研究农民运动的学者明白,一个村庄“根据亘古以来之习俗”对公地或是权利的要求,表达的往往并非是某种历史事实,而是村庄在反对领主或其他村庄的不断斗争中形成的力量平衡。研究英国工人运动的学者也明白,“同业惯例”或是职业惯例体现的并非是旧的传统,而是那些工人在实践中确立的权利;虽然这种权利产生的时间不长,但是现在他们试图通过赋予其永久性来扩大或捍卫这一权利。“习俗”并不是永恒不变的,因为即使在“传统”社会,生活也并非永恒不变。习惯法仍然体现出将事实上的灵活性与谨遵先例相结合。我们所谓的“传统”与“习俗”的差异在
此显现无遗。“习俗”是法官做什么,“传统”(这里指的是被发明的传 2
统)则是与他们的实际行动相关联的假发、长袍和其他礼仪用品与仪式化行为。“习俗”的衰微不可避免地改变了通常与其紧密关联的“传统”。

第二点必要的区分(重要性稍逊一些)是区别我们所谓的“传统”与惯例或常规,尽管偶有例外,但惯例或常规并不具备显著的仪式或是象征功能。很明显,任何需要反复实施的社会实践活动,为图便利和效率,都往往会形成一套这样的惯例和常规,它们将在事实上或法律上被形式化,以便将这一实践活动传授给新的实践者。这既涉及长期以来已为人熟知的实践活动,也涉及前所未有的活动(如飞机驾驶员的工作)。工业革命以来的社会自然不得不比以往更为频繁地发明、建立或发展有关此种惯例或常规的新网络。当变为习惯、自动

程序甚至下意识反应时，它们运行得最好，为此它们需要恒定性，而这可能妨碍获得另一种必要的实践，即处理不可预测或不寻常的偶然事件的能力。这是常规化或官僚机构化（bureaucratization）的一个广为人知的弱点，特别是在低级层面，在那里，恒定不变的行为通常被认为是最有效的。

这些惯例和常规的网络并不是“被发明的传统”，因为它们的功能及其存在的理由，都是技术性的，而非意识形态性的（在马克思主义那里，它们属于“基础”，而不是“上层建筑”）。这些网络的存在是为了促进那些可迅速界定的实践活动，它们会被迅速调整或放弃，以满足变化着的实践需要，当然这样做往往要考虑到任何实践随着时间的推移都会出现的惯性，以及已与之紧密相连的人们对任何革新都具有的情感上的抵制。这些网络存在于其中的、已获认可的游戏“规则”，其他社会互动形式，或其他任何实际基础规范亦是如此。当它们与“传统”相结合而存在时，差异就易于辨认了。骑马时戴圆顶礼帽有实际意义，就像骑摩托车的人戴防撞头盔或士兵戴钢盔一样；但戴一顶特别款式的圆顶礼帽，配以红猎装，则具有完全不同的
3 意义。若并非如此，那么改变猎狐者的“传统”服装，将和在军队（相当保守的机构）中改用不同形状的头盔一样容易，只要后者能被证明可以提供更有效的保护的话。事实上，可以认为“传统”和实践中的惯例或常规是反向相关的。正如自由派犹太人所表现出来的那样，通过宣称古代希伯来人出于卫生原因而禁食猪肉，饮食禁律在实践中得到了证实，此时，“传统”就显示出了其不足的地方。相反，当不再受实际用途束缚时，物体或实践就具备了充分的象征和仪式用途。对于“传统”来说，当没有马的时候，骑兵军官军礼服上的踢马刺才显得更为重要；当不是被收拢携带（收拢携带即表示没用）时，身着便装

的近卫团军官们的雨伞也就失去了它们的意义；律师的假发也只有在其他人都不戴假发后,才获得了它们的现代含义。

我们认为,发明传统本质上是一种形式化和仪式化的过程,其特点是与过去相关联,即使只是通过不断重复。创造这些仪式和象征体系的确切过程尚未被历史学家很好地加以研究。其中很多情况还模糊不清。当“传统”是由一位创始人有意发明和建构时,如巴登—鲍威尔(Baden-Powell)创立的童子军,那么它可能是最清楚的范例。而在那些官方组织和安排的仪式中,它可能比较容易被追溯,例如纳粹符号的建构和纽伦堡纳粹集会,因为它们可能有完整的档案记录。最难考察的可能是如下的传统:它们在一定程度上是被发明的,且又在一定程度上与私人团体相关联(这就意味着整个过程被官方记录下来的可能性较小),或者在一段时期里是非正式的,如在议会和律师工作中所说的话。其困难不仅体现在材料上,而且还体现在技术上,尽管现在既有长于象征和仪式研究的深奥学问,如纹章学和礼拜仪式研究,又有专门研究这些问题的瓦尔堡历史学派。但不幸的是,对于研究工业化时代的历史学家来说,它们通常都是陌生的。

在历史学家所关注的任何时代和地域中,都可能看到这种意义上的传统的“发明”。然而,我们认为,在以下情况中,传统的发明会出现得更为频繁:当社会的迅速转型削弱甚或摧毁了那些与“旧”传统相适宜的社会模式,并产生了旧传统已不再能适应的新社会模式时；当这些旧传统和它们的机构载体与传播者不再具有充分的适应 4
性和灵活性,或是已被消除时；总之,当需求方或供应方发生了相当大且迅速的变化时。在过去两百年里,这些变化尤为明显,因此,有理由认为,那些新传统的转瞬即逝的仪式化活动在这个时期里得到了集中表现。顺便提一下,和19世纪的自由主义思想及晚近的“现代化”理论不同，这意味着仪式化活动并非仅限于所谓的“传统”社会之中，而是通过这种或那种形式在现代社会中也有它们的地位。广义上说确实如此，不过还应注意形成进一步的假设：首先，共同体和权力结构的旧有形式，以及与之相关的传统变得不合适，并进而迅速变得行不通；其次，无法运用或调整旧传统的状况导致了“新”传统的产生。

对于旧用途的调整是发生于新的环境中的，并且是为了新的目的而使用旧的模式。具有确定的功能，并与历史、仪式风格及实践相关联的旧机构可能需要这样调整：面对新的政治和意识形态挑战的天主教会，主要变化发生在信仰的组成上（例如世俗虔诚和教士成员明显女性化）①；面对征兵制的职业军队；像法庭这样的旧机构如今在一个变化了的环境中运作，有时在新环境中它们的功能也有变化。所以一些机构虽然享有名义上的连续性，但是事实上已变得非常不同了，例如大学。因此巴恩森② 根据大学变化了的学术特点、学生人数增长的时代、缓解了城镇与大学师生紧张关系和学生闹事行为的大学资产阶级化、大学之间自由流动的新制度、学生社团和其他组织的不断变化，分析了1848年以后德国大学中大批学生（由于冲突或是示威活动）突然离开学校这一传统行为迅速衰落的原因。③ 在所有这些例子中，新
5 颖之处就在于，新颖的能够轻而易举地将自己装饰成为古老的。

---

① 例如G.蒂翁：《18—20世纪比利时的修女：计量分析》(G. Tihon, ‘Les religieuses en Belgique du XVIIIe au XXe siècle: Approche Statistique’, *Belgisch Tijdschrift v. Nieuwste Geschiedenis/Revue Belge d'Histoire Contemporaine*, vii[1976]),第1—54页。

② 卡斯腾·巴恩森：《德国大学师生的校际迁移与霍亨索伦王朝》(Karsten Bahnson, *Akademische Auszüge aus deutschen Universitäts und Hochschulorten*[Saarbrücken, 1973])。

③ 18世纪有据可查的这种大批离去有十七次，1800—1848年有五十次，而1848—1973年只有六次。

在我们看来，更有意思的是，为了相当新近的目的而使用旧材料来建构一种新形式的被发明的传统。这样的材料在任何社会的历史中都有大量积累，而且有关象征实践和交流的一套复杂语言常常是现成可用的。有时新传统可能被轻而易举地移植到旧传统之上，有时它们则可能被这样发明出来，即通过从储存了大量的官方仪式、象征符号和道德训诫的"仓库"中借取资源，如宗教和王侯的盛大仪式、民俗和共济会（它本身也是一种更早被发明出来的、具有巨大象征力量的传统）。因此鲁道夫·布劳恩[1]对伴随着19世纪现代联邦制国家形成的瑞士民族主义的发展做了精辟分析，布劳恩曾受过关注此类研究的学科（民俗学）的良好训练，并且身处一个其现代化进程并未因与纳粹罪行相关而受挫折的国度中。已有的传统习俗活动，如民歌、体育竞赛和射击等，出于新的民族目的而被调整、仪式化和制度化。传统的民歌中增加了那些以相同的风格写成的新歌曲（常常是由学校老师写的），并被加到关于爱国进步的合唱曲目之中（"祖国，祖国，多么响亮的声音"），而其中也包含了来自宗教赞美诗的强烈仪式成分。（这种专门用于学校的新曲目的形成非常值得研究。）联邦歌曲节的章程——这不是使我们回想起了威尔士诗歌大会（eisteddfodau）吗？——宣称它的目的是，"发展和改进人们的歌唱水平，唤起对上帝、自由、祖国的更崇高的情感，促进艺术和祖国的朋友间的联合与友谊"。（"改进"一词体现了19世纪进步思想的特点。）

一种强有力的仪式体系围绕着这些情况形成：节庆活动的帐篷、用来展示旗帜的建筑、摆放礼物的场所、游行队伍、鸣钟、舞台造型、鸣

---

① 鲁道夫·布劳恩：《19—20世纪农村工业的社会、文化演变》（Rudolf Braun, *Sozialer und kultureller Wandel in einem öndlichen Industriegebiet im 19. und 20. Jahrhundert* [Erlenbach-Zürich, 1965]），第6章。

放礼炮、出席节日的政府代表、晚宴、敬酒和演讲。为此旧材料再一次被改造：

> 巴罗克形式的庆祝、展览和盛大仪式无疑又在这一新的节
> 日框架中重现。正如巴罗克庆祝中国家和教会在更高层面的融
> 6 合一样，在这些新形式的合唱、射击与体操活动中也出现了宗教
> 和爱国成分的结合。①

在这里不可能探讨新传统在多大程度上能使用旧材料，以及在多大程度上它们将不得不发明新的语言或工具，或是扩展旧的象征词汇以突破原有的限制。不过显而易见，众多政治机构、思想运动和团体（并不只是民族主义的）是如此缺乏先例，以至于连历史连续性也需要被发明，例如，或是通过半虚构（如包迪西亚、维尔琴盖托里克斯、彻路西人的阿米尼乌斯②），或是通过伪造（如奥西恩、捷克中世纪手稿），来创造一种超越实际历史连续性的古老过去。同样明显的是：所有新象征与发明都是作为民族运动和国家的一部分而形成的，例如国歌（其中1740年的英国国歌似乎是最早的）、国旗（仍有很多是依照1790年至1794年间形成的法国革命三色旗而演化形成的），或是“民族”在象征、形象中的“人格化”，如官方的玛利亚娜（Marianne）和日耳曼尼亚（Germania），或非官方的约翰牛、精瘦的美国佬山姆大

① 鲁道夫·布劳恩，前引书，第336—337页。

② 包迪西亚（Boadicea）是古不列颠爱西尼人王后，在其丈夫死后，领导反罗马的起义；维尔琴盖托里克斯（Vercingetorix），古高卢人的领袖，公元前52年领导过高卢人反对恺撒的起义；彻路西人的阿米尼乌斯（Arminius the Cheruscan），古日耳曼人部落首领，曾打败罗马军队。这三人分别被英、法、德三国看作自己的古老的民族英雄。——译注

叔和“日耳曼人米歇尔”之类的卡通定式。

同时,我们也不应忽略连续性中的断裂,它有时甚至清楚地体现于真正古老的传统主题中。如果我们接受劳埃德的观点[1],那么在17世纪英国民间圣诞颂歌就不再有创新,而是被瓦茨—卫斯理式(Watts-Wesley)的赞美诗集中的颂歌所取代,不过在许多类似于“始初循道宗(Primitive Methodism)”这样的乡村宗教中,还能看到对这些颂歌的通俗化修改。然而颂歌是最早被中产阶级采集者复活的民间歌曲,它们进入“新的教会、团体和成年妇女业余学校这样的环境中”,由此又通过“怀着古老的获取报酬愿望的街角歌手,或是声音嘶哑的男孩的挨家挨户的歌唱”传播到新的城市大众生活之中。在此意义上,“上帝赐你们常乐,诸位先生”这句话非但不旧,而且还有了新的意义。此种断裂甚至在这样的运动中也能看到:这些运动有意称自己是“传统主义者的”,并且对那些通常被看作历史连续性和传统之栖身处的团体,如农民,具有吸引力。[2] 事实上,维护或是恢复传统的运动的出现,无论其是“传统主义者的”或是别的什么,都已显示 7
了这种断裂。在浪漫主义以来的知识分子中很常见的这种运动,从

① A. L.劳埃德:《英国民歌》(A. L. Lloyd, *Folk Song in England* [London, 1969 ed.]),第134—138页。

② 这应该与实际证明确实已经衰落的传统的复活相区分开来。“(1900年左右)农民恢复他们旧的地区服装、民间舞蹈和类似的节日庆典中的仪式,这既没有资产阶级特色,也没有传统特色。表面上它可以被看作对正迅速消失的旧文化的怀旧,但实际上它是阶级认同的体现,通过它,富裕的农民就能不仅在横向上与城镇人保持距离,而且在纵向上与佃农、工匠和劳工区分开。”见帕勒·奥弗·克里斯蒂安森:《农民适应资产阶级文化? 丹麦农村的阶级形成和文化再定义》(Palle Ove Christiansen, ‘Peasant Adaptation to Bourgeois Culture? Class Formation and Cultural Redefinition in the Danish Countryside’, *Ethnologia Scandinavica* [1978]),第128页。另见G.刘易斯:《农民、农村变革和保守的平均地权论:世纪之交的下奥地利州》(G. Lewis, ‘The Peasantry, Rural Change and Conservative Agrarianism: Lower Austria at the Turn of the Century’, *Past & Present*, no. 81 [1978]),第119—143页。

来就不可能形成或是保存一种活的过去（除非是给古代生活的偏远角落建立人类的自然保护区），而是必须成为“被发明的传统”。另一方面，真正传统的力量和适应性并不因为“传统的发明”而变得迷惑不清。在旧方式依旧起作用的地方，传统既不需要被恢复，也不需要被发明。

然而需要指出的是，在传统被发明的地方，常常并不是由于旧方式已不再有效或是存在，而是因为它们有意不再被使用或是加以调整。因此，由于有意识地使自己反对传统、支持彻底改革，强调社会变革的19世纪自由意识形态就未能提供以往社会认为是理所当然的社会和权威纽带，而是产生了需要由发明实践填补的空隙。19世纪兰开夏郡的托利党工厂主（与自由党工厂主截然不同）运用这些旧纽带而成功获利，表明它们仍能被使用，即使是在工业城镇的新环境中也是如此。① 虽然前工业的方式对于已相当革命化的社会具有长远的不适应性这一点不能被否认，但是不能与那些由于人们短期内拒绝旧方式而产生的问题相混淆，这些人把旧方式看成是进步的阻碍，或更糟糕，是进步的顽固敌人。

这并不妨碍革新者形成他们自己的被发明的传统，共济会的实践就是一个合适的例子。不过，对于非理性主义、迷信和使人回想起黑暗过去（如果不是确实起源于它的话）的习俗活动的普遍敌视，使得那些启蒙运动真理的狂热信徒，如自由党、社会主义者和共产主义者，不会接受任何旧的或新的传统。我们下面将会看到，社会主义者
8 发现自己在并不很清楚的情况下就接受了一年一度的五一劳动节。

① 帕特里克·乔伊斯：《19世纪后期兰开夏郡的工厂政治》（Patrick Joyce, ‘The Factory Politics of Lancashire in the Later Nineteenth Century’, *Historical Journal*, xviii［1965］），第525—553页。

国家社会主义者则以礼拜仪式的复杂性、热情和有意识地使用象征物来利用这些场合。① 在意识形态和经济效率不发生冲突的范围内，英国自由党统治时期尽可能地容忍这些实践，有时是对下层民众非理性思想的一种勉强让步。它对待互助会的社会、仪式活动的态度是既有敌视（像"为周年纪念、游行、乐队和徽章而花钱"这样的"不必要的支出"，是法令所禁止的），也有容忍，它容忍那些类似于一年一度之节日的活动，因为"这种有吸引力的活动的重要性是不容忽视的，尤其对于广大农村人口而言"。② 但是，严格的个人主义的理性主义在当时占统治地位，它不仅是一种经济盘算，而且还是一种社会理想。第七章将对这一思想的局限性日益被认识的时期里所发生的情况进行考察。

这些导论性文字应以对工业革命以来的被发明的传统做一些总的评论来作为结束。

这些传统似乎属于三种相重叠的类型：a. 那些使各个团体（真实的或是虚假的共同体）的社会凝聚力或成员资格得到确立或象征化的传统；b. 那些使制度、身份或是权力关系得到确立或合法化的传统；c. 那些主要目的是使信仰、价值体系和行为准则得到灌输和社会化的传统。在确信b类和c类是被发明出来的（正像那些象征着服从印度英国殖民当局的传统）同时，也可暂且认为a类是具有普遍性的，而其他功能则隐含于抑或来源于对一个"共同体"和/或那些代表、表现或象征这一共同体（如国家）的制度的认同感。

① 赫尔穆特·哈特维希：《1934—1939年的五一节纪念章》（Helmut Hartwig, 'Plaketten zum 1.Mai 1934—1939', *Aesthetik und Kommunikation*, vii, no.26［1976］），第56—59页。

② 戈斯登：《1815—1875年的英国互助会》（P. H. J. H. Gosden, *The Friendly Societies in England, 1815—1875*［Manchester, 1961］），第119、123页。

困难之一在于，这样的较大社会实体显然不是“礼俗社会”（Gemeinschaften）或是为人所接受的等级体系。社会流动性、阶级冲突和占主导地位的意识形态这些事实，使得那些将共同体结合起来并在正式的等级制度（如军队）中显现不平等的传统难以获得普遍运用。这一点对c类传统影响不大，因为普遍的社会化在所有公民、国家成员和王国臣民中灌输了同样的价值，而不同社会团体的功能独
9 特的社会化（如公学学生与其他人的不同）通常并不会相互妨碍。另一方面，当被发明的传统如其所为的那样，重新将身份引入一个契约世界，将高低等级之分引入一个法律平等世界时，它们并不是直接这么做的。它们可能通过形式上的象征性同意悄悄进入一个事实上不平等的社会组织，就像英国加冕仪式的重新设计一样。[①] 更常见的是，它们可能鼓励精英中**优越感**的集体观念（特别是当这些精英来自那些并不是通过出生或归属而获得优越感的人时），而不是在下层人中灌输顺从观念。鼓励一些人觉得自己比其他人更有能力，这可能通过将精英吸收进前资产阶级的统治集团或权力机构来完成，无论它是以德国式的军事/官僚形式（就像相互争斗的学生团体），还是以英国公学的非军事的“儒雅绅士”形式。抑或，精英的“团体精神”、自信和领导权，可能是通过标志着高级官员团结的更加隐秘的“传统”而形成的（如法国或殖民地中的白人）。

即使“社群的”发明传统是基本形式，它们的特性仍有待研究。人类学可能有助于说明发明的传统实践与旧的传统实践间的不同（如果说存在不同的话）。这里我们只能指出，“通过仪式（rites of

① 博德利：《爱德华七世的加冕礼：欧洲和帝国史上的重要一章》（J. E. C. Bodley, *The Coronation of Edward the VIIth: A Chapter of European and Imperial History* [London, 1903]），第201、204页。

passage)”一般在特殊群体的传统中表现明显(入门、提升、退休、死亡),而那些包容一切的伪团体(民族、国家)的传统通常并不具有,这大概是由于这些伪团体都强调自己永久、不变的特点——至少从团体建立以后。然而,新的政治制度和变革运动都可能会为自己寻求等同于与宗教相关的传统通过仪式的东西(世俗婚礼、葬礼)。

在旧的实践与发明的实践间有一个明显的不同应当被指出。前者是独特的、紧密结合在一起的社会实践,而后者就它们所灌输的团体成员身份的价值、权利、义务(如“爱国主义”、“忠诚”、“责任感”、“遵守规则”、“学校精神”等)的特性而言,则往往是相当不明确的和含糊的。如果说英国爱国主义或是“崇美主义”(Americanism)的内 10
涵是相当不明确的(尽管通常在与仪式活动有关的那些评论中是具体的),那么用以将之象征化的**实践**本质上则是强制性的,就像唱国歌在英国学校、升国旗在美国学校中所代表的一样。关键因素似乎是俱乐部成员资格的情感与象征符号的发明,而不是俱乐部的章程和目标。它们的意义就在于它们无所限制的普遍性:

> 国旗、国歌和国徽是一个独立国家用以宣布自己的认同和主权的三个象征,由此它们立刻赢得了尊敬和忠诚。它们自身也反映了一个国家的整个背景、思想和文化。①

在这一意义上,正像一位观察家在1880年所指出的,“现在士兵和警察们为我们戴上了徽章”,尽管他并未预料到在即将开始的群众

① 印度官方政府的评论,引自R.弗思:《公共和私人象征》(R.Firth, *Symbol, Public and Private*[London, 1973]),第341页。

运动的时代里，这些徽章将作为个体公民的附属物而重新出现。[①]

第二点评论是：尽管有很多发明，但似乎明显的是，新传统仅仅填补了旧传统和习俗的长期衰落所造成的空白中的很小一部分；正像在那些其过去对于大多数人类行为典范或惯例逐渐变得无足轻重的社会中所看到的那样。在绝大多数民族的私生活，以及小的亚文化群体的独立生活中，19和20世纪被发明的传统曾占据或正占据的地位，与旧传统在旧农业社会中所占据的地位相比要小得多。[②]"惯例"对20世纪西方男女的日子、季节和生活周期所具有的结构功能，比它对其前辈们的意义要小得多，而且与经济、技术、官僚国家制度、政治决策的外在强制及其他既不依赖，也未形成我们所谓"传统"的力量相比也要小得多。

然而，这种概述并不适用于所谓的公民的公共生活领域（某种程
11 度上，包括社会化的公共形式，如学校，以及与私人形式不同的大众传媒等）。与公共服务（武装力量、司法人员，可能还有公务员）中的人群相关联的新传统实践，或是与国家的公民权相联系的实践，并没有弱化的确切迹象。公民身份仍与象征和半仪式的活动（例如选举）相关联，在人们意识到公民身份的绝大多数场合中，许多象征和仪式活动从历史上看都是新的，而且在很大程度上是被发明的，如旗帜、画像、仪式和音乐。如果说工业革命和法国革命以来，发明的传统已填补了一个永久鸿沟（不管怎样至今如此）的话，它似乎就是在这一领域。

---

① 弗雷德里克·马歇尔：《仪式、头衔、装饰的奇特和国际性浮华的形式》(Frederick Marshall, *Curiosities of Ceremonials, Titles, Decorations and Forms of International Vanities* [London, 1880])，第20页。

② 更别说长期存在的仪式与一致、团结的标志被转变为迅速变化的时尚——在服装、语言、社会实践等中，就像工业化国家中的年轻人文化一样。

最后也许会问,为什么历史学家要关注这些现象?在某种意义上,这一问题是毫无必要的,因为越来越多的历史学家在这样做,正像本书正文和它所引的参考书中所证明的那样。所以这个问题最好换成这种表述:历史学家能从有关传统的发明的研究中获取何种教益?

首先,也是最重要的,传统的发明是一些问题和发展的重要征兆和标志,唯有研究传统的发明,才能认识这些问题,辨认和追溯这些发展。它们就是证据。德国民族主义从旧的自由形式向新的帝国主义—扩张主义形式的转变,在德国体操运动中旧的黑—红—金色迅速被黑—白—红色取代的过程中(尤其是1890年代)体现得更为明确,而非在组织当局或发言人的官方声明中。英国足总杯决赛的历史告诉了我们通常数据和资料所未提及的城市工人文化的发展。而且,有关发明传统的研究不能与社会史的更广泛研究相脱离,只有将它与更广泛的研究相结合,才能在发现这些活动的基础上更进一步。

其次,它阐明了人类与过去的关系,并由此阐明了历史学家自己的主体和技艺。一切被发明的传统都尽可能地运用历史来作为行动的合法性依据和团体一致的黏合剂。它常常成为斗争的真实象征,就像1889年和1896年有关在南蒂罗尔(South Tyrol)为瓦尔特·冯·德·福格威德(Walther von der Vogelweide)和但丁修建纪念碑所引起的争论一样。① 甚至革命运动也通过提及一种“人民的过去” 12
(撒克逊人对诺曼人,“我们祖先高卢人”对法兰克人,斯巴达克斯)、革命传统(就像恩格斯在《德国农民战争》开篇伊始所说的“德意志人

① 约翰·W.科尔、埃里克·沃尔夫:《隐藏的边界:一个阿尔卑斯山谷中的生态学和种族特性》(John W. Cole and Eric Wolf, *The Hidden Frontier: Ecology and Ethnicity in an Alpine Valley*[N.Y. and London, 1974]),第55页。

民具有革命传统”)①、它自己的英雄与烈士,来为他们的革新提供支持。詹姆斯·康诺利的《爱尔兰历史上的工人》就很好地体现了各种主题的结合。发明的成分在此尤其明显,因为已成为知识,或民族、国家或运动的意识形态的一部分的历史,并不是那些确实保存于大众记忆中的东西,而是由那些其职能就是如此的人所选择、撰写、描绘、普及和制度化的东西。口述史学家常常发现,在老人的真实记忆中,1926年总罢工的作用比采访者所预计的要更小和更不引人注目。②第三共和国时期政府促进形成了关于法国革命的意象,对此过程已有学者进行了分析。③然而所有历史学家,无论其目标为何,都参与了这一进程,因为他们都有意或无意地对有关过去的各种意象的创立、破坏和重建做出了贡献,这些过程并不只属于专家调查的领域,而且还属于作为政治行为者的人的公共领域。他们可能同样注意到了这一层面的行动。

由此而言,“被发明的传统”对于现当代历史学家所具有的独特重要性无论如何是应当被指出的。它们紧密相关于“民族”这一相当晚近的历史创新以及与民族相连的现象:民族主义、民族国家、民族象征、历史等。所有这些都依赖于常常是深思熟虑的,且始终是创新性的(如果历史中的新奇事物就意味着创新的话)社会建设中的活

---

① 有关这个和其他富于战斗性的历史题材的书在德国工人图书馆中的流行程度,参见H.-J.施泰因贝格:《社会主义和德国社会民主党,论第一次世界大战前的政党意识形态》(H.-J. Steinberg, *Sozialismus und dentsche Sozial-demokratie. Zur Ideologie der Partei vor dem ersten Weltkrieg*[Hanover, 1967]),第131—133页。

② 关于底层参与者通常为什么不像上层人士或历史学家那样看待他们所经历的历史事件,有非常合理的解释。我们可以称之为(依照司汤达《巴马修道院》中的主人公)“法布里斯综合征”。

③ 例如艾丽斯·吉拉尔:《法国革命:神话和解释,1789—1970年》(Alice Gérard, *La Révolution Française: Mythes et Interprétations, 1789—1970*[Paris, 1970])。

动。无论犹太人或中东穆斯林具有怎样的历史连续性，以色列和巴 13
勒斯坦民族主义或是民族都必然是新的，因为目前在他们地区中所存在的标准形态的领土国家概念仅仅是一个世纪以前的思想，而且在第一次世界大战结束以前几乎没有实现的可能。在学校中传授，并且不只是由少数精英书写和讲述的标准民族语言，在很大程度上是各个不同但又往往是短暂的时代的产物。正像一位研究佛莱芒语的法国历史学家相当正确地评述的，今天在比利时教授的佛莱芒语，已不是佛兰德尔地区的母亲和祖母们向其孩子们所讲的语言了：总之，它只是比喻意义上的，而不是真正的“母语”。我们不应为这样一个奇怪但又可以理解的悖论所误导：现代民族一般都宣称自己是古老的，是植根于最遥远的古代而自然形成的，是如此“自然的”人类共同体，以至于无须任何界定和自我断言。无论现代概念中的“法国”与“法国人”包含怎样的历史性或是其他连续性（这是没有人想否认的），这些概念本身必然包含一种建构的或是“发明的”成分。而且正因为主观上组成现代“民族”的东西有如此多是由这些成分构成的，并且与适当的、总体来说相当新近的象征或是相适宜的话语（如“民族史”）相关联，所以在没有仔细关注“传统的发明”的情况下，民族现象不可能被充分了解。

最后，对传统的发明的研究是跨学科的。它是一个将历史学家、社会人类学家和其他人文科学研究者联系在一起的研究领域，而且如果没有这样的合作，研究将无法进行。本书主要汇集了历史学家
的文稿。希望它对其他研究者也有所裨益。 14

第二章

传统的发明：苏格兰的高地传统

休·特雷弗—罗珀

现在，每逢苏格兰人聚集在一起颂扬其民族特性时，他们总是通过某种具有民族特色的方式来公开肯定这种特性。他们穿着用格子呢做的苏格兰褶裙，裙子的颜色和式样表明了其“克兰”(氏族)；当他们沉溺于音乐时，其乐器是风笛。他们将这种传达民族特性的载体归于伟大的古代遗风，但其实它在很大程度上是现代的。这种载体是与英格兰合并以后(其中某些因素甚至是在很久以后)才发展起来的，在某种意义上它是对英格兰的一种抗议。在合并之前，它确实以一种残留的形式存在；但大多数苏格兰人视这种形式为野蛮的标志，它是懒散无赖、掠夺敲诈的高地人之象征。这种高地人不仅对文明开化的古苏格兰构成威胁，而且非常讨厌。其实，甚至在高地残存的这种载体也是相当新近的，它并非高地社会原创的或独特的象征。

实际上，关于独特的高地文化与传统的整套观念都是一种追溯性的发明(retrospective invention)。在17世纪后期之前，苏格兰高地人并没有形成一个独特的民族。他们只是从爱尔兰外流出的人口。

在那崎岖荒凉的海岸，在那大大小小的群岛中，海将人连成一体而不是分割开来。从5世纪末乌尔斯特省[1]的苏格兰人在阿盖尔郡登陆，直到18世纪中叶它在詹姆斯二世党人叛乱之后被“开放”，被群山与东部割断的西部的苏格兰一直都是与爱尔兰，而不是和撒克逊低地相联系的。从人种和文化上来讲，它都是爱尔兰的殖民地。

即使从政治上看，爱尔兰和西部高地这两个凯尔特社会也是互相融合的。达尔里亚达（Dalriada）的苏格兰人将他们在乌尔斯特省的立足之处保留了一个世纪。丹麦人同时统治着苏格兰西部岛屿、爱尔兰海岸以及马恩岛。在中世纪后期的西苏格兰和北爱尔兰，岛屿上的麦克唐纳家族的勋爵们，与这两个地方名义上的君主，即苏格 15 兰和英格兰的国王们相比，是距离更近并且更有效的统治者。在他们的统治下，赫布里底群岛[2]的文化纯粹是爱尔兰的。他们世袭的吟游诗人、医生、竖琴师（他们的乐器是竖琴而不是风笛）都来自爱尔兰。[3]即使在贵族统治瓦解之后，麦克唐纳家族仍是这两个国家中的一支力量。直到17世纪中叶，由于英国政府对乌尔斯特省的殖民，以及坎贝尔家族在西部高地领导权的确立，才导致打破了原来潜在的政治上的统一性。但是，文化上的统一性尽管被削弱了，却仍继续存在。18世纪，西部岛屿仍基本是一个“外流出的爱尔兰”，那里所讲的盖尔语通常也被称为爱尔兰语。

作为一个在“异族”统治下的爱尔兰的文化附庸，又加之苏格兰

---

① 乌尔斯特省又译北爱尔兰省，在爱尔兰岛西北部。——译注

② 赫布里底群岛位于苏格兰西部。——译注

③ 参见班纳曼：《岛上的贵族统治》，收于珍尼弗·布朗编辑的《15世纪的苏格兰社会》（J. Bannerman, “The Lordship of the Isles”, in Jennifer Brown [ed.], *Scottish Society in the 15th Century* [1977] ）。

王权的统治不太有效，高地和苏格兰的岛屿在文化上是受压抑的。他们的文学只是对爱尔兰文学的拙劣模仿。苏格兰族长们的吟游诗人都来自爱尔兰，或曾到那里去学习技艺。事实上，有位18世纪初的爱尔兰作者告诉我们，苏格兰的吟游诗人只是爱尔兰定期从本土清除出的“垃圾”，这些“垃圾”正好堆放在这个方便的垃圾堆上。①在17和18世纪，即使在英格兰的压迫统治下，凯尔特爱尔兰在文化上仍是一个古老的民族，而凯尔特苏格兰最多只是其可怜的姐妹。凯尔特苏格兰没有，也不可能有独立的传统。

一种独立的高地传统的创造，以及通过一些外在的象征把这一新传统强加给苏格兰民族，都是发生在18世纪末19世纪初的事。它是通过三个步骤完成的。第一步，先发动一场对爱尔兰文化的反叛：篡夺爱尔兰的文化，并重写苏格兰早期的历史，最终无礼地声称苏格兰——凯尔特苏格兰——是“母国”，而爱尔兰是其文化附庸。第二步，人为创造新的高地传统，将其呈现为古老的、原创的、独特的。第三步，逐渐地将这些新传统赋予历史上的低地苏格兰，即由皮克特人②、撒克逊人和诺曼人构成的东部苏格兰，并让其接受这些新传统。

这些步骤中的第一步完成于18世纪。他们宣称苏格兰说凯尔特
16 语、爱尔兰语的高地人并不仅仅是公元5世纪时来自爱尔兰的侵略者，而是已在苏格兰有着古老历史，即事实上是抗击过罗马军队的古代苏格兰人。这一主张当然只是古老的传说，但在过去却派上了大用场。1729年曾拥护詹姆斯二世的流亡神甫托马斯·英尼斯（Thomas Innes，此人是首位，同时也是最伟大的苏格兰古文物研究者）有力地

① 《约翰·托兰短文集》(*A Collection of Several Pieces by Mr John Toland*[1726])，第1卷，第25—29页。

② 皮克特人即古代居住在苏格兰的部落集团。——译注

反驳了这种说法。但是1738年，大卫·马尔科姆（David Malcolm）又重新肯定了这种说法。[①]18世纪60年代，两位同姓的作家进一步充分肯定了此说。他们是：詹姆斯·麦克弗森（James Macpherson），他是奥西恩[②]的“译者”；还有教士约翰·麦克弗森（John Macpherson），他是苏格兰西北部斯凯岛斯里特地区的牧师。这两位麦克弗森尽管不相干，却彼此认识并一道工作。（詹姆斯·麦克弗森于1760年去斯凯岛搜集关于奥西恩的材料时，曾住在约翰·麦克弗森牧师家中。牧师之子，即后来担任过印度总督的约翰·麦克弗森爵士，以后成了詹姆斯·麦克弗森的挚友与帮手。）通过两次明显的大胆伪造，他们携手为凯尔特苏格兰创造了一种本土文学以及一种新历史，其中新的历史是本土文学的必要支撑。无论是文学还是历史，只要是其中与现实有关的东西，都是从爱尔兰窃取来的。

两位麦克弗森十足的厚颜无耻反而注定会令人景仰。詹姆斯·麦克弗森在苏格兰四处搜集爱尔兰叙事诗，并写出了一部“史诗”，其中他把整个情节都从爱尔兰搬到了苏格兰，然后他抛弃了那些真正的叙事诗。于是那些叙事诗被错误、粗暴地当成蹩脚的现代作品。詹姆斯·麦克弗森的作品所模仿的真正的爱尔兰文学反倒成了其作品的模仿品。斯里特的牧师然后写作了一篇评论性论文，其中他为另一位麦克弗森所“发现”的“凯尔特的荷马”提供了必要的背景：他把苏格兰说爱尔兰语的凯尔特人到来的历史往前推进了四个世纪，并且背离史实地解释说，在黑暗时代，本土的爱尔兰文学是由不道德的爱尔兰人从天真无邪的苏格兰人那里剽窃来的。为了

① 大卫·马尔科姆：《凯尔特语言论》（David Malcolm, *Dissertations on the Celtic Languages* [1738]）。

② Ossian，传说中3世纪爱尔兰英雄和吟游诗人。——译注

把故事说圆满，詹姆斯·麦克弗森本人利用牧师的论文，写了一部“独立的”《大不列颠及爱尔兰历史导论》(1771)，文中又重复了牧师的论点。关于两位麦克弗森的成功无须多论，只需指出以下事实：他们甚至欺骗了一向细心、挑剔的爱德华·吉本(Edward Gibbon)。吉本承认，对于早期的苏格兰历史，詹姆斯·麦克弗森和教士约翰·麦克弗森这两位“博学的高地人”乃是他的向导。这样“苏格兰历史中的谬误
17 之链”(它被恰如其分地如此称谓)，终致永存不朽。①

清理苏格兰历史中(如果曾经清理过)两位麦克弗森所做出的歪曲事实且互相支持的编造，整整花费了一个世纪。② 同时，这两个傲慢的冒牌学者还取得了一项永久性的胜利：他们已经使苏格兰高地人闻名于世。先前，高地人被苏格兰低地人轻蔑地视为无法无天的野蛮人，同样也被爱尔兰人看作其目不识丁的可怜同族(kinsmen)，现在他们在整个欧洲庆祝自己属于一个有文化的民族(Kulturvolk)。这个民族，在英格兰和爱尔兰沉没于原始的野蛮状态时，就已经写出了优美、精致、感情敏锐的史诗，堪与荷马匹敌(斯塔尔夫人语)，甚至在荷马之上(F.A.沃尔夫语)。他们绝非仅在文学领域引起了欧洲的瞩目。因为与爱尔兰的联系一旦被割断，苏格兰高地人便获得了(尽管是欺骗性地)一种独立的古代文化，使这种独立性变得引人注目的方法是借助独特的传统。现在所确立的这种传统是独特的装束。

---

① 爱德华·吉本：《罗马帝国衰亡史》(E. Gibbon, *Decline and Fall of the Roman Empire*, Everyman edn)，第2卷，第496页；M. V. 海：《苏格兰历史中的谬误之链》(M. V. Hay, *A Chain of Error in Scottish History*[1927])。

② 路德维希·斯特恩对这一问题的研究最为精深，他在一篇重要的论文'Die Ossianischen Heldenlieder'——此文的译文刊于《因弗内斯盖尔社团学报》(*Transactions of the Gaelic Society of Inverness*, xxii[1897—1898])——中指出，《英国人名辞典》中关于麦克弗森的词条“确认了那些一知半解的辩护者的观点”，这些辞典编纂者从麦克弗森那“有错误的、非盖尔语的奥西恩”(即1807年出版的伪造盖尔语版的奥西恩诗歌)中提取了材料，从而导致破坏了他们的工作。

1805年，沃尔特·司各特爵士① 在《爱丁堡评论》上发表了一篇关于麦克弗森的奥西恩的文章。在文章中他以独特的方式展示了自己扎实的学问与良好的判断力。他明确地否定了已在苏格兰文学中普遍确立的史诗的真实性——这正是高地人要继续捍卫的。然而，在同一篇文章中，他又附带性地提及，公元3世纪的古代苏格兰人已经穿着“格子呢短褶裙”了，这是无可否认的。在如此理性的、批评性的文章中，这样确定的断言令人惊讶。据我所知，过去从未有过这样的断言。即使是麦克弗森也从未提出过，他笔下的奥西恩一直穿着飘动的长袍，偶尔提及他的乐器，也不是风笛，而是竖琴。而麦克弗森本人就是高地人，他还比司各特年长一代。在这个问题上，这一点至关重要。

从何时起“格子呢短褶裙”（tartan philibeg），也就是现代褶裙（the modern kilt），开始成为高地人的装束？历史事实本身并非真的存有疑问，尤其是自J. 特尔弗·邓巴先生的优秀著作出版之后。② 其实，格
子呢，即织有各色的几何图案的布，在16世纪的苏格兰已经存在（它 18
似乎是来自佛兰德尔，经由低地传到了高地），但苏格兰短褶裙（名字以及裙子本身）在18世纪之前都未有听闻。它根本不是传统的高地服装，而是在1707年英格兰和苏格兰合并之后，由一个英格兰人发明的；而特殊的“克兰格子呢”则是更晚些的发明。它们是作为一次庆典的组成部分而被设计出来的，那场庆典是为了向一位汉诺威国王致敬，由沃尔特·司各特爵士策划；至于克兰格子呢现在的样式则还应归功于另外两个英格兰人。

① Sir Walter Scott（1771—1832），苏格兰法学家和作家。——译注

② J. 特尔弗·邓巴：《高地服装史》（J. Telfer Dunbar, *History of the Highland Dress*［1962］）。

既然从起源上来看，苏格兰高地人只是从一座岛屿跨越到另一座岛屿上的爱尔兰人，那么很自然地可以推想到，他们的服装最初也是和爱尔兰人的一样。实际上，我们所发现的正与此相符。在16世纪之前，没有任何作家记录过高地服装的与众不同，而有关那一时代的记述大体上都是一致的。记录表明高地人的普通装束包括：一件长长的“爱尔兰式”衬衫（在盖尔语中是leine），上层阶级的衬衫像在爱尔兰一样，染成了橘黄色（leine-croich）；一件束腰外衣（failuin）；还有一件斗篷或格子呢披风，上层阶级的斗篷或披风是用各种颜色或多种条纹图案织成的，但总体上是一种黄褐色或棕色的印象，就像欧石南中的保护色。此外，苏格兰人穿着只有一层鞋底的鞋子（上层阶级可能穿厚底的高筒靴），戴着通常为蓝色的平顶软帽。作战时，领袖们穿着锁子甲，低等级的人则穿着有衬的亚麻衬衫，上面涂着树脂，再罩上鹿皮。除了这种普通的装束，族长们和那些大人物（他们与更先进的低地居民保持着联系）还可以穿紧身裤：这是马裤与长袜的混合体。高地的男人只能在户外穿紧身裤，这些人有随从为他们拿着紧身裤：因此紧身裤是一种社会级别的标志。无论是披风还是紧身裤都可能是格子呢制成的。①

在17世纪，高地与爱尔兰的纽带断裂了，此时高地的装束发生了变化。在整个世纪中，装束的变化并无规律。一方面，长衬衫被废弃了。17世纪初，在诸岛上，长衬衫被低地的外套、马甲和马裤所

① 这些解释来自约翰·梅杰（John Major, *Historia Maioris Britanniae*［1521］）、詹姆斯·莱斯利（James Leslie, *De Moribus et Gestis Scotorum*［1570］）、林赛（Lindsay of Pitscottie, *Chronicle*［1573］）、G.布坎南（G.Buchanan, *Rerum Scoticarum Historia*［1583］）、尼古拉·达伏维尔（Nicolay d' Arfeville, *La navigation du Roy d'Escosse*［1583］）。论据参见D. W. 斯图尔特：《古老罕见的苏格兰格子呢》（D. W. Stewart, *Old and Rare Scottish Tartans*［Edinburgh, 1893］, Introduction）。

取代。①另一方面，一位苏格兰牧师很久以后回忆起，1715年经过他牧区的詹姆斯二世党人军队中那些野蛮的高地人穿的“既不是披风也不是苏格兰短褶裙”，而只是做工粗糙、颜色单一的紧身外套，长过膝盖，并系有腰带。②据我所知，这是长衫在苏格兰残存的最后的证据。 19

在整个17世纪，高地军队参与了英国内战。每当人们描述到高地军队，我们就会发现，军官穿着紧身格子呢裤，普通士兵则光着腿。军官和士兵都穿着格子呢披风，前者用它作为上身的外衣，后者则以其裹住全身，腰间系有带子，因此腰下的部分有几分像裙子。这种样式被称作“束腰格子呢披风”。至此为止关键的事实为，正如我们所知，这里没有提及苏格兰褶裙。代替它的是绅士派头的紧身裤或“仆人的”束腰披风。③

英格兰、苏格兰合并二十年后，苏格兰褶裙的名字第一次出现。有一位名叫爱德华·伯特（Edward Burt）的英格兰军官被派驻到苏格兰，担任韦德将军手下的主管，他在那时写了一系列信札——主要写自苏格兰北部的因弗内斯，信中描绘了当地的特色和风俗。其中他详细描述了“褶裙”，解释说这并不是什么独特的服装，而只是披风的特殊穿法：

---

① M.马丁：《关于苏格兰西部岛屿的描述》（M. Martin, *A Description of the Western Islands of Scotland*[1703]）。

② 约翰·平克顿：《文学通信》（John Pinkerton, *Literary Correspondence*[1830]），第1卷，第230页。这位牧师是哲学家亚当·弗格森的父亲。

③ 这里展现的是斯图尔特所提供的证据，见斯图尔特，前引书，第21页。另外，有图案可以为证，斯基恩地区的斯基恩家族的纹章图案中的侍从形象可以证明——图案中两个高地人，一位（佩剑的绅士）穿着格子呢紧身裤，另一个穿着“奴仆的衣服”，即束腰披风（并非如斯图尔特所料想的那样是褶裙：关于此方面参见邓巴，前引书，第34—35页）。

> 固定出褶层，束起腰，使之成为长至大腿一半的短裙，剩余部分提过肩膀系紧……这样他们颇像伦敦的贫穷女子的样子——当她们将长袍提过头顶来遮雨时。

伯特还说，这种短裙通常“极短，以至于在刮风天上坡或弯腰时，不体面之处暴露无遗”。这一描绘使人很清楚，他记述的不是现代的苏格兰褶裙，而是束腰披风。

伯特对高地服装的态度鲜明，因为在他所处的时代，高地服装已经成了政治争论的对象。在1715年詹姆斯二世党人叛乱之后，英国议会已开始考虑用法律禁止高地服装，如同爱尔兰服装在亨利八
20 世统治时被禁止一样：人们认为这一禁令将有助于打破高地独特的生活方式，并使高地人融入现代社会。然而提议的法令最终没有被通过。高地服装被承认在这一地区是适宜的、必要的，在那里旅行者必须“跳过岩石和沼泽，并整夜躺在山上休息”。高地服装对于穷人来说也是必需品，因为它很便宜：“对于一个普通的高地人来说，几先令就可以买一身这样的衣服”，而他永远都买不起最粗糙的“低地套装”。

具有讽刺意味的是，如果高地服装在1715年之乱后就被禁止，而不是在1745年之乱后才被禁止，那么现在被视为苏格兰古代传统之一的苏格兰褶裙很可能都不会出现。苏格兰褶裙的出现是在伯特写作的几年之后，距离他写作的时代非常近。苏格兰褶裙在1726年时仍无人知晓，几年之后它突然出现；到1746年苏格兰褶裙完全形成，在议会法案中被清晰地命名，这部法案同时禁止了高地服装。苏格兰褶裙的发明者是一位来自兰开夏郡的英国贵格会教徒，即托马斯·罗林森（Thomas Rawlinson）。

罗林森家族是一个悠久的贵格会家族，并且是弗尼斯（Furness）地区的炼铁厂厂主。18世纪初，罗林森家族与其他几个著名的贵格会家族——福特（Fords）、克罗斯菲尔德（Crosfields）、巴克豪斯（Backhouses）家族——联合控制了兰开夏地区的熔炉和冶炼厂的广大网络。然而，他们的木炭供应在减少，因而需要木材做燃料。幸运的是，叛乱被镇压后，高地被开发了，北部的森林可以被南部的工业界开采。于是，1727年，托马斯·罗林森和依恩·迈克唐奈尔（Ian MacDonell，此人是靠近因弗内斯的格兰格瑞地区的迈克唐奈尔家族的首领）达成了一项协议，即租借因弗格瑞（Invergarry）的林区三十一年。罗林森在那里建立了熔炉，冶炼铁矿石，这些铁矿石是他从兰开夏专门航运过来的。这个企业在经济上并不成功：它在七年之后就停产了；然而在这七年中，罗林森开始了解这一地区，与格兰格瑞的迈克唐奈尔家族建立了固定的联系，当然也雇用了“一群高地人”来砍伐木材并操作熔炉。①

罗林森停留在格兰格瑞期间，开始对高地的服装产生兴趣，但他也意识到了其不便之处。束腰披风可能适合于高地人的闲散生活——在山上睡觉或隐蔽地横卧在欧石南花丛中。束腰披风非常便 21
宜，这也是它的好处，因为所有人都同意这一事实，即下层阶级不可能买得起长裤或马裤。但对那些要伐木或看管熔炉的人来说，它是“累赘的、不实用的衣服”。因而，“具有天赋并且才思敏锐的”罗林森派人请来了驻因弗内斯兵团中的裁缝，和他一道开始“简化这种衣

① 关于罗林森在苏格兰的投机，参见阿尔弗雷德·费尔：《弗尼斯地区早期的冶铁工业》（Alfred Fell, *The Early Iron Industry of Furness and District*［Ulverston, 1908］），第346页以及其后内容；阿瑟·雷斯特勒克：《科学与工业中的贵格会》（Arthur Raistrick, *Quakers in Science and Industry*［1950］），第95—102页。

服，使之成为对其工人来说简便易得的服装”。结果便产生了苏格兰短褶裙，或称“小褶裙”，它是这样制成的：先将裙子与披风相分离，将它变成一种独特的衣服，然后再在缝好的裙子上打褶。罗林森自己穿上了这种新式的服装，并且为他的同伴，即格兰格瑞的依恩·迈克唐奈尔所效仿。自此之后，同族的人，像以往一样忠顺地追随着他们的首领，也穿上了这种服装。我们得知，这种新发明“是如此简便易得，以至于在极小的区域内穿着的这种服装，变得在整个高地流行，甚至在北部低地的许多地区也流行起来”。

对于苏格兰褶裙起源的这种解释，是在1768年由一位高地绅士首次提出的，他本人就认识罗林森。这一解释在1785年发表，没有引起任何异议。① 它还被同时代的两位伟大的研究苏格兰风俗的权威所肯定②，同时也被格兰格瑞家族独有的证据所证实。③ 这一解释在以后的四十年中没有受到挑战，它从未遭到质疑。后来所积累起来的证据也都与此相一致。绘画方面的证据也有助于这种解释，因为第一个被描绘穿着可以辨认的苏格兰现代褶裙（而不是束腰披风）的人，出现在格兰格瑞的亚历山大·迈克唐奈尔的画像中，亚历山大是首领之子，而首领又是罗林森的朋友。有趣的是，在这幅画像中，穿着苏格兰褶裙的不是主人，而是他的仆人，这再一次强调了褶裙的“仆从”地位。④ 基于所有这些证据，现代的权威们把这个故事当作史实接受下来。⑤ 我们或许会得出这样的结论：苏格兰褶裙纯粹是现代的服

① 这一解释是由艾万·贝利（Ivan Baillie of Abereachen）提出的，它刊登于《爱丁堡杂志》（*Edinburgh Magazine*, March 1785［vol. I, p.235］）。

② 我指的是约翰·辛克莱爵士和约翰·平克顿，见后文。

③ 我指的是索别斯基·斯图亚特的证据，见后文。

④ 关于这幅画像，参见邓巴，前引书，第69—70页。它可能作于1747年。

⑤ 邓巴，前引书。

装，是由一名英格兰贵格会的工业家首先设计出来并最先穿着的，他把褶裙赠予高地人，并不是为了保留他们传统的生活方式，而是为了使他们在被带出欧石南花丛、进入工厂时易于适应生活方式的转变。 22

但如果这是苏格兰褶裙的起源，那么另一个问题就会立即出现在我们的脑海中。那个穿裙子的贵格会教徒穿的是什么样的格子呢？是为兰开夏的罗林森家族设计的一种独特的“格子图案”或花色式样，还是说他成了迈克唐奈尔家族的一名荣誉成员？实际上，18世纪有这种“格子图案”吗？各个克兰图案上的区别始自何时？

16世纪首先注意到高地装束的作家们显然对这些区别一无所知。他们描述了首领们的披风是彩色的，其随从们的是棕色的，因此，在他们生活的时代，颜色的区别是社会等级而非克兰造成的。支持克兰区别论的最早的证据，是马丁的一则评论，他在17世纪末曾去过西部岛屿。但是马丁只是将不同的样式归于不同的地区：他没有依克兰区分它们；而且存在强有力的证据反驳此乃克兰的区别。比如，18世纪理查德·韦特（Richard Waitt）悉心描绘的一系列格兰特家族的肖像画，展示了画中所有人穿着不同的格子呢；阿马达尔（Armadale）的一些迈克唐奈尔家族的肖像画，反映了“至少六种不同的格子呢图案”；另外，关于1745年叛乱的证据（无论是绘画的、服装的，还是文字的），也表明不存在克兰的区别，不存在格子图案的继承性。唯一能辨别出一个高地人忠诚的地方，不在于格子呢，而在于其无檐圆帽上的帽章。格子呢只是个人品味或需求的问题。① 实际上，在1745年10月，当“小王位觊觎者”② 及其军队在爱丁堡的时候，《苏格兰信

① H.F.麦克林托克确凿地提出了这个证据，参见《古老的高地服装与格子呢》(H. F. McClintock, *Old Highland Dress and Tartans*, 2nd edn [Dundalk, 1940]) 和邓巴，前引书。

② 詹姆斯二世之孙，老王位觊觎者J.爱德华之子。——译注

使报》刊登了这样一则广告——“格子呢服装的绝妙选择，最新的样式”。正如D.W.斯图尔特所勉强承认的：

> 对于那些赞成这些样式属于古风的人来说，这是一块巨大的绊脚石；看起来有些奇怪的是，当城里充满了各种等级和各个克兰的高地人时，要提供给他们的不是其古代的（作为克兰标志的）格子图案，而是“最新样式的绝妙选择”。

因此，正如我们所知，当1745年的大叛乱爆发时，苏格兰褶裙是英格兰人新近的发明，而“克兰”格子呢服装并不存在。然而，叛乱标志着服装上的变化，同时也意味着苏格兰社会史与经济史上的变
23 化。当叛乱被镇压后，英国政府最终决定采取曾在1715年（实际上是在此之前）考虑过的措施，来最终摧毁独立的高地生活方式。在库洛登战役① 胜利后，接踵而来的各种议会法案不仅使高地人解除了武装，使他们的首领丧失了其世袭的司法权，而且也在整个苏格兰禁止穿着高地服装——“披风、短褶裙、格子呢紧身裤、肩带……格子图案或杂色的披风”，违者要受六个月的监禁之苦，不准保释，第二次违反则要被流放七年。② 这条严厉的法规的效力长达三十五年，在此期间整个高地的生活方式迅速被消灭了。1773年，当约翰逊和博斯韦尔（Boswell）进行其著名的旅行时，他们发现要见到他们所期望见到的——“一个穿着独特的民族和一套古老的生活方式”——为时已晚。据约翰逊记载，在整个旅行中，他们从未见到穿格子呢的人。到

① 1746年英国政府军同詹姆斯二世党人之间的最后一仗，后者大败。——译注

② 19 Geo. II c.39; 20 Geo. II c.51; 21 Geo. II c.34.

处都执行了(他们所不赞成的)这条法令。他还注意到,甚至连风笛"也开始被禁止"。到1780年,高地服装似乎绝迹,没有任何一个有理性的人会想到它的复兴。

然而,历史是没有理性的,或起码它只具有部分理性。在那些曾经习惯穿着它的人中间,高地装束确实已然灭绝。经过了一代穿裤子的人之后,纯朴的高地农民觉得没有理由再去穿束腰披风或格子呢,而他们曾认为这种衣服是如此便宜和耐用。他们甚至不再穿"简便易得"的新式褶裙。另一方面,那些先前曾鄙视"仆人"装束的中上层阶级,现在却满怀热情地捡起了这种服装,而这种装束传统的穿着者却抛弃了它。[①] 在高地装束被禁止的年代里,一些高地贵族乐于穿上这种服装,并在其家中安然地让人画像。当禁令撤销后,这种时尚传播开来。英格兰化了的苏格兰贵族、好说教的绅士们、受过良好教育的爱丁堡律师们和阿伯丁节俭的商人们(这些人不为穷困所迫,永远不必跳过岩石和沼泽或在山上夜宿),在公开露面的时候穿的不是历史上有名的格子呢紧身裤(这是他们阶层的传统装束),也不 24
是累赘的束腰披风,而是新近发明的价格昂贵、样式花哨的苏格兰短褶裙。

有两个原因可以解释这一显著的变化。第一个原因是普遍的,乃是全欧洲的现象,可以被简单概括为浪漫主义运动,它崇拜高尚的原始人,而这些原始人面临着被文明毁灭的威胁。1745年之前,高地人被鄙视为游手好闲、掠夺成性的野蛮人。在1745年,他们被当作危险的叛乱者而为人惧怕。但1746年之后,当他们独特的社会被如此

① 比如,约翰·海·艾伦(见后文)在他的*Bridal of Caölchairn*,第308—309页中评论道,在高地婚礼中,"几乎根本看不到"过时的格子呢。此书出版于1822年,这一年国王乔治四世的访问导致爱丁堡的上流社会穿着格子呢。

轻易地瓦解之后，人们便将一个原始民族的浪漫传奇和一个濒危种族的魅力结合在了一起。正是在这样的舆论气候中，奥西恩获得了轻松的胜利。第二个原因较为特殊，也值得进一步考察。此即由英国政府造就的高地兵团的形成。

高地兵团在1745年之前已经开始形成。实际上，第一个这样的兵团，即苏格兰高地警卫团，以及后来的第43和第42兵团，都曾于1745年在丰特努①战斗过。然而正是在1757年至1760年间，老皮特有计划、有步骤地寻求将高地人的尚武精神从詹姆斯二世党人的冒险中转移到帝国战争中去。正如他后来所宣称的：

> 我努力从一切地方发现有价值的东西；令我自豪的是，我是第一个在北部山区寻找并发现了价值的首相。我把这样一群人召入了您的军中，他们来自一个吃苦耐劳、勇敢无畏的民族。

这些高地兵团很快就使他们的荣誉遍布印度和美洲。他们还确立了一种新的服装传统。由于1747年的“解除武装法案”明确规定高地兵团可以免受高地服装禁令的约束，因此，在凯尔特农民永久地穿上了撒克逊长裤、“凯尔特的荷马”被描绘为穿着吟游诗人的长袍的三十五年间，只有高地兵团使得格子呢工业继续存在，并赋予兰开夏褶裙这一新近的发明以永久性。

最初，高地兵团穿的是他们的制服，束腰披风；然而，褶裙一旦被创造出来，它方便穿着的特点使之迅速流行，从而被高地兵团采纳。此外，很可能正是因为高地兵团穿上了褶裙，才产生了通过格子图案

① 丰特努战役是1745年法国在奥地利王位继承战中战败英国军队的一次战役。——译注

来区分克兰的观念；为满足战争的需要，高地兵团逐渐增多，由此他
们的格子呢制服也相互区别开来了；而当平民重新穿着格子呢后，当 25
浪漫主义运动鼓励对克兰的崇拜时，区分的原则很容易从兵团转到
了克兰。不过，这是后来的事。此时我们只关注由一个英国贵格会
工业家发明的褶裙，它正是被一位支持帝国主义的英国政治家保存
下来，才免遭绝迹。下一步则为一种苏格兰谱系的发明。这一步终
于是由苏格兰人来完成的。

它始于1778年所采取的重要一步。这就是在伦敦创立高地社团：这个社团的主要功能是，倡导古老的高地美德，保护古代高地的传统。其成员主要是高地贵族与政府官员，但它的秘书约翰·麦肯齐（John Mackenzie）是圣殿教堂的一名律师，“社团的成功似乎尤其要归功于此人的热忱”。麦肯齐是詹姆斯·麦克弗森“最为亲密的朋友”、伙伴，是为他处理重要事务的总负责人以及后来的遗嘱执行人。詹姆斯·麦克弗森和约翰·麦克弗森爵士都是这个社团最初的成员。这个社团所宣称的目标之一是保护古代的盖尔语文学；在研究它的历史学家约翰·辛克莱眼中，它最伟大的成就是，于1807年出版了奥西恩“原初的”盖尔语文本。这个文本是麦肯齐从麦克弗森的一些论文中提取、编辑而成的，并附有一篇证明其真实性的论文（它显然是个伪造品）。考虑到麦肯齐的双重职责，以及社团对盖尔语文学的专注（几乎所有的盖尔语文学作品都是由麦克弗森创作或促成的），整个事业可以被视作伦敦的麦克弗森小集团的工作之一。

这个社团第二个重要目标是谋求废除在苏格兰禁穿高地服装的法令。为了这一目的，社团的成员之间经常集会（只要在伦敦的法令允许的范围内）：

> 集会时，他们身着那种显眼的服装，就像他们凯尔特祖先穿着的装束，有时还要说说那种强有力的语言，听着欢快的音乐，吟诵着古代的诗篇，并且评论他们地区的独特风俗。

但人们也许会注意到，即使到现在，高地服装也并不包括褶裙：在社团的规则中，高地服装被界定为紧身裤和束腰披风（“连身的披风与短褶裙”）。① 其撤销禁令的目标于1782年达成，当时格雷厄姆侯爵
26 应高地社团的一个委员会的请求，成功地鼓动下议院废除了法案。法案的废除使苏格兰人兴高采烈，盖尔族诗人们为凯尔特束腰披风胜过撒克逊长裤而庆贺。此后，重新设计的高地服装，可以说开始一路风行。

高地服装的胜利也并非完全不受抵制。至少有一个苏格兰人从一开始就从整体上反对这一进程——凭借这一进程，前不久还被轻蔑地视为外面野蛮人的凯尔特高地人，现在声称是苏格兰历史与文化的唯一代表。此人就是约翰·平克顿（John Pinkerton），他十分古怪并抱有极端的偏见，但这并不能阻止他成为继托马斯·英尼斯之后苏格兰最伟大的古文物研究者，因为平克顿是为黑暗时期的苏格兰确立了可谓真实历史的第一位学者。他极端反对两位麦克弗森在历史与文学方面的弄虚作假。他也是第一位根据文献考证了高地服装史的学者。他的确犯过一个严重的错误：他认为皮克特人从种族上看截然不同于苏格兰人，即（他所敬佩的）皮克特人并非（他所鄙夷的）

① J.辛克莱爵士：《关于伦敦高地社团的介绍》（Sir J. Sinclair, *An Account of the Highland Society of London*［1813］）。

凯尔特人，而是哥特人。但这个错误并不会使他的结论丧失价值。其结论为：古代苏格兰人既不穿褶裙，也不穿束腰披风，而是穿长裤；格子呢是在现代早期才引进的；褶裙则更为晚近。

平克顿有个现成的听众，即约翰·辛克莱爵士。1794年，辛克莱招募了一支地方军，罗瑟塞与凯思内斯郡[①] 国防军来抗击法国。经过仔细的研究，他决定不让自己的军队穿着褶裙（他完全了解贵格会教徒罗林森），而是穿紧身格子呢裤。次年，他决定身着高地服装（包括他自己设计的格子呢长裤）出现在宫廷之中。但在这么做之前，他请教了平克顿。平克顿则对辛克莱用“长裤或者马裤代替了短褶裙”表达了他的喜悦之情，因为所谓的古代服装（他写道）“实际上是相当现代的，做任何可能的改进都不会违反古风，而且长裤远比短褶裙更为古老”。他还补充说，甚至连束腰披风与格子呢都并不古老。平克顿在除去了被认为属于“我们凯尔特祖先”的整套服装的古老特性后，又转向了其内在的价值。他声称，短褶裙“不仅非常不体面，简直就是丑陋下流，因为它让肌肤接触到灰尘，并散发出浓烈的汗臭”；它
是荒唐的，因为在胸部被背心与束腰披风裹了两层的同时，“那些其 27
他民族都隐藏起的部位却只是被松松垮垮地遮住”；这种服装也缺乏男人气概，像叫花子似的，十分丑陋：因为“什么东西也不能令格子呢那种无品位的一成不变与俗艳符合时尚的眼光，任何提倡穿着它的努力也都已经失败”。不过，平克顿又赶紧补充道，约翰爵士自己的格子呢则“避免了这些缺陷”，因为他只用了两种很柔和的淡色，从而达到了“一种令人非常愉悦的整体效果”。[②]

---

① 苏格兰草原郡名。——译注

② 平克顿：《文学通信》，第1卷，第404页；约翰·辛克莱爵士：《通信》（1831），第471—473页。

“著名的古文物研究家平克顿先生”这样写道。而他的写作都白费了。因为，直至今日高地兵团仍穿着短褶裙（philibeg），而且他们的军官很自然地相信，这种短褶裙（short kilt）自远古以来就一直是苏格兰的民族服装。纯学术的颤抖的声音徒然地反抗着严格的军事命令，任何反对都会遭受冷遇。1804年，陆军部可能是受了约翰·平克顿的影响，打算用紧身格子呢裤代替褶裙，并适时地向军官们宣告。第79团的卡梅伦上校团长非常愤怒。他问道，是最高指挥部真的要阻止褶裙（它是“如此特别适合高地人**活动**”）下面“新鲜纯净的空气自由流通吗”？这位勇敢的团长抗议道，“我真诚地希望，殿下永远不会默许如此令人厌烦并且可耻的主意……剥夺我们本土的装束，把我们硬塞进丑角穿的格子呢马裤中”。① 在这一猛烈的指责面前，陆军部退却了。在1815年的最终胜利之后，正是穿褶裙的高地人引起了巴黎的想象并激起了她的好奇心。在随后的岁月中，小说《威弗利》② 与高地兵团共同在全欧洲传播褶裙与格子呢的时尚。

与此同时，褶裙与格子呢历史悠久的神话又在另一位军人的推动下得到发展。加斯的大卫·斯图尔特上校十六岁就加入了最初的高地第42团，并在军中，主要是在海外，度过了整个壮年时期。1815年之后，作为一名半薪军官，他先致力于研究高地兵团，然后扩展至高地的生活与传统。他所发现的传统可能通常存在于军官们的食堂中，而并非在苏格兰的河谷与峡谷中。到此时为止，这些传统包括褶裙与克兰格子呢，二者都被上校毫无疑问地接受了下来。褶裙乃是
28 由一个英格兰人发明出来的这一看法，确实曾传到他耳中，但他予以

① 邓巴，前引书，第161—162页。
② 沃尔特·司各特于1814年匿名发表的历史小说。——译注

坚决的否认：他说，这一观点不见容于“人们的普遍信念，即短褶裙一直是他们服装的一部分，这可追溯至最初的传统”。他还同样确信地宣称，格子呢一直就是用“独特的图案（或他们所谓的格子图案）”织成的，标志着“不同的克兰、部族、家族与区域”。对这些论断，他都没有给出任何证据。1822年，这些观点成书出版，名为《苏格兰高地人的特性、风俗与当前状态概述》。我们得知这本书成了“随后一切关于克兰的著作的基础”。①

斯图尔特不仅通过著述来推进新的高地事业。1820年1月，他创建了爱丁堡的凯尔特社团：这是一个平民青年的社团，其首要目标是“在高地普遍推行古代高地服装”，而且通过他们自身在爱丁堡如此穿着来达到这一目标。社团的领袖是沃尔特·司各特爵上，一个低地人。社团成员定期一起吃饭，“穿戴着老式的褶裙与无檐圆帽，一直武装到牙齿”。在这种场合，司各特穿着紧身格子呢裤，但他声称他本人“非常喜欢盖尔人从马裤的束缚中解脱出来时的狂喜”。“这样的蹦蹦跳跳，这样的尖叫，”他在一次晚餐聚会后写道，“你从未见过。”② 即使在彬彬有礼的爱丁堡，当新鲜空气在高地人的褶裙下自由流通时，也会有这样的效果。

于是到1822年，高地穿着上的转变已然开始，这主要归功于沃尔特·司各特爵士与斯图尔特上校的工作。这一年乔治四世对爱丁堡的国事访问，促使这一转变明显公开化。这是汉诺威君主第一次出现在苏格兰首府，因此人们做了精心的准备以确保访问成功。我们感

① 《英国人名辞典》，大卫·斯图尔特条目（D.N.B., s.v. Stewart, David 1772—1829）。

② 《W. 司各特爵士的信札》（*Letters of Sir W. Scott*, ed. H. C. Grierson［1932—1937］），第6卷，第338—343、452页；J. G. 洛克哈特：《司各特传》（J. G. Lockhart, *Life of Scott*［1850］），第443、481—482页。

兴趣的是负责这些准备工作的人员。沃尔特·司各特爵士是负责一切实际安排的典礼官；他任命加斯的斯图尔特上校担任其助手，即仪式与服装方面事务的“总指挥”；司各特与斯图尔特指派的保护国王、政府官员以及苏格兰的王权象征物的荣誉保安们，选自那些“短
29 褶裙的爱好者”，即“着装得体”的凯尔特俱乐部成员。结果造成了一次对苏格兰历史与现实的奇异滑稽的模仿。司各特被其狂热的凯尔特朋友们所吸引，并沉溺于自身对于凯尔特的浪漫幻想，他似乎注定要将历史上的苏格兰与他自己的低地苏格兰一并忘却。他声称，国王的访问“将是盖尔人的一次聚会”。因此，他敦促高地的族长们要带着其随从一起来，并要向他们的国王致敬。“千万要来，并要带上半打或十个族人，”他在给一位族长的信中写道，“以便看上去像一个岛上的族长，反映出你的真实身份……高地人将会是他最愿意看到的人。”①

高地人如约而至。但他们应该穿什么样的格子呢？克兰格子呢相互区别的观念（此时它已被斯图尔特广为宣扬），似乎是由足智多谋的制造商们首创。这些制造商三十五年来除了高地兵团就没有其他顾客，但是他们现在，即1782年废除禁穿高地服装的法案后，看到了广阔的市场前景。这些公司中最大的一家是班纳克波恩地区的威廉·威尔逊与儿子的公司，其大量的记录对历史学家来说是非常珍贵的史料。威尔逊与儿子两位先生看到收集全各式各样的克兰格子呢有利可图，并能刺激部族之间的竞争，出于这一目的他们与伦敦的高地社团相联合，后者依据威尔逊与儿子公司的商业计划，赋予某件斗篷或束腰披风以历史价值。1819年，当国王的访问首次被提出时，这

① 《W.司各特爵士的信札》，第7卷，第213页。

家公司便准备了一本“主要图案手册”，并将各种格子呢的样品送往伦敦，在伦敦的高地社团则及时地“鉴别”这些格子呢属于这个或那个克兰。然而，当访问被确定之后，这种学究式的协作已经不复存在。现在订单如此之多，“每块格子呢一离开织机就被卖了出去”。在这种环境下，公司的首要任务就是保持供应，并确保高地的族长们能够买到他们需要的东西。因此，克卢尼·麦克弗森（他是那位发现奥西恩的重要人物的后代）得到了一块从挂衣钉上取下来的格子呢。对他来说，这块格子呢就贴上了“麦克弗森”家族的标签，可是在过去，这种格子呢被大量地出售给了一位基德先生，从而为其西印度群岛的奴隶们做衣服，再之前，这种格子呢只是“155号”。正是由于这种商业上的机智，族长们才能够响应沃尔特爵士的号召；“身着得体的高地格子呢，带着随从、旗帜与风笛手”的麦格雷戈地区的埃文·麦格 30
雷戈爵士才能受到爱丁堡市民的赞美；而且，格兰格瑞地区的迈克唐奈尔上校（罗林森之后，迈克唐奈尔家是苏格兰最古老的褶裙的继承者）现在无疑在这种场合中已十分老练。

就这样，苏格兰的首府被“格子呢化了”，以迎接其国王，而国王本人也穿着同样的服装来参与这次凯尔特的盛会。在访问的高潮阶段，国王还郑重地邀请聚集在一起的权贵们祝酒，不是为了现实或历史中的精英，而是为了“苏格兰的克兰与族长们”。连司各特所钟爱的女婿J. G. 洛克哈特（他是传记作家），都被这种集体的“幻觉”迷惑了，他写道，在这种幻觉中，苏格兰“夺目的、至高无上的荣耀”就体现在凯尔特的部族身上，而这些部族“一向只是苏格兰人口中无足轻重的一小部分”。论出身属于高地人的麦考莱勋爵说得更直接坦率。在19世纪50年代他写道，他并不怀疑高地服装历史悠久，但他的历史判断力无法容忍这些“有条纹的裙子”被追溯扩展到那些苏格兰的

文明部族。最后，他写道，这种荒唐的现代时尚

> 已经发展到了这样一个地步，一旦超越现阶段便难以维系。在圣鲁德①临朝听政的前任英王认为，对于统一前的苏格兰习俗，他拿不出更能彰显其敬重之情的方法，只能将自己也打扮成这样，而这副打扮在统一之前会被十之有九的苏格兰人视为窃贼的服装。②

"超越现阶段便难以维系……"麦考莱低估了"幻觉"的力量，它可以靠一种经济利益维持。司各特可以重新找到平衡——他很快便真的找到了，1822年的闹剧已经赋予了格子呢工业新的动力，并激发了新的幻想来服务于这个工业。于是，我们走到了创造高地神话的最后一个阶段：以可怕的、服饰的形式，重构并扩张1745年后实际已经消亡的克兰体系。这一时期的两位关键性人物是两个最难以捉摸、最具魅力的人，他们曾经沉溺在对凯尔特的嗜好中。此二人即艾伦兄弟。

艾伦兄弟来自一个与海军有着密切联系的家庭。他们的祖父，约翰·卡特·艾伦，曾是白色舰队的海军上将。其子，即艾伦兄弟之父，曾在海军短暂服役；他们的母亲是萨里③一位博学的牧师之女。他们
31 的父亲是个爱空想的人，他的一生神秘莫测。他似乎主要生活在国外，尤其是在意大利。两兄弟的早年生活没有留下记载。我们可以肯定的是，他们在许多领域都是有天赋的能手。他们用司各特的风

① Holyrood，位于苏格兰的爱丁堡。——译注
② 麦考莱：《英国史》（Macaulay, *History of England*），第13章。
③ 英格兰东南一郡。——译注

格写作浪漫主义诗歌;他们通晓多门语言,尽管显然是通过自学;他们是技艺高超的绘图员、木雕师、做家具的工匠。他们能言善辩,拥有非凡的社交魅力,这使他们能在上流社会中应付自如。无论做什么,他们都能满怀热情地做得细致周到。他们何时第一次在苏格兰抛头露面并不为人知晓,但在1822年的国王访问期间,他们和其父显然都在这里,或许早在1819年他们就已经在苏格兰了。1819年至1822年是为国王访问做准备的阶段。也正是在这一期间,班纳克波恩的威尔逊与儿子公司在设想一个关于高地克兰格子呢的计划,伦敦的高地社团与该公司联合,考虑出版一本关于高地克兰格子呢的、配有大量插图的书籍。① 我们有理由认为,艾伦家族此时与威尔逊和儿子的公司发生了接触。

在随后的几年中,两兄弟在国外度过了一段时间,但偶尔也出现在苏格兰的大贵族家中或时尚的社交聚会中,穿戴上(如一位英国观察者所说)"一切高地服装中可能有的奢侈品——各式各样的小坠饰、零挂件、假勋章以及俗丽的装饰"。② 一位来访的俄国贵族在阿勒泰尔(Altyre)的戈登·卡明家族的府邸,看到两兄弟佩戴着各式勋章、象征爵士身份的标志,十分华丽。现在他们已经把名字苏格兰化了,首先是艾伦,然后经过海·艾伦的过渡,最后成了海;而且他们让人们相信自己是刚去世不久的海氏,即埃柔伯爵(earl of Errol)的后人。因为埃柔伯爵生前一直是单身,两兄弟大概给他制造了一桩秘密婚姻;但二人的这种"自称"从未被明确的断言所削

① 这个计划的一部分可见于伦敦高地社团的手稿中,存于苏格兰国家图书馆,第268保管室,第15箱,未注明日期,但水印为1818年。

② 《伊斯特莱克夫人的信札与日记》(*Letters and Journals of Lady Eastlake*[1895]),第1卷,第54—55页。

弱。据沃尔特·司各特爵士回忆，曾看到两兄弟中的哥哥佩戴着苏格兰保安长官（这一职位是由埃柔家族世袭的）徽章，“这个徽章就像王冠一样，是他无权戴的”。① 而佩戴者可能回答，他恰恰就是有
32 权戴的。

两兄弟的大部分时间在最北部度过，在那里，莫里伯爵（earl of Moray）给了他们达尔纳威森林的放牧场，于是二人成了猎鹿能手。他们从不缺乏贵族恩主。精明实际的低地“改良派”也被他们迷住了，比如托马斯·迪克·劳德爵士（他的妻子在埃尔金郡有一处地产）。1829年，两兄弟向劳德爵士透露，他们拥有一份重要的历史文献。这是一份手稿，（他们说）曾经为罗斯主教约翰·莱斯利所有，此人是苏格兰玛丽女王的心腹。而将这份手稿交给他们父亲的正是“小王位觊觎者”美亲王查理。这份手稿名为《苏格兰的衣橱》，其中描写了苏格兰各家族的克兰格子呢，手稿上还标明这是一位叫理查德·厄克特的爵士的作品。莱斯利主教记下了他自己拥有时的日期1571年，当然手稿应是更早的作品。兄弟两人解释说，正本在伦敦，在其父手中，他们给迪克展示的是自己所拥有的一份“粗糙的副本”，这个副本显然最初也是出自克罗马蒂的厄克特家族。劳德爵士对这一发现感到十分激动。不仅是文献本身很重要，而且它也为各种独特的克兰格子呢提供了一个古老、可信的证据，同时它还表明这种格子呢在高地和低地都被穿用过：这是个令低地家族满意的事实，他们正渴望掺

① 应该说并非兄弟二人首先声称他们是埃柔伯爵的后人。当他们的祖父、海军上将约翰·卡特·艾伦在1800年去世时，他的讣告作者写道，“他不仅和索尔兹伯里侯爵夫人以及德文郡侯爵有关系，而且据希尔斯伯勒勋爵所言，埃柔的头衔属于他，因为他是老海伯爵的男性继承人”。参见《绅士杂志》(*Gentleman's Magazine*[1800])，第1021页。索尔兹伯里侯爵夫人、德文郡侯爵和希尔斯伯勒勋爵都是希尔家族的成员。

和到这一潮流中去。[1]于是，劳德爵士做了个抄本，两兄弟中的弟弟还热心地为他阐释原文。尔后，他致信沃尔特·司各特爵士，像所有遇到这种情况的“聪明人”一样，他力劝出版这一文献，以改造为数众多的“粗俗、伪造的现代格子呢，这些格子呢每天都被生产出来，并以具体的姓氏命名，被人们当成名副其实的东西穿着”。

司各特在古典文化方面的修养现在又体现了出来，他没有被欺骗。手稿的历史与内容，两兄弟的品质，对他来说都是可疑的。他并不相信低地人曾穿过克兰格子呢，他怀疑这是一起格子呢制造者的 33
诈骗。他坚持，起码要将原始的手稿送交大英博物馆的专家。劳德爵士听从了这个建议，两兄弟中的哥哥也欣然同意；但研究的计划最终搁浅，因为此时后者制造了一封其父的来信，署名为“J. T. 斯图亚特·海”，信中甚至对其子提到这个文献都严厉斥责，（他称）除了力图恢复一个无可挽回的世界乃是徒劳无益的以外，这个手稿根据“它留在空白页上的私人备忘录也永远不能展现在世俗者的眼前”。“至于沃尔特·司各特爵士的意见，”信的作者说，“因为我从未听说古文物研究者们认为它有什么价值，所以我对此毫无兴趣。”[2]这是要使阿伯茨福德的圣人[3]无话可说。

被司各特的权威打败之后，兄弟两人又退隐到了北部，逐渐完

① 比如，道格拉斯侯爵于1800年左右向伦敦高地社团申请去看看他家里是否有“什么特别的格子呢”。他承认，“他们已经很久不穿它了，因此现在必定很难发现”；但是他希望能发现……（伦敦高地社团的手稿，第1箱，第10号）

② 迪克·劳德与司各特的通信，以及迪克·劳德手中的《苏格兰的衣橱》的抄本，现在都保存在温莎的王家档案馆中，这个抄本由它的拥有者、迪克·劳德的曾孙女格里塔·莫里特小姐于1936年献给玛丽王后。抄本的一部分出版于《沃尔特·司各特爵士日记》（*Journal of Sir Walter Scott*,ed. D. Douglas,2nd edn［1891］），第710—713页。更详细的内容刊载于斯图尔特：《古老罕见的苏格兰格子呢》。这些文献以及下面［边码］第40页的征引得到了女王陛下的准许。

③ 这里应指司各特，因为阿伯茨福德是司各特的故乡。——译注

善他们的形象、技能以及他们的手稿。此时他们又找到了一位新的恩主，洛瓦特勋爵，此人是出自弗雷泽家族的天主教首脑，他的祖先于1747年死在断头台上。他们还采用了新的宗教信仰，宣称自己是罗马天主教徒，并有了新的更高贵的出身。他们抛弃了海姓，而采用了王室的斯图亚特姓氏。哥哥称自己为约翰·索别斯基·斯图亚特［约翰·索别斯基（John Sobieski）是波兰的英雄国王，是“小王位觊觎者”的外曾祖父］；弟弟变得和“小王位觊觎者”一样，叫查理·爱德华·斯图亚特。现在他们从洛瓦特勋爵手中获得了埃林爱加斯（Eilean Aigas）的地产，这是一栋富有浪漫色彩的小房子，位于因弗内斯的波力河（Beauly River）的小岛上，他们在那里建起了一个微型的宫廷。他们被当成“王子”，坐在宝座上，主持着严格的礼仪，接受拜访者给予他们的对待王室般的敬意，他们还向拜访者们展示了斯图亚特王族的遗物，并暗示上锁的契据箱中放着秘密文献。他们在宅邸的门前建起了王室的武备；当他们乘船逆流而上，去位于埃斯卡达勒的天主教堂时，王室的旗帜就在小舟的上方飘扬；他们的印章也是一方玉玺。

34 1842年，兄弟二人正是在埃林爱加斯最终出版了他们著名的手稿《苏格兰的衣橱》。它以豪华精装本问世，仅印了五十册。一系列格子呢的彩图第一次得以出版，其中也成功地克服了技术上的困难。这些插图是用“机器印刷”的新工序制成的，用五十年之后的一位学者的话说，“从制作的美观与细节的精确来看，后来发明的彩色印刷方法都没能超过它”。担任编辑的约翰·索别斯基·斯图亚特撰写了一篇高深的评论，并提供了证明此手稿之真实性的新证据：莱斯利主教自传的“摹本”在其中，而且还有他为此手稿开的收条的复件。他说，这个稿本与新近发现的第二个稿本“仔细校对过”，第二个本子是由一位不知姓名的爱尔兰僧侣在一座西班牙修道院（不幸的是，这座修道院后来被毁坏了）发现的；此外还引用了洛瓦特勋爵最近得到的另一个本子，尽管这个本子曾不幸一度被带到了美洲并在那里丢失；但它一直被努力地寻找着……

由于《苏格兰的衣橱》一书销售量极其有限，它的出版鲜为人知。此时司各特已经离世，迪克·劳德尽管仍“相信”此书，但对此闭口不谈。如果他曾经细看过印出来的各种格子图案，他可能会惊讶地注意到，与两兄弟中的弟弟为他抄写的副本相比，图案被大加修改了。然而，事实很快表明，已出版的《苏格兰的衣橱》仅是一个初步的篇章，它要为一项规模更为宏大的原创性作品提供合法性依据。两年后，两兄弟出版了更为华丽庞大的一卷，这显然是几年研究的成果。这个巨大的对开本被作者配以大量的图片，此书乃是献给巴伐利亚国王路德维希一世的，因其是“欧洲天主教艺术的复兴者”，书中还包含一篇以盖尔语和英语写作的言语夸张的致辞，献给“高地人”。从扉页上看，此书在爱丁堡、伦敦、巴黎、布拉格等地出版，书名为《克兰的装束》。

《克兰的装束》是一本非凡的著作。从纯学识的角度看，它使得先前关于这一论题的所有研究都显得微不足道。它引用了最鲜为人知的材料，苏格兰的和欧洲的，写出来的和口述的，手稿以及印刷品。它利用了艺术、考古学，还有文学。半个世纪之后，一位严谨博学的苏格兰古文物研究家把它描绘成“勤奋与才干的完美奇迹”[1]，研究
此问题最出色的现代学者称这本书为“一部不朽的著作……是建构 35

① 斯图尔特：《古老罕见的苏格兰格子呢》。

一切高地服装史的基石之一”。[1] 此书的确是有才气的,也是重要的。作者承认,褶裙是现代的发明(他们毕竟在格兰格瑞的迈克唐奈尔家待过)。他们所说的东西没有什么能马上让人提出质疑,然而另一方面,也没有什么能让人相信。这本书让人感到充满了纯粹的幻想与赤裸裸的伪造。文学的幻象被认真地拿来当成权威的论据。奥西恩的诗歌被用作史料,还引用了一些难以捉摸的手稿。这些史料包括“奥西恩原创诗歌的大量抄本,以及其他许多有价值的盖尔语手稿”,这些手稿是新故的沃森爵士从杜埃[2] 获得的,但可惜现在看不到了;还发现了一部14世纪的拉丁文手稿以及其他一些手稿,而发现手稿的那座西班牙修道院现在已不幸被毁坏了;当然,《苏格兰的衣橱》一书现在根据“内证”被断然归为15世纪末的著作。手工着色的插图展现了那些不朽的雕塑与古代的肖像画。有一幅“小王位觊觎者”穿着高地服装的肖像,是从“作者收藏的原作”复制而来的。

《克兰的装束》不仅是一部体现了古文物研究者学识的著作,它也有自己的论点。这个论点是,独特的高地服装乃是中世纪之普遍装束存留下来的遗迹,16世纪,这种服装在欧洲其他地区都被取代了,而唯独在这个世上被遗忘的角落中保存下来,虽材质变差,但尚能辨认出来。因为,在中世纪(据作者说)凯尔特苏格兰曾是超越民族的基督教欧洲中一片欣欣向荣的土地:一个富裕、文雅的社会,大陆的启迪教化与奢侈品在这里孕育出了部族首领的豪华王宫(多亏了赫布里底群岛先进的制造业)。遗憾的是,这个富庶的文明未能存续下来:到中世纪末期,那些嗡嗡响的赫布里底群岛的织机,那些辉煌的

① 邓巴:《高地服装史》,第111页。

② 杜埃是法国北部亚眠城东北一小镇。——译注

岛上王宫，莫尔岛、伊斯雷岛和斯开岛“高度发展的思想”，均已衰落了；高地自此一直隔绝于世界；它们的社会变得贫困、封闭，人们的服装变得单调简陋。只有《衣橱》一书，两兄弟的伟大发现，通过展现原初的克兰格子呢图案的精美华丽，而打开了一扇狭小的窗户，它通向现今永远消逝的灿烂文化。作者表示对于现代那种单单复兴昔日装束的企图不感兴趣，因为这样的装束脱离了它所从属的凯尔特文化。 36
这种企图会使之成为纯粹空想出来的服装。唯一真正的复兴是使过去整个重现——就像斯图亚特兄弟过的生活一样，写诗、猎鹿，在波力河的岛屿上维持着他们自己部族式的王宫。像普金[①]一样（他试图复兴的不仅是哥特式的建筑，而是它背后整个想象中的文明），“索别斯基·斯图亚特兄弟”（就按他们通常的称呼）试图复兴的也不仅是高地装束，而是整个想象中的高地文明；他们通过大胆的虚构，对历史粗暴的篡改来达到这一目的，这就像对“奥西恩”的伪造一样。

遗憾的是，《克兰的装束》在学术界从未受到批评，甚至注意。在可能产生批评之前，两位作者就已经犯下了严重的战略上的错误。1846年，他们几乎是重蹈覆辙，又公然声称他们有王室血统。这回的做法是，他们以浪漫但一目了然的名字写作了一系列短篇故事，并表示要揭示历史真相。这部作品名为《百年传奇》：这一百年是从1745年至1845年。这些故事的主旨在于：斯图亚特家族的血脉没有断绝；“小王位觊觎者”之妻在佛罗伦萨曾生下了一个合法的子嗣，由于担心这个婴儿被汉诺威王朝派来的人杀害，便把他托付给了一名英国海军上将照料；此人视之为己出，将其抚养长大；他长大成人后又有了两个孩子，此二子曾为拿破仑在德累斯顿、莱比锡和滑铁卢打过

① Pugin（1812—1852），英国建筑师。——译注

仗，因两人骁勇善战，拿破仑曾亲自为他们授勋，后来他们退居祖国悉听天命，现在他们力图重建古代的社会、风俗与装束。旁征博引的脚注（其中又引用了斯图亚特家族未列入目录的文献，无法核实的德文与波兰文文献，以及“我们所拥有的手稿”），为这段历史提供了支持它的证据。

就在此时，一位隐藏的敌人出击了。以对《衣橱》迟来的评论为掩饰，一位匿名作者在《评论季刊》上发表了一篇文章，不遗余力地
37 揭露了两兄弟所谓的王室血统是假的。① 两兄弟中的兄长努力回应。这个回应在语气上是严肃有力的，但实质上是虚弱的。②两兄弟的学术工作现在受到了致命的损害；在埃林爱加斯的家园也突然破碎了；在随后的二十年中，两兄弟在国外，在布拉格和普勒斯堡（Pressburg），仍维持着在国内已遭重创的自命的王子身份。同年，维多利亚女王买下了巴莫拉尔宫③，真正的汉诺威王朝取代了苏格兰高地消逝的、虚幻的詹姆斯二世党人的王朝。

在经济史中，我们常看到勇敢、富于想象力，有时甚至空想的先行者破产毁灭，尔后他的事业被一位更平凡的企业家接管并取得了成功。索别斯基·斯图亚特兄弟一直未从1847年的曝光中恢复过来。他们有个人魅力，待人和善，举止威风但并不伤人，这确保了他们从不缺乏信奉者，但尽管如此，《评论季刊》上那篇致命的文章总是被人

① 《斯图亚特的后嗣》，《评论季刊》（‘The Heirs of the Stuarts’, *Quarterly Review*, 1xxxii［1847］）。当时，这篇文章的作者常常被确信为J.G. 洛克哈特、J. W. 克罗克、斯坦厄普勋爵和詹姆斯·丹尼斯顿，可能还有其他人。实际上，此文乃乔治·斯基恩所作，他是格拉斯哥大学的教授，是研究凯尔特的学者W. F. 斯基恩的兄长。

② 这个回应由布莱克伍德和桑斯出版社出版（爱丁堡，1848）。攻击与回应随后由爱丁堡的洛里默与吉利斯出版社一起再版（没有日期）。书是秘密印刷的，明显是为了索别斯基·斯图亚特兄弟的利益。

③ 苏格兰港市阿伯丁中一城堡名，后成为女王在苏格兰的离宫。——译注

引用来反对他们。然而，他们的工作并没有被白白地浪费。《衣橱》或许不可信，《克兰的装束》也被人忽视，但他们所设计的假克兰格子呢被伦敦的高地社团继承吸收（没有提及他们不光彩的名字），并成为一种保持苏格兰格子呢工业繁荣的手段。壮志凌云的索别斯基·斯图亚特兄弟的平凡的后继者是詹姆斯·洛根（James Logan），他获得了更持久的胜利。

詹姆斯·洛根是阿伯丁人，他年轻时，在玩高地游戏时曾遭受过他所谓的“极可怕的创伤”。掷出的重达十七磅的铁球正好砸在他的脑袋上，结果，如他后来所解释的（这样解释是为了使人原谅某些他未详说的过错），“我的头骨几乎粉碎了”，四平方英寸的头骨被换成了一块金属片。① 尽管遭遇这样的挫折，洛根还是成了高地传统的爱好者。1831年，经过了一次贯穿苏格兰的大范围的徒步旅行后，他出版了一本名为《苏格兰盖尔人》的书，献给威廉四世国王。在这本书中，他重复了近来所有的高地神话：奥西恩诗歌的真实性、褶裙古老悠久、克兰格子呢各不相同；并且宣称，他自己正在“酝酿一部著作， 38
专门研究格子呢与徽章，配有插图”。到此时，洛根已使自己在伦敦获得了承认，而且高地社团很赏识他的书，立即推选他担任该社团的主席，并承诺资助他计划写作的关于格子呢的书籍。最终，这部书出版于1843年，即《衣橱》问世的次年。书名是《苏格兰高地的克兰》，配有大量插图，并且有R. R. 麦克伊恩描绘的七十二幅图画，画中不同克兰的人穿着他们各自独特的格子呢。

索别斯基·斯图亚特兄弟可谓有些真才实学，其贵族风范也并非完全是伪装出来的，他们与缺乏批判力的、平民化的詹姆斯·洛根之

① 伦敦高地社团的手稿，第5箱，洛根致社团主管委员会（未注明日期）。

间似乎没有什么直接的关系。但是，索别斯基·斯图亚特兄弟无疑与格子呢制造商有联系，并且向制造商和克兰族长们都反复提出过对他们的格子呢的意见，这一切可能早在1819年就发生过。我们还知道，最大的制造商，即威尔逊和儿子，与洛根有联系，他们仅仅把洛根看作一个代理人，有时还用他们自己更丰富的知识来纠正他著作中的错误；因此，他们显然是在运用他们认为更具权威的东西。因而，洛根的著作可能从头到尾都直接或间接地从索别斯基·斯图亚特兄弟的幻想中汲取了养料。结果，索别斯基·斯图亚特兄弟的《衣橱》首先出版。洛根在他的书中赞颂了“约翰·索别斯基·斯图亚特新近的精彩著作”，他的作品显然吸收了前者，尽管他用细节上的些许差别来充分论证，其作品乃是一部独立的著作。实际上，就像后来的一位学者写到的，洛根的许多格子呢都是“从《苏格兰的衣橱》的设计中偷偷复制而来的”。[①]

洛根在选择时机上很幸运。洛根的对手索别斯基·斯图亚特兄弟，克兰格子呢真正的发明者，因冒充王室后裔被曝光而声誉扫地，而恰在此时，维多利亚女王对于高地的崇拜给克兰格子呢带来了新的推动力，正如埃德温·兰西尔爵士[②]和他的游猎向导约翰·布朗促进了高地风景与高地牲畜业的发展。1850年出版了不下三种关于克兰格子呢的著作，它们都明显但悄然地借鉴了声名狼藉的《衣橱》一书，《衣橱》的“编辑者们”曾试图出版一个廉价的版本，但最终失败。詹姆斯·布朗将军的《高地历史与高地克兰》是这些著作中的一本，它后来变成了权威的著作，此书包含了二十二幅平版印刷的格子呢

---

① 斯图尔特，前引书。

② Sir Edwin Landseer（1802—1873），英国画家与雕塑家，以画动物闻名。——译注

彩色插图，这些图不加注解地取自《衣橱》。[1]19世纪剩余的岁月中，许多关于克兰格子呢的书陆续出版。它们全都深深地得益于（直接 39
地或间接地）《衣橱》一书。

这一定会令1868年返回英国的索别斯基·斯图亚特兄弟感到怄气。他们此时极度穷困，但一如既往地继续扮演着他们所选择的角色。他们居于伦敦，进入社交界时仍佩戴着那些值得怀疑的勋章与装饰；此外他们在大英博物馆的阅览室也很出名，他们在那儿订了一张专供其使用的桌子，而且“他们的笔、裁纸刀、镇纸等物品上都有微缩的金色王冠”。[2]1872年，有人请求女王救济这两位所谓的贫困的同族，但人们援引《评论季刊》上的评论抨击此二人，结果这项请求以失败告终。[3]1877年，独居人世的弟弟试图不具名地恢复他们的头衔，但又一次因人们提及《评论季刊》的文章而被压制。[4]就像济慈一样，可以说这兄弟二人也是为《评论季刊》所害：其实，很多人认为，他们是被同一个人置于死地的。[5]不过，两兄弟从不缺乏信奉者；他们的朋友始终支持他们；他们死后，洛瓦特勋爵让他们埋葬在埃斯卡达勒的教堂附近，当他们生活在浪漫的埃林爱加斯的岛上家园时曾去过这个教堂一次。后来，他们的私人财产被出售，维多利亚女王还对此表示了兴趣，但并没有从这些财产中发现斯图亚特王族的遗物、画作、小画像、地契或手稿。也没有任何人曾看到过带有莱斯利主

---

① 斯图尔特，前引书。

② 《英国人名辞典》（D. N. B., art cit）。

③ 温莎城堡手稿，P.P. 1/79。

④ 《注解与质疑》（*Notes and Queries*［July—Dec.1877］），第92、158、214、351、397页。信札上都写着“愿灵安息”，显然出自查理·爱德华·斯图亚特。

⑤ 曾撰写过对济慈的臭名昭著的攻击文章的J. G.洛克哈特，被一些人错误地当成揭露索别斯基·斯图亚特兄弟一文的作者。

教批注的《苏格兰的衣橱》的原本，或那个有趣的私人备忘录（据传由手稿的前一位主人“小王位觊觎者”写下，传给其子，其子“J. T. 斯图亚特·海”，亦即“詹姆斯·斯图亚特，奥尔巴尼伯爵”，乃是我们那对传奇英雄之父，此人愈加传奇）。①

本文始于论述詹姆斯·麦克弗森，终于索别斯基·斯图亚特兄弟。在这三位高地传统的制造者之间有很多相似之处。他们都幻想凯尔
40 特高地过去曾有一个黄金时代。他们都声称他们有文献上的证据。他们都创造了文学上的幻影、伪造的文本与虚假的历史，来支持他们的理论。他们都开启了一项于他们死后在苏格兰兴旺的工业。他们都很快被曝光，但都对这种曝光置若罔闻，并平静地转向其他的追求：麦克弗森转向了印度政治，索别斯基·斯图亚特兄弟转向了国外的虚幻生活。

但他们之间也存在巨大的差异。麦克弗森是一个世俗的恶棍，无论是在文学还是在政治方面，其目标都是金钱与权力，而且他在追逐目标时残忍、果断，不达目的决不罢休。索别斯基·斯图亚特兄弟则和蔼可亲，有学者风范，他们赢得信奉者，靠的是他们那种一目了然的单纯；他们更像是异想天开的人，而不是造假者。他们也是诚心诚意地生活在自己的幻想中。与麦克弗森不同，他们在贫困中死去。他们所创造的财富留给了各式各样的克兰格子呢的制造商，从得克萨斯到东
41 京，真正的和所谓的苏格兰人都怀着对宗教的热情穿着这些格子呢。

---

① 关于退役的皇家海军上尉托马斯·艾伦，即索别斯基·斯图亚特兄弟的父亲，无法发现任何材料。他后来的名字与头衔只记载于其子的作品或伪造品中，对他们来说，其父的名号头衔是家谱中必须有的。我们并不知道这位父亲是否在其子弄虚作假的过程中扮演了某种角色。他显然是位隐士。他于1839年（并非是《英国人名辞典》所说的1852年）死于克勒肯威尔（Clerkenwell），此后其长子自称奥尔巴尼伯爵，长子死后，次子又继承了这一称号。

第三章

从衰亡到景致：浪漫主义时期对威尔士历史的追寻

普赖斯·摩根

快活的威尔士和它的逝去

当人们关注18世纪和19世纪初期的威尔士文化生活时，就会惊讶于这样一个悖论：一方面是旧的生活方式的衰微或死去；另一方面是对威尔士事物之兴趣的前所未有的迸发，并且人们非常自觉地行动起来保存或是发展它们。威尔士历史学家彼得·罗伯茨[①] 于1815年写作了一本有关昔日生活方式的研究概略，在其中他注意到：

当由于政治或是其他原因，一个民族的生活方式和习俗总

① 本章提到的绝大多数人物在《直至1940年的威尔士人物传记辞典》(*The Dictionary of Welsh Biography down to 1940*［London, 1959］)中都有描述，但彼得·罗伯茨则见于该辞典的威尔士语补遗（伦敦，1970年）中。

> 体上已经历了巨大变化时，对于它们在过去的岁月中曾是何种样子的考察就变得有意思了。[①]

威尔士几乎所有别具一格的习俗“现在都已完全被抛弃”，而且一些德鲁伊特教（druidic）的信仰从来也没有被相信过。尊敬的约翰·宾（John Byng）于1784年和1793年两次访问了巴拉，他抱怨，“十年中人们的生活方式似乎变了个样”。威尔士喜庆活动的特征已经消失了，威尔士人已变得与英格兰人一样，由此对于旅行的好奇都消失了。[②] 衰微和复兴令人惊奇地相互混合，因为往往那些抱怨衰微的人就是带来复兴的人。R.T.詹金斯指出，18世纪与其说是循道宗复兴（Methodist Revival）的世纪，不如说是充满各种复兴的世纪：教育的、农业的、工业的和文化的复兴；威尔士文艺复兴或古文物的复兴，确实是其中最具独创性的，如果不是最大规模的话。[③] 在这一时期，
43 威尔士学者和爱国者重新发现了过去，发现了历史、语言和文化的传统，而且在那些缺乏传统的地方，他们创造出了一种从未存在过的过去。浪漫主义的神话制造在威尔士持续了很长时间，在它以后的历史中留下了永恒的印记。

那些注意到衰落现象的学者正是重新创造过去的人，对这一事实并不存在严重的分歧。爱德华·琼斯（1752—1824），是乔治四世做

---

① 彼得·罗伯茨：《威尔士民间风俗》（Peter Roberts, *Cambrian Popular Antiquities* [London, 1815]），导论。

② C.布鲁因·安德鲁斯编：《托林顿日记》（C. Bruyn Andrews [ed.], *The Torrington Diaries* [London, 1936]），第3卷，第254—255页。

③ R. T.詹金斯：《18世纪威尔士历史》（R. T. Jenkins, *Hanes Cymru yn y Ddeunawfed Ganrif* [Cardiff, 1928]），第2、104—134页；参看E. D.埃文斯：《1660—1815年的威尔士史》（E. D. Evans, *A History of Wales 1660—1815* [Cardiff, 1976]），第231—250页。

亲王和国王时的竖琴师，他在论述威尔士音乐的《吟游诗人博物馆》一书中感叹道：

> 民族的吟游技艺和威尔士风俗的突然衰落，在很大程度上应归咎于狂热的江湖骗子们，或者粗俗无知的传教士们，这些人往往被容许在整个国家横行，使平民中的大多数偏离了他们合法的教会组织；并劝告他们中止其原有的无害的娱乐，如唱歌、跳舞，以及其他农村体育项目和游戏，而在此之前，这些是他们从古以来就已习惯从中获得快乐的活动……结果，以前曾是世界上最快乐、最幸福的国家之一的威尔士，现在属于最乏味的国家之列。①

爱德华·琼斯于1784年至1820年间出版了各种有关威尔士音乐的书籍，由此他成了下列人士中的一员，他们将威尔士文化从一个正在衰落但又不自觉的幸存状态转变为有意识的复活，结果，尽管其中经常有伪造的现象，但绝不乏味。

极少数威尔士学者长久以来就已注意到威尔士独特生活方式的消失。在16世纪，与天主教有密切联系的当地文化大部分消失了，而此时并没有一种独特的威尔士新教文化来完全取代它，当地法律体系被废除了，诗歌比赛制度也萎缩了，旧的语言亦被行政当局禁止使用，而且尽管官僚阶层仍然说威尔士语，但他们的举止已变得英格兰化了，或者说他们已接近西欧的行为模式了。衰退在17—18世纪仍

---

① 爱德华·琼斯：《吟游诗人博物馆》(Edward Jones, *The Bardic Museum* [London, 1802])，导论，第xvi页。

然持续，但是关键阶段要到18世纪才到来，因为在那之前，学者们往往能如此安慰自己，即认为旧文化中的许多东西在普通人中仍然保留着。关键阶段首先是以自信的丧失为标志的。威尔士的年鉴作者和辞典编纂者托马斯·琼斯于1688年说：

> 语言与统治权一样……都有一定的时间；它们有自己的初
> 44 创期、基础和起点，它们的发展和不断纯洁与完善；还有扩散和传播；它们的坚实状态；以及它们的老年、衰落和灭亡。
>
> 于是，它已讨好上帝以使其将我们看作不列颠人；因为这漫长的岁月已使我们丧失了力量，并且腐蚀了我们的语言，而且几乎已将我们从历史记载中抹去。①

最后一句是关键的，因为丧失自信的核心就是历史感的丧失。约翰·范布勒爵士② 在戏剧《伊索》(大约1697年)中，让伊索与一位以聪明闻名的威尔士预言者奎因特相遇，后者在解释自己的职业时说到他的母亲是一位“威尔士妇女”——

> 伊索：一位威尔士妇女？请问那是一个什么国家？
>
> 奎因特：先生，那是一个位于世界背面的国家，在那里每个男子都生而是绅士和系谱学家。③

---

① 托马斯·琼斯：《光辉灿烂的英国语言》(Thomas Jones, *The British Language in Its Lustre* [London, 1688])，序言。

② John Vanbrugh (1664—1726)，英国戏剧家、建筑师。——译注

③ B.多布雷和G.韦伯编：《约翰·范布勒爵士文集》(B.Dobrée and G.Webb eds., *The Works of Sir John Vanbrugh* [London, 1927])，第2卷，第33页。

威尔士的形象是一个古雅的偏远之地，在那里，穷得几乎衣不蔽体的绅士们滔滔不绝地讲述着自特洛伊的埃涅阿斯①而下的未曾中断的家谱；它是一片始终落后的土地，它的民族拥有众多的名门世家，却没有民族史。

在更早以前的世纪中，情况并非如此。简而言之，较早的威尔士历史观有三个方面：有关他们作为一个民族的起源，他们如何改信基督教，以及他们本地君主的传记。最古老的部分是，证明威尔士人是不列颠群岛上最早的原始民族（因此有了托马斯·琼斯笔下的“不列颠人”）的一套神话或寓言故事。威尔士人通过一系列“不列颠岛的三题诗”缅怀其早期英雄的事迹，记述他们是如何击退一批批的入侵者，以及随后被打败又再次还击。②历史观的第二部分围绕着英国的基督教，它在罗马统治时期被引入，威尔士人通过抵抗撒克逊异教徒维护了基督教，其中出现了像安布罗修·奥勒良和亚瑟这样的英雄。在每一个地区，教堂或圣井将通过大卫这样的圣徒或其他凯尔特圣徒，而与这一中心思想相联。第三部分较为常见，它涉及的是本地君主的谱系。这些谱系追溯至各部落首领，或是像库内达③这样的罗马人的同盟军，或者，这些谱系从7世纪最后一个宣称是不列颠最高统 45
治者的威尔士国王，即神圣的卡德瓦拉德④，一直记述到1282年卢埃林二世去世。在18世纪中期，比尔斯地区人民被不公正地称为“比尔

① 特洛伊的英雄，传说中罗马城的创建人。——译注

② 雷切尔·布罗维奇：《不列颠岛的三题诗》（Rachel Bromwich, *Trioedd Ynys Prydein, the Triads of the Isle of Britain* [Cardiff, 1961]），以及《威尔士文学和学术中的“不列颠岛的三题诗”》（*Trioedd Ynys Prydein in Welsh Literature and Scholarship* [Cardiff, 1969]）。

③ Cunedda，不列颠东北部的沃塔底尼部落酋长，5世纪移居北威尔士。——译注

④ Cadwaladr the Blessed，公元7世纪威尔士北部的圭内斯王国的圣徒和统治者。——译注

斯的叛徒”,因为卢埃林是在这附近被杀害的。

在中世纪后期,这些不同部分便已经混杂到一起,并且产生了转变。在12世纪,蒙茂斯的若弗勒改编了旧的神话,并发明了一种威尔士传统;他强调不列颠人的特洛伊起源,不列颠从布鲁图斯① 那里获得自己的名字,而威尔士(Cymru)则得名于坎伯尔②。若弗勒的威尔士历史观到18世纪中期仍然被威尔士历史学家们顽固地坚持着,而这些爱国者的一个主要目的是:发现他们认为隐藏在若弗勒历史观之后的威尔士原型,并将其公之于众。这一时期的威尔士学者们也注意到了威尔士传统的另一个层面,即预言或救世层面,它将威尔士的过去放入未来之中。例如,埃文·埃文斯在1764年对威尔士吟游诗人传统的讨论中就很重视这个层面。③ 在早期凯尔特的社会中,先知或预言家预测未来,这是由吟游诗人行使的职能,而到1282年丧失独立以后,传说或预言文学就变得非常重要了。④

这种三个层面的本土历史传统,在16世纪时逐渐产生了变化。预言的成分衰退了,尽管亨利·都铎曾巧妙地利用传统来获取威尔士人的支持:他装扮成“欧文第二”⑤ 的救世主形象,另外,他作为卡德瓦拉德的后裔这一点,也被用来使都铎王朝宣称是不列颠最高统治

① Brutus,传说中曾统治不列颠的古代国王,据说是特洛伊王的后裔。——译注

② Camber,布鲁图斯的幼子,在布鲁图斯死后,他拥有威尔士的领土。——译注

③ 埃文·埃文斯:《早期威尔士诗歌的一些实例》(Evan Evans, *Some Specimens of Early Welsh Poetry*[London, 1764]),尤其是他的《论吟游诗人》(‘Dissertatio de bardis’)。

④ M. M.格里菲斯:《与英语相似的威尔士语早期预言》(M. M. Griffiths, *Early Vaticination in Welsh with English Parallels*[Cardiff, 1937]);格兰摩尔·威廉姆斯:《中世纪和都铎王朝时威尔士的预言、诗歌和政治》(Glanmor Williams, ‘Prophecy, Poetry and Politics in Medieval and Tudor Wales’, in H. Hearder and H. R. Loyn[eds.], *British Government and Administration*[Cardiff, 1974]),第104—116页。

⑤ 欧文·格伦道尔(Owain Glyndwr),威尔士历史上著名的英雄。——译注

者的说法合法化。对于其他人来说，亨利似乎象征了被期待已久的
亚瑟王再现世间。稍后，英国国教会把关于亚利马太人约瑟①创立英
国教会的威尔士神话据为己有，并且将其丧失独立的责任轻而易举
地归咎于诺曼人和罗马教皇，而不是英格兰人。②其他的威尔士传统 46
作为缺乏根据但亦非全然不可信的神话而被吸收，因为波利多利·韦
季尔③揭示出蒙茂斯的若弗勒笔下的历史中大部分内容都是传说。
于是，在这些攻击或改造之后，剩余的传统被英格兰学者作为早期英
格兰—不列颠历史而接受，因为他们希望将英格兰与不列颠的古代
相等同。④显然，迟至17世纪末，关于早期传统的零星碎片仍被当作
炉边故事而被记取，记录它们的载体包括安布罗修、梅林⑤、亚瑟王、
塔利辛⑥等人的广泛流传的民间故事，17世纪90年代与爱德华·路易
德（Edward Lhuyd）通信的一些人为此提供了证据。⑦这些传统的碎
片并没有形成一个有机的整体，但它们像从断裂的一串项链中滚落
的颗颗珍珠一样。有时候，关于威尔士早期历史的碎片被记录于歌
谣之中，比如在马修·欧文（Matthew Owen）的《威尔士史》中，就讲

① Joseph of Arimathea，耶稣的门徒。——译注

② 悉尼·安格洛：《早期都铎王朝宣传中的英国历史》（Sydney Anglo, 'The British History in early Tudor propaganda', *Bulletin of the John Rylands Library*, xliv［1961］），第17—48页；格兰摩尔·威廉姆斯：《有关早期英国教会史的一些清教观点》（Glanmor Williams, 'Some Protestant Views of Early British Church History', *History*, xxxviii［1953］, reprinted in his *Welsh Reformation Essays*［Cardiff, 1967］），第207—219页。

③ Polydore Vergil（约1470—约1555），意大利历史学家、神学家。——译注

④ T. D. 肯德里克：《古代英国》（T.D.Kendrick, *British Antiquity*［London, 1950］），第34—134页。

⑤ Merlin，威尔士古代著名男巫、预言家。——译注

⑥ Taliesin，生活于6世纪的威尔士诗人。——译注

⑦ F. V. 埃默雷：《1693年致爱德华·路易德的有关斯诺登山区的新描述》（F. V. Emery, 'A New Account of Snowdonia 1693 Written for Edward Lhuyd', *National Library of Wales Journal*, xviii［1974］），第405—417页。

述了威尔士人是如何冷漠地提到古代的失败。①

威尔士历史的丧失对于文化的其他方面有削弱的影响。确实，今天幸存的威尔士知识和学问的大量书面文本始于1550年至1700年间；G.J.威廉姆斯已注意到，这是因为抄写员和古物收藏者已意识到他们所熟悉的世界正走向终结，而且当世界变得越来越荒凉时，需要一种救难的英雄行为。② G.J.威廉姆斯还注意到，威尔士文人对于传统文化及它的象征、语言和语法的掌握能力在逐渐衰退，而且很多手写本的拥有者承认，尽管他们说威尔士语，但是对这些财产一无所知，除了知道它们可能是有价值的。托马斯·赫恩发现，不可能说服威尔士人将古老的威尔士手写编年史出版："他们都极其反感自己历史中令人沮丧的部分。"③ 英国抒情诗形式（虽然带有辅音的头韵）开始在诗歌中占主导地位，新教神学代替了传统象征和仍保留有传统诗句的典故。在18世纪初期，一位优秀的威尔士学者，即马特秦的约
47 翰·摩根，写信给爱德华·路易德的助手摩西·威廉姆斯（他曾一度担任皇家学会秘书）说，正像一个人没有古代典故辞典就不能读希腊和罗马经典一样，现在也需要一本有关威尔士知识的辞典，否则威尔士历史和文学将始终是不解之谜。

托马斯·琼斯（并非只是他一个人）于1688年提到上帝已"腐蚀了我们的语言"，而且越来越多的威尔士人开始称威尔士语为"古代

---

① Dafydd Jones, *Blodeugerdd Cymry* (Shrewsbury, 1759), p.150; and T. H. Parry-Williams (ed.), *Llawysgrif Richard Morris o Gerddi* (Cardiff, 1931), p.125.

② 就威尔士学术情况，我大量参考了G. J. 威廉姆斯（A. Lewis编）的《威尔士学术史的方方面面》(G. J. Williams, *Aspects of the History of Welsh Scholarship* [Cardiff, 1969])，处处皆是，尤其参见第83—84页。

③ 引自J. 戴维斯：《摩西·威廉姆斯的生活与工作》(J. Davies, *Life and Work of Moses Williams* [Cardiff, 1937])，第24—25页。

语言”，仿佛这种语言存在于一个衰老的国度。诗人和牲畜商爱德华·莫鲁斯称赞圣阿萨福的劳埃德主教（1688年七主教之一）学习威尔士语，而且用威尔士语说，它是“一种曾经很重要的、现被废弃的古老语言”，而“现在却像一只华彩尽失的老孔雀”。[①] 像威廉·理查兹这样的英格兰讽刺作家在他的《威尔士游记》（伦敦，1681）中希望这一语言尽快消失；认为它是“威尔士人”的“文理不通的语言”，现在只有下层社会才使用它。拉尼丹的亨利·罗兰在其撰写的安格尔西岛史中抱怨道：

> 最近，邻居的英语已经大规模地蚕食了威尔士语，英语成了我们优雅时髦的语言，我们曾使用的许多词汇都变得过时和没有用了，而它们在以前可能是我们语言中的精华和饰品。[②]

与威尔士的其他任何事物一样，语言是没有地位的，它是“不受重视的”（托马斯·琼斯1688年语）。大约1730年时，乡绅诗人休·休斯写信给大学者刘易斯·莫里斯，信中说道，这一古老语言的所有辩护者都已睡着了。[③] 威尔士语幸存了下来，并且通过英国国教会的祈祷书、威尔士语《圣经》和新教徒辩护教义的著作，而免遭解体为各种方言。但是它几乎没有现代化或者发展的机制，而且在其身后似乎没有真正的动力。正像詹姆斯·豪厄尔编纂的辞典（1659年）的图绘

---

① O. M. 爱德华兹编：《爱德华·莫鲁斯的作品》（O. M. Edwards [ed.], *Gwaith Edward Morus* [Llanuwchllyn, 1904] ），第21—24页。

② Henry Rowlands, *Mona Antiqua Restaurata* (Dublin, 1723), p.38.

③ 休·欧文编：《安格尔西的莫里斯兄弟的信件补编》（Hugh Owen [ed.], *Additional Letters Of the Morrises Anglesey*, 2 vols. [London, 1947—1949] ），第1卷，第13页。

扉页所显示的，它犹如一位受了惊吓的、野性的丛林女战士，与衣着华丽的英格兰或法兰西贵妇人形成对照。①

伊丽莎白时代威尔士新教首领的伟大著作与现代威尔士世俗
48 文化，例如现代世俗文学，并不完全一致。威尔士文人中仍然是守旧的吟游诗人（他们履行了历史学家、抄写员、图书管理员、使者、音乐家等职能）占统治地位，而当他们的文化显得与时代越来越没有关联时，吟游技艺也就逐渐消亡了。在那些半数是威尔士人的邻近地区，吟游技艺似乎衰微了，而在完全是威尔士人的地区，则或多或少还保留一些；1660年以后，在格拉摩根郡没有几个职业吟游诗人了，1640年以后，在蒙哥马利郡也很少有了，甚至在遥远的莱恩半岛，如果我们遵照穆尔丁·法尔德的《早期莱恩地区诗歌》的说法，1640年的最后一位吟游诗人和1800年出现的一位军舰上的业余吟游诗人之间也存在着差距。②在梅里奥尼斯郡，最后一位保持旧有方式的家喻户晓的吟游诗人，是南瑙地区的约翰·戴维德·拉斯（1690年），但是必须记住的是，南瑙和邻近地区的绅士们迟至19世纪初期仍在作为业余爱好者而写作威尔士语诗歌（为自己写作，也为了出版）。在18世纪初年，不再能找到工作或是已不受欢迎的吟游诗人们对当时的变化颇感愤懑，像约翰·普理查德·普赖斯这

① 詹姆斯·豪厄尔：《特塔格洛顿辞典》（James Howell, *Lexicon Tetraglotton* [London, 1659]），其中有一部分是关于威尔士谚语的。

② G. J. 威廉姆斯：《格拉摩根郡的文学传统》（G. J. Williams, *Literary Tradition of Glamorgan* [Cardiff, 1948]）；伊妮德·皮尔斯·罗伯兹：《波伊斯文学史概要》（Enid Pierce Roberts, *Sketch of Powyss Literary History* [Denbigh, 1965]）；穆尔丁·法尔德：《早期莱恩地区诗歌》（Myrddin Fardd, *Early Poets of Lleyn* [Pwllheli, 1905]）。

样的人在其《宗教娱乐》中“连篇累牍地”发出无助的愤怒。① 威尔士的大人物们不再支持本地文化，因此“艺术衰落了，语言老化了，而所有这一切都是因为其自身的缺点，结果它们被引入歧途，直至走向毁灭的边缘”。② 小绅士或普通人中的业余爱好者仍然活动，而出版成册的诗歌则没什么价值。吟游诗人们回顾刚刚逝去的过去，那时他们为从显贵至农民的整个社会吟唱，所有人都参与到愉快欢乐的生活中去，整个生活方式是和谐的。辛辣的讽刺作家埃利斯·温，一位出身小绅士的教士，对吟游诗人没有任何喜爱之情，但是也憎恨社会中的现代因素，并像约翰·普理查德·普赖斯一样感觉到了社会中的某些真空：他描述了那些“严重开裂的领主宅邸”，其主人已前往英格兰或是法国，“到那里去寻找某种他们在家里更容易找到的东西”，结果古老的家族将房屋遗弃给了猫头鹰、乌鸦和 49
喜鹊：

> 那里有大量这样荒弃的领主宅邸，若不是由于普赖德，这些宅邸原本可以像往昔一样，成为最优秀的人出没之地、弱者的庇护处、获取和平与一切美德的场所，并且是成千个围绕它们的小房舍的幸事。③

---

① 格温·托马斯：《17世纪北威尔士的威尔士语诗歌传统之变化研究》(Gwyn Thomas, ‘A Study of the Change in Tradition in Welsh Poetry in North Wales in the Seventeenth Century’［Oxford D. Phil. thesis, 1966］)。

② 约翰·普理查德·普赖斯：《宗教娱乐》(Sion Prichard Prys, *Religious Entertainment*［Shrewsbury, 1721］)，序言。

③ 埃利斯·温：《沉睡的吟游诗人的幻想》(Ellis Wynne, *Visions of the Sleeping Bard*［London, 1703］)，第13页。参看格温·托马斯：《沉睡的吟游诗人及其背景》(Gwyn Thomas, *The Sleeping Bard and its Background*［Cardiff, 1971］)。

即使他们仍然待在家中，大贵族和绅士们也不可能将自己看作一个小的、统一和谐的地方共同体的成员了。传统的威尔士大宅邸现在正在消亡，绅士们不再与仆人、佃户、朋友和吟游诗人住在一个巨大的府第里。① 他们开始过秘密生活，而且当他们重新设计自己的住宅时，他们采用伦敦式样，具有特色的本地风格荡然无存。到1700年，威尔士人可能正赶上英格兰人一两个世纪以前流行的生活方式。②

文化断裂也非常明显地体现在音乐世界之中。在18世纪后期，威尔士民间舞蹈的搜集者兰格达范的威廉·琼斯，惊诧地发现数个世纪的传统竟然在短时间内消失了。刘易斯·莫里斯将一首诗与几根竖琴弦一起送给了日记作者威廉·巴尔克利——1726年时他是安格尔西岛的布赖恩都的乡绅。我们可以看看他诗中的一小节：

在威尔士，人们必须哀叹，
没有音乐，没有欢乐，
而昔日，这里曾经，
家家户户皆有竖琴。③

历书作者和语法学家约翰·罗德里克在他痛苦的老年岁月中写信给刘易斯·莫里斯（1729年），抱怨找不到任何人能理解古老的威尔士音乐，能看懂在很多威尔士手稿中发现的演奏旧乐器的曲目和

① 彼得·史密斯：《威尔士乡村的房屋》（Peter Smith, *Houses of the Welsh Countryside* [London, 1975]）。

② 马克·吉鲁阿尔：《英格兰乡村府第中的生活》（Mark Girouard, *Life in the English Country House* [London, 1978]），第10、138页。

③ 休·欧文编：《刘易斯·莫里斯的生活与著作》（Hugh Owen [ed.], *Life and Works of Lewis Morris* [Anglesey Antiquarian Soc. and Field Club, 1951]），第162页。

指示。若干年后，莫里斯兄弟和他们的小圈子偶见一大册用一种奇怪的记谱法写的古威尔士音乐集。它是由詹姆斯一世的竖琴师罗伯特·阿普·休于1613年写成的。他与莫里斯兄弟一样也出生于安格尔西岛地区，于1665年去世，仅是莫里斯兄弟诞生前的一代人。莫里 50
斯家族爱好音乐，他们聚集在竖琴旁唱歌，而且他们知道如何演奏克鲁斯琴，当他们以一种原始的肖姆管演奏古老的曲调时，他们让农场仆人到外面去召集大众来听，他们喜爱维瓦尔第和科莱利的音乐，还宣称是威尔士音乐的权威。可是仔细考察小理查德·莫里斯为演奏小提琴而记录大量乐曲用的笔记本，就会发现五分之四的乐曲都有英语名字。① 罗伯特·阿普·休的大本音乐集（它代表了中世纪音乐选集）对于他们和18世纪的其他任何威尔士音乐家来说，都是完全无法理解的。在威尔士的绝大多数地方，旧式音乐都是和日常生活的仪式联系在一起的，当这些日常生活的仪式消失后，音乐也随之消失了。在17世纪后期，爱德华·路易德的一位通信者在牛津的阿什莫里恩写信给他，描述了巴拉附近的一个遥远村庄兰德里奥的旧式生活：

> 戴维德·罗兰，年老的克鲁斯琴演奏者，在每一个复活节礼拜日的下午，都与堂区的年轻人一起去克雷格迪南山的山顶上分配白牛。然后他将演奏名为“伊琛斑诺格”的曲子以及其他所有古曲，这些都已随着他的死去而消失了。②

---

① G. J. 威廉姆斯，前引书。

② 爱德华·路易德（R. H. 莫里斯编）：《堂区》（Edward Lhuyd [ed. R. H. Morris], *Parochialia* [Archaeologia Cambrensis, ii, 1909—1911] ），第59页。

如果那些白牛与格拉摩根郡的白牛一样，那么它们将被戴上花环，并被衣着鲜艳的舞者们包围着，这一景象一定对济慈的《希腊古瓮》产生了有益的影响。“伊琛斑诺格”是原始欧洲的巨大的长角牛。当年老的克鲁斯琴演奏者去世后，随之而断裂的传统确实十分悠久。在南部，威尔士克鲁斯琴鲜为人知，戴恩斯·巴灵顿在1770年提交给“古文物协会”的报告中说，最后一位威尔士克鲁斯琴演奏者仍然生活在安格尔西岛地区，但是他没有后代。甚至连古老简朴的威尔士竖琴也已被更大的三音竖琴所取代。1660年以后，英格兰式的抒情歌曲和叙事诗歌大量涌入，随之而来的还有大量的英格兰曲调。莫里斯的小圈子已注意到，伴着竖琴音乐演唱诗句已是一个正在消亡的传统，到1738年实际上已仅存于卡那封郡和梅里奥尼斯郡这样偏远的
51 地区了。①

爱德华·路易德以及在17世纪90年代跟他通信的人们都已注意到，一种灰暗单调的一致性正悄悄地逼近威尔士的生活。例如，他们忠实地记录了里沃齐（Llywarch）、高留布瑞德（Goleubryd）、特格瓦瑞德（Tegwared）、唐维斯特（Tangwystl）等少数几个幸存下来的本地洗礼名，这些洗礼名已被像约翰或威廉这样固定不变的名字所取代。固定的姓代替了通过虚词“ap”（某某之子）相联的一串姓氏，这种固定的姓在16—17世纪的上层阶级中已成为典型姓氏，而旧的体系（它强调一个人的谱系，强调在他的共同体中与其他源自同一个祖先的人的联系）仅存在于更偏远的地区和穷人中间。在各个地方都出现了向礼貌而有教养的行为转变的倾向，这种行为往往是采取英格兰

① 有关莫里斯兄弟及其小团体，参见J. H. 戴维斯编：《莫里斯书信集》（J. H. Davies [ed.], *The Morris Letters*, 2 vols. [Aberystwyth, 1906—1907] ）、《戈伦韦·欧文书信集》（*The Letters of Goronwy Owen* [Aberystwyth, 1924] ）；以及欧文：《书信补编》（Owen, *Additional Letters* ）。

或法国的标准，而不是威尔士的标准。常常被指责为具有雅各宾派思想的“海军中士协会”，是西威尔士的一个绅士用餐俱乐部，其中有女成员，并且立有反对骂人和其他恶劣行为的规则。有数量惊人的乡绅关心古文物研究或将虔诚著作译为威尔士文，而且一些大绅士是极为虔诚的，皮克顿的约翰·菲利浦斯爵士就是“基督教知识传播协会”的创始人之一。布赖恩都的威廉·巴尔克利，正如我们所知的，拥有一架竖琴并热衷于搜集威尔士诗歌，他是严肃的、有计划的和虔诚的人，与17世纪那个不负责任而又酗酒的德罗恩威的绅士巴尔克利——他的账簿保存了下来——形成了鲜明对比。[1] 托马斯·彭南特[2]，18世纪历史复兴的领导人物之一，习惯于在其祖先用以纵酒宴乐的避暑别墅中喝下午茶。与威尔士社会的其他观察者一样，他注意到了“正在终结的”旧习惯，即定期狂野地逐店饮酒的习惯正在消失。彭南特对于梅里奥尼斯郡的比闪山谷中未受现代时尚影响的山区绅士劳埃德的描写如下：他居住在山上城堡之中，过着一种几乎是中世纪的生活，吃燕麦粉和晾挂山羊，喝家酿的取自公牛阴囊的酒，反复述说他的谱系可上溯至威尔士君主，这一描写是一个有趣的幸存者的写照。[3] 劳埃德的男亲戚，比闪山谷的亨利·劳埃德，那时正作为一个军事专家在欧洲漫游，并撰写有关战略的著作，这些书将对拿破仑产生影响。 52

---

① 休·欧文编：《布赖恩都的威廉·巴尔克利的日记》（Hugh Owen [ed.], *The Diary of William Bulkeley of Brynddu* [Anglesey Antiquarian Society and Field Club Publication, 1931] ），第22—102页。

② Thomas Pennant（1726—1796），威尔士博物学家和旅行家。——译注

③ 托马斯·彭南特：《环游威尔士，斯诺登山游记》（Thomas Pennant, *Tours in Wales, Journey to Snowdon* [London, 1781] ），第2卷，第114—116页。有关亨利·劳埃德，见《直至1940年的威尔士人物传记辞典》词条。

莫里斯兄弟、刘易斯、理查德和威廉，都是托马斯·彭南特的朋友，而且他们之间内容广泛的通信生动地描述了一个正日益变得更严肃和庄重的世界。莫里斯兄弟不是清纯而有道德，他们的编辑为了庄重得体之目的而经常对其信件进行删节，但是他们知道事情正在发生变化。他们的朋友托马斯·埃利斯（霍利海德的牧师），在安格尔西推行了一场道德改革运动，转变旧仪式，将所有替人算命的人赶出岛，停止守护神节日，阻止普通人去看幕间戏。他似乎没有遇到多少困难就完成了这一运动，好像旧的生活已经在消失。布赖恩都的威廉·巴尔克利在1741年10月31日的日记中记述道："今夜我没有看到什么篝火，因此旧式迷信的盛大场面似乎已衰落了。"这种变化为18世纪安格尔西的两位农民保存下来的自传所证实，一是里斯·考克斯的自传①，另一是马修·欧文的自传②，后者是酗酒、不负责任的诗歌天才戈伦韦·欧文的侄子。这两部自传展现了一个常常沉迷于狂野的体育运动的岛屿，其中狂热、可怕的足球比赛将使今天那种在露天阶梯看台上观看的球赛相形见绌，但是到19世纪初，这个岛屿已然经过了革新，变得严肃、庄重。这幅图景我们从埃德蒙·海德·霍尔于1810年左右做出的有关卡那封郡的描述中已见到过，在那里，普通人的生活正在被转变，部分是通过狂热革新者，部分是通过"那个时代的贪婪精神"，它使男人们不再有什么闲暇，威尔士人民的快乐生活现在已然结束了。他感到：

现在，这些消遣娱乐中的大部分已被埋葬于为其挖掘的坟

① 印于*Lleuad yr Oes*（Swansea,1827），第316—318、374—376页。

② 印于《威尔士》（*Cymru*［Caernarfon, 1908］, xxxiv），第253—257页。

墓中了，这在一定程度上可能是人民智力水平日益提高的结果，但肯定也是受到了循道宗的讨厌思想的直接影响。①

循道宗大概是自1660年至1730年间，由不顺从国教者和国教中的福音派教徒组织起来的，其本身就是（尽管它自己并不承认）旨在提高威尔士人的道德和向他们宣讲福音的复杂运动的产物，就像最近由G. H. 詹金斯的巨著无可争议地显现的那样。②循道宗确实是一群自觉的个体关心拯救灵魂的运动，但是它继承了较早前旨在提 53
高识字率、布道和出版以及转变旧的生活方式的道德教化运动所关注的许多问题。循道宗文化是极为活跃与充满生机的，并且有助于填补普通人的生活中已出现的真空。罗斯兰的罗伯特·琼斯在其广为流行的有关北威尔士地区循道宗最初阶段的编年史中，常常批评旧的生活方式是“欠考虑的”和“空虚的”③，但是在摧毁旧文化过程中，循道宗信徒和其他不顺从国教者设计了一种新的威尔士生活方式，它将使威尔士人民与过去相分离。随着世纪的发展前进，威尔士历书（有大量这样的历书）越来越少提及纪念某一圣徒的日子、守护神节庆活动和集市。仪式和习俗在逐渐消失，例如五朔节花柱舞，1725年它从凯普亨德（属卡马森郡）消失了，到1798年它在阿伯德尔（属格拉摩根郡）仍继续存留，而且到19世纪中期在阿伯德尔的沼泽地蓬德赖恩仍残存着。

① 埃德蒙·海德·霍尔（E. G.琼斯编）：《1809—1811年的卡那封郡概述》（Edmund Hyde Hall, *A Description of Caernarvonshire in 1809—1811*［Caernarfon, 1952］），第313—314页。

② 格兰特·H.詹金斯：《1660—1730年威尔士的文学、宗教和社会》（Geraint H. Jenkins, *Literature, Religion and Society in Wales 1660—1730*［Cardiff, 1978］）。

③ 罗伯特·琼斯（G.阿什顿编）：《时代的写照》（Robert Jones［ed.G.Ashton］, *Mirror of the Times*［Cardiff, 1958］），第46页。原版印于1820年。

在18世纪初，威尔士有大量反对威尔士人嗜好巫师、算命者和巫术的文献著作，而这些事物很久以前便在英格兰消亡了。① 即使如此，到1767年，“老预言家”埃德蒙·琼斯，一位来自旁蒂浦的不顺从国教的老牧师，还在攻击威尔士日渐增长的对魔法的怀疑，以及它所代表的日趋蔓延的灵魂灭亡论。② 葬礼前的守灵正被改为祷告会，守护神节日则正成为布道会。卡迪根郡的两个村庄之间被称为“黑球”的著名足球比赛，则被一位精明的教区牧师转变成了一个传授教义的节日，这是由于足球比赛造成的死亡越来越令人无法容忍。伟大的民俗学研究者埃里亚斯·欧文在其关于柯维德谷的古老石十字架的精彩著作中表明，维多利亚时代在整修教堂时拆除了连接堂内高坛与当地小酒店的阶梯，并拆除了教堂中储存麦芽酒的壁龛，这种麦芽酒是牧师给予星期天体育竞赛优胜者的奖品，另外，还将舞厅迁出
54 教堂庭院，并且将巨大的大理石墓碑放入以前为舞会和体育活动而设计的教堂庭院之中。③ 所有这些都引起民俗学研究者的兴趣，这是因为虽然威尔士普通百姓的生活现在已被完全改变，但是威尔士的口头传说、音乐、历史知识、诗歌和语言最终仍残存于他们心中。民间生活中的变化在学者和爱国者眼中是极为重要的，这些人认识到，如果威尔士要继续生存，就必须寻找到一些新的人为的支持。

循道宗领导人并不是没有教养的市侩。登比的托马斯·琼斯是

---

① 格兰特·H.詹金斯：《从复辟时期到循道宗时代威尔士的民间信仰》（Geraint H. Jenkins, ‘Popular Beliefs in Wales from the Restoration to Methodism’, *Bulletin of the Board of Celtic Studies*, xxvii[1977]），第440—462页。

② 埃德蒙·琼斯：《威尔士精灵鬼怪的故事……》（Edmund Jones, *A Relation of Apparitions of Spirits...in Wales*[London, 1767]）。引自埃德加·菲利浦斯：《埃德蒙·琼斯，老预言家》（Edgar Philips, *Edmund Jones, the Old Prophet*[London, 1959]）。

③ 埃里亚斯·欧文：《柯维德谷的古老石十字架》（Elias Owen, *Old Stone Crosses of the Vale of Clewyd*[London, 1886]）。欧文是维多利亚时代的一名教士和著名的威尔士民俗学者。

一位非常擅长传统威尔士韵律的诗人；他的朋友巴拉的托马斯·查尔斯则熟悉威尔士手稿，与浪漫的神话学者威廉·欧文（即皮尤）关系友好，并且对关于马多（Madoc）的神话感兴趣。他猛烈反对旧的社会文化。1791年，他从巴拉写信给一位朋友，信中说：

> 除了圣约翰曾提到的金竖琴外，在过去的几个月中，这一地区没有演奏过竖琴。这一技艺不仅是受到损害，而是整个被摧毁和废除了。①

在同一年，他又写信给另一位朋友：

> 宗教的复兴已消灭了所有在竖琴伴奏下唱歌跳舞的欢聚，以及各种不道德的欢乐，过去，这些娱乐在这里的年轻人中是非常流行的。②

最近举办的集市在他的记忆中是最庄重、严肃的。16世纪的卡姆登曾记述过，登比的兰乌斯特是竖琴制造的中心。萨缪尔·刘易斯在他的《威尔士地形辞典》中记载道："兰乌斯特曾以竖琴制造而闻名；现在，羊毛纺织、长袜编织成为贸易的主要部分。"③

彼得·罗伯茨或威廉·豪厄尔斯这样的19世纪初期作家，也描述

---

① W.休斯：《巴拉的托马斯·查尔斯的生活和书信》（W. Hughes, *Life and Letters of Thomas Charles of Bala* [Rhyl, 1881]），第182页。

② D.E.詹金斯：《巴拉的托马斯·查尔斯传》（D. E. Jenkins, *Life of Thomas Charles of Bala* [Denbigh, 1908]），第2卷，第88—91页。

③ 萨缪尔·刘易斯：《威尔士地形辞典》（Samuel Lewis, *Topographical Dictionary of Wales* [London, 1833]），参见词条"Llanrwst"。

了奄奄一息的威尔士生活方式。[①] 甚至大众戏剧、幕间戏或是抒情歌谣这样相对较新的事物（可能源于17世纪）也正在迅速消失。诙谐而又放肆的大众戏剧（对于霍利海德的托马斯·埃利斯，大众戏剧就是
55 "道德败坏的幕间戏"），在最伟大的演员和剧作家托马斯·爱德华兹生活的时代，也随着斗转星移逐渐让位于讲究道德和社会评论的幕间戏了。甚至在爱德华兹于1810年去世之前，这种戏剧就已变得不流行了。抒情歌谣即使是按照道学家的主题来写的，也在19世纪20年代被攻击为不道德的垃圾，由此它们也很快消失了。[②]

在学者和爱国者的眼中，新的严肃的生活方式似乎是外来的，是从英格兰输入的，它既不是出自威尔士绅士，也不是出自威尔士老百姓。兰格达范的威廉·琼斯是一位深受伏尔泰影响的国教派乡村医生，与大竖琴家爱德华·琼斯的保王派政见没有什么共同点。威廉确信，爱德华在收集的音乐和民间文化正濒于灭绝，而爱德华同样也觉得，威廉所收集和描述的旧式乡村舞蹈亦是如此。[③] 像爱德华·琼斯这样的人属于小绅士和小地主，而彭南特之流则是大绅士；他们都自觉与普通百姓保持一定距离，而且他们认识到，威尔士过去必须被寻找到，必须被发现和保存，并在新的背景条件下为了威尔士人民而重新创造；这些新的背景条件包括书籍印刷文化、严肃的道德主义、

---

① 威廉·豪厄尔斯：《威尔士人的迷信》（William Howells, *Cambrian Superstitions* [Tipton, 1831]）。

② 托马斯·帕里：《18世纪的抒情歌谣》（Thomas Parry, *Ballads of the Eighteenth Century* [Cardiff, 1935]），第148—149页。A.沃特金—琼斯：《18世纪威尔士的大众文学》（A. Watkin-Jones, 'Popular Literature of Wales in the Eighteenth Century', *Bulletin of the Board of Celtic Studies*, iii [1926]），第178—195页，以及《18世纪威尔士的幕间戏》（'The Interludes of Wales in the Eighteenth Century', ibid., iv [1928]），第103—111页。

③ 特克温·埃利斯所写的《爱德华·琼斯》（Tecwyn Ellis, *Edward Jones, Bardd y Brenin* 1752—1824 [Cardiff, 1957]）是有关爱德华·琼斯的权威传记。

改善了的交通和通信、人们对俱乐部和社团的渴望，并以此代替旧式的无所不包的邻里关系。大量的清楚明白的理性因素告诉威尔士人民，他们不应该再拥护这样一个衰败、乏味的社会，而为赢得他们的支持，将不得不采取一些特别的努力。因此，深思熟虑的发明传统在威尔士是重要的。

威尔士诗歌大会

威尔士诗歌大会（eisteddfod）并不是一个刻意的发明，第一次有记录的大会于1176年由里斯爵士在卡迪根举办。这个词只意味着一 56
次“会议”，而且它描述了一系列音乐和诗歌比赛，其有关通知一年之前就发出了，而且比赛中有评判和奖项。一次威尔士诗歌大会在中世纪对于参赛诗人（他们被组织成一个团体或是协会）来说也是一次盛会，其间要依次安排好住处，考察和认可享有声望的演出者，并排除坏的演出者。正像威尔士的律师们宣称他们本土的法典可追溯至古老的（但是真实的）国王“好人海韦尔”一样，威尔士的诗人们宣称他们的集会是遵照“格里菲斯·阿普·库南的规则”举行的，格里菲斯·阿普·库南被认为在约1100年给诗歌比赛带来了好的管理规则。1450年在卡马森举行的大会上，诗歌比赛变得更加复杂和困难，例如，诗人们写出的诗歌必须包含二十四种复杂的韵律形式，其中头韵的限制很复杂。16世纪举行了两次重要的大会，都是在弗林特郡的卡尔维斯（1523年和1567年），但是这些已是黄昏前的落日余晖；当16世纪90年代再次筹划大会时，试图忆起昔日辉煌的那些努力都一无所获。吟游诗人阶层很快处于消亡边缘，其原因很多，但主要是因为，吟游诗人是与一种古老的生活方式联系在一起的，而这种生活方式本身正在消失。①

但是在旧的生活方式败落之时，我们也看到了一些复兴的初始迹象。约在1700年，各种“威尔士诗歌大会”②又恢复了，推动者是语法学家和历书作者约翰·罗德里克，另外，由于他在历书中宣传这些会议，因此它们也被称作“历书诗歌大会”。自从1660年以来，有阅读能力的公众人数飞速增长，同时至少有一小部分业余爱好读书者希望有一种不同于高尚道德宣传小册子的文化，并且希望享受他们自己的本土艺术的优美与辉煌。毕竟再好的疗养胜地与个人自己的家还是有区别的。在17世纪90年代，最后一些职业诗人已几乎停止活动了，因此参加新“威尔士诗歌大会”的诗人都是业余的，而且大会上，只有小绅士和小土地私有者聚集在一起交流诗作，或只是互相大喊大叫着读打油诗，这就像在烟雾弥漫的小酒店中进行的关于
57 奶酪和麦芽酒的“口头战争”。有时他们会被组织成郡代表队，刘易斯·莫里斯就是在安格尔西岛和卡那封郡的诗人比赛中崭露头角的。同时，这里也有一种传统思想的成分：诗人们试图坚持中世纪的复杂的诗歌规则，而且他们知道都铎王朝时的诗歌大会，甚至知道“格里菲斯·阿普·库南的规则”。约翰·罗德里克出版于1728年的语法书并不只是一本普通语法书。③它是要面向小酒店的诗人们，其中包含了大量的诗歌知识；此书旨在帮助他们为小规模的诗歌赛会写出更

① 格温·托马斯的《卡尔维斯的威尔士诗歌大会》(Gwyn Thomas, *Eisteddfodau Caerwys* [Cardiff, 1967])是一本双语著作，考察了15世纪50年代至18世纪的威尔士诗歌大会。海伦·拉梅奇：《18世纪的威尔士诗歌大会》(Helen Ramage, ‘Eisteddfodau’ r Ddeunawfed Ganrif’, in *Idris Foster* [ed.], Twf yr Eisteddfod)，第9—29页。H.泰费·爱德华兹的《威尔士诗歌大会》(H. Teifi Edwards, *Yr Eisteddfod*)是以威尔士语写的一个总的研究。

② 此时的名称为“eisteddfodau”，它是“eisteddfod”一词的复数。——译注

③ 约翰·罗德里克：《威尔士语语法》(Sion Rhydderch [John Roderick], *Grammadeg Cymraeg* [Shrewsbury, 1728])。

好的作品，纠正错误的头韵，并有意识提到了1567年的卡尔维斯大会和格里菲斯·阿普·库南。爱德华·路易德的一位熟人戴维德·莱维斯，尼思（属格拉摩根郡）附近的卡多斯顿的教区长，在1710年出版了一本较老的选自中世纪威尔士诗歌的警句精选集，每本卖四便士，肯定是面向普通百姓的。戴维德·莱维斯的一位邻居，蓬克雷格—奈德农场的里斯·摩根，虽然是一位不顺从国教者，却通过历书或较早前的诗歌大会而与约翰·罗德里克建立了联系。罗德里克于1728年选印了一首里斯·摩根写的《颂歌》，作为1450年为诗人制定的二十四韵律写作范本。摩根是一个新时代的人，他后来成为18世纪70年代格拉摩根郡高地地区的新教文人圈子中的一员，而这些文人是该地区支持早期政治激进主义的骨干力量。

所谓的“历书诗歌大会”延续了下来，并在一定程度上取得了成功，但是直到18世纪80年代，从未产生任何重大的公共影响，那时这一重新恢复的制度在特性上发生了重大变化，因为它开始与18世纪的另一股新力量“威尔士协会”联系在一起。专门致力于威尔士事物的各种协会在前一个世纪是不能想象的，但是它们在18世纪出现了，并在19—20世纪不断增加。首批这样的协会是在伦敦的威尔士人中建立的。它们帮助威尔士人参观伦敦，组织圣徒大卫日（3月1日）的庆祝活动，并组织对处于困境中的威尔士人的慈善救济。最早的组织是1715年建立的“古布立吞人协会”。1751年则产生了更为有名的“土著居民（Cymmrodorion）荣誉协会”（“Cymmrodorion”这
个词的含义是土著居民，它暗指威尔士人是不列颠的最早居民），它 58
具有体现古布立吞人好宴饮交际、慈善仁爱的意图，但其目标中还包括各种文学搜集活动，这个协会自身关注的是历史、古代生活与当前问题。这个土著居民协会吸引了非常多的成员，其中很多是大人物，

而普通百姓则想要一些更日常性的东西，因此他们于1770年创立了名为“北威尔士人”（Gwyneddigion）的协会，这个协会是非常喜欢宴饮交际的，它的成员们喜爱诗歌和文学批评，并沉溺于歌唱和竖琴音乐。这些伦敦酒馆中的协会和俱乐部聚会在威尔士也有与它们保持联系的成员，而且家乡的威尔士人对它们在大城市的活动也相当感兴趣。① 在18世纪80年代后期，来自北威尔士的文人们问伦敦的北威尔士人协会，能否用协会的钱和组织机构来家乡举办大规模的诗歌大会。事实上，组织能力来自家乡的一些非常内行的威尔士人，比如像托马斯·琼斯（柯尔文和巴拉地区的税务官）这样的有众多追随者的人。正是这些人确立了模式并创造了传统，因为他们要负责的工作包括：准备大量的预先通知，准备用以接纳游客的小旅店和公寓，印制有关竞赛的公开声明，组织大量群众到场观看持续多日的活动，筹备作为夜晚娱乐的幕间戏（由托马斯·爱德华兹创作），安排遍布各处的出售威尔士语书籍的书摊，准备为诗歌、散文和音乐而设的众多奖励、雕刻精美的奖章、印制的公告和奖励名单。它是专业组织的胜利，也是一种非常古老的制度对于现代环境的完美适应。很明显，业余文人和音乐家希望有大量的观众。现在已有一批专业人士能组织活动。旅游业已开通了经过北威尔士的许多相当不错的道路，而且有一批富裕的伦敦威尔士人（例如欧文·琼斯，他是一名勤劳的伦敦制革工，并且是维多利亚时代的设计师小欧文·琼斯之父）渴望用他们的钱来为威尔士做些事情。

1789年确立的模式直至1798年一直被遵循，到1798年时举办大

---

① R. T.詹金斯与海伦·拉梅奇：《1751—1951年的土著居民荣誉协会史》（R. T. Jenkins and Helen Ramage, *A History of the Honourable Society of Cymmrodorion 1751—1951*[London, 1951]）。

规模集会变得困难了。到1815年拿破仑战争结束，这一模式又重新被采用，而且没有什么变化，此后一直被延续下来。与历书诗歌大会相比较，音乐比赛是一项革新，而且它们在活动中越来越占主导地位。59
1791年在圣阿萨福举行的“和曲即兴”歌咏比赛持续了十三个小时，而且尚未使观众感到明显厌倦。最佳奖章是由迪普雷设计的，他在那时成为新生的法兰西共和国主要的官方雕塑家；“北威尔士人”协会（它对于政治激进主义有兴趣）试图让朴实的诗人撰写有关政治自由的诗歌，但未获得很大成功。迪普雷先生与诗歌大会的关系就像他与法国大革命的关系一样密切。诗歌大会的奖项有时授予忠君主题的诗歌或散文，例如乔治三世恢复健康，或是1797年法军入侵威尔士失败（威尔士的气氛变得非常反革命了），但是更有意思的是，奖项也常常授予历史主题的作品，从“神圣的卡德瓦拉德”到“卢埃林二世”，还有1282年爱德华一世屠杀威尔士吟游诗人等，这对于在人民中培养对威尔士传统（有时是伪造的）的兴趣具有深远的影响。

1815年以后举行的新的诗歌大会，是由在威尔士的各种威尔士人协会赞助的，此时主动性已由旧的注重宴饮之欢的伦敦晚餐俱乐部，转到了家乡的往往是由绅士和教士组成的爱国者团体。另一重大转折点，是1819年在圣大卫教堂的伯吉斯主教的支持下于卡马森举行的地方诗歌大会。正是在这次诗歌大会上，不列颠岛的吟游诗人协会第一次被引入以前纯粹是音乐和文学的比赛之中。“吟游诗人协会”（即“Gorsedd”，原意为“宝座”）是这一时期最令人称奇的威尔士人爱德华·威廉姆斯（1747—1826）的发明，他是来自格拉摩根郡的一位石匠，取了一个吟游诗人的笔名“格拉摩根的艾罗”（Iolo Morganwg，意为格拉摩根的笨蛋）。我们有理由经常提到他，因为他不仅是一位有才华的文人和古物收藏者，而且也是一位浪漫的神话作者，他把许多18世纪的梦想与时尚、奇想与嗜好融为一体。艾罗着迷于神话和历史，并且从18世纪对德鲁伊特教的兴趣中创造了这样一种观点，即威尔士吟游诗人是古代祭司的继承人，而且继承了他们的仪式、宗教和神话（这种宗教是艾罗自己的唯一神论和18世纪的自然崇拜的混合）。他似乎于1790年或1791年在伦敦发明了他的新德鲁伊特教教义，而且明确他和他的朋友爱德华·埃文（来自阿伯德尔的唯一神论的牧师、
60 竖琴师和诗人）是最后仅存的出自这种德鲁伊特教使徒世系的吟游诗人；此外，1792年6月21日，他在伦敦的樱草山上举行了一次吟游诗人—德鲁伊特讨论会。这一有趣的骗人把戏获得了很多伦敦威尔士人（例如他的朋友大卫·桑维尔，此人是库克船长的医生）以及许多家乡威尔士文人的欣赏。回到威尔士后，艾罗在整个威尔士建立了许多个叫作“吟游诗人协会”的诗人聚会小屋，并赋予它们一套仪式、礼拜、礼节，并且直到他于1826年去世时，都致力于为它们创造德鲁伊特知识库。公正地说，艾罗并不只是考虑“吟游诗人协会”的伪装一面：它将意味着吟游诗人阶层的复兴，将成为威尔士的一种民族文化制度，并将是威尔士语言、文学和历史的支持者的俱乐部。

1815年以后，在一个对于浪漫想象更加适应的氛围中，艾罗那令人印象深刻的发明发挥影响的时机也成熟了，而且艾罗在使他的听众们（包括他的朋友托马斯·鲍德勒博士，他创造了莎士比亚全集的删节本）信服于他时并没有多大的困难。从1819年起，诗歌大会都请求得到吟游诗人协会的帮助，而且诗歌大会从开幕到进行过程中都吸收了吟游诗人协会的仪式。一些地方上的吟游诗人协会，例如安格尔西岛和波厄斯郡的那些协会，今天仍然存在，它们与地方诗歌大会联系在一起。其他的吟游诗人协会，例如19世纪在工业化的格拉摩根郡的蓬蒂普瑞德活动的诗人协会，则除了举办诗歌大会以外也

相当活跃。整个19世纪，在威尔士举行了大约五百次重要的仪式性的诗歌大会，而在小教堂或是工人会所中一定还有数千次较小的诗歌赛会未被包括进来。1819年吟游诗人协会的介入试图增加诗歌大会对神话和传说的关注，有时实质上是排除了有关现代生活的文学。全国范围的威尔士诗歌大会（随着19世纪的发展，它们被组织得越来越严密有序）一方面在威尔士人中创造了对历史的巨大兴趣，另一方面它们的广泛成功很大程度上归功于"吟游诗人协会"的神话、它的精彩仪式和它做作的繁文缛节。正是艾罗首先想到使吟游诗人协会与诗歌大会的竞赛结合在一起，并且使它们成为比临时的竞赛更长久的东西，成为更宏大的整个民族之风俗、制度的组成部分。当然艾罗是一个异想天开的梦想者，终生沉溺于鸦片酊——一种产生幻觉的药物，但是他为历史神话所推动，而且反过来使用历史神话来创造 61
有深远、广泛影响的新传统。现代的威尔士诗歌大会是在最后一些职业吟游诗人已经消亡时出现的，而且当旧的生活方式和习俗已消失，生活变得（依照爱德华·琼斯的话）令人难以忍受地枯燥乏味时，这种诗歌大会本身却变得丰富多彩了。

古代和现代的德鲁伊特

一旦文艺复兴时期英格兰和法国的学生们被允许大量接触恺撒的《高卢战记》和塔西佗的《阿格里科拉传》，那么古代德鲁伊特就一定会被重新发现，因为是德鲁伊特支持了不列颠和高卢的土著民族对罗马侵略者的反抗。英国古文物研究者利兰和贝尔在16世纪时曾指出，威尔士吟游诗人可能是德鲁伊特的继承者，这种说法部分是由于德鲁伊特最神圣的地方曾经在安格尔西岛上，部分是由于吟游诗人同德鲁伊特一样是有权力的，而且还像德鲁伊特一样，具有预言功能。[1] 弥尔顿在《利西达斯》中将古代德鲁伊特与威尔士吟游诗人相等同，而莱顿大学的历史教授M.Z.博克斯霍恩在他1654年出版的有关高卢人起源的著作中，不仅包括了（茅维德地区的）戴维斯的威尔士语辞典，而且还包括了他所收集的作为“古代德鲁伊特智慧”的、被译为拉丁语的威尔士谚语。[2] 德鲁伊特被认为修建了史前巨石阵这样的神秘纪念碑，因此重新发现德鲁伊特导致人们对这些纪念碑产生了新的兴趣，并且推进了考古学的发展。爱德华·路易德是一位伟大的威尔士科学家和古文物研究者，他有时怀疑德鲁伊特，因为他们是神秘的和蒙昧主义的，而且以人为祭品；但在另外一些时刻，他则为这些德鲁伊特所强烈吸引，而且对在苏格兰高地、康沃尔郡和威尔士发现蛇石护身符感到高兴，因为它们似乎类似于普林尼所说的属于德鲁伊特的蛇卵。确实，在1698年，路易德称它们为“德鲁伊
62 特石”。[3] 正是在路易德时代（约1700年），学者们开始更进一步地将德鲁伊特与威尔士人联系在一起，就像人们从来自爱尔兰的古怪的自然神论者约翰·托兰的著作中所看到的那样，或者是在路易德的朋友亨利·罗兰斯的安格尔西史中所看到的，后者走得如此之远，以至于将安格尔西岛的史前遗迹与德鲁伊特的神殿、祭坛等相等同起来。在18世纪初期，德鲁伊特经历了重大变化，从沉溺于活人祭品的

① T. D. 肯德里克：《德鲁伊特》（T. D. Kendrick, *The Druids* [London, 1927]）；斯图尔特·皮戈特：《德鲁伊特》（Stuart Piggott, *The Druids* [Harmondsworth, 1974]），第112—157页；安奈林·劳埃德·欧文：《著名的德鲁伊特》（Aneurin Lloyd Owen, *The Famous Druids* [Oxford, 1962]）。

② 普赖斯·摩根：《博克斯霍恩，莱布尼茨和凯尔特人》（Prys Morgan, 'Boxhorn, Leibniz and the Celts', *Studia Celtica*, viii/ix [1973—1974]），第270—278页。

③ R. T. 冈瑟编：《爱德华·路易德的生平和书信》（R. T. Gunther [ed.], *The Life and Letters of Edward Lhuyd* [Oxford, 1945]），第376页。

神秘的自然神论者，转变为了维护其人民的信仰和荣誉的哲人或知识分子，而且威尔士人开始认为他们与德鲁伊特有一种独特的关系，这不同于他们和英格兰的德鲁伊特教的关系。德鲁伊特教当时正在流行；当梅雷迪斯先生想作为邻居祝贺潘彻斯顿（彭布鲁克郡）的威廉·甘博德于1727年出版了有关威尔士语语法的书时，他觉得将甘博德看作古代德鲁伊特的继承者比较合适。莫里斯及其小圈子也着迷于德鲁伊特，尽管是以一种含糊、不确切的方式；当刘易斯·莫里斯于1751年为土著居民荣誉协会设计旗帜时，一位古代的德鲁伊特便成为旗上纹章中的人物。莫里斯团体中最严谨、最博学的学者埃文·埃文斯，常常提到德鲁伊特，而且明显将他们与威尔士吟游诗人相等同；他说，早期威尔士诗歌是难以理解的，因为它们可能是用“德鲁伊特的神秘教义”撰写的。在1772年写的长诗《祖国之爱》中，他认为，德鲁伊特在历来的威尔士民族保卫者中位居前列，排在卡拉多格、“好人海韦尔”国王等人之前。他甚至将16世纪文艺复兴时期的学者格里菲斯·罗伯特和约翰·戴维德·里斯（他们是拒不参加国教礼拜仪式的人，而且在意大利工作）也看作德鲁伊特的继承者：

> 你们祖国的爱是伟大的，汝等勤奋的少数人，
> 公开了吟游诗人所传播的知识，
> 罗伯特和博学的里斯，这二人教授了
> 古代诗歌的规则，它们首先形成于德鲁伊特学校……①

① D.西尔万·埃文斯编：《埃文·埃文斯的作品》（D.Silvan Evans [ed.], *Gwaith y Parchedig Evan Evans* [Caernarfon, 1876]），自第129页起全文收录了埃文·埃文斯的小册子。有关埃文斯与托马斯·珀西的长信见A.刘易斯编：《托马斯·珀西与埃文·埃文斯的通信》（A.Lewis [ed.], *The Correspondence of Thomas Percy and Evan Evans* [Louisiana, 1957]）。

如果像埃文·埃文斯（他如此发挥在很大程度上是要显示威尔士传统是真实的，而不同于麦克弗森及其奥西恩那样的骗人把戏）这样细致、谨慎的学者都能喜爱德鲁伊特教，那么不太细心的人将它转变为
63 一种时髦的、不加批判的崇拜就不足为奇了。人们常说爱德华·威廉姆斯，即“格拉摩根的艾罗（笨蛋）”，在威尔士创造了这种崇拜，正是他在吟游诗人协会中将它推至了巅峰。这是毋庸置疑的，但他只是在为威尔士普遍相信并且广泛接受的事物上留下了他自己的影响。①

格拉摩根的艾罗对斯蒂克利和早期英国考古学家非常感兴趣，并且喜爱巨石遗迹。在访问伦敦时，他曾遇到英格兰的“德鲁伊特古代团体”，并受到他朋友卡尔菲利的大卫·威廉姆斯的自然神论宗教的影响（威廉姆斯的“神恩慈善”给伏尔泰和腓特烈大帝留下了深刻印象），而且他喜爱大卫·桑维尔为之描绘的波利尼西亚的安宁土著生活的田园诗般景象。大卫·桑维尔是一位威尔士诗人，也曾做过库克船长的医生，并见证了他的死亡。② 艾罗相信，他和他的朋友爱德华·埃文③ 是诗人阶层最后的幸存者，而且向大众公布德鲁伊特世代相传的玄机的时刻已然到来。艾罗关于德鲁伊特的知识以及他自己

---

① 伊莱贾·韦林：《爱德华·威廉姆斯的回忆和轶事》(Elijah Waring, *Recollections and Anecdotes of Edward Williams* [London, 1850])。G. J.威廉姆斯的《格拉摩根的艾罗》(G. J. Williams, *Iolo Morganwg* [Cardiff, 1956])是一本用威尔士语写的重要但不够全面的传记。有关艾罗的一篇英文的简要研究见普赖斯·摩根：《格拉摩根的艾罗》(Prys Morgan, *Iolo Morganwg* [Cardiff, 1975])。

② E. G.鲍恩的《大卫·桑维尔》(E. G. Bowen, *David Samwell, Dafydd Du Feddyg 1751—1798* [Cardiff, 1949])是一个双语研究。

③ R. T.詹金斯的《吟游诗人及其背景》(R. T. Jenkins, *Bardd a'i Gefndir* [Cardiff, 1949])是以威尔士语写的有关阿伯德尔的爱德华·埃文的研究。

的创造发挥，大部分已于他生前在杂志和手稿中发表了。此外，在他
于1826年去世后，其子塔利辛·阿波·艾罗（工业城镇莫希蒂德菲的
一位严肃正直的校长）出版了其父的一些著作，如他的《吟游诗人的
秘密》，以及非凡的《吟游诗人基础知识》（他曾宣称后者是由16世纪
格拉摩根的德鲁伊特—吟游诗人们记录的）。“科埃布罗伊”字母是
一种类似于欧甘文字的、适合于记录在石头或木头上的字母，而自从
英格兰征服者禁止威尔士吟游诗人写作以后，他们不得不通过以类
似于欧甘文字的奇怪字母在神秘的记录棒（tally-sticks）上写下信息来
相互交流，记录棒在一个像算盘的木制框架里转动，被称为“佩斯南”
（peithynen）。塔利辛·阿波·艾罗死后，他关于吟游诗人的许多文章
由其最狂热的一名信徒出版，该人是来自北威尔士的名叫约翰·威廉
姆斯的教士。艾罗的德鲁伊特神学与他本人的唯一神论有很大的相 64
似性，而且它混合了大量和平主义的思想。艾罗的德鲁伊特仪式是
煞费苦心的，其中剔除了活人祭祀。艾罗告诉那些于1797年聚集在
加的夫附近的加斯山顶上的吟游诗人协会的诗人，他的目的是让普
通人支持他们的语言（应该指出，艾罗本人从小就讲英语，但他以一
种皈依者的热情竭力鼓吹其主张），令其通过歌曲了解自己的历史，并
且在没有宗派纷争的情况下获得一种道德宗教。格拉摩根的小土地
私有者们压制了这种德鲁伊特集会，因为担心它可能会引起布里斯
托尔湾的法国革命舰队的注意。

士兵并不是艾罗唯一的敌人：许多威尔士学者，尤其是那些正在以一种学者的方式平静地恢复威尔士传统的古文物研究者和历史学家，对他非常怀疑，就像某些已加入其协会的诗人也怀疑他一样。比绍波斯顿的爱德华·戴维斯（对于他的朋友来说是“凯尔特的戴维斯”），是批评艾罗的一位教士，但应该记住的是，戴维斯出版了许多

体现出深深信仰德鲁伊特教的著作。他只是不同意艾罗对德鲁伊特教的解释版本。艾罗的同时代人中没有谁能反驳他的发明或伪造，而且这一时期全国对于神话和传说的喜爱是如此普遍，以至于似乎没有几个人表现出要戳穿艾罗主义的愿望。唯一神论派认为，德鲁伊特教显然是一种宗教，不顺从国教者则制造出一种适合他们的版本，国教派牧师则使它适应于自己的目的。18世纪中期的莫里斯小团体，以一种随意而又显眼、时髦的方式采用了吟游诗人的笔名，威廉·莫里斯为他伟大的朋友托马斯·彭南特收集动物的壳，因而被叫作“壳人威廉”。艾罗以非常严肃的态度对待这些吟游诗人的名字，而他手下的诗人们也不得不以同样严肃的方式取吟游诗人的名字。例如，威廉·欧文成为“伊德里生”（Idrison），以将他和南斯诺登山（Cader Idris）联系在一起。正是在威尔士人的教名达到最单调乏味的这一时刻（成千上万的人叫约翰、琼斯以及类似的名字），在大量威尔士文人中出现了一种追求可爱的、充满幻想的吟游诗人名字的时尚，例如“狂野威尔士的鹰人”。艾罗熟悉那些带有德鲁伊特教洞窟的18世纪的花园（切普斯托附近的皮里菲尔德公园，或者他的朋友理查德·科尔特·霍尔在斯图海德的花园）。艾罗以其十足的热情吸收了
65 这种别出心裁的花园样式，从而建造了吟游诗人聚会的场所，而且后来在诗歌大会时，在整个威尔士建造小型巨石阵以举行露天的德鲁伊特仪式。例如，在加的夫国家博物馆前吟游诗人聚会的花园中，就有一个精致的巨石阵。这意味着，以前的一个滑稽可笑的东西，在18世纪已通过浪漫形式转变为了某种极为严肃的事物。这些大胆的诗人，亦即新德鲁伊特，对于牺牲祭坛很感兴趣，而且他们认为巨石阵是用于祭祀的。确实，有一些人认为，这证明古代人往往焚烧死者的遗体。艾罗有一位认真对待这一观点的信徒，兰特里桑的威廉·普赖

斯(1800—1893)，他是一位拒绝婚姻的医生和激进的自由思想者，具有很多艾罗式的健康的古怪念头，比如，他如此坚信艾罗的德鲁伊特教义和埋葬病故的尸体是有害的观点，以至于他焚烧了其尚是婴孩的儿子的遗体。他的行为最终在一个著名的法庭讼案中被判无罪，由此开始了现代火葬的最初实践。于是，德鲁伊特献祭的神话影响了我们现代的生活方式(或更确切地说，我们的死亡方式)。

浪漫主义时代由威尔士人用威尔士语和英语出版的大量新德鲁伊特的著作从来没有被适当地加以研究过，历史学家们曾带着一种傲慢的微笑对其置之不理，就如同他们对待现代早期的魔法、巫术信仰的方式一样。18世纪末期和19世纪初期，负责任的古文物研究者和历史学家开始严肃认真地对待新德鲁伊特的著作，例如，萨缪尔·拉什·梅里克或理查德·科尔特·霍尔以及其他许多学者。大约在1818年，乔纳森·威廉姆斯写了一部最为精彩的拉德诺郡史，内容严谨翔实，不过书中严厉批评了当地人民，因其放弃了威尔士语。五年后，他出版了一本有关德鲁伊特的教育的小书，名为《德鲁伊特百科》，其中很难区分古代世界的德鲁伊特和艾罗梦想中的德鲁伊特。[①] 总之，德鲁伊特教的复兴是相当重要的一个运动，因为它所牵涉的那些神话表明，威尔士的文化传统比西欧任何其他地方的文化传统都要古老，而且它使学者、诗人、教师处于这一文化的中心。在某种程度上，它恢复了吟游诗人在威尔士生活中的首要地位。 66

① 有关兰特里桑(Llantrisant)的普赖斯(Price)博士见罗伊·丹宁：《蓬蒂普瑞德的德鲁伊特教》(Roy Denning, 'Druidism at Pontypridd', in Stuart Williams [ed.], *Glamorgan Historian* [Barry, 1963])，第1卷，第136—145页。乔纳森·威廉姆斯的《德鲁伊特百科》(*Druopaedia*) 1823年出版于莱明斯特。有关威尔士的德鲁伊特情况见D.莫尔的《威尔士遗迹》(D. Moore, 'Cambrian Antiquity', in G. C. Boon and J. M. Lewis [eds.], *Welsh Antiquity* [Cardiff, 1976])，第193—222页。

凯尔特人的重新发现

中世纪的威尔士人已经隐约注意到自己与康沃尔人和布列塔尼人的关系，而且像16世纪的布坎南这样的学者，甚至主张现代威尔士人与古代高卢人之间存在联系。17世纪占主导地位的观点是，威尔士人与希伯来人有某种关联，而且这与威尔士人可寻根溯源到诺亚的一个孙子的神话相一致。然而17世纪80—90年代，许多学者在寻求对这一问题的新见解。在牛津，首先以化石学家和地质学家而闻名的爱德华·路易德，将其注意力转向土著的威尔士语言，而且开始将它与康沃尔语（现已处于灭绝边缘）和布列塔尼语进行认真、理性的比较；此外，他更具原创性的工作是将威尔士语与爱尔兰和苏格兰的盖尔语进行比较。路易德曾希望与一位布列塔尼神父保罗—伊夫·佩茨隆联系，佩茨隆在法国是一位闻名遐迩的年代学家，据说他当时正在撰写一部有关威尔士人和布列塔尼人的共同起源的书。当路易德访问布列塔尼时，他未能见到佩茨隆，不过佩茨隆的书于1703年问世了。① 路易德希望它能很快被译成威尔士语，因为这将使绅士们对他们的语言和古代习俗更感兴趣。结果该书于1706年被一位叫作大卫·琼斯的威尔士平庸历史学家译为英语。佩茨隆比较了威尔士人和布列塔尼人，通过古典材料将他们的起源追溯至古代作家笔下的凯尔塔（Celtae）或凯尔托（Keltoi）人，这是一个野蛮民族，其在古代的统治从高卢直至加拉提亚（Galatia，位于小亚细亚），而且它曾经蹂躏希

① 普赖斯·摩根：《佩茨隆神父和凯尔特人》（Prys Morgan, 'The Abbé Pezron and the Celts', *Transactions of the Honourable Society of Cymmrodorion*［1965］），第286—295页。

腊人和罗马人。佩茨隆甚至更进一步追溯了凯尔特人的历史，将那些使民族得名的英雄上溯至族长制时代。佩茨隆的方法是相当不科学的，但是他写了一个吸引人的故事，引起了人们的好奇，而且他的书开创了一种有关凯尔特人的时尚，这一时尚有时近乎狂热。佩茨隆的英语译本到19世纪初期仍被重印。拉尼丹的亨利·罗兰斯曾恰当地指出：当爱德华·路易德还只是暂时假设威尔士语言来自叫作“凯尔迪克”（Celtick）的假想母语时，佩茨隆已经肯定了这一点。① 67

爱德华·路易德对于他认为与威尔士语有关的语言的试验性实证考察（巨著《不列颠考古学百科》）于1707年出现。它是一项开创性的工作，然而其中使用了一种详细的比较推理方法，对于人们来说是极难理解的，这要求他们相信实际上在数千年间所发生的逐渐的变化。立刻理解了路易德观点的伟人是莱布尼茨。在读到路易德的著作之前，莱布尼茨已对威尔士产生了兴趣，而且通过他的词源著作，帮助在德国确立了凯尔特研究的研究思路，这种研究比不列颠的任何研究都更为深入，并且最终在威尔士产生了深远影响。威尔士人可能会觉得路易德著作中的比较部分是不能接受的，但是他们至少能领会这一简单的结论，即威尔士人起源于不列颠人，而不列颠人又起源于凯尔特人，古代凯尔特人具有辉煌的历史。使用单一语言的威尔士读者通过《原始时代之镜》（*Drych y Prif Oesoedd*，一部由西奥菲勒斯·埃文斯写于1716年的早期威尔士历史）对路易德的观点有了粗浅的了解。埃文斯试图使他所提供的信息服从于英国国教会的目

① 维克托·特纳：《凯尔特史研究概览》（Victor Tourneur, *Esquisse d'une Histoire des Etudes Celtiques*［Liège, 1905］），第171—206页；A.里沃阿兰：《凯尔特人的影响》（A.Rivoallan, *Présende des Celtes*［Paris, 1957］），第178—211页；斯图尔特·皮戈特：《凯尔特人，撒克逊人和早期古文物研究者》（Stuart Piggott, *Celts, Saxons and the Early Antiquaries*［Edinburgh, 1967］）。

的，这样才与一个年轻的爱国教士的身份相称，但是更有远见的威尔士人很快便意识到，他们在二百年中第一次被给予了这样的观点，即他们自己的历史是独立的，是与英格兰相区别的。路易德本人是一个最具激情的威尔士爱国者，不过他的学术方法具有仔细推理、严谨细致的特征，18世纪初期的威尔士学者，虽然无人能及他那毫无争议的天赋才能，但似乎也从他那里获得了启发，例如他的朋友威廉·甘博德或摩西·威廉姆斯，又如莫里斯小团体。刘易斯·莫里斯终其一生都致力于有关英国和欧洲大陆古代凯尔特姓名的编目工作（叫作《凯尔特遗迹》[*Celtic Remains*]），以此来进一步阐述爱德华·路易德的一些观点。托马斯·彭南特和18世纪后期的绝大多数严肃的历史学家，都阅读或复制了路易德有关地形学的著述。伟大的英国学者托马斯·珀西试图纠正丹麦王室史官骑士马莱的观点（这种观点在那个时代是常见的），即认为古代条顿人和古代凯尔特人是一样的，并且寄给马莱一本爱德华·路易德的书，以证明自己的观点。马莱显然没有能理解这本书，并在1803年出版的有关瑞士史的书中重复了他以前的错误。①

事实上，凯尔特人从来也没有被指名道姓地与英伦诸岛联系在
68 一起，但是这确实并不要紧，因为凯尔特人是一个伟大的征服者的种族，在他们早期的历史中，他们曾经震撼了整个欧洲。凯尔特神话在使法国人对他们的早期历史和考古学产生兴趣上有深刻影响。凯尔特人体现了时代的幻想，而且在威尔士，他们为这个受限制的、可怜的弱小民族（对于它的目前状况没有什么可以称道的）提供了一种难以置信的伟大的过去，使之以此作为慰藉。18世纪古代的复活更

① 刘易斯：《托马斯·珀西和埃文·埃文斯书信集》，第106页注释。

多地吸取了路易德对于古代凯尔特人的喜爱，而不是他的确切方法。19世纪初期，关于威尔士诗歌大会的短文，是由工匠或教士、教师或裁缝所写，似乎抑制不住对于法国教科书中所说的“我们的祖先高卢人”和威尔士人以及他们的共同祖先凯尔特人的没有根据的热情。语言学论据对于重新发现凯尔特人至关重要，而且凯尔特的习俗对于语言也有着重要影响。因此，下面我们必须转至语言问题。

从“威尔士人的文理不通的话”到“天堂中的语言”

17世纪的英国幽默作家和讽刺作家（当时大体上只有他们描写过威尔士语）认为，威尔士语是一种丑陋难听的、粗声粗气的语言，它仍作为一种方言在各地使用，但是没有任何地位，而且可能很快就将消失。我们已经看到威尔士学者和爱国者们曾如何抱怨对于这种正成为“古老语言”的威尔士语缺乏重视。18世纪的学者可能强烈反对英语，但是他们往往以英语相互写信，因为他们所受的一切修养和心智上的教育都是使用这种语言的。甚至当莫里斯兄弟在其冗长的通信中希望讨论学术或思想问题时，他们也往往转而使用英语，虽然除此之外，他们都以最纯正和生动的威尔士语写作。威尔士语本身反映了这一时期威尔士文化的悖论：尽管1660年至1730年间它没有任何地位（除了由英国国教会祈祷书所给予的），但是这一时期以威尔士语出版的著作数量激增。威尔士语书籍的出版商移到了离威尔士更近的地方，而且到1718年，已有书籍在威尔士印刷了。①

① W.罗兰斯（D. S.埃文斯编）：《威尔士参考书目》（W. Rowlands [ed. D. S. Evans], *Cambrian Bibliography* [Llanidloes, 1869]）；詹金斯：《威尔士的文学、宗教和社会》。

69 18世纪中，这一趋势仍在继续，而且所印威尔士语书籍涉及的内容范围也大大拓宽。刘易斯·莫里斯甚至以威尔士语出版了这样一本书，其中要向工匠解释如何精细地抛光，如何用金箔装饰玻璃，以及其他复杂的工艺技术。17世纪后期，讲威尔士语的聪明人，至少是在南威尔士（可以从清教徒书籍的孜孜不倦的翻译者、出版者，梅德里姆和斯旺西的斯蒂芬·休斯的威尔士语中看出），发现自己要掌握威尔士语的语法和行文规则是困难的。正像梅雷迪斯先生在1727年告诉威廉·甘博德的，在阅读语法书之前，他只是“像乡村小提琴手演奏似的”死记硬背地学习。到18世纪的第二个二十五年中，不仅已有大量印刷的威尔士语的道德和宗教小册子，而且还有了数量较小的文学著作和一些历史著作（它们是非常受欢迎的），以及一些语法书和辞典。威尔士语在英国国教会中的地位在1714年以后似乎已减弱了，但是这比不过不顺从国教者和循道宗作品在威尔士语中的巨大活力。到18世纪后期，语法书和辞典的数量不断增加，而且它们体现出一种更强烈的自信和自豪，少了些以前时代的哭哭啼啼的失败主义。道格崂附近的布拉瑙的乡绅赖斯·琼斯于1773年出版了一本精彩的中世纪威尔士诗歌集《威尔士吟游诗人的胜利》。正如人们对于一个乡绅的预期，他本人的诗歌是风趣、敦厚的，而且带着对他的威尔士语的吹嘘与夸耀。他的序言是非常乐观的，称威尔士语在经历了过去如此多的失望、挫折和失败以后，最终到达了一个充满希望的阶段。对威尔士语而言，他相信“诗歌的地位是不可动摇的”，“诗歌的灵感之源是不会枯竭的”，并且以此结束他的序言（我的译文）：

> 眼下，我看到绅士和普通百姓们深深热爱着不列颠语言和古老的吟游诗人的作品；由此我们不久将看到缪斯女神在有才

华的吟游诗人的墓穴上以光彩夺目的方式突然显现。①

乡绅琼斯肯定没有说过“威尔士人的语言是文理不通的”。他受如下信仰所指引，即他的本地语言是欧洲，甚或是世界上最古老的语言，它并不像英语那样是一种杂交语言，它是极为丰富的，而且它 70
能被用以抵抗所有敌人。语言逐渐发生变化的一个标志是，辞典渐渐增多，试举几例：托马斯·琼斯1688年的辞典是简洁、袖珍的，科伊丘奇的托马斯·理查兹1753年的辞典是相当扎实、精深的，兰达夫的约翰·沃特斯的辞典（1770—1795年陆续出版）是又大又沉的，而威廉·欧文的令人震惊的辞典（1795—1803年出版）是巨大的。同时，学者们已开始将威尔士语看作国宝，甚至是民族的丰碑。论述威尔士语的作者们往往为这一观点所引导，即威尔士语直接与远古的历史相联，而且在某种程度上是纯洁的、未受污损的。托马斯·理查兹称自己的辞典是一个“宝库”，而且在序言中他颇为得意地说道：

然而，我们的神明并没有完全从世间消失：我们以前不仅享有我们祖先的真正神明，而且我们大体上完整、无讹误地保存了原始语言（没有任何明显的变化或是与其他任何语言的混合），几千年以前，古代高卢人和不列颠人说的也是这种语言。②

---

① 赖斯·琼斯：《威尔士吟游诗人的胜利》（Rice Jones, *Gorchestion Beirdd Cymru* [Shrewsbury, 1773]），序言。琼斯自己的诗篇1818年由赖斯·琼斯·欧文出版。

② 托马斯·理查兹：《不列颠古代语言宝库》（Thomas Richards, *Antiquae Linguae Britannicae Thesaurus* [Bristol, 1753]），序言。参看T.J.摩根：《18世纪的辞典编纂者》（T.J.Morgan, ‘Lexicographers of the Eighteenth Century’, in *Llên Cymru*, xi [1966]），第3—18页。

格拉摩根郡的教士约翰·沃特斯是托马斯·理查兹的邻居，他不仅于1770年开始出版他的大辞典，而且还于同年在考布里奇出版了一份威尔士学者们的宣言——《论威尔士语》，这一著作也相信理查兹所信以为真的那些神话和传说，而且将可怜的威尔士语的所有困窘都转化为优点。它不被世俗小说或是低级下流的戏剧所使用，正显示了这种纯洁、未受污损的语言的优越性，而且它刺耳的声音是具有男子汉气概的、不矫揉造作的，不像虚假饶舌的英语语音。

威尔士语还被置于比这更加过分、更为荒诞的神话制造之中。莫里斯小圈子中的人（王室官员刘易斯、霍利海德的海关官员威廉和白厅海军部的理查德），都妒忌他们的一位朋友，律师罗兰·琼斯，因为他娶了莱恩的布鲁姆府的女继承人，而且以他的收入能够支付得起出版他所有著作的费用。他撰写的《语言的起源和民族》于1764年
71 出版，随后几年他又出版了《戈默尔的指环》(*The Circles of Gomer*)和《三题诗十首》，戈默尔[①]是威尔士(Cymru)因之而得名的创始人。这些书超越了佩茨隆和凯尔特的浪漫主义者，并且任意地、不科学地剖析威尔士词语，以展现威尔士语是一切语言的根源。在某种意义上，理解语言应该怎样被分析是非常重要的：正是通过有关语言如何被建构及如何发展的知识，像约翰·沃特斯这样的人（在其邻居年轻的艾罗的帮助下）才能扩展威尔士词汇，为新的事物或行为发明威尔士词语。例如，他们为“辞典”发明了“geiriadur”一词，为“订阅”发明了“tanysgrifio”，这两个词如今仍在普遍使用。罗兰·琼斯轻率、荒谬地使用着相同方法，而且还有其他许多人也像他这样做。其中之一是色情作家约翰·克莱兰，他从撰写色情小说转向了更加晦涩深奥的

① Gomer，雅弗之子，诺亚之孙。——译注

凯尔特辞典编纂学，而且写了一些将威尔士语的小品词与其他语言相联系的小册子。克莱兰作为一个英格兰人，属于非凯尔特人的圈子，但是最伟大、最引人注目的语言神话学家威廉·欧文（皮尤）并不是这样。

皮尤本名威廉·欧文，1759年出生于北威尔士，但1776年起，他开始成为伦敦一所学校的教师。1806年，当他继承了一份乡村地产后回到威尔士，在那里他一直居住到1835年去世。在继承地产时他获得了“皮尤”的名字，但是他的儿子，威尔士手抄本的编纂者安奈林·欧文，则保留了原来的姓氏。皮尤处于伦敦威尔士人生活的中心，并且有很多诸如威廉·布莱克和罗伯特·骚塞这样的英格兰文人朋友。作为一个多才多艺、学识渊博并且勤奋刻苦的人，他在宗教信仰上是善良仁慈和容易上当的，但也十分古怪，并且最终于1802年成为女预言家乔安娜·索斯科特的忠实信徒。皮尤是伦敦威尔士语出版物背后的组织者，但是1789年在出版14世纪诗人戴维德·阿普·格威林诗歌精选集时，他受艾罗的蒙骗，将艾罗的许多模仿诗歌作为大师的原创作品出版。1792年，当他出版与老里沃奇相关联的一部早期威尔士诗歌集时，他再次受艾罗的欺骗，在该书的长篇导论中加入了艾罗伪造的吟游诗人作品。1800年，他与艾罗合作出版了包含各种威尔士中世纪文学作品的全集《威尔士中世纪考古》（*Myvyrian Archaiology of Wales*），其中艾罗又一次将大量伪造作品加入书中。皮 72
尤无法抗拒来自罗兰·琼斯这样的神话学家的魅力，对威尔士事物具有极为强烈的激情，并且深信只要人们分析威尔士语，那么就能破解人类原始语言之谜。此外，如果人们仔细分析或是拆解威尔士词语，那么就能依照理性的原则重构语言，并且无限扩展它的范围和用途。皮尤以一种类似约瑟夫二世这样的开明君主的极端理性热情破坏了威尔士语（它本是一种充满不规则变化和奇怪句法的、使人困惑的生硬语言）。他在大辞典、语法书和各种不同的文学作品中将语音分解，重新组成有序的整体。由此他为各种语言中所可能有的一切微妙的表述，都找到了一个威尔士词语：为“某种程度的迷信”发明了“gogoelgrevy-ddusedd”一词，而“cyngrabad”意为“总体充足”，“cynghron”意为“聚成球形的”，结果1795年至1803年出版的辞典可谓大杂烩，达到了“总体充足”，它至少有十万个词，比约翰逊博士的英语辞典多四万个词。他希望重建现代威尔士语，使它成为未经改变的祖先的语言，由此他制造了一种如同新古典主义的陵墓一样坚固和出色的语言。循道宗领导人托马斯·查尔斯（皮尤的一位朋友），于1808年将皮尤的威尔士语法书作为指定书本分发给遍及威尔士的各所主日学校。然而，值得注意的是，巴拉出版的版本是以通常的威尔士拼写法写成的，而伦敦出版的版本则是以皮尤自己的拼写法写成的，因为皮尤（像18世纪众多语言狂热爱好者一样）笨拙地修改拼写法以使之更合逻辑，每一个字母都有单独的音。这时，艾罗曾与皮尤争吵，艾罗已在发行他可笑的《吟游诗人基础知识》，与此同时他竟厚颜无耻地批评皮尤的观点只是“老掉牙的东西”。皮尤的新语法对于19世纪绝大多数威尔士作家都有相当大的（和不幸的）影响，而且应该记住的是，他是众多认真思索欧洲小语言拼写法的人士之一。甚至伟大的爱德华·路易德，我们前面已将他描述为理性和学术诚实的典范，也随意篡改威尔士语的拼写法，以至于他为《不列颠考古学
73 百科》写的序言几乎无法阅读。幸运的是，英国国教会教士们对任何脱离1588年威尔士语《圣经》的行为都强烈抵制，皮尤式的更改被限制于语法和文体之中。当然，皮尤以其他方式在威尔士人中激起了对自己语言的极大兴趣，因为他们喜欢他提出的威尔士语的纯洁性、

祖先传统和“无限丰富”的观点。皮尤向他们指出，威尔士语是祖先传下来的“天堂语言”，这种说法至今仍能听到。如果没有皮尤这样的神话学者，那么就没有什么人会费心考虑威尔士的地位低下又文理不通的语言了。在某种程度上，皮尤和其他人像维多利亚时代的教堂修复者一样：正是这些人建造了如此多的丑陋教堂，但是如果没有他们，那么众多古老建筑将会倒塌。

“音乐之乡”

在18世纪早期，威尔士学者们对于自己不能阅读伟大的罗伯特·阿普·休的音乐手稿感到非常困惑，而它的作者在1665年才刚刚去世。[①] 当威尔士诗集于18世纪中期出现时，编辑者们在诗句上方印了普通民众演唱它们时的曲调。由于许多曲调都是英格兰的，而且英格兰人会嘲笑威尔士人缺乏原创力，因此威尔士的爱国者们很是难堪。有时曲调被威尔士人改得面目全非，并且标题也被威尔士化了。一些学者甚至建议，所有曲调的英语题目都应该被翻译，但是威廉·温，一位诗人和兼做牧师的乡绅，认为这是非常不诚实的。庞蒂塞林恩的威廉·威廉姆斯，伟大的循道宗领导人和现代威尔士赞美诗的创造者，在1762年就是以他的赞美诗集发起了第二次循道宗复兴，但是他也抱怨，只有从英格兰获得新的曲调后，才能创作更多的赞美诗。他的乐曲往往是改编当时流行的曲调，其中非常典型的一首名叫《爱说教的好佩吉》。

一个世纪以后，情况完全变了，因为威尔士被看作一个“音乐之

① 威尔士大学出版社（加的夫，1936年）出的大英博物馆档案“Add. MS. 14905”复制本。

乡”了，在那里音乐声世世代代都从人民的竖琴和嗓子中流淌而出。那里有歌曲集、合唱团、威尔士竖琴师、为音乐而设的奖励和奖章，以
74 及推动民族音乐的协会网络。①伊拉斯谟·桑德斯在考察1721年圣大卫教区时，已注意到威尔士人天生就迷恋诗歌；而在此之后的著作中，艾罗也指出，威尔士人对音乐的迷恋和诗歌一样，而且他的这一说法在当时是有普遍性的。

18世纪早期的学者们喜爱由偏远地区的普通百姓伴着竖琴音乐演唱的简单诗节。这些诗节往往是起源于16—17世纪的简洁有力的警句。一些农民知道数百句这样的诗节，而且能够使它们适应任何著名的竖琴曲调。莫里斯兄弟推测，这些诗节是谚语式的，可能甚至包含了少量德鲁伊特教义。这种歌手们伴着竖琴师的演奏而即兴唱出不同诗节的习俗是威尔士特有的，但是这与其说是歌唱，不如说是演奏竖琴，它带来了18世纪威尔士音乐的复兴。最早出版的威尔士乐曲大约在1726年出现，是《室内曲调》的一部分，但具有划时代意义的文集是瞎子约翰·帕里1742年出版的《古代不列颠音乐》。帕里是威尔士弗雷德里克亲王的竖琴师、亨德尔的朋友，也是亨德尔竖琴音乐的一位作曲者，而且正是他在很大程度上激发托马斯·格雷于1757年完成了诗歌《吟游诗人》，当时帕里正为剑桥民众演奏所谓有千年历史的曲调（正像格雷说的，“光是曲调的名字就足以让你窒

① 有关竖琴演奏我依据的是罗伯特·格里菲斯的《论竖琴演奏》（Robert Griffith, *Llyfr Cerdd Dannau* [Caernarfon, 1913] ）；有关这一时期的宗教音乐是依据R. D.格里菲斯的《威尔士会众歌唱史》（R. D. Griffith, *Hanes Canu Cynulleidfaol Cymru* [Cardiff, 1948] ）；至于个人民间歌曲之细节则参考《威尔士民间歌曲协会杂志》（*Journal of the Welsh Folk Song Society*）；而有关一些争论、批评则依据奥西阳·埃利斯：《威尔士音乐：历史和迷恋》（Osian Ellis, ‘Welsh Music: History and Fancy’, *Transactions of the Honourable Society of Cymmrodorion* 1972—1973 [1974] ），第73—94页。

息”)。[1]瞎子帕里将威尔士音乐传统一直追溯至德鲁伊特，其间经过了吟游诗人的音乐比赛的过渡。然而，文字记录形式的歌曲似乎是相当新的。莫里斯小圈子与帕里及其文书助手埃文·威廉关系友好，而且后者在1745年就竖琴诗节的演唱写了一部长篇手稿(目的是为了出版)。奥西阳·埃利斯教授对这一手稿进行了研究，发现埃文·威廉描述的音乐是当时相当常见的歌剧形式，乐手演唱他选择的任何诗节(而且只要他能记得起词，就一直继续)，由竖琴做完全装饰性的伴奏。手稿中根本没有提到那种从19世纪30年代至今一直被威尔士音乐家看作独特的威尔士“竖琴诗节”演唱艺术。今天威尔士人眼中如此令人激动的独特艺术是非常奇怪的；竖琴反复演奏乐曲，75
演唱者则尽其所能地插入不合调的低声或是他自己创作的歌曲，如同乐器的伴唱者，而且歌词可能是选自起源于中世纪的精心编制的押头韵的韵律。如果说帕里和威廉当时正试图提供一幅绝大多数威尔士人演奏音乐时的情景，那么他们肯定不会不描述今天被称作“竖琴诗节”演唱的东西。爱德华·琼斯(1752—1824)的观点甚至更加难以理解，琼斯是皇家竖琴师，在1784—1820年间是尚存的威尔士本土音乐和习俗的重要传播者。爱德华·琼斯来自梅里奥尼斯，这一地区在18世纪仍然很好地保存着当地习俗，而且今天仍有众多个人和团体演出“竖琴诗节歌唱”。他对于作为文学的简洁有力的诗节相当关注，而且对于聚集在竖琴师周围的农民也有概述，这些人都伴着竖琴音乐唱起他们记得的诗节。托马斯·彭南特在他的《游记》中也有

① 阿瑟·约翰斯顿：《托马斯·格雷和吟游诗人》(Arthur Johnston, *Thomas Gray and the Bard*[Cardiff, 1966]); F. I.麦卡锡：《托马斯·格雷的吟游诗人及其重要性和画家们的使用》(F. I. McCarthy, ‘The Bard of Thomas Gray and its Importance and Use by Painters’, *National Library of Wales Journal*, xiv[1965]),第105—113页。

类似描述，威尔士农民在山上围着一位知道大量诗节曲目的竖琴师，相互比赛谁能唱出最多的诗节，直至各山之间回荡着音乐声。爱德华·琼斯从未将它作为音乐上有重要独特性的艺术来描述；它仅仅是需要加以注解的即兴诗节。

奥西阳·埃利斯教授因这种艺术缺乏来自18世纪的可靠描述（就像我们今天所知的那种描述）而得出结论：它只是以一种最简单、最基本的形式存在，而作为一种艺术它可能并不存在。他总结说，由于我们所知的这种艺术到19世纪中期已确实存在，那么它应该是在19世纪初期由威尔士音乐家设计形成的，可能是由约翰·帕里（1775—1851）设计的，此人是“沃豪尔花园”的音乐总监、作曲家，以及音乐会与诗歌大会上组织威尔士音乐家的著名人物。在1809年前不久，乔治·汤姆森，爱丁堡的音乐出版商，来到威尔士为海顿收集真正的威尔士乐曲以整理分类（在1809年出版），他说并未能如愿找
76 到托马斯·彭南特所说的即兴演奏者。1791年的诗歌大会曾有一次非常成功的“竖琴诗节”比赛，由此可见早期诗歌大会的组织者们已注意到这一艺术；然而，对于这一比赛的真正音乐内容，我们并不清楚。确实，到约翰·欧文1860年出版《威尔士乐曲精选》时，这一艺术已完全成熟了（尽管在形式上要比20世纪的艺术更简单），而且他从约翰·琼斯（帕克斯顿在英国和法国修建罗斯柴尔德家族宫殿时的助手）的演唱，以及一位名叫伊德里斯·沃恩的曼彻斯特制鞋匠（一位出色的演员，他在19世纪中期重要的诗歌大会上，无论是演唱水平还是歌词内容都胜过了其他人）那里，收集了不合调低声的具体实例。此时，人们已确信这一艺术是极为古老的。

在爱德华·琼斯出版其颇具影响的著作时，三排弦竖琴被看作杰出的威尔士民族乐器，而像角笛或克鲁斯琴这样的威尔士古老乐

器则刚刚消失。托马斯·普赖斯，一位爱国教士和学者，宣称自己18世纪后期在布雷肯郡学过演奏只有一排弦的小竖琴。艾罗则宣称，三排弦琴是由安妮女王的竖琴师伊利斯·约翰·西亚马斯在威尔士首先创造的。然而到1800年，爱国者们确信三排弦竖琴（triple harp，这么叫是因为它有三排弦，中间一排提供升半音和降半音）是古老的民族乐器，而且民族荣誉也要求维护其地位，以此反对巴黎的塞巴斯蒂安·埃拉尔更新过的踏板竖琴。三排弦竖琴17世纪已风行于英格兰，而且是意大利巴罗克式竖琴的一种变形。在17世纪90年代至18世纪初时，它似乎在北威尔士变得非常流行，然后逐渐被引入南威尔士。它在南部的流行地位是通过托马斯·布莱尼的杰出演奏和卡马森郡格兰布兰的古怪乡绅萨克维尔·格温的资助才得以确立的。19世纪初期，三排弦竖琴得到了像兰多维利夫人这样的贵族的金钱资助和保护，兰多维利夫人建立了竖琴协会，为竖琴演奏提供奖励，甚至将三排弦竖琴作为礼物分送。如果她认为这是一种意大利巴罗克式乐器，那么她肯定不会这样做。尽管有这些资助，但三排弦竖琴还是日渐成为吉卜赛人的乐器，很多最好的演奏者都出身于吉卜赛人 77
家庭或是艾布拉姆森林的部落家庭。

到18世纪80年代，另一个重要变化也已发生，威尔士人现在认为，作为一个民族，自己拥有无穷无尽的本土音乐财富，这些乐曲往往是最古老的。现在，英语歌曲标题被毫无愧疚地改编或是翻译：一首17世纪的《塞贝尔》变成了“Yr Hen Sibyl”，并说是有关一位古代巫师的；《蒙克将军的行军》则成为“Ymdaith y Mwngc”，说是指早期中世纪一位僧侣的逃跑的；马丁·帕克1643年的叙事乐曲《当国王再次快乐时》则变成“Difyrrwch y Brenin”，并说是有关中世纪一位威尔士亲王的宫廷生活的。作曲家德菲相当晚近的《快乐》则变成“Difyrrwch Gwyr Dyfi”，并且被认为是有关多维谷中的人的。具有真正威尔士语标题的乐曲，据说来自非常遥远的历史事件：明显是普塞尔①的乐曲《鲁德兰的沼泽》被说成是威尔士人对自己于约公元750年在鲁德兰被国王奥法打败表示哀悼。在追寻浪漫的游客和英格兰出版商的怂恿下，威尔士人采取了这种发明。乔治·汤姆森和海顿差不多是最早将英语歌词与古老的威尔士乐曲相配的人，而且在赫曼斯女士、沃尔特·司各特爵士和其他人的帮助下，他们常常转向历史题材。浪漫的盎格鲁—威尔士诗人这一特点，最早在1800年代的文学生活中被发现，其中最早的诗人是理查德·路易德（斯诺登的吟游诗人），他发现歌曲集是一个非常好的活动领域。威尔士语诗人们反过来也被迫创造威尔士历史歌曲，以与英国发明相适应。撰写威尔士历史民歌以与威尔士乐曲相配的作者中，最多产的一个是约翰·休斯。无论是以英语还是威尔士语歌词演唱的歌曲都非常流行，而且是使历史神话创造影响整个威尔士公众的主要途径之一。公众并不总是把它们当回事，19世纪早期加的夫的剧场常常讥笑一度流行的《整个黑夜》为《啊！藏起你的鼻子！》②。由瞎子帕里和爱德华·琼斯这些人的努力而产生的变化，使威尔士人获得了自信。18世纪的威尔士出现了许多最有才能的音乐家，他们为音乐会、时俗讽刺剧和诗歌大会写作了大量本土乐曲，
78 而且为这一时期大量的赞美诗集提供了杰出的颂歌曲调。这一切都是在19世纪中期威尔士成为合唱歌曲之乡以前完成的。威尔士本土音乐具有悠久历史的神话，与这种活动的爆发以及与之相关的

① Purcell（1659—1695），英国作曲家。——译注

② 塞西尔·普赖斯：《威尔士的英语戏剧》（Cecil Price, *The English Theatre in Wales* [Cardiff, 1948]），第114页。该书对于18世纪后期英语文化在威尔士的传播着墨颇多。

民族自豪感有很大关系。

托马斯·琼斯，一位吟游诗人和记者，1848年在《散文家》杂志上抱怨，尽管威尔士是音乐之乡，但缺少一首国歌，一首能像法国或普鲁士国歌那样使整个民族团结起来的振奋人心的歌曲。① 这是一种相当普遍的要求，而且很快就得到了满足，因为1856年在格拉摩根的庞蒂浦利德，埃文·琼斯和詹姆斯·琼斯父子作词作曲谱写了《我的祖国》。这首歌充满强烈的爱国情绪，到1858年变得广为流行，并在同年举行的兰戈伦全国诗歌大会上被收进爱国歌曲集，1860年以后，它被广泛接受为国歌。亲王的歌曲《上帝保佑威尔士亲王》，则是1863年在威尔士亲王爱德华的婚礼上出现，尽管也流行，但从未达到《我的祖国》的流行程度。② 传统发展的速度是如此惊人，以至于《我的祖国》在所有公共场合中都被演唱。

威尔士夫人

18世纪后期来到威尔士的大群游客（有时与他们喜爱的艺术家约翰·沃立克·史密斯或J. C.伊贝特森同行）注意到，威尔士农民在衣着上大约落后时代六十年，而且他们有很多独特的布料和样式。他们从未提到某种类似于苏格兰高地的短褶裙的民族服装。③ 正如

---

① 《散文家》（*Traethodydd*, iv［1848］），第387—392页。这本杂志是最重要的威尔士知识分子杂志，由刘易斯·爱德华兹博士主编。

② 珀西·斯科尔斯：《我的祖先的土地》（Percy Scholes, 'Hen Wlad Fy Nhadau', *National Library of Wales Journal*, iii, 1943），第1—10页。

③ F.佩恩：《威尔士农民服装》（F. Payne, *Welsh Peasant Costume*［Cardiff, 1964］）；M.埃利斯：《威尔士服装和习俗》（M. Ellis, *Welsh Costumes and Customs*［Aberystwyth, 1951］）；K.埃瑟里奇：《威尔士服装》（K. Etheridge, *Welsh Costume*［Llandybie,1958 and reissued since］）。

79 人们所料，游客们试图发现贫穷是饶有吸引力的，而且他们注意到，妇女往往穿着宽大的蓝色或红色花呢大氅，戴着男式黑帽。高帽和大斗篷使人显得像一个女巫，因为它们是17世纪20年代英格兰乡村妇女的独特服装，当时正是迫害巫师的时期。在17世纪20年代英格兰低地地区曾时髦的服装，到18世纪90年代甚至更晚的时期里仍然在一些威尔士山区的穷人中延续。它是一种完全无意识的残存物。虽然无论如何它都不是民族服装，但是在19世纪30年代，它被有意识地转变成一种妇女的民族服装，这是通过许多人的努力而完成的，其中为首的是奥古斯塔·沃丁顿（1802—1896）[①]，即本杰明·霍尔的妻子，霍尔是蒙茂斯郡的大地主和工业家，而且是帕麦斯顿政府负责完成威斯敏斯特宫的大臣，大本钟（Big Ben）就是以他的名字命名的。本杰明被封为贵族，而他的妻子通常也以兰多维利夫人闻名。她是19世纪初期和中期生动浪漫的威尔士复兴运动的领导人之一，而且是众多威尔士事业的资助者。她考察并粗略画出了威尔士的女性服装，并且于1834年在加的夫皇家诗歌大会上，以一篇论述威尔士语和穿威尔士服装的好处的文章而获奖。她最初的目的是说服威尔士妇女支持本地产品，坚持穿当地花呢服装，而不是改穿棉布，而且她和她的朋友们后来还为收集本地花呢服装设计样式提供奖励。1834年，虽然她还不清楚什么是民族服装，但是她确信应该有一种服装对于艺术家和旅游者来说是独特和生动的。在很短的时间里，她和她的朋友们基于各种威

---

① 《威尔士人物辞典》（出版者不详）“本杰明府”中记录了兰多维利夫人；有关兰多维利爵士和夫人的更多生平细节可见马克斯维尔·弗雷泽1962—1966年间在《威尔士国家图书馆杂志》上发表的众多有关他们的文章（Maxwell Fraser, *National Library of Wales Journal*, xii—xiv [1962—1966]）。

尔士农民服装，设计出一种统一的民族服装，其最突出的特点是，优美的衬裙和工作上衣之外还加上一件巨大的红披风，一顶很高的鹅大妈式的黑色礼帽。它将在圣大卫日的“民族庆祝活动”和民族音乐会上穿着，尤其是由女歌手和女竖琴师穿着，或者是在兰多维利夫人于阿伯加文尼举行的丰富多彩的诗歌大会的开幕与闭幕时穿着。她还为自己在兰达弗里宫的男仆人发明了一种服装，好像一位穿着奇怪服装（半是吟游诗人半是苏格兰高地人式的）的竖琴师。兰多维利勋爵对穿着别致服装不感兴趣，因此威尔士男 80
子们被忽略了。兰多维利夫人于1862年将自己身着民族服装的画像送给了她帮助建立以在兰达弗里的上层阶级中推广威尔士语的那所公学，画中她戴了一顶帽檐有宝石做的韭葱的高帽，而且手持一枚槲寄生小枝以显示她与德鲁伊特的关系（她是一位名叫“蒙茂斯郡的蜜蜂”的吟游诗人）。这一服装很快被采纳为威尔士的漫画形象，出现在报纸漫画上；被印制于维多利亚时代的明信片上；每年有数以千计身着这种服装的威尔士妇女陶瓷模型被卖出；整个威尔士的学生在3月1日这一天仍会身着这一服装。它成为一切美好的和适合家庭的东西的象征。例如，它出现在“威尔士妇女”面粉盒与其他很多威尔士产品上。同时，随着威尔士成为世界上工业化最发达的地区之一，种种古老的当地服装（甚至包括高礼帽和大披风）也都消失了。

新的威尔士英烈祠

这一时期最有意思的特点之一是民族英雄的出现，其中欧文·格伦道尔是最具代表性的。莎士比亚笔下的格伦道尔曾起义反抗亨利四世，并且从1400年开始一直统治威尔士，直至1415年神秘失踪。[①] 在文学中，格伦道尔通常是篡位者或是走上歧途的反叛者，尽管本·约翰逊1618年说，他的威尔士朋友告诉他，格伦道尔在威尔士并不被看作反叛者，而是一个伟大的英雄，但是这一说法似乎也没有什么确凿证据。在18世纪初期，莫里斯小团体似乎很少注意他，他们只提到他一次，而且还是作为叛徒。格伦道尔似乎在18世纪70年代开始作为民族英雄而声名显赫。1772年，他作为威尔士的保卫者而出现于埃文·埃文斯的《祖国之爱》中，而1775年，他在《安格尔西岛历史》（据认为是博马里斯的约翰·托马斯写的）中获得更多关注，其中内容明显是依照一本17世纪中期编撰的有关格伦道尔的手写本传记。1778年，在托马斯·彭南特的《威尔士游记》中，格伦道尔得到了最为肯定的评价。

81 吉尔伯特·怀特将其论述塞尔伯恩自然史的著名信件寄给托马斯·彭南特和戴恩斯·巴林顿这两位18世纪70年代威尔士历史复兴的领导人。彭南特来自弗林特郡的唐宁，是一位对于威尔士事物有着强烈热爱的英国化的贵族。他将卡那封城堡描述为“我们所受奴役的最大象征”，其笔下的格伦道尔是最受肯定的，并由于他的衰落和失踪而具有了强烈的悲剧感，这一失踪导致了威尔士人第二次被英格兰人征服。彭南特的这一思想可能是他的旅伴卡尔维斯的约翰·劳埃德的观点，后者是博迪德力斯的乡绅的儿子，该地距格伦道尔的根据地很近。可能正是从彭南特开始，格伦道尔被看作民族英雄，而有关他的书籍先如涓涓细流，继而如小河，进而如洪水一般涌

---

① J. E.劳埃德：《欧文·格伦道尔》（J. E. Lloyd, *Owen Glyndwr* [Oxford, 1931]）; D.里斯·菲利浦斯：《欧文·格伦道尔略传》（D. Rhys Philips, *A Select Bibliography of Owen Glyndwr* [Swansea, 1915]）。

现，起初将他描绘成一个悲剧角色，继而是预见了威尔士民族制度（例如教会和大学）之需要的人，进而是现代民族主义的先驱。①

1770年，戴恩斯·巴林顿出版了17世纪早期约翰·温撰写的格维迪尔家族史手稿。在此之前，卡特曾在他的英国史中使用了这一手稿，他从中接受了爱德华一世曾于1282年消灭了威尔士吟游诗人的故事。托马斯·格雷从卡特那里看到了这一故事，随后又在瞎子帕里的戏剧的激发下，于1757年完成其著名诗歌《吟游诗人》。②格雷并不完全相信这一故事——威尔士诗人不是仍然存在，从而证明1282年的吟游诗人还有继承者吗？卡特的故事是以威尔士神话为基础的，即所有威尔士古书都已在伦敦被付之一炬了，而且吟游诗人也被以某种形式禁止。1757年后不久，威尔士人自己也开始相信格雷的描述，就像人们看到的，像埃文·埃文斯这样的严谨学者也在18世纪60年代大量引用格雷的著作。较早之前，莫里斯小团体主要把威尔士吟游诗人看作演员。在他们看来，诗歌是一种有趣的社会娱乐，这一观点导致他们与戈伦韦·欧文的决裂，后者认为诗歌是崇高的或史诗般的文学。埃文·埃文斯属于将吟游诗人看作英雄人物的那一代， 82
这使得他与所处的环境格格不入。对于曾是真正战士的较早以前的威尔士诗人，他深为崇拜。艾罗则将这种吟游诗人偶像崇拜推至最

---

①　西尔万·埃文斯：《埃文·埃文斯的著作》，第142页；戴维斯：《莫里斯信件集》，第1卷，第432页；托马斯·彭南特：《游记》，第1卷（1778年），第302—369页。

②　P.汤因比和L.惠布利：《托马斯·格雷书信集》（P. Toynbee and L. Whibley, *Correspondence of Thomas Gray* [Oxford, 1935]），第2卷，第501—502页。有关这一时期威尔士和英格兰文人之间的相互交流见桑德斯·刘易斯的《威尔士作家的学校》（Saunders Lewis, *A School of Welsh Augustans* [London, 1924]）；W. J.休斯：《莎士比亚至司各特的英国文学中的威尔士和威尔士人》（W. J. Hughes, *Wales and the Welsh in English Literature from Shakespeare to Scott* [London and Wrexham, 1924]）；E. D.斯奈德：《1760—1800年英国文学中的凯尔特复兴》（E. D. Snyder, *The Celtic Revival in English Literature 1760—1800* [Harvard, 1923]）。

高点，这既有戈伦韦·欧文和埃文·埃文斯的影响，也是因为他有着严重的受迫害妄想症，并想驳斥任何蔑视或轻视诗人、学者的人。艾罗使吟游诗人成为威尔士历史舞台上的中心角色，虽然在某些时代吟游诗人是德鲁伊特，而在另一些时代则是历史学家或学者，但是在谈到受迫害的吟游诗人时，他的想象力是空前高涨的。

格雷的吟游诗人到18世纪70和80年代已是著名人物，而且在绘画中也已成为广为人知的主题。最早版本中有一幅是保罗·桑德比画的，此外还有菲利普·德·卢泰尔堡、弗塞里和约翰·马丁的画。其中最好的是由理查德·威尔逊的学生彭塞里格的托马斯·琼斯画的。① 该画于1774年被展出，表现了幸存的吟游诗人紧握竖琴，正在躲避侵略的敌人，后者已逼近了他的神庙，即一座小型的巨石阵，此时斯诺登峰的山坡上夕阳西照，一阵寒风从东边，从英格兰袭来。这一戏剧性场面，即诗人与国家权力的遭遇，以后将反复出现。很快它就被确定为诗歌大会诗歌和散文的一个题目，在很多英语和威尔士语书中复述，而且它还被亚诺什·奥劳尼写进了著名的匈牙利语诗歌《威尔士吟游诗人》之中，诗中爱德华一世如同一个正进入巴尔干半岛的残暴的哈布斯堡王朝皇帝。不用说，整个故事都只是传说或是神话。人们至多可以说，它是对以下事实的严重夸大，即中世纪的英格兰国王们时常向吟游诗人发放许可证并控制他们，因为他们通过预言引发了冲突。

新英雄中最突出的一个是马多，他是欧文·格温内恩亲王的儿子，由于对北威尔士内的种种争吵深感沮丧，于是乘船在约1170年时

① 麦卡锡：《托马斯·格雷的吟游诗人》；以及拉尔夫·爱德华兹为托马斯·琼斯著作展览目录而写的介绍《托马斯·琼斯》(Ralph Edwards, *Thomas Jones*[London, 1970])。

前往未知的西方海域，并发现了美洲。他回到威尔士，召集了一些同伴，与他们再次起航，并再未回来。他的后代据认为已与印第安人通婚，而且仍然生活在美洲的西大荒。①这一神话并非起源于18世纪， 83
而是首先由都铎王朝用来反驳西班牙人宣称的北美统治权。在此后两百年中，它在威尔士仍为人所知，但是处于休眠之中，只是到18世纪70年代美国革命激起威尔士对美洲的兴趣时才又复活。当时不仅存在对革命的兴趣，而且还出现了威尔士人移往美洲以在新共和国中建立一个说威尔士语的聚居地的强大运动。马多神话只是在1790年才引起公众关注，当时约翰·威廉姆斯博士（伦敦的大臣和历史学家，威廉姆斯博士图书馆的图书管理员）发表了一份有关马多故事的报告。伦敦威尔士人都为此轰动了。艾罗（当时在伦敦）伪造了各种档案以证明，马多的后代仍然活着，而且说威尔士语，大概住在中西部，结果威廉姆斯博士不得不出了第二卷。威廉·欧文成立了一个“马多的后代”协会，以组织一次探险，而艾罗表示愿意带队。当一个认真的年轻人，沃恩法尔的约翰·埃文斯（1770—1799）毛遂自荐并准备出发时，艾罗变得窘迫了。他做了道歉，并待在家中，而约翰·埃文斯则前往美洲，最终到达了西大荒。他成为一个效忠西班牙国王的探险者。历经种种恐怖冒险之后，他终于到达了曼丹印第安人（他认为这些人可能是马多的后代）居住的地方，但是发现他们并不说威尔士语。在经历了其他一些冒险后，他于1799年死于新奥尔良的西班牙总督府。他去往曼丹人居住地的旅行图，成为梅里维瑟、刘易斯和克拉克探险的基础。未发现讲威尔士语的印第安人这一事实并没有

① 大卫·威廉姆斯：《约翰·埃文斯与马多神话》（David Williams, *John Evans and the Legend of Madoc* [Cardiff, 1963] ）。

动摇艾罗及其伦敦的威尔士朋友们的信念。事实上，艾罗还劝说罗伯特·索锡写了一首名为《马多》的长达一本书的诗歌。寻找马多后代运动使得大量威尔士人移民美洲，其中一位著名领导人是威尔士激进派记者摩根·约翰·里斯，他以前曾在巴黎工作，试图通过卖新教《圣经》来使法国革命者信奉基督教。格温·A.威廉姆斯曾研究摩根·约翰·里斯的工作和寻找马多后代运动，强调马多热是这一时期威尔士社会很多方面存在的现代化危机的一部分，而且重新发现失踪的讲威尔士语的印第安人的梦想，是与重新创造德鲁伊特教或祖
84 先语言的渴望非常一致的。① 这是梦想一个更加纯洁和自由的社会，在某些方面，这与当代英国工人中存在的天生自由的撒克逊人和诺曼人统治的神话是一致的。

在将很多模糊不清的人物转变为民族英雄上，艾罗是有责任的。此处只举一例即足以证之。18世纪80年代，艾罗正在加的夫和纽波特之间的沼泽地耕作，在那里他与埃文·埃文斯建立了联系，后者那时是巴萨莱格的一个爱喝酒的穷助理牧师，他们俩都参观了14世纪“慷慨的艾弗”（Ivor the Generous）宅邸的废墟。关于艾弗，传统以一种含糊而又不确定的方式暗示，他曾是伟大的14世纪诗人戴维德·阿普·格威林的资助人。埃文斯写了一首关于常春藤覆盖的废墟的优美浪漫诗歌，而艾罗则开始他最早的重要伪造：模仿戴维德·阿

① 格温·A.威廉姆斯：《约翰·埃文斯的寻找马多后裔的使命》（Gwyn A. Williams, ‘John Evans’s Mission to the Madogwys, 1792—1799’, *Bulletin of the Board of Celtic Studies*, xxvii [1978]），第569—601页。有关摩根·约翰·里斯和移民情况见格温·A.威廉姆斯：《摩根·约翰·里斯和他的安静和平之地》（Gwyn A. Williams, ‘Morgan John Rhees and his Beula’, *Welsh History Review*, iii [1967]），第441—472页；以及格温·A.威廉姆斯的两本新著《马多：神话的形成》（*Madoc: The Making of a Myth* [London, 1979]）和《寻找安静和平之地》（*In search of Beulah Land* [London, 1980]）。

普·格威林的爱情诗，其中隐约提到格拉摩根和“慷慨的艾弗”。艾
罗在随后的著作中更尽力将艾弗描绘为威尔士文学中最伟大的资
助人。[①]艾弗在威尔士成为一个流行的名字，家喻户晓的慈善代名
词。绝大多数威尔士工人互助会（“Ivorites”协会）就是以此为名的；
很多互助会地方分会开会的小酒馆就叫作“艾弗分部”，而且很多至
今仍然存在。到19世纪20—30年代，在威尔士除了艾罗外还能发现
很多类似的神话制造者。其中一位给威尔士语读者写通俗历史书的
人，是卡那封的印刷工威廉·欧文，他也以“教皇”绰号闻名，因为他
赞同罗马天主教。他写了关于格伦道尔、爱德华一世和威尔士吟游
诗人、“长刀叛逆”（the Treason of the Long Knives）和其他很多威尔士
历史上的戏剧性事件的书。以英语写作的另一类似人物是T. J.卢埃
林·普理查德，一位演员和记者，致力于为已不再说威尔士语的绅士
和中产阶级创造一种有关威尔士特性的幻觉，并且关注旅游市场。[②]
他虽不是另一位奇特的威尔士英雄托马斯·约翰·卡蒂（Twm Sion
Catti）故事的创始人，但是主要创造者，他于1828年写了一部有关卡
蒂的小说。真正的托马斯·约翰·卡蒂是一位叫托马斯·琼斯的人，
即16世纪后期卡迪根郡特雷加伦附近泉水关的一位受人尊敬的乡绅 85
和谱系学家，但是随着时间的推移，各种地方传说出现，将他与这一
地区其他不知名的拦路抢劫的强盗混淆在一起。普理查德将这一模
糊不清的人物转变成一个喜爱恶作剧和开玩笑的蒂尔·奥伊伦斯皮

① 大卫·格林：《创造者和造假者》（David Greene, *Makers and Forgers* [Cardiff, 1975]）；摩根：《格拉摩根的艾罗》，第75—91页有关伪造的部分。

② T. J. Ll.普理查德：《威尔士的吟游技艺》（T. J. Ll. Pritchard, *Welsh Minstrelsy* [London and Aberystwth, 1825]），以及《托马斯·约翰·卡蒂的冒险和奇想》（*The Adventures and Vagaries of Twm Sion Catty* [Aberystwyth, 1828]）。

格尔式的人物，继而又变成一个劫富济贫、维护民间正义的罗宾汉式人物。普理查德的著作变得流行起来，被译成威尔士语，而且很快，相当多的威尔士人开始相信这些故事是真实的。到20世纪（他作为英雄或是反英雄的流行程度没有丝毫减弱的迹象），他似乎已不再是真正的民间神话了。这是虚构的英雄人物取代已衰落的围在炉火边讲故事传统的很好例证。

地方精神——风景和神话

普理查德事实上是一个广泛运动中的一部分，这一运动试图使威尔士人理解本地风景应该受到爱护，而且为了使这对于普通百姓来说是明白易懂的，该运动赋予一草一木、一砖一瓦以历史和人文意义。① 普理查德的诗《海底土地》是关于躺在卡迪根湾下的"低地百户邑"（Lowland Hundred）的，它是威尔士的莱昂内斯（Lyonesse），在黑暗时代早期由于酗酒、生活放荡的国王塞瑟尼恩的仆人们的粗心而被淹没。真正古老的传说将"低地百户邑"的故事，与诗人和预言家塔利辛的英雄传奇联系在一起。像普理查德这样的作家使民间传说在整个威尔士都广为人知，而且歌曲《阿伯多维的钟声》被改编了，由此证明它就是离阿伯多维不远的被淹没的尖塔钟发出的"沉没的大教堂"音乐，尽管这首歌事实上是迪布丁新近创作的歌曲。故事是一种最有用的形式，它能被用来反对酗酒或不负责任的君主。托马斯·洛夫·皮科克了解威廉·马多克斯在波特马多格镇附近填海造大片土地的努力。在小说《陡峭的城堡》中，他讽刺威尔士乡绅和英格

① F. J. 诺思：《沉没的城市》（F.J.North, *Sunken Cities*［Cardiff, 1957］），尤其第147页及其后。

兰游客将威尔士风景浪漫化，以及他们的"改善"计划；而在以后的小说《埃尔芬的不幸》中，他写了一篇有关塔利辛神话和"低地百户邑"被毁坏的最生动活泼的散文。一些风景传说是公然地为游客而发明的，一个突出例证是有关卡那封郡贝德格莱特的格莱特墓的传说。这是18世纪后期游客参观最多的一个地点，在1784年至1794年 86
间的某一天，贝德格莱特的"美羊"旅店老板（南威尔士人）发明了这一神话，即村子的名字源于一个锥形石堆墓（富有想象力的旅店老板秘密建造的），这个墓是伟大的卢埃林亲王为纪念被他误杀的爱犬格莱特而修建的。一天，亲王外出狩猎，留下格莱特看管他的儿子，当他回来时发现格莱特浑身是血，而婴儿则不见了。杀死狗之后，亲王发现婴儿在一个黑暗的角落里，于是明白格莱特咬死了一只攻击婴儿的狼。锥形石堆就是他悔恨的象征。①喜爱宠物的游客们被感动了，W.斯宾塞爵士就这一事件写了一首著名诗歌，而约瑟夫·海顿则为《洁白的斯诺登峰》配曲，在短短几年之内，这一故事就以各种威尔士语版本返回到斯诺登地区只说威尔士语的居民之中。当然它全是骗人的，或者更确切地说，是对一个众所周知的国际民间传说的聪明改编。它是在无数地方进行的复杂的神话制造的很好例证，这种神话制造有助于使威尔士人逐渐欣赏他们在其中只能勉强生存的恶劣环境。

到18世纪末，游客们已经认为威尔士是一个风景优美的国度了。到19世纪中期，威尔士人自己也开始欣赏自己的迷人风光了。国歌的第二节是（我们翻译的）：

① D.E.詹金斯：《格莱特墓，它的真相、仙人和民间传说》（D.E.Jenkins, *Bedd Gelert, its Facts, Fairies and Folklore* [Portmadoc, 1899] ），第56—73页。

古老多山的威尔士，是吟游诗人的天堂，
每一峭壁和山谷在我眼中都清晰可见，
心中充满着爱国情感，
河流与小溪的声音对我来说都是充满魅力的……

这些情感在18世纪是不可想象的。这一时期我们很少看到有关风景的描述，而那些幸存下来的，例如戴维德·托马斯约于1750年写的有关威尔士的每一个县的诗歌，提到了人的活动、生产和技能，但是从未吹嘘环境的美丽。① 莫里斯兄弟的爱国小团体认为，山峰是可怕、
87 荒凉和艰险的；甚至将它们看作上帝因为过去的罪恶而给予威尔士人的一种惩罚。当地威尔士人非常缓慢地向那些来欣赏原始风景的成群的英格兰游客学习；威廉·宾利教士说他们问他，是否在他自己的国家中没有岩石或是瀑布？威廉·甘博德1727年的语法书在19世纪初期重印了不止一次，而且1833年版考虑到了游客们在“威尔士充满传奇色彩的山峰中”的需要，增加了这样一些有用的短语，如“在这附近有没有瀑布呢？”和“我想看隐修院。我将乘一辆轻便三轮马车去那里”。游客们的欲望被船上出售的威尔士风景版画所进一步激起。约翰·宾在克洛根时抱怨，雕刻师们应该同时卖示意地图，以使人能到达版画中的地方。但是威尔士风景时尚首先并不是源自游客，而是来自一位威尔士人理查德·威尔逊。

理查德·威尔逊（1714—1782）是托马斯·彭南特的亲属，尽管他的很多作品是在意大利和英格兰完成的，但是他似乎在18世纪

① 尽管戴维德·托马斯的诗歌由S.威廉姆斯1816年刊印于阿伯里斯特威斯，但是我依据的是1893—1894年收录于《少儿宝库》(*Trysorfa'r Plant*)中的版本。

50—60年代就已最早独立发现了威尔士风景。在此之前，有关威尔士的风景画纯粹是一种地形记录。① 威尔士的风景促使威尔逊（居住在马汉莱斯附近的佩内哥斯）采取两种并不流行的表现形式，一种是野外形式，其中自然似乎统治着人类；另一种是更为浪漫的形式，其中威尔士山峰或城堡遗址变得壮丽宏伟。他未能卖出几张风景画给追求时尚的公众们，并在1782年死于莫尔德附近，死时已近乎破产。不久以后，他的风景画就被无数次地复制和模仿。当科尼利厄斯·华莱1803年游览南斯诺登峰时，他确实将之记录为“威尔逊的池塘”，由此可见威尔逊的画已变得多么有名。虽然转向喜爱原始山区风景的风尚在整个欧洲都有，但是它对小的山地民族，如威尔士人或瑞士人尤其有影响。威尔士人逐渐开始不再将自己的山区看作上 88
帝将他们从英格兰肥沃的低地赶走的惩罚，而是民族的要塞或是堡垒。“山地”很快成为有关威尔士的老话题，甚至对于那些生活在低地威尔士地区的人也是如此。这一形象已固定下来，即使现实中泰尔福特路面这样的交通改善设施已渗透到最原始的斯诺登地区，像威廉·华兹华斯这样的游客能够不太费力地登上斯诺登峰的顶点，而且当地居民正从沼泽地和山区流向山谷和工业化地区时也是如此。随着威尔士变得越来越工业化，他们也开始越来越爱惜威尔士人作为坚强、吃苦耐劳的山区居民，并像山间空气一样自由的形象。

---

① 艾罗·A.威廉姆斯：《有关保罗·桑德比和他的威尔士前辈的记录》（Iolo A. Williams, ‘Notes on Paul Sandby and his Predecessors in Wales’, *Transactions of the Honourable Society of Cymmrodorion* [1961]），第16—33页；A. D.弗雷泽·詹金斯：《浪漫时期威尔士的游客》（A. D. Fraser Jenkins, ‘The Romantic Traveller in Wales’, *Amgueddfa*, vi [1970]），第29—37页；D.莫尔：《威尔士风景的发现》（D. Moore, ‘The Disco very of the Welsh Landscape’, in D. Moore [ed.], *Wales in the Eighteenth Century* [Swansea, 1976]），第127—151页。有关威尔逊的权威著作是W.G.康斯特布尔的《理查德·威尔逊》（W. G. Constable, *Richard Wilson* [London, 1953]）。

文化的徽章

虽然有着丰富多彩的仪式和习俗的快乐威尔士正在消失或已经消失，然而在这一时期出现了一整套详尽的爱国徽章，它们不仅为生活增色，而且还有助于居于相互分离的山谷或是属于不同宗教派别的人们将自己看作一个民族的组成部分。虽然它们绝大多数出现在境外威尔士人中，如伦敦、美国或是殖民地，但有时也不一定。这些体现民族性的徽章，在1714年以后伦敦威尔士人举行的精心设计的圣大卫日纪念仪式中首先出现。① 威尔士人游行穿过伦敦城去一所教堂，帽子上插着韭葱，他们聆听威尔士语布道，然后聚集在一起举行盛大的晚宴（有数百位宾客），无数次地为忠于威尔士和统治王朝干杯，为威尔士慈善事业募捐，然后分散举行私人欢庆酒宴。

事实上，在18世纪最普遍的威尔士的象征并不是韭葱，而是威尔士亲王的三支鸵鸟羽毛，这最初（与格言“我恪尽职守”[Ich Dien]一起）属于埃诺的奥斯特旺，随后被“黑王子”② 获得，因为他的母亲是来自埃诺的王后菲利帕。它们是借用别人荣耀的典型例子。在“古代布立吞人协会”的纪念仪式上，伦敦的威尔士人通过展现它们来向汉诺威王朝显示，威尔士人是忠诚的，与危险的爱尔兰人或苏格兰人不同。1751年，羽毛和格言被“土著居民荣誉协会”作为自己徽章的
89 装饰，而且在整个时期，它们都代表威尔士最普通的符号或是标志。

① 理查德·莫里斯对于1728年“古代布立吞人协会”欢庆活动的描述见戴维斯的《莫里斯通信集》，第1卷，第3页。

② Black Prince（1330—1376），英王爱德华三世的儿子，英法百年战争中曾统率英军。——译注

今天它们仍然是非常常见的象征，如用在威尔士橄榄球联合会的徽章上。①

相反，现在广为人知的红龙② 当时却几乎从未被使用。在中世纪，它曾被看作威尔士象征，而且在1485年至1603年被都铎王朝作为徽章的一部分而得到广泛流传，它可能象征了都铎王朝是“神圣的卡德瓦拉德”的后代，并且体现了他们宣称的对整个不列颠的最高统治权。虽然它并不被看作一种民族象征和威尔士政务委员会的行政统治象征，但是它在1807年作为威尔士的皇家徽章再次出现，而且此后在19世纪初期不断被用于诗歌大会或各种威尔士俱乐部和协会的旗帜与徽章。它直到20世纪才取代了威尔士崇敬中的三支羽毛，因为三支羽毛和它们附带的格言在激进派、自由派和社会主义者看来过于顺从了。

在几个世纪中，韭葱一直被威尔士人用作自己的徽章，绿色和白色与威尔士亲王联系在一起，而且在14世纪还被用作早期军服的颜色。莎士比亚曾想象亨利五世和弗吕艾伦在圣大卫日这一天戴上它，以纪念威尔士的荣誉。韭葱在英格兰也被佩戴，例如18世纪伦敦的王室，而且它可能是英国国教会试图将自己与有关早期不列颠教会的记忆联系在一起的巧妙方式之一。韭葱确实被威尔士以外的威尔士人更为自觉地佩戴。尽管它从未被称作一种发明的传统，但是它确实已成为一种精心设计的象征装饰的常见部分，这种装饰在19世纪初期悬挂于诗歌大会的看台或是演奏当地音乐的音乐厅中。黄水仙取代韭葱成为民族象征，是直至1907年才刚刚出现的，而且是建

---

① 有关这一主题的唯一论述是弗朗西斯·琼斯的《威尔士的亲王和公国》(Francis Jones, *The Princes and Principality of Wales* [Cardiff, 1969])，尤其是第86—87页和第158—204页。《爱德华兹的诗歌大会》(*Edwards, Yr Eisteddfod*)则以插图形式说明了大会的奖章和看台装饰。

② Red dragon，当代威尔士旗帜的图案。——译注

立在对威尔士语“球茎”(bulb)的误解之上。黄水仙所具有的相当女性化的柔嫩性质吸引了劳合·乔治，他在1911年于卡那封举行的精心安排的盛大授爵仪式上和这一时期的政府文件上，更喜欢使用它而
90 不是韭葱。

18世纪威尔士最经常使用的象征之一是德鲁伊特，尤其是头戴风帽、身穿披风、手拿镰刀状的金色槲寄生树枝的德鲁伊特教高级祭司。1751年，他和圣大卫一起成为“土著居民荣誉协会”纹章中扶持盾牌的人形，在此之后，他越来越多地被用作各种协会、俱乐部和小酒店的名称。他出现在有关威尔士的各种书籍的扉页上，此外我们发现巨石阵(据认为是德鲁伊特的祭坛)也被用来陪伴他，可能作为小花饰或是尾部附加物。《威尔士记录》(*Cambrian Register*，一本有关威尔士历史和文学的出色杂志)1795年选择巨石阵作为扉页装饰，就像威廉·欧文在许多书中所做的一样。稍后，德鲁伊特成为工人互助会地方分会的象征，而可能正是由于不顺从国教者的发展，逐渐将异教徒祭司从威尔士民族纹章中排除出去，尽管他与垂挂的橡树叶和巨石一起，仍然长期是诗歌大会的花冠、座椅和奖章的装饰成分。

竖琴，准确地说是三排弦竖琴，也常常被用作威尔士的象征。三排弦竖琴本身有时也装点着那些民族象征，韭葱缠绕着底部，而亲王的羽毛则竖在顶部。竖琴被用于旗帜、书本、卷轴和奖章中，并且往往和相应的威尔士语格言放在一起，如“威尔士是竖琴之乡”、“心灵的语言在弦上展开”等等。威尔士山区的山羊，依然是斯诺登地区给人印象最深刻的景观，也被一些人采纳为威尔士的象征。彭南特以一个手持角笛的牧羊人及其山羊做他的《游记》的卷首插图，兰多维利夫人则采用野山羊作为自己纹章的兽形之一，而一些威尔士军团以山羊作为团的吉祥物。自然地，在讽刺文和漫画中，山羊也成为威尔

士的一个有用象征。

诗歌大会，无论地方性的还是全国性的，在这一时期是自由展示各种徽章的场合，我们提到过的各种民族象征都与吟游诗人协会的独特标志混合到一起了。数以千计的诗歌大会的花冠和座椅被制造出来，而且它们需要一套装饰体系。艾罗（一位出色的熟练石匠和业余艺术家）是富于创造力的象征制造者，其最著名的创造是由三条横条纹组成的神秘符号，每一横条纹代表过去、现在和未来，而且在德 91
鲁伊特神学中代表上帝的名字，它现在仍被用作全国诗歌大会给人印象最深刻的表意符号。诗歌大会各种仪式的顶点是在19世纪后期，当时胡贝特·冯·赫尔科默爵士和戈斯科姆爵士为吟游诗人协会设计了各种做工精美的服装，上面充满了我们提到过的各种象征。

新仪式、象征和徽章都用于帮助威尔士人将国家形象化，由此它们在一个并不是政治国家的民族共同体中具有了独特的重要性。它们是一个曾具有守护神节日、狂欢夜和节日盛宴的古老社会的已然失落的风俗和仪式的替代物。

转折点："蓝皮书叛逆"

1847年，威尔士教育状况皇家委员会在蓝皮书中向政府报告了它的考察结果。调查的发起有很多原因：对于普通民众中不顺从国教影响力日益增长的忧虑，威尔士教育经费和设备的缺乏，以及过去几十年中骚乱的不断增加，其中尤以1831年梅尔提尔起义①、1839年

① Merthyr Rising，1831年爆发于南威尔士梅尔提尔的反对工厂主的起义，至少有20名起义者在城堡饭店外被打死，而起义领导者理查德·刘易斯也被处以绞刑。——译注

宪章派的反抗活动和1839—1843年的丽贝卡暴动[①]为甚。委员会成员们(都是英格兰人)还报告了许多教育以外的威尔士情况,将民族(尤其是妇女们)的落后、道德败坏归咎于不顺从国教和威尔士语言的影响。由此在威尔士引发了一场抗议风暴,很多威尔士人认为,这是一种以极少数威尔士人向英格兰委员们提供的有偏见的证据为基础的对整个民族的诽谤,这场抗议被称作"蓝皮书叛逆"(The Treason of the Blue Books)。这是相对"长刀叛逆"的历史双关语,后者曾经是浪漫主义神话学家们喜爱的一个主题。5世纪后期,威尔士(或不列颠)的领导人是沃蒂根,他邀请亨吉斯特和霍撒统治下的撒克逊人来不列颠帮他与敌人作战。依照故事所说,撒克逊人邀请沃蒂根参加宴会,在宴会上他爱上了亨吉斯特的女儿罗娜,并要求娶她。撒克逊人,在稍后的另一次宴会上,以事先定好的暗号为令,突然扑向正围坐在桌边畅饮的威尔士首领们,用长刀将他们屠杀了,并强迫沃蒂根将英
92 格兰的大片土地交给他们。这一威尔士式的圣巴托罗缪之夜在过去漫长岁月中作为传说已为威尔士人所熟知。17世纪叙事诗歌编写者马修·欧文将它看作对罪恶的惩罚,不得不屈辱和顺从地接受。18世纪,神话学家们已注意到它的戏剧效果,而且它在18世纪70年代被亨利·福塞利和安杰利卡·考夫曼这样的浪漫主义艺术家所描绘。然而,1847年以后,它被转变为一种促使威尔士人采取行动的政治宣传形式。[②]

① Rebecca Riots, 1839年至1843年发生在西南威尔士的暴动,参加暴动的男子身着女性服装攻击征收通行税的关卡。——译注

② 大卫·威廉姆斯:《现代威尔士史》(David Williams, *A History of Modern Wales* [London, 1950]),第246—268页有关不顺从国教和第269—285页有关民族意识发展的论述,在有关19世纪40年代的历史方面是非常出色的。

由蓝皮书引起的骚动而产生的行动是自相矛盾的。一方面，它使威尔士人变得比以前更加强调民族主义和仇恨英格兰；另一方面，它使威尔士人热衷于通过变得更像英格兰人，将自己转变为讲究实际的、精明高效的讲英语的不列颠人，来回答委员们的批评。这一骚动还在威尔士社会中产生了新的同盟和分化。18世纪的历史复兴，其中我们已经讨论了神话制造部分，曾经远离宗教争论、政治改革和工业革命中的各种巨大力量。著名的古物爱好者和学者们总的来说对于循道宗的巨大力量持敌对态度，后者不仅摧毁了旧的快乐生活方式，而且还极为有效地填补了可能遗留的任何空间。例如，艾罗1799年写信给他的资助人欧文·琼斯，说"北威尔士人协会"和其他伦敦威尔士爱国者在巴拉的循道宗协会中，被艾罗的一位敌人（他常常称之为"酒店主琼斯"）污蔑为是潘恩党人（Painites）。"酒店主琼斯"曾是乔治三世的卫兵，后离开成为酒店主和循道宗的长老。"北威尔士，"艾罗抱怨道，"现在与南威尔士一样，也变得由循道宗控制了，而南威尔士已如地狱一般。"①

浸礼会牧师和一些学校的创办者威廉·罗伯茨，1852年时写了一本文集《黑暗时代的宗教》，书中他比较了威尔士半异教性质的民间文化和他所处时代的新的受人尊敬的威尔士文化，后者包括诗歌大会、文学协会、辩论社团和杂志，并且指出，直到最近加尔文派的节俭精神仍然阻止了循道宗信徒们享受这种正兴起的文化。在19世纪40 93
年代，循道宗信徒的旧约束正在迅速消失。年轻人能够发现威尔士文化已发生了何种变化，而且有关蓝皮书的争论将他们最终引入了

① G. J.威廉姆斯：《作家们的通信》(G. J. Williams, 'Llythyrau Llenorion', *Y Llenor*, vi [1927])，第39页。

其他不顺从国教者和威尔士爱国者的怀抱之中，因为委员们把他们所有人归并在一起，将循道宗信徒、不顺从国教者和威尔士语言作为一个整体进行攻击。

威尔士爱国者和不顺从国教者、循道宗信徒之间分歧的结束，却不幸地意味着爱国者和英国国教徒之间分歧的开始，后者自18世纪以来曾以不同方式主导了文化复兴，而且在1815年至1847年间确实曾是最突出的促进者。虽然1815年以后对于威尔士事物的新一波兴趣，在很大程度上是受到威尔士语名为“精通文学的老牧师”运动的激励，但事实上它同样涉及很多男女信徒。① 在政治上，这些人是有点反动的，而且主张回到18世纪较少纷扰的平静的威尔士。他们希望保存快乐的威尔士留下的东西；而且通过控制文学与历史，他们希望阻止不顺从国教者或是循道宗对于威尔士生活的任何进一步侵害。这些人包括：历史学家安格哈赫德·劳埃德（约翰·劳埃德的女儿，彭南特的同伴）；兰多维利夫人；夏洛特·格斯特夫人，她是著名的威尔士中世纪故事集的编者，她将这个集子称为《马比诺吉昂》；约翰·琼斯，牛津基督教堂的领唱者；民歌收集者阿伯佩格姆的玛丽亚·简·威廉姆斯；托马斯·普赖斯，教士、历史学家和凯尔特语言专家；约翰·詹金斯，教士、诗歌大会组织者和民歌收集者；教士约翰·威廉姆斯，艾罗有关德鲁伊特论文的不严格认真的编者，威尔士考古协会的创建者之一。

威尔士语手稿协会和威尔士考古协会、兰达弗里公学和兰彼特

① 刘易斯·琼斯：《精通文学的老牧师》(Bedwyr Lewis Jones, *Yr Hen Bersoniaid Llengar* [Denbigh, 1963])；R. T.詹金斯：《19世纪威尔士历史》卷一《1789—1843年》(R. T. Jenkins, *Hanes Cymru yn y Bedwaredd Canrif ar Bymtheg, i. 1789—1843* [Cardiff, 1933] ）对于爱国的教士有详尽论述。有关19世纪30至60年代凯尔特研究概况见雷切尔·布罗米奇的《马修·阿诺德和凯尔特文学：回溯1865—1965年》(Rachel Bromwich, *Matthew Arnold and Celtic Literature: a Retrospect 1865—1965* [Oxford, 1965])。

的圣大卫大学学院，是试图影响威尔士生活的这一群杰出人士使用的各种方式，影响普通民众则主要是通过诗歌大会。1819年，斯旺西的激进日报《戈默尔之星》赞许卡马森诗歌大会，但是到1832年，编 94
辑戴维·埃文斯对博马里斯诗歌大会深为怀疑，理由是它将转移威尔士人对政治改革的注意。安格哈赫德·劳埃德在她的《安格尔西岛历史》的一篇附录中（该书在诗歌大会上获奖），重印了另一位爱国教士和诗人约翰·布莱克维尔的一篇讲演，其中布莱克维尔说，威尔士农民是有教养和有读写能力的，他的书本是未受道德败坏污染的，而且他并不操心政治或是政府。① 但是甚至在诗歌大会的浪漫世界中，情况也正在变化，1831年亚瑟·詹姆斯·约翰斯（以后是一位法官）已因为一篇论文《威尔士不顺从国教的起源》而获奖，这是一种现在被称为社会学的研究。仅仅一些年以后，人们就尝试将诗歌大会转变为一种威尔士式的“英国科学发展协会”。关注遥远的神话般过去的爱国教士直至19世纪40年代仍主导着诗歌大会，但是有关蓝皮书的争论将他们置于一个尴尬的境地，而且逐渐地，不顺从国教者和循道宗信徒们也转向了他们所从事的领域，并取代了他们，宣称自己代表威尔士民族，并谴责国教徒是外来侵略者。当威尔士激进派的著名领袖亨利·理查德于1866年出版《有关威尔士的通信和文章》时，他实际上将威尔士人与不顺从国教者相等同，而排除了国教徒。接掌了威尔士文化的不顺从国教者创造了一种新的形象。它削弱了威尔士对于极为遥远的民族历史的兴趣，取而代之以对于《旧约》中的过去和17—

① 安格哈赫德·劳埃德：《安格尔西岛历史》（Angharad Llwyd, *A History of the Island of Anglesey* [Ruthin, 1832]），附录第39页。参见玛丽·埃利斯：《安格哈赫德·劳埃德》（Mary Ellis, ‘Angharad Llwyd’, *Flintshire Historical Society Publications*, xxvi [1976]），第52—95页，以及1978年第xxvii卷，第43—87页。

18世纪不顺从国教运动的早期历史的兴趣，并且强调新的清教徒礼拜日是“威尔士礼拜日”，新的“威尔士生活方式”是不顺从国教者的生活方式：歌唱学校（学唱赞美诗而不是民歌）、禁酒集会、“唱赞美诗集会”、季度会议和各种协会、互助协会，以及更多一些的20世纪熟知的典型威尔士事物。难怪历史学家约翰·劳埃德爵士指出，维多利亚时代的威尔士与安妮女王时期的威尔士的差别，就像安妮女王时期的威尔士与包迪丽亚时期的威尔士的差别一样。约翰·托马斯出版了他的
95 已与过去歌曲没有什么联系的歌曲集；甚至偏远的卡迪根郡的年轻人也被迫在婚礼宴会上唱赞美诗，因为他们除此之外一无所知。①

曾经被学者和爱国者控制的政治与工业主义的巨大力量，在19世纪40—50年代笼罩了浪漫主义神话学者小团体。这并不是说18世纪的爱国者就忽视政治或工业主义；例如，莫里斯小圈子也涉足工业和政治，这是不可避免的，因为刘易斯·莫里斯是卡迪根郡皇家矿山的颇具争议的首领，而理查德·莫里斯则就职于海军部。托马斯·彭南特来自弗林特郡的格林菲尔德山谷，那里有很多早期工业企业，而且作为乡绅中的领袖，他还关注18世纪80年代的政府改革。像艾罗或摩根·约翰·里斯以及他们的朋友这样的爱国者参与了18世纪80—90年代的激进派政治运动，当时出现了大量威尔士语写的有关政治问题的文章。②欧文·琼斯认为，“北威尔士人协会”应该是一个

---

① 约翰·托马斯：《约翰·德杜》（John Thomas, ‘Ieuan Ddu’, *The Cambrian Minstrel* [Merthyr, 1845]），第29页注释。在足球比赛中唱赞美诗的传统是19世纪后期的现象，源自同样原因。

② 大卫·戴维斯：《法国大革命对威尔士生活和文学的影响》（David Davies, *The Influence of the French Revolution on Welsh Life and Literature* [Carmarthen, 1926]）；J. J.埃文斯：《法国大革命对于威尔士文学的影响》（J.J.Evans, *Dylanwad y Chwyldro Efrengig ar Lenyddiaeth Cymru* [Liverpool, 1928]）以及《摩根·约翰·琼斯及其所处的时代》（*Morgan John Rhys a'i Amserau* [Cardiff, 1935]）。

有关教会和国家改革的激进讨论的辩论社团，而且其他一些伦敦威尔士人协会也应该是这样。虽然像艾罗和摩根·约翰·里斯这样的人具有格拉摩根山区不顺从国教的手工业者参与政治讨论的传统，但是他们只是很少一部分人，而且长年战争的压制已然削弱了改革运动，增强了威尔士的反革命情绪。

亨利·理查德于1866年著文回溯了他童年时的文化氛围，回忆了他父亲阅读的大量威尔士刊物，注意到它们都是有关诗歌和宗教的，很少提及政治或商业，除了末尾的简短附录。① 兰多维利夫人和爱国教士们将会赞同这一说法，因为他们满怀热情进行的文化复兴运动就发生于极为贫穷和极度不满的背景之下。安格哈赫德·劳埃德买了大量威廉·欧文的书以销毁它们，因为欧文支持天主教解放法令， 96
而兰多维利夫人与出色的三排弦竖琴师卢埃林·威廉姆斯（1822—1872）没有任何往来，因为他的父亲塞法尼亚·威廉姆斯是1839年宪章派反抗活动的领导人。有关蓝皮书的争论不仅使循道宗信徒进入了威尔士政治和文化领域，而且还增强了那些希望同胞们参与商业和政治活动的威尔士人的地位。即使没有蓝皮书争论，威尔士社会的总体环境也正促使人们在控制自己的事务上发挥越来越积极的作用。埃德温·查德威克注意到，1839年至1843年间与丽贝卡骚乱有关的独特仪式源自“喧闹嬉戏”习俗。② 在习俗社会中，长期以来一直通过包含男子身着女性装束、焚烧模拟像和模拟审判的夜间游行，

---

① 亨利·理查德：《有关威尔士的书信和散文》（Henry Richard, *Letters and Essays on Wales*, 2nd edn [London, 1884]），第93页。

② 大卫·威廉姆斯：《丽贝卡骚乱》（David Williams, *The Rebecca Riots* [Cardiff, 1955]），第53—56、104、128、185、191、241、290页。有关18世纪90年代至1835年的动荡不安情况见D. J. V. 琼斯：《丽贝卡骚乱之前》（D. J. V. Jones, *Before Rebecca* [London, 1973]）。

来惩罚不正当的性行为。但是1839年，为了狂热的社会和政治目的需要，它们被改变了。曾于1848年呼吁确立国歌的托马斯·琼斯，在同一期的《散文家》上倡议反对当时威尔士人对于音质粗糙、讲求事实、注重理性的英语所具有的实用性的忧虑。转折点已然来临，从1848年以后，曾经长期在威尔士文化中占主导地位的传统发明已开始衰退了。

诗人、神话学家和空想家们发现，自己正遭受更为严厉的批评，有时批评是总体上的，来自那些相信威尔士现在应该从诗歌与历史居重要地位的人类发展较低阶段进步至实际事务占主导地位的高级发展阶段的人；其他时候严厉的批评是具体的。约翰·威廉姆斯希望使1858年的兰戈伦诗歌大会再现19世纪20—30年代爱国教士时期的盛况。他本人希望通过证明马多故事的真实性而获得历史论文奖。虽然他赢得了奖励，但真正的胜利者是托马斯·斯蒂芬斯，后者来自梅尔提尔，已出版了一部威尔士文学史，他证明马多是一个毫无根基的神话。从兰戈伦大会的会议记录中就能看出转变：例如，安尔姆克的威廉·鲁斯赢得了绘画奖项中的一项，获奖作品中虽然有一幅
97 是关于欧文·格伦道尔之死的，但另一幅是有关船长温最近在阿尔马去世的绘画。在短短几年之内，威尔士人通过各种期刊，开始了解到德国语文学所取得的重大成就，以及博普和措伊斯的研究，后者将威尔士语科学地置于真正的语文学背景中加以研究，从而使威尔士人越来越难以相信18世纪非理性的历史神话创造。① 路易德和莱布尼茨很早以前的研究都不再被人相信了。曾经使前几代人如此感兴趣

① 布罗米奇：《马修·阿诺德和凯尔特文学》；弗朗西斯·肖：《凯尔特语文法的背景》（Francis Shaw, 'The Background to the Grammatica Celtica', *Celtica*, iii［1953］），第1—17页有关博普1839年著作和措伊斯1853年著作的部分。

和如此受激励的遥远时代的威尔士历史与文学中的灵魂与幻象，当被置于日常生活之中时就消失了。

由此，像教士约翰·威廉姆斯、欧文·温·琼斯或兰多维利夫人这样的旧世界幸存者们，尽管心中不满，但不得不处于孤立或是沉默之中；而激进派和不顺从国教为主导的新威尔士人，开始关注新近历史形成的神话、困惑和迷雾，而且人们着迷于涉及自身的一系列新传说。这些传说有的是关于早期循道宗信徒被迫害情况的（他们从罗斯—兰的罗伯特·琼斯写的《时代的写照》中了解到这些情况，该书被R.T.詹金斯称为“复活的经书”），有的是关于理查德·刘易斯和1831年梅尔提尔起义的，有的是关于反抗地主和大企业家压迫的斗争的。

结论：难以捕捉的猎物

总之，这一独特运动成果如何？我们所描述的威尔士并不是一个政治国家；而且正是由于缺乏这样的国家，威尔士人被迫将自己的大部分精力用于文化事业，探寻历史，乃至在缺乏历史的时候发明历史。旧的生活方式已然衰败和消失，而历史则往往是破碎和匮乏的，由此需要大量的发明。浪漫主义神话学家们在某些方面是如此成功，以至于他们使威尔士事物显得独具魅力了。当古代事物具有权威时，这是适合的，但是当进步时代来临时，它就不合时宜了。威尔士特性的保存和传诸后世，是通过我们已描述过的那些爱国者的至关重要的努力。但是有相当多的人否认威尔士特性，认为它与不合逻 98
辑以及虚假神话联系在一起。虽然维多利亚女王统治时的威尔士特性可能是非常残酷和狂热的，但这是因为它不得不与如此多的敌人斗争。为了生存，威尔士特性不得不在19世纪60—70年代将自己巧妙地转移到激进派和不顺从国教者的新世界之中。

历史的恢复与传统的发明在威尔士的影响，比任何相似事物在英格兰的影响都要更为深远，而它确实与欧洲小国中发生的情况是类似的。18世纪的威尔士并没有一种连续的或是幸运的历史传统；它也没有一种辉煌的或英雄般的刚刚逝去的历史。因此，遥远过去的重新发现，德鲁伊特和凯尔特人以及其他等等，对于威尔士人来说有着惊人的影响。威尔士缺乏一套以考证方法来核实和比较各种神话与发明的学术制度。读者与作者并不能一起系统地追寻过去。例如，各种手稿几乎全部收藏在私人图书馆中，只有很少一些被出版了；因此像艾罗这样的天才造假者很容易就欺骗了威尔士（以及英格兰）公众。也正是由于缺乏学术制度，麦克弗森能够在苏格兰为自己翻译的奥西恩诗歌辩护，埃尔萨·德·拉维耶马克（Hersart de la Villemarqué）男爵能够在《布列塔尼民歌集》（*Barzaz Breiz*）中加入他伪造的古代布列塔尼诗歌，或者瓦茨拉夫·汉卡（Vaclav Hanka）能够出版他伪造的中世纪捷克手稿《克拉洛德沃斯基手稿》（*Kralodvorsky Rukopis*）。汉卡的这一手稿是在奥西恩诗歌被译为捷克文之后仅两年出现的，直到半个世纪或更晚之后被托马斯·马萨里克揭露是伪造的。另一方面，英国在发现查特顿（Chatterton）的伪造作品的速度上并不慢。

在威尔士，复兴和神话制造运动源于威尔士生活中的危机，当时整个民族的生命力似乎正在衰竭。常识和理性要求威尔士人将过去看作封闭的和已终结的，而且由于他们已"被从历史记载中抹掉了"，因此他们应当对自己的命运感到高兴。对于少数爱国者来说，要使同胞们欣赏自己的遗产、珍视自己独有的东西，需要付出超人的努力。他们觉得实现这一目标的唯一方法是，仔细思索过去，并运用想

象力来改造它，从而创造一种新的威尔士特性，这种特性将为民族提
供指导、娱乐、消遣和教育。他们创造的充满神秘色彩和浪漫气息的
威尔士，使得威尔士人能够忘记自己刚刚逝去的过去，获得一种艺术 99
与文学形式的过去；由此他们就一举两得。我们已描述过的巧妙方
法在这一威尔士历史进程中的艰难时刻具有重要的愈合功能。威尔
士生活继续在变化，而且当它这样变化时，我们已描述过的进程又重
新出现。一旦浪漫派失败了，他们的地位就被新的神话制造者和传
统（激进派和不顺从国教者为主导的威尔士传统）创造者所取代。猎
人虽然变了，但是追寻仍在继续。① 100

---

① 有关本章所涉及问题的进一步论述，见普赖斯·摩根：《18世纪的复兴运动》（Prys Morgan, *The Eighteenth-Century Renaissance* [Llandybie, 1981] ）。

第四章

仪式之背景、表演与意义：英国君主制与"传统的发明"，1820—1977年[①]

大卫·卡纳迪恩

1820年，严厉抨击英国当权派的腐败与权势的《黑书》（*The Black Book*）如此评论王室仪式：

> 展示、炫耀各种王冠、宝冠、金钥匙、金官杖、白色与黑色的权杖、貂皮袍、上等细麻布、权标和假发，是荒谬可笑的，因为此时人们已经被启蒙，他们已然明了，政府的真正目标在于以最小的代

① 这篇论文的草稿曾在剑桥大学社会史研讨班上介绍过，也在普林斯顿大学的一个由学生和教师共同参加的研讨班中介绍过。我非常感谢参与者的评论与批评，尤其感谢S. D.班菲尔德博士和C. J.巴巴斯先生在两个专门问题上的帮助，还要感谢J.惠利先生以其在早期现代欧洲礼仪与仪式方面广博的知识与我进行交流。关于此论题的一些最初的想法已在我发表的文章中有所勾勒，参见：《并非如此悠久的君主制传统》，《新社会》（'The Not-So-Ancient Traditions of Monarchy', *New Society*［2 June 1977］），第438—440页。此文定稿完成于1979年。

价带给人民最大的幸福。[1]

四十年之后，罗伯特·塞西尔勋爵，即后来的索尔兹伯里第三侯爵[2]，在观看了维多利亚女王宣布召开议会的仪式之后，充满赞许地写道：

> 某些民族在礼仪方面拥有天赋。绝不会因缺乏钱财或不够光彩华丽而阻止他们举行各种盛典，他们所参与的这些庆典既是真实的，亦是令人难忘的。每个人都自然而然地居于恰当的位置上，毫不费力地将自身置于他正在演出的短小戏剧的精神之中，并且出于本能地抑制住一切拘谨与心不在焉的现象。

但是，他接着解释说：

> 这种才能通常限于南部气候区的民族和非条顿起源的民族。在英国情况恰恰相反。我们可以做到比绝大多数民族都更加壮丽辉煌，对此我们花费得起；但有某种恶毒的魔力笼罩着我们所有最隆重的仪式，并带给这些仪式某种特征，使它们都变得 101
> 荒谬可笑……总有东西要垮掉，总有人设法逃脱他的分内之事，或因某个次要的目标遭受阻碍，从而毁掉了全局。[3]

总的看来，这些引文例证了在19世纪的前七十多年中，时人对于英国君主制仪式的态度。第一段引文认为，当人民变得更加有教养时，王

---

① 引自D.萨瑟兰：《地主》(D. Sutherland, *The Landowners*［London, 1968］)，第158页。

② Lord Robert Cecil (1830—1903)，英国保守党领袖，三次任首相，称号为索尔兹伯里第三侯爵。——译注

③ 《星期六评论》(*The Saturday Review*, 9 Feb. 1861)，第140—141页。此文匿名发表。

室的仪式便很快被揭露为仅仅是原始的魔力,骗人的假象。第二段引文意味着,在内在学识完善的基础上,君主制表现出的辉煌壮丽,在任何情况下都只是使它的愚蠢而非它的庄严引人注目。

今天在英国情况恰恰相反。可能除教宗之外,没有哪个国家的元首像女王伊丽莎白二世一样被如此众多的流行仪式所包围。大众可能确实变得更加有教养了,像《黑书》的作者所希望的那样,但结果他们并没有丧失对于君主制世俗魔力的喜爱。相反,正如伊恩·吉尔摩所指出的:“现代社会仍然需要神话与仪式。这由君主及其家庭提供。”[①] 此外,与早期相比,现在的礼仪表演颇为壮观,以至于观察者会认为这种仪式向来如此。“千年悠久传统的壮丽辉煌”;“一个历经数百年的盛大场面”;“一切都原原本本地出自数世纪前的先例”;“英国人尤其擅长礼仪”:这些都是当代的评论家与记者在描述伟大的王室礼仪时所用的语句。[②] 无论当时的《黑书》和塞西尔的叙述多么准确,今天都不再具有价值。本章的目的在于,描述与解释其后英国王室礼仪的背景与性质所发生的变化。这些变化不仅令他们的评论变
102 得无关紧要,也驳斥了他们的预言。

一

尽管君主制在英国的政治、社会和文化生活中一直具有核心地

① I.吉尔摩:《身体的政治》(I. Gilmour, *The Body Politic* [London, 1969]),第313页。

② J.丁布尔比:《理查德·丁布尔比》(J. Dimbleby, *Richard Dimbleby* [London, 1977]),第329页;J.惠勒—贝内特爵士:《国王乔治六世》(J. Wheeler-Bennett, *King George VI: His Life and Reign* [London, 1965]),第310页;H.维克斯:《女王的二十五年》(H. Vickers, ‘Twenty-Five Years a Queen’, in H. Montgomery-Massingberd [ed.], *Burke's Guide to the British Monarchy* [London, 1977]),第42页;《插图伦敦新闻》(*Illustrated London News*, 6 Feb. 1965)。

位，但其公共形象的性质在过去的两百年间发生了变化，这一点鲜为历史学家们所注意。都铎和斯图亚特宫廷的“权力剧场”，即通过精心策划的仪式来提高王室或共和政体之声望的做法，已经被广泛考察，不仅在英国，也将欧洲作为整体进行考察。①19世纪末20世纪初，在威廉德国和法兰西第三共和国，出现了第二个“发明”仪式与传统的高潮，已经有很多以此为对象的研究，这些研究提出了对于考察当时的英国礼仪而言具有启发性的暗示。②此外，在欧洲两次大战之间，法西斯主义与共产主义新体制的复杂仪式，近来已经

---

① R. E.基赛：《文艺复兴时期法国的王室葬礼》(R. E. Giesey, *The Royal Funeral Ceremony in Renaissance France* [Geneva, 1960]); R.斯特朗：《宫廷的辉煌》(R. Strong, *Splendour at Court: Renaissance Spectacle and Illusion* [London, 1973]); S.安格罗：《演出、庆典与都铎王朝早期的政策》(S. Anglo, *Spectacle, Pageantry and Early Tudor Policy* [Oxford, 1969]); D. M.伯杰龙：《英国市民的庆典，1558—1642年》(D.M. Bergeron, *English Civic Pageantry, 1558—1642* [London, 1971]); F. A.耶茨：《瓦卢瓦王朝丰富多彩的画面》(F. A. Yates, *The Valois Tapestries* [London, 1959]); E.缪尔：《权力的形象》(E. Muir, ‘Images of Power: Art and Pageantry in Renaissance Venice’, Am. Hist. Rev., lxxxix [1979])，第16—52页；G.里迪：《神秘的政治》(G. Reedy, ‘Mystical Politics: The Imagery of Charles II’s Coronation’, in P. J. Korshin [ed.], *Studies in Culture and Revolution: Aspects of English Intellectual History, 1640—1800* [London, 1972])，第21—42页；吉尔茨：《中心、国王与超凡魅力》(C. Geertz, ‘Centers, Kings and Charisma: Reflections on the Symbolics of Power’, in J. Ben-David and T. N. Clark [eds.], *Culture and its Creators: Essays in Honor of E. Shils* [Chicago and London, 1977])，第153—157页。

② G. L.莫斯：《君主政治、环形广场与纪念碑》(G. L. Mosse, ‘Caesarism, Circuses and Monuments’, *Journal of Contemporary History*, vi [1971])，第167—182页；C.里瑞克：《节庆与政治》(C. Rearick, ‘Festivals and Politics: the Michelet Centennial of 1898’, in W. Laqueur and G. L. Mosse [eds.], *Historians in Politics* [London, 1974])，第59—78页；里瑞克：《现代法国的节庆》(C. Rearick, ‘Festivals in Modern France: The Experience of the Third Republic’, *Journal of Contemporary History*, xii [1977])，第435—460页；R.桑松：《1894年贞德的节日》(R. Samson, ‘La Fête de Jeanne d’Arc en 1894: Controverse et Célébration’, *Revue d’Histoire Moderne et Contemporaire*, xx [1973])，第444—463页；M.阿居隆：《一种共和考古学的概略》(M.Agulhon, ‘Esquisse pour une Archéologie de la République: l’Allegorie Civique Féminine’, *Annales: Economies, Sociétés, Civilisations*, xxviii [1973])，第5—34页；霍布斯鲍姆：《19世纪欧洲传统的发明》(E. J. Hobsbawm, ‘Inventing Traditions in Nineteenth-Century Europe’ [*Past and Present Conference Paper*, 1977])，第1—25页。本章通篇都明显受到霍布斯鲍姆教授的影响。

开始引起学者们的广泛关注。①相比之下，17世纪末期以来的英国
103 王室仪式几乎被完全忽略了。尽管有关国王与女王的传记包含了对其婚礼、加冕礼和葬礼的适当说明，但并没有从长期的、比较的、背景的角度对这样的仪式进行系统的分析。

因此，有关英国君主制礼仪问题的开拓性著作几乎都是由社会学家来完成的，这些著作既提供了证据，也解释了这些证据。自1937年开始民意调查以来，一直有这样一些调查，来评估大众对于举行承继下来的王室仪式的反响，从乔治六世的加冕礼到伊丽莎白女王的银禧庆典（纪念执政二十五周年的庆典）。②一些社会学家试图在涂尔干式的、功能主义的框架中分析仪式的"意义"，他们强调这种仪式的整合力量，以礼仪的方式赋予并反映、支持并强化根深蒂固、广泛认可的大众价值观念。③在另一种传统中，同样的仪式并不被视为多数人意见的公开清晰的表达，而是体现"有偏见的动员"（mobilization of bias），这是统治精英将盛大的庆典作为宣传工具，巩固其意识形态

---

① 莫斯：《大众政治与民族主义的政治礼拜仪式》(G. L. Mosse, 'Mass Politics and the Political Liturgy of Nationalism', in E. Kamenka [ed.], *Nationalism: The Nature and Evolution of an Ideal* [London, 1976])，第39—54页；H. T.巴登：《纽伦堡的政党集会》(H. T. Barden, *The Nuremberg Party Rallies*, 1929—1939 [London, 1967])。

② H.詹宁斯和C.马奇：《五月十二日》(H. Jennings and C. Madge, *May the Twelfth* [London, 1937])；L.哈里斯：《长久地统治我们？》(L. Harris, *Long to Reign Over Us?* [London, 1966])；J. G.布卢姆勒、J. R.布朗、A. J.尤班克和T. J.诺西特：《对于君主制的态度》(J. G. Blumler, J. R. Brown, A. J. Ewbank, and T. J. Nossiter, 'Attitudes to the Monarchy: Their Structure and Development during a Ceremonial Occasion', *Political Studies*, xix [1971])，第149—171页；R.罗斯和D.卡瓦纳：《当代英国文化中的君主制》(R. Rose and D. Kavanagh, 'The Monarchy in Contemporary British Culture', *Comparative Politics*, viii [1976])，第548—576页。运用这样的材料的其他的研究参见P.齐格勒：《君主与人民》(P. Ziegler, *Crown and People* [London, 1978])。

③ 涂尔干：《宗教生活的基本形式》(E. Durkheim, *The Elementary Forms of the Religious Life* [trans. J. W. Swain, London, 1915])，第220、225、358、375、379页；E.希勒斯和M.扬：《加冕礼的意义》(E. Shils and M. Young, 'The Meaning of the Coronation', *Sociological Review*, new ser., i [1953])，第63—81页；布卢姆勒等：《对于君主制的态度》，第170—171页。

上的优势的一个例证。[①] 无论哪种方式，对社会学家而言，工业社会中礼仪的意义都是从对仪式本身的、本质上非背景化的分析中推知的，是在马克思主义或功能主义理论的相对历史性的框架中做出判断的。

本章试图通过一种全然不同的研究方法重新发现这种王室礼仪的“意义”，这种方法就是将礼仪放置在更广泛的历史背景中。这种研究途径的核心思想在于，仪式、庆典，像艺术作品或政治理论著作一样，不能仅仅“根据独立于一切原因、一切目的、一切背景的内在 104
结构”进行解释。正如所有的文化形态都可能被视作文本，或者说，所有的文本也都可被视作文化形态，这里需要的是“深描”而非“浅描”。[②] 对于仪式、庆典，正如对于伟大的政治理论著作一样，“要研究背景……不仅仅是为了获得额外的信息……；也是使我们自身拥有……一种途径，能够更深层地洞察……其意义，这比我们仅仅阅读文本可能得到的东西更深刻”。[③] 因此，为了重新发现现代王室仪式的意义，有必要将仪式本身与实际举行它的特定的社会、政治、经济以及文化环境相联系。将礼仪的场景放置在恰当的背景中，就像将政治理论的文本放置在恰当的背景中一样，实际上都不仅是为了提

---

① S.卢克斯：《政治仪式与社会整合》(S. Lukes, ‘Political Rituals and Social Integration’, in S. Lukes, *Essays in Social Theory* [London, 1977])，第62—73页；N.伯恩鲍姆：《君主制和社会学家》(N. Birnbaum, ‘Monarchies and Sociologists: A Reply to Professor Shils and Mr Young’, *Sociological Review*, new ser., iii [1955])，第5—23页；R.博科克：《工业社会中的仪式》(R. Bocock, *Ritual in Industrial Society* [London, 1974])，第102—104页。

② 吉尔茨：《文化的阐释》(C. Geertz, *The Interpretation of Cultures* [London, 1975])，第7、14、449页。

③ 斯金纳：《现代政治思想的基础》(Q. Skinner, *The Foundations of Modern Political Thought*, 2 vols. [Cambridge, 1978])，第1卷，第xii—xiv页。

供历史背景，而是为了开始进行阐释。①

显而易见，即使一个反复重复的仪式（像加冕礼这样长时期以来未经改变的仪式）的文本，其“意义”也可能发生了深刻的变化，这取决于背景的本质。在一个本质上静止不变的时代，未曾变化的仪式或许真正反映并巩固了稳定性以及多数人的意见。但在一个充满变革、冲突或危机的时期，仪式有可能故意被维持原貌，以便给人一种持续、一致、安逸的印象，尽管存在大量背景方面的证据，证明情况恰恰相反。在某种环境下，在参与者及同时代人眼中，一次加冕礼可能被视作在象征性地重新肯定民族的伟大。但是在一个不同的背景中，同样的礼仪可能呈现出集体性的渴求昔日光荣之特征。同样地，一次王室的葬礼可能被用来感谢并歌颂一位使他的民族变得伟大的君主。在同样的内容和形式下，它也可以被解释为一曲挽歌，不仅献给君主本人，也要献给作为一个强权的国家。正如自由女神像的“意义”在19世纪中发生了深刻的变化，这是“历史的一套环境”的变化造成的，同样的论断可能也适用于礼仪事件的
105 一些文本。②

然而，像一件雕像这样的艺术品，从定义上看，是静止的：就其“意义”随时间的流逝而发生变化而言，这只能是环境变化的结果。但至于仪式与礼仪，表演本身也是灵活的、动态的。尽管一个反复重

① 参见D. M.施奈德：《关于一种文化理论的札记》（D. M. Schneider, ‘Notes Towards a Theory of Culture’, in K. H. Basso and H. A. Selby [eds.], *Meaning in Anthropology* [Albuquerque, New Mexico, 1976]），第214—215页：“在某种程度上，所有的意义都是背景界定的，甚或决定的。”

② M.特拉奇登贝格：《自由女神像》（M. Trachtenberg, *The Statue of Liberty* [Harmondsworth, 1977]），第15—19、186—196页。对于维多利亚瀑布那里著名的赞比西河铁路大桥之“意义”变化的类似分析，参见莫里斯：《永别了号角》（J. Morris, *Farewell the Trumpets: An Imperial Retreat* [London, 1978]），第347—348页。

复的仪式的基本文本大体上保持不变（比如一个英国加冕礼中的授冠、涂油和认可仪式），但举行礼仪的确切风格可能会有不同，这种风格只会导致“意义”上进一步的变化。礼仪可能会得到良好的或糟糕的表演。它可能会被精心地排演，或因缺乏预先的准备而酿成大错。参与者可能是烦闷的、漠然的，或兴趣盎然的，甚或是满怀热情地来确保他们正参与的庆典在历史上具有重要意义。因此，表面上看是同一个礼仪，其意义可能发生了根本性的改变，这既取决于表演的性质，也取决于礼仪所处的背景。仅局限于文本的分析，既忽视了表演的性质，也忽视了对于背景的“深描”，绝不可能指望从历史的角度提供出一个对于现代英国王室仪式与礼仪之“意义”的令人信服的解释。①

以此种见解观之，仪式、表演与背景至少存在十个方面需要被研究。首先是君主的政治权力：它是伟大的还是渺小的，是在增长还是在衰落？其次是君主的个人品格与名声：他是被爱戴的还是被憎恨的，是受尊敬的还是遭斥责的？第三方面是，在他统治期间，其国家的经济与社会结构的性质：它是地方化的、乡土的、前工业的，还是城市化的、工业的、阶级统治的？第四方面是传媒的类型、范围和态度：它是如何生动地描绘出王室的事件，它会传达出怎样的君主制的图景？第五方面是技术与时尚的流行情况：君主制是否可能用不

① 作为一名历史学家，这对我来说似乎是人类学中文本主义研究途径的主要问题，例如E.里奇的《文化与交流》（E. Leach, *Culture and Communication: The Logic by which Symbols are Connected: an Introduction to the Use of Structuralist Analysis in Social Anthropology* [London, 1976]），第84—93页，其中他分析了圣经故事中亚伦任大祭司的授圣职礼。这一研究类型更好的例子是E.里奇的未刊讲稿《曾经成为一骑士足矣》（‘Once a Knight is Quite Enough’），其中他比较了骑士的授爵仪式与20世纪40年代婆罗洲以猪献祭的仪式，在历史学家看来，这个比较几乎丝毫没有涉及授爵仪式在当代背景中其“意义”的重要性。

合时代样式的交通工具与服饰来提高自身的神秘性与魅力，并因此
106 受益？第六方面是君主统治期间民族的自我形象：是对本国在国际等级秩序中所处的位置满怀信心，还是因外国的挑战者而感受到忧虑与威胁？是反对正式的帝国，还是自觉的帝国主义者？第七方面是举行大多数王室礼仪的首都的情况：它是肮脏的、平淡无奇的，还是拥有辉煌的建筑和凯旋大道，以作为与仪式和庆典场面相称的背景？第八方面是那些负责典礼、音乐及组织工作的人的态度：他们是对礼仪漠不关心并且不能胜任组织工作，还是渴望并能够使庆典获得成功？第九方面是实际上所表演的礼仪的性质：是拙劣草率的，还是辉煌壮观的？最后是商业开发的问题：陶器、纪念章和其他人工制品的制造商，会在多大程度上意识到可以通过出售纪念品赚钱？

如果以这样的方式将英国君主制的仪式与礼仪融入背景并进行评价，那么就可能重新发现其“意义”，与社会学家迄今为止所做的工作相比，这样的重新发现是一种以历史的角度来看更加令人信服的方式。对于社会学家来说，英国自1800年代开始，成为了一个“现代的”、“工业的”、“当代的”社会，其社会结构被当作已知的情况。[1] 但是，像通常一样，对于历史学家来说，他们主要的兴趣正是变化与非连续性，而不是一致性的方面。比如，如果像许多社会学家一样，假设沃尔特·白哲特关于维多利亚中期君主制的描述在当时来说是确切的，并认为这种描述也适用于日后的君主制，那么就会显现出一种深深的无知，既是对他所撰写的《英国宪制》以及《经济学家》中的文章的特定背景的无知，也是对于自那时起王室仪式的背景与表演产生

① 例如卢克斯：《政治仪式与社会整合》，第62、64页。

变化、进行发展的确切方式的无知。①

放置在这种“深描”的背景中，英国君主制之礼仪形象的发展 107
就会展现出四个明显的阶段。第一个阶段，从19世纪20年代以降，甚至更早，直到19世纪70年代。这是一个拙笨地运用仪式的阶段，仪式在一个仍主要为地方化的、乡土的、前工业的社会中表演。第二个阶段开始于1877年，当时维多利亚成了印度女皇，一直持续到第一次世界大战爆发。在此期间，英国和欧洲的许多国家一样，出现了“发明传统”的高潮。此时一些古老的仪式被上演，它们包含着一套专门的知识并具吸引力，这都是过去所缺乏的，此外，一些新的仪式被有意识地发明创造了出来，以强化这种发展。然后，从1918年直到1953年伊丽莎白女王加冕，形成了另一个发展阶段，这时候英国人使自己相信，他们很擅长礼仪，是因为他们从来如此。这一信条在很大程度上能够成立，是因为英国在王室礼仪方面先前的对手（德国、奥地利和俄国）已经废弃了君主制，剩下英国独自置身其中。最后，自1953年以来，英国作为一个强国开始衰落，又加之电视的巨大影响，这意味着王室礼仪的“意义”再次发生了深刻的变化。不过迄今为止，这一变迁的新阶段的轮廓只是依稀可辨。现在本文将依次考察这些连续的阶段中的每一个步骤。

① 希勒斯和扬：《加冕礼的意义》，第64页；博科克：《工业社会中的仪式》，第103页；罗斯和卡瓦纳：《当代英国文化中的君主制》，第553、557页。白哲特对于君主制之威严、壮观进行了复杂甚或偶尔前后矛盾的描绘，事实上，其著述最大的问题在于主观论断多于客观描述。最能体现这种路数的分析，参见约翰·施蒂瓦斯编：《沃尔特·白哲特文集》（N. St John-Stevas [ed.], *The Collected Works of Walter Bagehot*, 12 vols. So far [London, 1965—1978] ），第5卷，第81—83页。亦参见克罗斯曼（R. H. S. Crossman）给白哲特《英国宪制》（*The English Constitution* [London, 1963] ）一书写的导论，第36页。

二

持续到19世纪70年代的这一阶段，英国君主制就其行使真正的、有效的政治权力而言，达到了最为辉煌的时期。而且，由于17世纪的经历仍深深地留在英国人的集体记忆之中，因此人们对于通过重新开放“权力剧场”（它于17世纪末被令人愉快地关闭了）来进一步增强王室影响的做法保持敌意。比如，在1807年，乔治三世解散了一个为期不到一年的议会，以增强敌视天主教解放运动的内阁的权力。四年之后，威尔士亲王担任了摄政，人们普遍认为，如果他愿意的话，他完全可以清除托利党的政府，使辉格党取而代之。①从此之后，他在政治领域中一直是一位令人气恼且举足轻重的人物，他对于坎宁、利弗普尔和威灵顿来说一直是个眼中钉。他的后继者威廉四世更加
108 精力旺盛，正如加什教授所说：

> 在七年的短暂统治之中，他三次解散内阁；出于政治目的，在议会到期之前，他两度解散之；他三次为其大臣制订正式的提案，使他们与政治对手联合；在一次庆典中，他不听从其政治顾问的意见而允许使用自己的名字，以对上议院中一次关键的投票施加影响。②

---

① C.希伯特：《乔治四世》（C. Hibbert, *George IV* [Harmondsworth, 1976]），第379—383、675—686、694页。

② N.加什：《英国政治中的反应与重建，1832—1852年》（N. Gash, *Reaction and Reconstruction in English Politics, 1832—1852* [Oxford, 1965]），第5页。

维多利亚在担任女王的初期也不是完全沉默、安静的。1839年，她通过拒绝接受皮尔所赏识的几位女王侍臣，从而成功地人为延长了墨尔本政府的生命。1851年，她差一点将帕麦斯顿从外交部中解职。艾伯特死后，维多利亚依然是“其政府的一名精明的、百折不挠、固执己见的顾问和批评家”。到1879年，下院又在争论邓宁的著名提议，即“王权的影响已经增长，并还在增长，它应被减小”。①

如果说延续下来的王室权威使得盛大的王室礼仪不为人接受，那么王室持续的不受欢迎使得盛大的礼仪几乎不可能出现。在19世纪前七十多年当中，王室中接连几代人的公共品格和名声导致他们几乎无一例外地受到漠视甚或敌视。乔治三世的子女们的生活、恋爱和道德品质是如此不堪，以至于他们可能是英国历史中最不受爱戴的王室后代。乔治四世的挥霍无度与追逐女色尤其致使君主制处于衰退状态，1821年更是跌落到了最低点，此时他与卡罗琳王后的婚姻成了公共政治甚至公共丑闻。在他去世时，《泰晤士报》在一篇谴责性的社论中指出，“没有一个人从他的同胞那里得到的哀悼会比这位已故的国王更少”。“怎样的眼睛曾为他落泪？怎样的心灵曾为他发出过与钱无关的、悲伤的颤动？”②同样，威廉四世与大众短暂的蜜月也很快消失了，这是由于他对辉格党的改革派政府怀有敌意，于是，《旁观者》便抨击他的“优柔寡断和心胸狭隘，以及他的无知与偏见”。③起初，维多利亚也丝毫没有做 109

① D.比尔斯：《从卡斯尔雷到格莱斯顿，1815—1885年》（D. Beales, *From Castlereagh to Gladstone, 1815—1885* [London, 1971] ），第iii、163、166页；J.里德利：《帕麦斯顿》（J. Ridley, *Palmerston* [London, 1972] ），第529—540页；K.马丁：《王权与英国国教》（K. Martin, *The Crown and the Establishment* [London, 1962] ），第52页。

② 希伯特：《乔治四世》，第782—783页。

③ 马丁，前引书，第27页。

得更好。由于她偏爱其第一任首相，因而得到了“墨尔本夫人”和“辉格党女王”的绰号，此外艾伯特对德意志的热情也普遍招致不满——“这位亲王从小就呼吸着被歌德虚假的奴态所污染了的宫廷气息”。[①]新的威尔士亲王，在莫当特（Mordaunt）丑闻与艾尔斯福德（Aylesford）事件中接连受诱，他被白哲特批评性地描述为一个“游手好闲的青年”，这样一个人丝毫不可能为这个过时的、不受欢迎的王权增光添彩。

简言之，君主制既非不偏不倚、不为政治所左右，亦非崇高庄严、不受社会之影响，正如它后来所变成的那样，它是政治与社会中活跃的组成部分。此外，由于政治与社会的精华都汇集于伦敦，都是在首都举行活动，因此君主制对于礼仪的要求进一步受到了限制。从威尔克斯时代到张伯伦时代，伦敦在全国的影响是比较有限的，因为英国各地在重申自己的地位。忠于地方的感情与对抗行为仍很强烈；郡共同体仍然是有凝聚力的、实实在在的组织。[②]此外，经济的不均衡发展与蒸汽能源的缓慢采用意味着，当英国或许已经成为“世界工场”时，其实这些工场不仅规模小而且数量较少。恩格斯笔下的曼彻斯特有大规模的工厂和隔离开的郊区，这只是例外，而非普遍的状况。到1851年，从事农业的劳动力仍然是最多的。教区长的住宅、普通的公寓和农夫的房舍在英国仍然为数众多。“在19世纪中叶的城市化时期，大大小小的乡镇……乃是常

① R.富尔福德：《女王的丈夫》（R. Fulford, *The Prince Consort* [London, 1966] ），第156—159页。

② A.布里格斯：《维多利亚时代的城市》（A. Briggs, *Victorian Cities* [Harmondsworth, 1968] ），第312、357—359页；H.佩林：《英国工联主义的历史》（H. Pelling, *A History of British Trade Unionism* [Harmondsworth, 1963] ），第14—15页。

见的。”①

在这样一个地方化的、乡土的、面对面的世界里，通过隆重的仪式来宣扬君主崇高庄严，超然独立，是民族的父亲，是一切忠诚的焦点，这样做的机会显然有限。 110

新闻界的状况与态度对这种发展构成了进一步的障碍。因为当地方和首都的报纸详细报道盛大的王室礼仪时，作为一个整体的新闻界对君主制保持着敌意。在19世纪前几十年中，吉尔雷、罗兰森和克鲁克香克家族在伦敦报刊中的抨击，使得君主制“无疑成了最常见的话题和漫画家们的靶子”。②19世纪50—70年代，维多利亚不断地被当作报刊社论批评的对象。轰动性的丑闻和凶杀案对增加报刊的销量有非常显著的效果，这比在威廉四世和维多利亚的加冕礼时大量复制《泰晤士报》和《观察家》的纪念刊效果更加显著。③地方的报刊（自由党的、知识分子的、崇尚理性的、中产阶级的）对王室的表演及其引发的情感都表示反感。大体来说，地方的新闻界绝不比其

① W. L. 伯恩：《平衡的年代》（W. L. Burn, *The Age of Equipoise: A Study of the Mid-Victoria Generation* [London, 1968]），第7页；布里格斯前引书，第32页；W. A.阿姆斯壮：《一个英国郡首府的稳定性与变迁》（W. A. Armstrong, *Stability and Change in an English County Town: A Social Study of York, 1801—1851* [Cambridge, 1974]），第10—11页；P.马西亚斯：《第一个工业国家》（P. Mathias, *The First Industrial Nation: An Economic History of Britain, 1700—1914* [London, 1969]），第259—273页；C.张伯伦：《对英国工党支持的上升》（C. Chamberlain, 'The Growth of Support for the Labour Party in Britain', *British Journal of Sociology*, xxiv [1973]），第482—484页；A. E.马森：《英国工会，1800—1875年》（A. E. Musson, *British Trade Unions, 1800—1875* [London, 1972]），第16—21页；A.里德：《英国工人阶级形成中的政治与经济》（A. Reid, 'Politics and Economics in the Formation of the British Working Class: A Response to H. F. Moorhouse', *Social History*, iii [1978]），第359页。

② 温·琼斯：《漫画君主制史》（M. Wynn Jones, *A Cartoon History of the Monarchy* [London, 1978]），第40—45、68—77页；M.沃克尔：《日常素描：漫画20世纪英国政治史》（M. Walker, *Daily Sketches: A Cartoon History of British Twentieth-Century Politics* [London, 1978]），第23页。

③ R. D.阿尔迪克：《英国普通读者》（R. D. Altick, *The English Common Reader* [Chicago, 1957]），第343—344页。

首都的同行更喜爱君主制。[①] 另外，图片的缺乏致使最为盛大的王室礼仪对于人们来说也是神秘之物，只有最有文化和最有钱的人才能了解它。因为那时候根本没有廉价的画报，创刊于1842年的《插图伦敦新闻》一先令一本，而且只供给"教区长"之类的人。[②] 在这种环境下，重大的王室礼仪作为遥远、不可接近的团体的礼仪，并不是被人们共享的、人们共同的事件，它只是为了少数人的利益而表演，并非为了陶冶大众。[③]

交通技术的普遍状况进一步使得君主制是处于社会之内，而不是高居社会之上的。因为英国王族旅行的方式并没有什么特别不合时代的、浪漫的和辉煌的地方。正如汤普森教授告诉我们的，维多利亚时代的英国是一个马车的社会，到1870年，有十二万辆私人的大四
111 轮马车和二十五万辆轻型两轮车。[④] 实际上，今天王室成员驾驶的马车明天就会被广泛使用。例如，四轮敞篷轻便马车是由乔治四世引进使用的，四轮游览轻便马车是由女王的丈夫先使用的，维多利亚马车（一种双座四轮折篷马车）是由威尔士亲王先使用的。[⑤] 在维多

---

① A. J. 利：《大众出版物的起源，1855—1914年》（A. J. Lee, *The Origins of the Popular Press, 1855—1914*［London, 1976］），第38、45、74、120—121页。

② C. 福克斯：《1840年代至1850年代初期英国插图期刊中社会报道的发展》（C. Fox, 'The Development of Social Reportage in English Periodical Illustration during the 1840s and Early 1850s', *Past and Present*, no.74［1977］），第92—93、100—102、111页；J. D. 西蒙：《出版及其故事》（J. D. Symon, *The Press and its Story*［London, 1914］），第213页。

③ 值得注意的是，在这一时期，很少出版纪念王室盛典的大部头书籍，即使有——乔治·内勒爵士的《最神圣的乔治四世国王陛下的加冕礼》（George Naylor, *The Coronation of His Most Majesty King George IV*, 2 vols.［London, 1839］）——也是十分奢华，仅限于极少数读者。

④ F. M. L. 汤普森：《维多利亚时代的英国》（F. M. L. Thompson, *Victorian England: The Horse-Drawn Society*［London, 1970］），第16页。

⑤ W. 吉尔比爵士：《现代马车》（Sir W. Gilbey, *Modern Carriages*［London, 1905］），第46—53、63—64页；G. A. 思拉普：《四轮马车史》（G. A. Thrupp, *The History of Coaches*［London, 1877］），第87—90页。

利亚时代中期，受王室惠顾的刺激，许多四轮马车都有大量的利润可赚。正如W. B.亚当斯早在1837年所指出的，“车的样式与类型是如此繁多，以至于即便是老练的观察家也很难了解所有的车”。①结果，君主的马车并不比那些小人物的更豪华。比如，在威廉四世的加冕礼上，埃斯特哈齐亲王的马车最为瞩目。而七年后在维多利亚的加冕礼上，法国大使苏尔特元帅的马车而不是女王本人的马车，被认为是最华丽的。②

英国不太关注外国在这些琐事上的成功竞争，这是因为英国在重大事务的国际竞争中有着强大的自信心。拿破仑的失败使得英国在欧陆没有了对手；在北美，受内战折磨的美国似乎尚未获得强国地位便决心从幼年期走向分裂。帕麦斯顿的“唐·帕西菲科”演说③是这种自信心十足的体现，它颂扬了英国独一无二的社会与宪政的稳定性，同时通俗明确地肯定了英国不可挑战的世界警察的角色。④生活在维多利亚时代初期及中期的人认为，自己是进步之领袖与文明之先锋，并对其政府的有限性感到骄傲，同时自豪于他们对正式的帝国缺乏兴趣，并憎恶炫耀、奢华、礼仪与虚饰。⑤权力的确定性与对于成功的十足信心意味着没有必要去炫耀。小小的比利时在其首府的 112
法院上花的钱可能比英国多，但是实实在在的权力与极度节俭的宗教

① W. B.亚当斯：《英国的娱乐马车》(W. B. Adams, *English Pleasure Carriages* [London, 1837])，第220页。

② 思拉普，前引书，第89—90页；P.齐格勒：《威廉四世国王》(P. Ziegler, *King William IV* [London, 1971])，第193页。

③ 1850年帕麦斯顿下令封锁希腊海岸，要求希腊归还欠原英国臣民唐·帕西菲科的债务，史称唐·帕西菲科事件。——译注

④ 伯恩：《平衡的年代》，第103页；里德利：《帕麦斯顿》，第523—524页；A.布里格斯：《维多利亚时代的人民》(A. Briggs, *Victorian People* [Harmonsworth, 1965])，第10—11、24、51页。

⑤ R.罗宾森和J.加拉戈尔：《非洲和维多利亚时代的人》(R. Robinson and J. Gallagher, *Africa and the Victorians: The Official Mind of Imperialism* [London, 1961])，第1—4页。

意味着，英国人对这种略微胜人一筹的本事持鄙夷与淡漠的态度。①

这种态度也可用于解释，为什么伦敦不适宜举行盛大的王室礼仪，以及为什么英国人欣然将此视为好事。即使最忠诚的捍卫这个“地狱之城”的人也得承认，相较于朗方对华盛顿的精心设计，古老庄严的罗马废墟，奥斯曼巴黎的辉煌壮丽，1854年弗朗西斯·约瑟夫提出的重建维也纳的宏伟计划，或者是19世纪前半期在圣彼得堡建成的壮观的五广场群，伦敦无法企及。②在这些伟大的首府中，宏伟的建筑与壮观的大道是国家权威或君主影响的标志。相比之下，在伦敦，广场与郊区城镇、铁路车站与旅馆都是个人权力与财富的标志。维多利亚时代中期的伦敦，正如多纳德·奥尔森所声称的，乃是一个反绝对主义的宣言，自豪地展现了一个自由民族的能量与价值。③巴

① J.萨默森爵士：《英国维多利亚时代的建筑》(Sir J. Summerson, *Victorian Architecture in England: Four Studies in Evaluation* [New York, 1971])，第115页：“19世纪中期的英国政府节俭到了令人难以置信的程度；这种极端的节俭是民族哲学的一部分，对于建筑师与建筑的可怕的轻视便往往体现了这种哲学。”伯莱尔特的布鲁塞尔法院花费了176万英镑；而斯特里特为伦敦法院所做的首个设计方案仅花费150万英镑。

② 霍布斯鲍姆：《资本的年代》(E. J. Hobsbawm, *The Age of Capital, 1848—1875* [1977])，第326、328、329、334、337页；E. N.培根：《城市的设计》(E. N. Bacon, *Design of Cities*, rev. edn [London, 1978])，第196—199、220—223页；J. W.雷普斯：《不朽的华盛顿》(J. W. Reps, *Monumental Washington: The Planning and Development of the Capital Center* [Princeton, N. J., 1967])，第5、20、21页；A.萨克里夫：《巴黎市中心的秋天》(A. Sutcliffe, *The Autumn of Central Paris: The Defeat of Town Planning, 1850—1970* [London, 1970])，第2章；D. H.平克尼：《拿破仑三世与巴黎的重建》(D. H. Pinkney, *Napoleon III and the Rebuilding of Paris* [Princeton, 1958])，处处皆是；P.阿伯克龙比：《维也纳》(P. Abercrombie, ‘Vienna’, *Town Planning Review*, i [1910—1911])，第221、226—227页；G. R.马雷克：《鹰之死》(G. R. Marek, *The Eagles Die* [London, 1975])，第171—172页；I. A.叶戈罗夫：《圣彼得堡的建筑设计》(I. A. Egorov, *The Architectural Planning of St Petersburg* [Athens, Ohio, 1969])，第104—105、182、192页；J. H.巴特：《圣彼得堡》(J. H. Bater, *St Petersburg: Industrialisation and Change* [London, 1976])，第17—40页。

③ D.奥尔森：《维多利亚时代伦敦的发展》(D. Olsen, *The Growth of Victorian London* [London, 1976])，第51—53、61、329页。关于空间布局之价值体系的某些普遍评价，参见D.哈维：《社会公正与城市》(D. Harvey, *Social Justice and City* [London, 1973])，第31—32页。

黎或圣彼得堡的风格之华丽意味着专制主义：否则，城市怎么可能行使充分的权力并调动充足的资金，以完成如此庞大的计划呢？相比之下，伦敦可能是不修边幅的，但起码它的人民没有遭到奴役。正如一位时人解释的：“在很大程度上而言，伦敦的公共建筑极少……但这又怎么样呢？当你自己置身于一个自由民族的首府时，会感到何 113
等的印象深刻啊？”①

如此热爱自由、节俭并憎恶炫耀，这对于盛大的王室礼仪来说，是毁灭性的因素，此外在音乐编排上的拙笨使情况更为糟糕。19世纪前七十年是英国音乐史上最为黯淡的岁月：没有任何英国作曲家的重要作品留存下来；无甚价值、短命的仪式音乐就更鲜为流传了。② 国歌远非像日后那样成为受人尊敬的、显示爱国精神的圣歌：在维多利亚的加冕礼上，它甚至未被演唱；改编新的合唱曲是较为罕见的；在乔治四世统治期间，一些批评国王、歌颂王后的改编歌曲则开始增多。③ 相继担任国王乐官总监的人都是些平庸之辈，其职责仅限于指挥皇家的管弦乐队。④ 王宫附属教堂的风琴手乔治·斯马特爵士，被委任负责所有盛大王室礼仪的音乐编排工作，从乔治四世的葬礼到维多利亚的加冕礼，而此人是异乎寻常地不称职。比如，在维

① 奥尔森，前引书，第55—56页。

② M.肯尼迪：《拉尔夫·沃恩·威廉斯的作品》(M. Kennedy, *The Works of Ralph Vaughan Williams*[London, 1964])，第1页。

③ P. A.斯科勒斯：《“上帝保佑女王”》(P. A. Scholes, *'God Save the Queen': The History and Romance of the World's First National Anthem*[London, 1954])，第147—148、165、203—204、209页。亦参见附录表3。

④ 他们是：威廉·帕尔森斯爵士(Sir William Parsons, 1786—1817)、威廉·希尔德(William Shield, 1817—1829)、克里斯蒂安·克雷默(Christian Kramer, 1829—1834)、弗朗索瓦·克拉姆(François Cramer, 1834—1838)、乔治·安德森(George Anderson, 1848—1870)、威廉·库金斯爵士(Sir William Cusins, 1870—1893)。参见E.布洛姆编：《格罗夫音乐及音乐家辞典》(E. Blom[ed.], *Grove's Dictionary of Music and Musicians*, 5th edn, 10 vols.[London, 1954])，第5卷，第627页。

多利亚加冕时，据称他要演奏风琴并同时指挥管弦乐队，对于这个预报，《音乐世界》刊物颇为不屑，理由是他根本无法胜任此二者中的任何一项工作。① 这种缺乏灵感与领导才能的人担任要职的情况，也可以从英国大教堂唱诗班的惨淡景象中反映出来，尤其是威斯敏斯特教堂与圣保罗大教堂的唱诗班。排演鲜为人知；唱诗班成员不穿着白袍法衣，也不列队；无故缺席、不守纪律、有失虔敬的行为在此十分普遍；宗教仪式冗长且组织混乱。在威斯敏斯特教堂，绝大多数的低级教士与非神职的办事人员都年迈无能，少数有能力的则往往是伦
114 敦其他教堂唱诗班的成员，但并不能指望他们经常出席。②

问题部分源于神职人员对仪式缺乏兴趣，他们对此淡漠、敌视。恰如一位权威人士早在1763年所指出的，“教会中的高级教士并不认为”仪式表演“与他们相关”。③ 在19世纪前七十多年间，手段的贫乏与欣赏力的缺失致使在教会仪式与教堂装饰学方面水平很低。④ 在威斯敏斯特教堂，雷恩那举世无双的圣坛背壁装饰画，在乔治四世加冕时被除去，取而代之的是一个不庄重的、仿哥特式的结构。其后，唱诗班也被改造，教堂内牧师的席位被挤在了一起，从而为参加礼拜的一些会众腾出了空间，这样一来使得唱诗班无法好好歌

---

① 阿农：《最近一次加冕礼上的音乐》（Anon., ‘Music at the Last Coronation’, *Musical Times*, xliii[1902]），第18—20页。

② B.瑞恩博：《英国教堂中唱诗班的复兴》（B. Rainbow, *The Choral Revival in the Anglican Church, 1839—1872*[London, 1970]），第13章；F.布里奇爵士：《一名威斯敏斯特教堂的朝圣者》（Sir F. Bridge, *A Westminster Pilgrim*[London, 1919]），第72—75、196—201页。关于当时的评论，参见J.皮尔斯：《为大教堂的礼拜式而辩》（J. Pearce, *Apology for Cathedral Service*[London, 1839]）；J.杰布：《教堂的唱诗礼拜》（J. Jebb, *The Choral Service of the Church*[London, 1843]）；S. S.韦斯利：《大教堂音乐短评》（S. S. Wesley, *A Few Words on Cathedral Music*[London, 1849]）。

③ 引自皮尔斯，前引书，第18—19页。

④ W. O.查德威克：《维多利亚时代的教堂》（W. O. Chadwick, *The Victorian Church*, 2nd edn [London, 1972], pt 2），第366—374页。

唱，即使唱诗班原本是有水平的。詹姆斯·特尔在1831年至1882年间担任风琴手，他丝毫不能使唱诗班遵守纪律，而且他演奏用的风琴十分陈旧、音色不清。在1847年至1848年间，巴克兰教长再次重组了唱诗班，并且将大部分会众放到了袖廊，在那里他们既听不见牧师的声音，也看不到他们。最后，当会众被重新安排在正厅时，他们也只能唱“贴在柱子上的大海报上的”圣歌。出于崇高的目的，杰布严惩过那些“在每日的祈祷中表现冷淡、拙劣和不虔敬的人”。甚至直至斯坦利教长（1870—1891）时代，对威斯敏斯特教堂的管理也显示出“不会理财与办事无能”。① 如果富有成效地安排日常礼拜仪式都超出了教士的能力，那么在威斯敏斯特教堂举行的盛大王室礼仪中进行有效的组织、表演更是远非他们能力所及。

三

我们正是要在这样的背景下，来理解19世纪前四分之三的岁月
中王室礼仪实际的表演及其受欢迎的程度。显然，在第一阶段中，礼 115
仪并没有将君主提升至超越于政治纷争之上，成为后世那样装饰性的、大体上无为的“天神”，也没有使王权到达它早期曾经攀登上的壮丽如画的权力之巅。君主所发挥的持久的政治影响使君主制变得危险；民族的真正权力使君主制变得多余；社会地方化的性质被地方

① J.伯金斯：《威斯敏斯特教堂》（J. Perkins, *Westminster Abbey: Its Worship and Ornaments*, 3 vols.［London, 1938—1952］），第1卷，第89—94、106—109、144、153—163页；第2卷，第16页；第3卷，第141、149、152、155、160、163—164页；R. E.普罗瑟罗：《阿瑟·彭林·斯坦利的生活与通信》（R. E. Prothero, *The Life and Correspondence of Arthur Penrhyn Stanley, D. D., late Dean of Westminster*, 2 vols.［London, 1893］），第2卷，第282—283页。

出版物所强化，又加上缺乏十分壮丽辉煌的大都市环境，这使得君主制令人生厌。对大多数居民来说，对地方的忠诚仍然比效忠国家更重要。此外，在某些罕有的时刻，仪式真的引起了举国的瞩目，但这仪式也并非与君主制相联系，而是与诸如纳尔逊或威灵顿这样的英雄人物相关，值得注意的是，他们的葬礼在场面的壮观与受欢迎程度上，都远远超过了乔治三世、乔治四世、威廉四世和艾伯特的葬礼。①

君主们在政治上精力充沛，但作为个人不受欢迎，他们乘坐着传统的交通工具行驶在伦敦破烂的街道上，与其说他们是民族的领袖，还不如说是社会的首脑。因此，与君主们相伴而行的王室礼仪并不是取悦大众的狂欢活动，而是关起门来举行的一组仪式，其中贵族、教会、王室一道重新确认他们的团结（抑或敌对）。用人类学家的语言来说，第一阶段中在伦敦表演的仪式，并没有表达出在都铎、斯图亚特时代以及19世纪末的王室礼仪中表现的一种条理清晰的仪式语言。礼仪的组织者、参与者及旁观者都很少自觉地力图将这些仪式看作一系列内在关联的仪式的组成部分。可以说，这里没有华丽的辞藻，没有令人印象深刻的句法，没有仪式上用的成语。整体并不比部分之和更伟大。

在这种环境下更易于解释说明第一阶段中英国仪式的不得体。实际上，并非只有未来的索尔兹伯里第三侯爵一人发现英国仪式是
116 平淡无奇的。1852年《插图伦敦新闻》从威灵顿的国葬上注意到：

---

① R.戴维：《悼亡的历史》（R. Davey, *A History of Mourning* [London, n. d.]），第75—77、81—83页；J. S.柯尔：《维多利亚时代的葬礼》（J. S. Curl, *The Victorian Celebration of Death* [Newton Abbot, 1972]），第4—5页；C.阿曼：《纳尔逊》（C. Oman, *Nelson* [London, 1947]），第563—566页；E.朗福德：《威灵顿》（E. Longford, *Wellington*, 2 vols. [St Albans, 1971—1975]），第2卷，第489—495页。

> 英国被视为一个不懂表演与庆祝的民族，或者说他们没有掌握进行表演的恰当方法。据说他们聚集观看并鼓掌称赞这种粗糙、简陋的仪式；而且与法兰西及其他大陆上的民族不同，他们没有对仪式的真正的欣赏力。无疑，这里有某种东西控制了这一切。①

六年后，在举行一次王室婚礼时，这家杂志又指出，“在这个国家中，我们很少有公开的庆典；庆典的内容总是贫乏的、一成不变的，并且缺少艺术性”。②实际上，即使晚至1883年，威廉·琼斯仍可以看出，“必须得承认，当今时代并不赞成精致的仪式永世长存”。③

威廉·琼斯十分正确。19世纪前四分之三的时间中所举行的大部分盛大的王室庆典，都介于滑稽戏和彻底失败的表演之间。1817年，在摄政王之女夏洛特公主的葬礼上，承办丧葬的人都喝醉了。十年后，约克公爵去世时，温莎的小教堂是如此潮湿，以致大多数吊唁的人都患上了感冒，坎宁染上了风湿病，伦敦主教死去了。④乔治四世的加冕礼，尽管设想着尽可能庄严隆重，极其渴望赢得一些声望，但并不成功，结果如此夸张，以至于庄严感消失在滑稽戏中。有必要在威斯敏斯特教堂中雇用职业拳击手，以为那些好斗的贵宾维持和平。乔治本人，尽管穿着十分奢华，但“看起来感觉太大了，实际上

① 《插图伦敦新闻》，1852年9月25日。

② 同上，1858年1月30日。

③ W.琼斯：《君主与加冕礼》(W. Jones, *Crowns and Coronation* [London, 1883])，第viii页。

④ C.希伯特：《温莎宫》(C. Hibbert, *The Court at Windsor: A Domestic History* [London, 1964])，第171—172页。

他更像一头大象，而不是一个人”。卡罗琳王后想进入威斯敏斯特教堂，这一可怜的、未能如愿的企图弄砸了整个游行。在乔治三世的加冕礼上，宫廷典礼大臣的副官在回答国王对庆典安排的中肯批评时指出：“是的，陛下，这里的确存在一些疏忽，不过我已经注意到了，下
117 次加冕礼会尽可能按恰当的方式来组织。”然而，实际情况打乱了他的计划。①

乔治四世追求庄严的轻率尝试是如此不成功，以至于后半个世纪中再没有重蹈覆辙。乔治的葬礼上，威廉四世经常说话，并且很早就退席了。《泰晤士报》在描写吊唁者时这样写道：“我们从未见过如此混杂、如此粗鲁、如此组织混乱的一群人。”② 对威廉来说，他厌恶礼仪与虚饰，想要完全省却自己的加冕礼。最终，他允许举行仪式，但它被缩减得很短，以至于被嘲笑为“半截子加冕礼”。他的葬礼也一样可怜——“是一个极其拙劣的模仿”，格雷维尔（Greville）这样描绘它。仪式冗长、乏味，吊唁者在棺材附近闲逛、说笑。③ 维多利亚的加冕礼也没有什么令人印象深刻的地方，它完全是未经排练的；在仪式的程序中漏掉了牧师的位置；唱诗班可怜到不能胜任；坎特伯雷的大主教将戒指戴到了一个过于粗大的手指上；有两个挽裙裾的侍从在整个仪式中一直在说话。④ 艾伯特的葬礼几乎是发生在温莎的一件私人事务，威尔士亲王的婚礼亦是如此。在伦敦，亚历山德拉受到

---

① J.伯金斯：《加冕礼记录》(J. Perkins, *The Coronation Book* [London, 1902])，第97、115、175、258页；希伯特：《乔治四世》，第597—604页。有必要强调指出，乔治四世在公共事务方面的风格大大促进了随后的发展：伦敦（摄政大街）的富丽堂皇，王室（对于苏格兰和爱尔兰）的视察、访问，和一次奢华的加冕礼（见附录表1）。我的观点是，尽管如此，没有前后背景的恰当连缀，它并不起作用。

② 希伯特：《乔治四世》，第777—779页。

③ 齐格勒：《威廉四世》，第152—153、291页。

④ E.朗福德：《维多利亚》(E. Longford, *Victoria*, R. I. [London, 1966])，第99—104页。

了欢迎，评论家注意到：“装饰品位低俗，缺少骑马侍从，而且王家马车极其简陋、粗糙。”英国幽默插图杂志《笨拙画报》又抗议道，婚礼不应该举行于温莎——“一个偏僻的伯克郡村庄，只因一座并不具有卫生设备的古堡而闻名”。结果，计划与组织又是令人遗憾地不够充分。帕麦斯顿不得不坐在专列火车的三等舱从温莎返回，而迪斯雷利不得不坐在他妻子的膝上。①

不过，王室的庄严与仪式的展现降至最低点，是在艾伯特死后的二十年间，此时女王隐逸的孀居生活与公众针对威尔士亲王的流言蜚语“为无数的谴责提供了口实”。② 从1861年至1886年，女王（此时她在通俗报刊上被称为“布朗夫人”）只召开了六次议会。甚至连《泰晤士报》都为她一直不在温莎、巴莫拉尔宫和奥斯本 118
（Osborne）而感到“遗憾”。③1864年，白金汉宫的围栏被钉上了一则布告，它以广告的口吻写道：“这些居高临下的房屋可被出租或出售，因为这房子现在的主人生意萧条。”④ 在1871年至1874年间，建立了八十四个共和派俱乐部，像迪尔克与张伯伦这样的激进派，强烈要求调查议会批给王室的年俸。尽管沃尔特·白哲特支持一种光辉庄严的君主制，但他不断地强调事实上并非如此。他解释道：“不抛头露面就等于被遗忘……要成为一个象征，一个有效的象征，你必须生气勃勃并经常露面。”否则，他更加尖锐地指出：“出于那些不难解释的原因，女王由于长期远离公共生活，已经损害到了君主制的声望，这

① E.朗福德：《维多利亚》，第395页；G.巴蒂斯康柏：《亚历山德拉王后》(G. Battiscombe, *Queen Alexandra*［London, 1972］)，第45—46页。

② 齐格勒：《君主与人民》，第21页。

③ 《泰晤士报》，1871年11月9日。

④ 朗福德：《维多利亚》，第401页。

和她最拙劣的一位前辈因其恣意挥霍和轻薄无聊而损害君主制是一样的。”①

但维多利亚也是不可动摇的。比如,1863年她拒绝召开议会,强调她“完全没有能力,在身体不受到严重伤害的情况下,在国礼上履行作为最高首脑的各种职责,在这种时刻她必须盛装出现在公众面前”。② 正如她后来解释的,即使她丈夫在世时,她“在所有的公开场合中,也总是极度紧张”,而现在缺少了艾伯特的支持,使得这样的露面无法承受。③ 但是对格莱斯顿来说,在担任第一任首相期间,他不能允许这种局面再持续下去。他指出:“坦率地概而言之,女王不抛头露面且威尔士亲王不受尊敬。”在1870年至1872年间,格莱斯顿倾其全力但不够乖巧地反复提醒女王,“君主制的社会功能与抛头露面的职责”对于“这个国家社会的健康”与“王权的稳定”都具有“无与伦
119 比的重要性”。④但是,无论他如何精力充沛地寻求解决这一“王权的重大危机”的办法(力劝女王更频繁地出现在公众面前,又使威尔士亲王成为爱尔兰总督),维多利亚都不为所动。正如迪斯雷利在下议院所解释的,女王“在身体上与心理上都没有能力”履行她的职责。⑤

在第一阶段举行的王室仪式组织糟糕、缺乏吸引力,这些仪式所

---

① W. 白哲特:《君主制与人民》(W. Bagehot, ‘The Monarchy and the People’, *The Economist*, 22 July 1871);白哲特:《威尔士亲王的收入》(‘The Income of the Prince of Wales’, *The Economist*, 10 October 1874)。两文都收入到了约翰·施蒂瓦斯编的《沃尔特·白哲特文集》中,见第5卷,第419、431页。

② G. E.巴克尔:《维多利亚女王的信札》(G. E. Buckle [ed.], *The Letters of Queen Victoria*, 2nd ser., 1862—1885, 3 vols. [London, 1926—1928]),第1卷,第133页。

③ 同上,第1卷,第244页。

④ P.格达拉:《女王与格莱斯顿先生》(P. Guedalla, *The Queen and Mr Gladstone, 1845—1879*, 2 vols. [London, 1933—1934]),第2卷,第357页。

⑤ P.马格纳斯:《格莱斯顿》(P. Magnus, *Gladstone: A Biography* [London, 1963]),第207—217页。

引起的商业开发规模有限的事实，也进一步证实了上述情况。比如，纪念性陶器自1780年代以来就成为一种公认的艺术类型，但是，君主与同时代的其他人物相比，被描绘得更少一些。腓特烈大帝远比乔治二世受欢迎，纳尔逊与威灵顿比乔治三世得到了更多的纪念。在乔治四世统治期间，为拥护卡罗琳王后而生产的陶器比支持国王本人的更多。威廉四世与维多利亚的加冕礼也不为人关注。在1861年至1886年间，尽管有不少王室的婚礼，但几乎没有生产王室的纪念性陶器。私人制造的、供出售的纪念章的情况也是如此。为拥护卡罗琳王后而生产的纪念章比纪念其夫加冕的要多，另外威廉与维多利亚的加冕礼也鲜受注目。① 在这一较早的阶段中，王族是如此不受欢迎，其礼仪的吸引力是如此有限，以至于人们并不认为值得对此进行大规模的商业开发。

四

然而，从19世纪70年代末期到1914年间，英国君主制的公共形象发生了一次根本性的转变，到那时为止仍是笨拙的、私人性的、魅力有限的王室仪式，变得壮观、公开并且广受欢迎。君主们从活跃的政治生活中隐退，在一定程度上促成了这一转变。无论维多利亚在其统治初期多么固执与碍事，她最终却很少行使有效的权力。选民

① J.梅：《纪念性陶器》(J. May, *Commemorative Pottery, 1780—1900* [London, 1972])，第22、40—45、51、58—59、73页；D.罗杰斯：《加冕礼纪念品》(D. Rodgers, *Coronation Souvenirs and Commemoratives* [London, 1975])，第25—30、31—33、36页；J.埃德蒙森：《收集现代纪念章》(J. Edmundson, *Collecting Modern Commemorative Medals* [London, 1972])，第39—42页。亦参见附录表2。

120 范围的扩大与重要性的增长，又加之党派意识的上升，这些意味着对于曾引发侍从危机[①]的王室特权的维护明显减弱了。例如，在1880年，一旦选民们有了发言权，女王再也不能让迪斯雷利上台或让格莱斯顿下台了。[②]爱德华七世即位时已经年纪很大了，并且缺乏经验，他对伏案工作毫无兴趣，一年有三个月要待在国外，除了偶尔参与外交政策方面的事务，以及授予种种荣誉勋章，他在政治生活中所起的作用微乎其微。[③]于是，当君主制的真正权威衰落时，它便开始重新成为盛大仪式的中心。在其他国家，比如德国、奥地利和俄国，仪式的增加，一如从前，被用于提高王室的**影响**。相比之下，在英国，相似仪式的产生恰恰是因为王室逐渐**衰弱**。与其他国家不同，在英国与其说是重新开启了权力剧场，不如说是展现无能的首次表演。

与此同时，大众对君主制越来越崇拜，这使得此类高端的仪式令人信服，这种局面在过去是不可能出现的，正是权力换来了声望。维多利亚的长寿、正直、责任感与作为欧洲女家长的至高无上的地位，以及帝国母亲的形象，最终超越了、进而掩盖了人们早先对她的敌对态度。在她去世的时候，她不再是“威尔夫夫人”(Mrs. Guelph)、“辉格党女王”，而是“最杰出的君主”，她“留给后人一个永远值得崇敬的名字”。[④]对爱德华七世不够宽容的岁月也一去不返了。他的奢华

① 1839年，维多利亚女王因拒绝撤换辉格党宫女而引起的组阁危机。——译注

② 朗福德：《维多利亚》，第537—538页。

③ 马格纳斯：《爱德华七世国王》(P. Magnus, *King Edward VII*[Harmondsworth, 1967])，第342、348、373—377页。

④ R.戴维：《伦敦的庆典》(R. Davey, *The Pageant of London*, 2 vols.[London, 1906])，第2卷，第623页。在一个月之内，在英国及其殖民地出版了3000首挽诗，随后这些诗收入J. A.哈默顿的《维多利亚的逝世》(J. A. Hammerton, *The Passing of Victoria*[London, 1902])。正如海因斯指出的，“最引人注目的是，他们经常称年迈的女王为母亲”。参见S.海因斯：《爱德华时代观念的转变》(S. Hynes, *The Edwardian Turn of Mind*[Princeton, N. J., 1968])，第15页。

生活；他与人交往时的热情与风度；他在赛马方面引人注目的成功；其王后无与伦比的美貌与魅力：这些是他短暂的统治生涯的所有优点。白哲特所说的“游手好闲的青年”，在其统治的末年，已经变成了一位庄严可敬的家长，变成了帝国的父亲与欧洲的叔父。正如一位打油诗作者在其去世时所写的：

> 英格兰陷入了至深的悲痛
> 当死亡带走了我们亲爱的老父亲。① 121

君主制地位的这种转变，使维多利亚与爱德华都超越于政治之上，成为整个民族的家长。19世纪后四分之一的岁月中，经济与社会的发展使得这种转变越来越急迫。伦敦再次重申了它在整个国家中的支配地位，此时地方的认同与忠诚明显弱化了。② 正是在19世纪末而非19世纪初，英国变成了一个城市、工业、大众占优势的社会，并且阶级忠诚与阶级冲突被首次置于一个真正的国家的框架中。新的工联主义，围绕着塔夫·维尔铁路工人罢工案和奥斯本判决（Osborne Judgement）展开的争论，临近第一次世界大战前几年出现的前所未有的、越来越严重的工业上的动荡，所有这一切都预示了一个更加严峻的社会与经济气候。③ 此外，正如在爱德华加冕时所强调的那样，“维多利亚女王即位时，物质生活的许多方面都具有古老的特征”，这

① 马格纳斯：《爱德华七世国王》，第526页；马丁：《王权与当权派》，第68页；齐格勒：《君主与人民》，第28页。

② 布里格斯：《维多利亚时代的城市》，第312—313、327、330、356—359页。

③ 张伯伦：《对英国工党支持的上升》，第481、485页；佩林：《英国工联主义的历史》，第89页；马森：《英国工会》，第65页；J.洛弗尔：《英国工会，1875—1933》（J. Lovell, *British Trade Unions, 1875—1933* [London, 1977] ），第9、21—23、30—33、41—46页。

与此后六十年间所产生的显著的、令人目眩神迷的发展（公民权的扩大、铁路、轮船、电报、电、电车）形成了鲜明的对比。① 在这样一个充满变化、危机与混乱的年代，下述行为变得可能而且必要，即"保护不合时代的事物"，以仪式的形式精心地展现一位无力但受人尊敬的君主——他已经成为持久性与民族共同体一致的象征。沃尔特·白哲特在19世纪60年代就已经预言，"我们变得越民主，就会越喜欢宣传并展示那些曾经取悦于平民百姓的东西"。结果证明他是正确的。②

在将君主提升为民族领袖的新形象的过程中，自19世纪80年代以来传媒的发展起到了至关重要的作用。随着黄色报刊的出现，新闻越来越播及全国并引起轰动，同时，那些传统的、理性的、知识
122 分子的、中产阶级的、自由党的地方报刊，逐渐被各种全国性的大的日报所取代：这些日报以伦敦为中心，越来越保守、刺眼、粗俗，并迎合工人阶级的口味。③1896年，哈姆斯沃斯创办了《每日邮报》，售价半便士，在四年之内，日销量达到七十万份。《镜报》、《速写报》（*Sketch*）和《每日快报》紧随其后。与此同时，那些早期激烈抨击王室的漫画与社论几乎完全消失了。爱德华七世的私通被谨慎地忽略了，像帕特里奇（Partridge）与卡拉瑟斯·古尔德（Carruthers Gould）这样的漫画家则以谨慎的、满怀敬意的方式描绘君主生活中的盛大场面及其死亡。只是从外国的报刊中依旧能发现对英国君主制的批评。而在英国的报纸中，它实际上已经变得极其神圣

---

① J. E. C.博德利：《爱德华七世国王的加冕礼》（J. E. C. Bodley, *The Cornoation of King Edward the Seventh: A Chapter in European and Imperial History*［London, 1903］），第203—206页。

② W.白哲特：《公众尊严的代价》（W. Bagehot, 'The Cost of Public Dignity', *The Economist*, 20 July 1867）；收入约翰·施蒂瓦斯编：《沃尔特·白哲特文集》，第5卷，第413页。

③ 布里格斯：《维多利亚时代的城市》，第356—358页。

了。[1]第三个重要变化在于摄影与印刷方面新技术的发展，这意味着插图不只局限于昂贵的中产阶级的周刊中了。结果到19世纪末，盛大的王室礼仪被以一种饱含感情、充满赞美的方式描绘了出来，完成的速度之快前所未有且惟妙惟肖，这吸引了比过去更广泛的公众。[2]

如果说在将君主提升到受人崇敬的天神地位的过程中，报刊是一个主要的力量，那么交通技术的变化也产生了相似的效果，因为交通的发展使得君主们的马车越来越不合时代并且更加光彩华丽。从19世纪70年代起，马车贸易的增长受到了严重的阻碍，而在此前它的增长速度一直惊人。[3]1888年，邓洛普（Dunlop）发明了气胎，这导致了以后的十年中自行车迅速发展。到1898年，在英国的城市中有 123
一千多英里的有轨电车轨道，到1914年，这个数字是原来的三倍。[4]尤其对住在城里的人（他们现在是人口的主要组成部分）来说，马不

---

① 沃克尔：《日常素描》，第7—8、13页；温·琼斯：《漫画君主制史》，第130、138—139页；利：《大众出版物的起源》，第120—130、190—196页；西蒙：《出版及其故事》，第229—232页；H.赫德：《新闻业的发展》（H. Herd, *The March of Journalism*［London, 1952］），第233—240页。

② 西蒙，前引书，第235—239页。值得注意的是，也正是在这一时期，解释、描绘并纪念王室盛典的大众作品激增。关于爱德华七世和乔治五世的加冕礼，参见J. H. 彭伯顿：《根据英国教堂之特色礼拜仪式而定的加冕仪式》（J. H. Pemberton, *The Coronation Service according to the Use of the Church of England*［London, 1902, 1911］）；D.麦克里恩：《英国国王与女王之庄严隆重的加冕仪式》（D. Macleane, *The Great Solemnity of the Coronation of the King and Queen of England*［London, 1902, 1911］）；W. H.斯塔克波尔：《加冕礼中的王权宝器》（W. H. Stackpole, *The Coronation Regalia*［London, 1911］）；E.梅塔里诺斯：《帝国与王室的加冕礼》（E. Metallinos, *Imperial and Royal Coronations*［London, 1902］）；L. G.维克姆·莱格：《英国加冕礼记录》（L. G. Wickham Legg, *English Coronation Records*［London, 1901］）；H. F.伯克：《加冕礼的历史记录》（H. F. Burke, *The Historical Records of the Coronation*［London, 1904］）；博德利：《爱德华七世的加冕礼》；伯金斯：《加冕礼记录》。赞美王室的通俗传记也自此时达到兴盛。

③ 汤普森：《维多利亚时代的英格兰》，第16—18页。

④ P. S.巴格韦尔：《自1770年以来的交通运输革命》（P. S. Bagwell, *The Transport Revolution from 1770*［London, 1974］），第150、155页。

再像以前那样是他们生活的一部分。例如，1903年在伦敦有3623辆公共马车，仅有13辆公共汽车。到1913年则只剩下了142辆公共马车，而公共汽车有3522辆。另外，从出租双轮双座马车到出租汽车的转变同样是显著的。1908年生产了10500辆小汽车与商业用车；1913年这个数字为34000。① 在这种情况下，先前普通的王室马车被赋予了从未有过的光辉浪漫的色彩。于是，虽然像马利纳（Mulliner）这样的马车制造商由于其传统产品需求的衰落不得不转产汽车，但爱德华七世还是订制了一辆新式的顶盖可开合的四轮马车，加冕礼之后他驾着它从威斯敏斯特教堂回来。这辆车被这样描绘："从它的造型、比例与装饰上看，这可能是所生产的王室车辆中最优雅、豪华的"，这强有力地证明，君主制有一种举世无双的新奇能力，它能唤回旧世界以调节新世界的平衡。②

这些潮流在国际上也十分明显。国内大众社会的新颖之处也反映在大英帝国海外疆土的新鲜事物中。新发展的原创性再一次被隐匿了起来，以确保它与最古老的国家制度——君主制——相结合，从而被接受。在19世纪前四分之三的岁月中，似乎没有任何王室庆典可能被称为大英帝国的事情。然而，1877年，迪斯雷利使维多利亚成了印度女皇，1897年，约瑟夫·张伯伦让殖民地的总理与军队也走在了钻石大典（女王执政六十周年纪念）的游行队伍中，从此后每一个

① F. M. L.汤普森：《19世纪的普通常识》（F. M. L. Thompson, 'Nineteenth-Century Horse Sense', *Economic History Review*, 2nd ser., xxix [1976]），第61页；S. B.索尔：《1914年前英国的汽车制造业》（S. B. Saul. 'The Motor Industry in Britain to 1914', *Business History*, v [1962]），第24—25页。

② 吉尔比：《现代马车》，第36—38页；M.沃特尼：《雅致的马车》（M. Watney, *The Elegant Carriage* [London, 1961]），第81页。

盛大的王室庆典也成了**帝国的**庆典。①正如博德利所指出的，在维多利亚统治的最后几十年中，她的王权变成了“大英民族的象征，并鼓舞这个民族在全世界范围内扩张”。②爱德华作为威尔士亲王出访了加拿大和印度，在1900年代，约克公爵步其后尘进行了一次环绕帝 124
国世界的旅行，并顺访了加拿大与印度。③值得注意的是，其父是第一位成为印度皇帝及“英国海外疆土”统治者的英国君主。甚至连爱德华在加冕时染病这件事都使帝国受益。因为欧洲的代表团离开了，而来自帝国的代表团则留了下来，这使得加冕仪式（当它最后举行时）成了“大英帝国的家族节日”。这时具备了前所未有的条件来赞颂“古老的传统”。或者，正如另一位评论者所做出的更具说服力的评论：

> 这次盛大的庆典……具有一个更深层的、唯属于它的特征，这个特征是先前在威斯敏斯特教堂举行的仪式都无法匹敌的……因为在我国的历史上，这是第一次使帝国的理念放射出耀眼的光芒，此时来自天涯海角的帝国子女集聚一堂，以尽自己一分力量。中世纪的古老传统的范畴扩大了，以包容进强大帝国的现代的光辉。④

---

① 加文和艾默里：《约瑟夫·张伯伦传》（J. L. Garvin and Julian Amery, *The Life of Joseph Chamberlain*, 6 vols. [London, 1932—1969]），第3卷，第185—195页。

② 博德利：《爱德华七世的加冕礼》，第19页。

③ 马格纳斯：《爱德华七世》，第52—58、131—132、238—241页；H.尼克尔森：《国王乔治五世：他的生活与统治》（H. Nicolson, *King George the Fifth: His Life and Reign* [London, 1967]），第106—110、128—133、228—237页。

④ 伯金斯：《加冕礼记录》，第329页；齐格勒：《君主与人民》，第56、66页；P. E.施拉姆：《英国加冕礼史》（P. E. Schramm, *A History of the English Coronation* [Oxford, 1937]），第104页。

正如悉尼·利爵士后来所指出的:“在此方面,1897年钻石大典的先例得到了改进。”①

这些王室仪式(它们部分反映了帝国属地的新鲜意识),是表达了民族的自信还是疑虑,则并非十分清楚。一个仍被广泛接受的观点是,维多利亚的执政周年纪念庆典与爱德华的加冕仪式标志着帝国的鼎盛、自信与辉煌。②但其他一些人,循着吉卜林的“赞美诗”的基调,以一种十分不同的眼光来看待这些庆典。他们认为,在真实
125 的权力已然衰落之际,这些纯属作秀、炫耀排场、夸大其词、虚张声势。③毋庸置疑,在这一阶段,英国越来越受到新兴的世界大国的竞争与挑战,这些挑战包括经济上的、殖民地方面的和政治上的。意大利与德国的联合,美国从内战的创伤中恢复过来,对非洲的争夺,欧洲大陆强国所采取的关税,英国放弃“光荣孤立”政策并在欧洲寻求联盟与支持,布尔战争,法绍达、阿加迪尔与摩洛哥等危机,这一切都预示了一个充满恐惧、紧张与对抗的世界,而这种恐惧、紧张、对抗在温和的帕麦斯顿时期不曾存在。到索尔兹伯里时期,外交大臣过去所拥有的外交策略中的自由已经消失了。

国际竞争的加剧也反映在对各国首都大规模的重建上,此时各

---

① S.利爵士:《国王爱德华七世的传记》(Sir S. Lee, *King Edward the Seventh: A Biography,* 2 vols.[London, 1925—1927]),第2卷,第100页。值得注意的是,在那些年,国歌越来越被当作帝国之歌。1892年,S. G. R.科尔斯写作了一首帝国之诗,开篇写道“上帝保佑我女皇”。五年后,H. A.萨勒莫内创作的《帝国的太阳》,“乃是国歌的第三节转化而来的,它被译成了五十种主要的帝国语言”。参见斯科勒斯:《“上帝保佑女王”》,第141页。

② 最近有两本著作支持这一观点:莫里斯:《英国强权下的世界和平》(J. Morris, *Pax Britannica: The Climax of an Empire*[London, 1968]);查普曼和拉本:《〈德布雷特英国贵族年鉴〉中的女王执政周年纪念庆典,1887和1897年》(C. Chapman and P. Raben, *Debrett's Queen Victoria's Jubliees, 1887 and 1897*[London, 1977])。

③ 海因斯:《爱德华时代观念的转变》,第19—20页。

强国以最明显、最铺张的方式来增强民族的自尊。在罗马，1883年的总计划试图创建一个配得上新国家的都城，它拥有巴黎风格的宏伟大街和林荫大道。1911年雄伟的维克托·伊曼纽尔纪念碑的竣工进一步强调了民族的庄严、伟大与自豪。① 在维也纳，环城大道对面的宏伟建筑群大多建于19世纪70和80年代，它们尤其要反映出“帝国的伟大”。② 在柏林，德国的统一在视觉上表现为“宏伟宽阔的街道，绿荫环绕的广场，纪念碑和一些装饰物”，其中包括胜利纪念柱、国会大厦、胜利街和大教堂，所有这些建筑都是在沙文主义炫耀的精神下设计出的，成为了“民族荣耀的无言的守卫者”。③ 在巴黎，埃菲尔铁 126
塔是为了1889年的博览会而建造，是为了“震撼全世界”而设计，它“像一座凯旋门般”矗立着，就像祖先们为了纪念征服而筑起的凯旋门一样引人注目。④ 在华盛顿，公园委员会（Park Commission）建议完成并扩展朗方最初的宏伟蓝图，在某种程度上，它也是被类似的目的而推动建立的。正如作家、风景设计师奥姆斯特德所解释的，其目的

① 考斯陶夫：《首都罗马总计划的草案》（S. Kostof, ‘The Drafting of a Master Plan for Roma Capitale: An Exordium’, *Journal of the Society of Architectural Historians*, xxxv［1976］)，第8页；罗伯特森：《伊曼纽尔三世：意大利的国王》（A. Robertson, *Victor Emmanuel III: King of Italy*［London, 1925］)，第104—106页；弗里德：《设计不朽之城》（R. C. Fried, *Planning the Eternal City: Roman Politics and Planning Since World War II*［London, 1973］)，第19—29页；米克斯：《意大利的建筑，1750—1914年》（C. Meeks, *Italian Architecture, 1750—1914*［New Haven, 1966］)，第189页及其后。关于一个特殊的插曲，参见施勒特尔：《罗马的第一座国家建筑》（E. Schroeter, ‘Rome's First National State Architecture: The Palazzo della Finanze’, in H. A. Millon and L. Nochlin［eds.］, *Art and Architecture in the Service of Politics*［Cambridge, Mass., 1978］)，第128—149页。

② 马雷克：《鹰之死》，第173—177页。

③ 阿伯克龙比：《柏林：它的发展及其现在的职能》（P. Abercrombie, ‘Berlin: Its Growth and Present Day Function-II-The Nineteenth Century’, *Town Planning Review*, iv［1914］)，第308、311页；希尔：《德皇的印象》（D. J. Hill, *Impressions of the Kaiser*［London, 1919］)，第59—62页；冯·比洛亲王：《回忆录，1897—1903年》（Prince von Bülow, *Memoirs, 1897—1903*［London, 1931］)，第543页。

④ 特拉奇登贝格：《自由女神像》，第129页。

是增强“宏伟壮观、威严庄重、富丽堂皇之感，这种效果应该体现出一个伟大且极其活跃的民族之政府的地位”。华盛顿纪念碑、白宫的扩建、联合车站、林肯纪念堂、环绕国会大厦的宏伟的政府大楼的设计，都是在这一阶段完成的。正如委员会所阐明的，当这些办公处所落成之后，“所产生的建筑作品，在规模与纪念性上，将无法被现代世界中任何与立法机构类似的建筑群所超越”。①

在这种国际竞争激烈的环境中，上一代伦敦人所具有的自得与骄傲（带着这种自得与骄傲，他们曾崇拜其简陋的首都）不复存在。实际上，早在1868年，《建筑师》杂志就曾极力主张，既然“首都的庄严堂皇是国家尊严，乃至国家的权威与影响的一个组成要素”，那么就亟须使伦敦的建筑变得“配得上这个世上最富庶国家的首都”。②但是直到19世纪末期，人们发觉国家的威望受到了威胁，才采取行动，将狄更斯笔下肮脏的、雾气笼罩的城市变成了帝国的首都。1888年伦敦郡议会的成立，最终使得伦敦具有一种既不依靠于王室专权，也不依靠于国家权威的单一行政职权，这从1908年开始建造的宏伟的郡会堂的结构中可以直观地
127 体现出来。③位于白厅的陆军部、议会广场拐角处的政府大楼、卫理公会中央礼堂以及威斯敏斯特大教堂，都增加了庄严富丽之

---

① 格林：《华盛顿》（C. M. Green, *Washington*, 2 vols. [Princeton, N. J., 1962—1963] ），第2卷，第7章；雷普斯：《不朽的华盛顿》，第91、115页；克雷格等：《联邦的在场：美国政府大楼中的建筑学、政治和象征》（L. Craig et al., *The Federal Presence: Architecture, Politics and Symbols in U.S. Government Building* [Cambridge, Mass., n.d.] ），第244—265页。参见美国建筑师卡斯·吉尔伯特（Cass Gilbert）的论点，他认为公共建筑应当鼓舞“民族自尊心”，应该成为“我们国家文明、文化和理想的象征”。

② 引自奥尔森：《维多利亚时代伦敦的发展》，第53页。

③ 布里格斯：《维多利亚时代的城市》，第325、332—333页。

感。[①]在伦敦，就像在其他大城市一样，纪念性的雕像迅速增多。[②]但重建中最有意义、最协调的部分是，拓宽摩尔散步区，修建海军部拱门，重修白金汉宫的正面并在前面建造维多利亚纪念碑。这个宏伟的、纪念性的、庄严的组合（它仅赋予伦敦其成功的、仪式化的一面），是在维多利亚女王纪念委员会（委员会主席是伊舍勋爵）的主持下，于1906年至1913年间完成的。[③]在伦敦，就像在华盛顿、罗马或巴黎一样，国际竞争的因素被强烈地体现了出来。如贝尔福所说，建立这个委员会之初，其目标就是要创造一个宏伟、庄严、纪念性的组合，“其他国家已经展示了创造这种效果的榜样，我们可以仿效，并能轻而易举地超越”。[④]

在伦敦和其他地方的这些发展，为仪式提供了环境，仪式本身就是国际竞争的一个更深的层面。德国、意大利这两个君主制中的暴发户，不仅力图与那些欧洲的令人景仰的古老王朝相匹敌，还有意识地在王室庆典壮观的公开演出上与人竞争。[⑤]因此，在

---

① 瑟维斯：《爱德华时代的建筑》（A. Service, *Edwardian Architecture: A Handbook to Building Design in Britain, 1890—1914*［London, 1977］），第10章；波特：《宏伟庄严的维多利亚时代风格》（M. H. Port, ‘Imperial Victorian’, *Geographical Magazine*, xlix［1977］），第553—562页。

② 参见附录表4。亦参见特拉奇登贝格：《自由女神像》，第100页：“在世纪末来临的时候，巨型建筑发展势头迅猛，普通的纪念性建筑更是鳞次栉比，几近阻塞了城市广场和欧洲的风景胜地。”

③ 斯坦普：《伦敦，1900年》（G. Stamp, *London, 1900*［London, 1978］），第305页。

④ E.达比和M.达比：《维多利亚女王的民族纪念碑》（E. and M. Darby, ‘The Nation's Monument to Queen Victoria’, *Country Life*, clxiv［1978］），第1647页。

⑤ 关于19世纪末期欧洲的宫廷礼仪，参见巴尔峰·冯·马尔古蒂：《弗朗西斯·约瑟夫皇帝及其时代》（Barvon von Margutti, *The Emperor Francis Joseph and His Times*［London, 1921］），第166—185页；富格尔公主：《哈布斯堡王朝的光荣》（Princess Fugger, *The Glory of the Habsburgs*［London, 1932］），第100—140页；托弗姆：《德皇宫廷回忆录》（A. Topham, *Memories of the Kaiser's Court*［London, 1914］），第85—86、123、184—202页；希尔：《德皇的印象》，第3章；康特·R.策德利兹—特吕奇勒：《在日耳曼帝国宫廷的十二年》（Count R. Zedlitz-Trützschler, *Twelve Years at the Imperial German Court*［London, 1924］），第46—60、70—71、95、117、165页；布坎南：《俄罗斯帝国宫廷回忆录》（M. Buchanan, *Recollections of Imperial Russian Court*［London, 1913］），第143页。

奥地利，哈布斯堡王朝的六百周年纪念、匈牙利王国的一千周年纪念、弗朗西斯·约瑟夫的金禧庆典（执政五十周年纪念）、钻石大
128 典和八十寿辰，都以空前壮丽、庄严的盛况庆祝。①1878年，意大利也攀比着为维克托·伊曼纽尔二世举行了一个奢华的葬礼，并在1911年将其纪念碑揭幕，此时也正是意大利统一的五十周年纪念。②1894年，俄国为亚历山大三世举行的葬礼，场面空前辉煌盛大，而且1913年罗曼诺夫王朝的三百年大庆也极其盛大壮观。在德国，威廉一世皇帝的葬礼及其孙子的银禧庆典都同样壮观。③甚至连共和制国家也参与了进来。在法国，1880年创立了攻占巴士底日，自此后年年都过这个节日。1885年维克多·雨果的葬礼和四年之后的大革命一百周年纪念，则采用了更加庄重华丽的风格。④同样，美国革命的一百周年纪念和哥伦布发现美洲的四百周年纪念都以极其铺张的方式庆祝。与此同时，切斯特·阿瑟总统开始改进与白宫相关的礼仪和仪式，更重要的是，吉尔伯特1900年为华盛顿设计的蓝图包括一个“广阔的接待场地，用来举行庆典和官

① 乔匹克：《弗朗西斯·约瑟夫皇帝的统治》（K. Tschuppik, *The Reign of the Emperor Francis Joseph, 1848—1916*［London, 1930］），第272、354、400页。

② 戈德金：《伊曼纽尔二世传》（G. S. Godkin, *Life of Victor Emmanuel II, First King of Italy*, 2 vols.［London, 1879］），第2卷，第233—244页；罗伯特森：《伊曼纽尔三世》，第103—106页。

③ 洛维：《俄国的亚历山大三世》（C. Lowe, *Alexander III of Russia*［London, 1895］），第65—76、289—303页；马西：《尼古拉和亚历山德拉》（R. K. Massie, *Nicholas and Alexandra*［London, 1968］），第42—45、224—227页；塔奇曼：《雄伟的高楼》（B. Tuchman, *The Proud Tower: A Portrait of the World before the War, 1890—1914*［New York, 1978］），第403页。

④ 莫斯：《君主政治，环形广场与纪念碑》，第172页；里瑞克：《现代法国的节庆》，第447—448页。

方仪式”。①

竞争的因素再次值得关注。曾在莫斯科和圣彼得堡为《泰晤士报》报道过亚历山大三世葬礼的一位英国记者回忆道：“在一切历史中，很少甚至不会看到比这更奢华的露天庆典。唯一可与之匹敌，但或许并不较之更辉煌的，是维多利亚钻石大典上威斯敏斯特教堂的游行。”② 同样地，当国王爱德华七世于1909年访问德国时，德皇决定 129
以一场壮观的仪式表演来使这位英王眼花缭乱。尽管有偶然、暂时的阻碍，但他还是成功了。皇室的审计官后来在他的日记中写道：

> 皇帝对爱德华国王的访问很高兴，并且说：“英国人在这类事情上赶不上我们。”这指的是壮观的游行，城堡中的王室套房、宴会、宫廷舞会等。③

甚至连美国，都不能免于参与这种竞争，无论他们对其社会中的平等主义感到何等骄傲。在20世纪初，当试图扩建白宫时，主要的考虑是，狭窄的空间不足以进行招待欢迎活动，结果“造成丧失了本属

---

① 雷普斯：《不朽的华盛顿》，第72—73、85页；奥尔索普：《萨克维尔女士》（S. M. Alsop, *Lady Sackville: A Biography* [London, 1978] ），第27—30页。使强大的君主与总统们更加威严高贵（因此也更经常抛头露面），导致了这一时期暗杀、行刺的次数增多：美国的加菲尔德总统1881年遇刺；法国的卡尔诺总统，1894年；西班牙首相卡诺瓦斯，1897年；奥地利女皇伊丽莎白，1898年；意大利的亨伯特国王，1900年；美国的麦金利总统，1901年；俄国首相斯托雷平，1911年；西班牙首相卡纳莱哈斯，1912年；奥地利的弗朗西斯·费迪南大公，1914年。相比之下，在英国所有刺杀维多利亚的企图都发生在1840年至1882年间。失去权威的浮华炫耀比排场加绝对主义安全得多。参见塔奇曼：《雄伟的高楼》，第72、76页；朗福德：《维多利亚》，第188—189、211—212、490、560—561页。

② 洛维：《俄国的亚历山大三世》，第66—67页。

③ R.策德利兹—特吕奇勒：《在日耳曼帝国宫廷的十二年》，第257页。

于其特征的秩序与尊严”。①

在这种竞争的环境中，以下现象的出现或许是幸运的（在很大程度上也是偶然的），即对于礼仪与仪式兴趣的高涨是和英国音乐复兴相同步的，而这一复兴由帕瑞鼓动，被斯坦福的热情所推进，由天才的埃尔加主持，后者是自普塞尔之后英国第一个国际著名的作曲家。② 这种音乐复兴的一个体现是，对于音乐史与爱国歌曲的兴趣的增长，下列事实便证明了这一点：在1890年至1910年的二十年间，国歌有了更多的合唱设置，对其历史有了更多的研究，这一发展是空前绝后的。③ 更重要的是，这样的繁荣昌盛使得王室的盛典有可能被展现出来，不会再被尴尬地指责英国音乐贫乏，而是成了体现天赋才能的庆典。于是，爱德华七世与乔治五世的加冕礼配上了特邀斯坦福、帕瑞、埃尔加、杰曼和沙利文等人创作的作品。④ 与此同时，唱诗班

---

① 雷普斯：《不朽的华盛顿》，第131页。

② 豪斯：《英国的音乐复兴》（F. Howes, *The English Musical Renaissance* [London, 1966]），第7—9章；肯尼迪：《拉尔夫·沃恩·威廉斯》，第1章。

③ 关于历史记述参见：《音乐时报》（*Musical Times*, xix [1878]），第129—130、196—197、260—262、315—318、379—381、438—439页；哈福德：《上帝保佑女王》（F. K. Harford, *God Save the Queen* [London, 1882]）；邦丹：《“上帝保佑国王”》（A. C. Bunten, *'God Save the King': Facsimiles of the Earliest Prints of our National Anthem* [London, 1902]）；卡明斯：《“上帝保佑国王”：国歌的起源与历史》（W. H. Cummings, *'God Save the King': The Origins and History of the National Anthem* [London, 1902]）；巴特曼：《我们无知者的国歌》（S. Bateman, *Our Illiterate National Anthem: A Jacobite Hymn and a Rebel Song* [London, 1911]）。关于合唱曲参见附录表3。

④ 有关这两次加冕礼音乐的详细说明，参见《音乐时报》，xliii（1902），第387—388、577—584页；lii（1911），第433—437页。又参见麦肯兹爵士：《一个音乐家的叙述》（Sir A. C. Mackenzie, *A Musician's Narrative* [London, 1927]），第155页；格雷弗斯：《休伯特·帕瑞》（C. L. Graves, *Hubert Parry: His Life and Work*, 2 vols. [London, 1926]），第2卷，第28—31、56—57页；斯科特：《爱德华·杰曼》（W. H. Scott, *Edward German: An Intimate Biography* [London, 1932]），第152—154页；P. M.扬：《阿瑟·沙利文爵士》（P. M. Young, *Sir Arthur Sullivan* [London, 1971]），第248、261页；格林：《查尔斯·维利尔斯·斯坦福》（H. P. Greene, *Charles Villiers Stanford* [London, 1935]），第223—224页。

与管弦乐队水准的提升，意味着它们也能够出色地演出了。在这一 130
发展过程中，有两位关键人物，一位是乔治·斯坦纳爵士（Sir George Stainer），此人于1872年至1888年间担任圣保罗大教堂的风琴手；另一位是弗雷德里克·布里奇爵士（Sir Frederick Bridge），他在1882年至1918年间在威斯敏斯特教堂担任风琴手。在他们严格、有效地指导下，唱诗班变得训练有素，列队行进，举止高贵，并且身着白袍法衣。①结果，在20世纪初的加冕礼上，其表演水准与过去不可同日而语。最终，沃尔特·帕拉特爵士（他在1893年至1924年间担任国王乐队中的总监）使得总体上的组织亦有提升。在他的任期内，这就不再是个闲职，他成了编排重大王室活动乐曲的最高权威。②这些发展导致布里奇与帕拉特能够在爱德华七世和乔治五世的加冕礼上成功地合作，共同编曲。

就在这一阶段，英国国教对于礼仪与仪式的态度发生了显著的转变。塞缪尔·威尔伯福斯（Samuel Wilberforce）无意中与白哲特暗合，早在1865年便指出，“我相信在英国人心目中有一种追求朝向更高层次礼仪的大发展”，在随后的数十年间，其预言被证实了。主教们开始穿着紫袍法衣，并手持主教牧杖。③礼服、白袍法衣、香、圣坛蜡烛在大教堂和城里的礼拜堂中越来越普及。1887年和1897年，在

① 查德威克：《维多利亚时代的教堂》，第385—387页；瑞恩博：《英国教堂中唱诗班的复兴》，第286—289页；辛克莱：《圣保罗大教堂的历史记录》（W. Sinclair, *Memorials of St Paul's Cathedral* [London, 1909]），第411—412页；布里奇：《一名威斯敏斯特教堂的朝圣者》，第65—77、172—178、182—186、222—234页。

② 托维爵士和G.帕拉特：《沃尔特·帕拉特：音乐大师》（Sir D. Tovey and G. Parratt, *Walter Parratt: Master of the Music* [London, 1941]），第90—91、96—102、119页。在1882年至1924年间，帕拉特也是温莎的圣乔治小教堂中的风琴手，1897年，他编写了大量的合唱曲，其中包括斯坦福、布里奇、帕瑞和埃尔加的作品，“以向维多利亚女王陛下表示敬意”。

③ 查德威克：《维多利亚时代的教堂》，第311页。

维多利亚执政周年纪念庆典中，主持宗教仪式的牧师身穿斗篷式长袍，披着彩色的圣带，这是一个新奇、别致的创新。此外，由于王室礼仪也带有世俗性的一面，因而在一定程度上具有取悦劳工阶级的动机。正如坎特伯雷的大主教E.W. 本森在女王的金禧庆典之后注意
131 到的，“从此后，每个人都感到社会主义运动已经遇到了挫折”。[①]值得注意的是，维多利亚晚期与爱德华时期的高级教士的传记与回忆录中，包含着对于精心准备的王室盛典的详细说明，由其前辈们所撰写或描写其前辈们的类似书籍中，则明显缺乏此类内容。兰德尔·戴维森更是成了王室礼仪方面无可匹敌的教会权威，他作为温莎的教长参加了维多利亚的金禧庆典，作为温切斯特的主教参加了女王的钻石大典和爱德华的加冕礼，还作为坎特伯雷大主教参与了乔治五世的加冕礼。[②]与此同时，威斯敏斯特教堂本身的环境也变得更加庄严多彩，更适合于盛大的仪式。1884年至1894年间，风琴被改造了，唱诗班也被重新塑造并用上了电灯；1897年，唱诗班的领唱者穿上了红袍法衣；1899年，罗斯伯里（Rosebery）勋爵赠给主圣坛一个新的十字架。[③]所以，到爱德华七世的加冕礼时，教会对于礼仪的态度与维多利亚时期相比发生了明显的转变。如乔斯林·伯金斯（此人乃是威斯敏斯特教堂的司事，他对教堂的改善功不可没）所解释的：

---

① 本森：《爱德华·怀特·本森传》（A. C. Benson, *The Life of Edward White Benson, sometime Archbishop of Canterbury* [London, 1899]），第133页。

② 贝尔：《兰德尔·戴维森：坎特伯雷大主教》（G. K. A. Bell, *Randall Davidson: Archbishop of Canterbury*, 3rd. edn [London, 1952]），第118—119、307—311、351—357、367—372、608—611、1300—1301页。

③ 伯金斯：《威斯敏斯特教堂》，第1卷，第112、187、189页；第2卷，第16—17、111页；第3卷，第163、169、179页。

> 任何稍稍暗示了这种辉煌场面中的混乱的事情都是不可想象的……1838年无可非议的事物，到了1902年就可能遭到严厉的指责……爱德华七世庄重的圣餐礼上，礼拜仪式达到了极高的水准，让人感到各个方面都是必不可少的。①

对那些像伯金斯一样对教会的华丽抱有好感的人来说，结果是完全成功的：

> 从头到尾，圣坛醒目地展示着施舍用的盘子、酒壶和圣餐杯……据19世纪业余钻研仪式者说，当时还有特制的花瓶，淡淡的花卉装饰，布景提供了一种不可或缺的元素。② 132

五

第二阶段中更加精致并更具吸引力的王室礼仪，正是要放置于这个显著变化了的国内与国际背景中。19世纪70年代以降，在英国和其他西方国家，国家元首的地位在仪式中得到了加强。一位可敬的君主，乘坐着一驾华丽的马车行驶在凯旋大道上，他不再像其前辈一样仅是社会的首脑，现在他亦被视作民族的领袖。③在英国及欧洲的其他地方，工业与社会关系的空前发展，黄色报刊的泛滥，使得

---

①　伯金斯，前引书，第2卷，第111页。从1899年至1958年，伯金斯是威斯敏斯特教堂的圣器保管人。

②　伯金斯：《加冕礼记录》，第336—337页。

③　参见诺曼·柯恩教授致特伦斯·兰杰教授的信，引自兰杰：《殖民地非洲传统的发明》（《过去与现在》会议论文，1977），第85页，注释31。

既有可能又有必要来展现君主，用他豪华的仪式来展现，以全新的方式来展现，君主成了大家都可能去遵从的共识与连续性的象征。①此外，由于国际关系变得日益紧张，便增添了“发明传统”的进一步诱因，因为国家间竞争是通过仪式上的攀比来表达和升华的。英国的经历仅在一个大的方面与其他西方国家不同：在俄国、德国、意大利、美国、奥地利，仪式的兴盛是针对一个仍然行使实权的国家领袖；而在英国，当权力仪式的影子投向君主时，实权已逐渐转移到了其他地方。

回顾起来，背景与环境的这些发展，似乎是一条解释表演的变迁与礼仪“意义”的有效途径。然而，在当时它可能并非像这里暗示的这般刻意，因为只有缓慢地进行，一个仪式接着另一个，这种象征的一致句法、语言与仪式的意义才会显现出来。1887年，在执政五十年之后，这位温莎的寡妇才被劝说（尽管十分地勉强）去参加在伦敦举行的一次盛大的国家庆典。这实际上是一次冒险，因为她那时不受欢迎，这便导致无法预期她将受到何种礼遇。维多利亚强烈地拒绝戴王冠，穿朝服，这似乎为这种预感提供了根据。甚至连亚历山德拉王
133 妃（她对女王的劝说能力是无人能比的）也未能劝服维多利亚改变主意。②然而，所举行的金禧庆典，包括在威斯敏斯特教堂进行的感恩游行与仪式，都是非常成功的：“这是这一代人从未见过的盛观……这代人最壮观的国家礼仪。”③十年后的钻石大典在准备时则更有信心和把握，也更加辉煌。正如女王本人满怀惊喜地指出的：

① 霍布斯鲍姆：《传统的发明》，第15页。

② 巴蒂斯康柏：《亚历山德拉王后》，第174页。

③ 《插图伦敦新闻》，1887年6月25日；朗福德：《维多利亚》，第626页。

> 我相信没有人曾见到我受到如此热烈的欢迎，当我穿过六英里的街道……人群真是难以形容，他们的热情实在不可思议并让人深深感动。①

接着而来的是维多利亚的葬礼，爱德华七世的加冕礼与葬礼，乔治五世的加冕与德里的杜尔巴②，以及在卡那封城堡授予其子威尔士亲王封号的仪式。实际上，至此时，那些在1887年曾完全不了解惯例与仪式的政府和宫内部门，已经变得经验丰富。挫折也还会遇到，比如在维多利亚的葬礼上马匹脱缰。但是，这样的意外十分罕见，并且在这样的特例中，这些意外很快又被“传统”所吸纳。③小心翼翼的安排，大众的热情，广泛的报道与史无前例的壮观被成功地结合到了一起。值得注意的是，纳尔逊与威灵顿的葬礼都比那些19世纪初的君主的葬礼更隆重、更受欢迎，但维多利亚与爱德华的葬礼则远比格莱斯顿的国葬更壮观。④

这些庆典如此成功取决于表演的提升，其中三个人尤为重要。首先是伊舍子爵雷金纳德·布雷特，20世纪初此人是英国政界的幕后操纵者，是维多利亚、爱德华七世和乔治五世的朋友，1895年至1902年间任工务部大臣，1901年至1928年任温莎宫的副主管和代理总管。他不仅负责重新装修王宫，在维多利亚死后整理王室档案，还负责整 134
体规划每次重大的国家典礼，从维多利亚的钻石大典到爱德华七世

① 齐格勒：《君主与人民》，第23页；朗福德：《维多利亚》，第685—691页。

② durbar，在印度指宫廷或接见厅，又指由政府召集的任何贵族正式会议。——译注

③ 庞森比爵士：《三朝统治回忆录》（Sir F. Ponsonby, *Recollections of Three Reigns* [London, 1951]），第32—33、83—94、271—272页。

④ 坎宁顿和卢卡斯：《出生、结婚、去世时的衣装》（P. Cunnington and S. Lucas, *Costume for Births, Marriages and Deaths* [London, 1971]），第240页。

的葬礼。[①] 理论上，这些场合应由诺福克公爵负责，他是世袭的英国纹章院院长、司马官、王室总务官和宫务大臣。但是伊舍的魅力、机智、历史感、组织才能和对仪式的热爱使得大部分工作落到了他身上。要做的事情太多了。因为距离上次重大的王室活动已经很久，以至于没人记得该怎么做。伊舍曾愤然指出，“那些应以了解历史先例为职责的人对此竟一无所知，真是令人惊讶”。尽管存在这些障碍，但他认真排演，精心研究庆典，获得了巨大的成功，收到了来自王室和政治家们的“大量的贺信”。尽管维多利亚一辈子都反感格莱斯顿，但伊舍精心、干练地在威斯敏斯特教堂为这位伟大的老人安排了国葬仪式，对此，维多利亚感到多少有些“乱用热情”。[②]

伊舍对王室礼仪的兴趣与爱德华七世本人对此的兴趣十分相称。尽管爱德华的母亲一直不情愿参与公开的仪式（她厌恶华美的礼服，不喜欢抛头露面），但爱德华渴望“身着象征王权的礼服，展现在臣民面前”。[③] 他曾一直批评其母令人沮丧的忧郁，并且也曾痛恨其外甥德皇更胜于他的排场。因此，作为国王，他有双重动机来加强君主制的庄严感。在伊舍的帮助下，他获得了惊人的成功。实际上，正是伊舍本人赞颂了他的君主“设想庆典的奇妙能力”，他的“敏捷、想象力与创造力”，他意味深长地指出，这些是“首要的天资，失去了它们，即兴表演毫无希望”。[④] 由于更敏锐地感受到了这种新仪

① 弗雷泽：《伊舍勋爵》（P. Fraser, *Lord Esher: A Political Biography* [London, 1973]），第68—71、80—83页。

② 布雷特、奥利弗和伊舍子爵共同编辑：《伊舍子爵雷金纳德的日记与信件》（M. V. Brett and Oliver, Viscount Esher [eds.], *Journals and Letters of Reginald, Viscount Esher*, 4 vols. [London, 1934—1938]），第1卷，第204—207、214—217、231—232、274—287、304、322、333、337页；第3卷，第5页。

③ 博德利：《爱德华七世的加冕礼》，第205页。

④ 伊舍勋爵：《摩天大楼》（Lord Esher, *Cloud Capp'd Towers* [London, 1927]），第182—183页。

式中竞争的因素，另一位侍臣明显带有赞许地指出：“我们的国王比 135
德皇威廉二世表现得更好。他庄重、威风，威廉不够庄重，且紧张、平淡。”①

爱德华即位之初的一项举措是，重新使得议会的召开成为一个盛装出席的仪式，其中包括国王乘坐着礼仪马车，行驶在伦敦的街道上，而且他还要身着华服，亲自发表国情与施政演说——这完全是一个特色，是维多利亚四十年中从未做过的。②而讽刺的是，爱德华的葬礼（无处不在的伊舍也插手了），才是“他所参加的最隆重的国家典礼”。其中具有特殊意义的是，在威斯敏斯特厅（议会大厦）举行的公开的遗体告别仪式，“这被证明是极受欢迎的一项创举”。二十五万人排队经过了棺材：过去从未有过如此众多的普通百姓，以个人的身份亲自向一位英国君主献上他们最后的敬意。这个新奇的先例，结合了经过伦敦街头的长长的游行队列，与海军士兵驾驶的放置棺材的炮车，以及接下来在温莎举行的非公开的安葬仪式，这个程式被乔治五世与乔治六世的葬礼所仿效。③

如果说伊舍提供了专门的知识与组织才能，而爱德华本人给予了热情与支持，那么正是埃尔加创作的乐曲使仪式音乐从不值一提的短命玩意儿提升到了名正言顺的艺术品。他于1897年创作的《帝国进行曲》是钻石大典上的轰动之作，并成功地奠定了其作为王国非官方的桂冠音乐家的地位。五年后，为庆祝爱德华七世登基，他创作了《加冕礼颂歌》，根据国王的要求，其中包括主调宽广、高昂的合唱曲《排场之最》，这就是后来传遍世界的《光荣与梦想的土地》。于

① 引自埃利奥特：《鹰之坠落》（J. Elliott, *Fall of Eagles* [London, 1974] ），第137页。

② 利：《国王爱德华七世》，第2卷，第21—23页。

③ 同上，第720页。

是，乔治五世即位时，有了《加冕礼进行曲》，也有了为德里的杜尔巴而创作的假面剧《印度的王权》。这些作品反映了埃尔加对于色彩、盛观、精确与辉煌的十足热爱，为盛大的王室仪式提供了理想的军乐
136 背景。①然而，它们并没有体现出爱德华时代的浮夸、骄傲、沾沾自喜与自信。②因为，他伟大的旋律中往往充满了悲哀、忧郁、渴求、沉思与内省。他的第一交响乐中伟大的警句，表面上是光荣、崇高、得意扬扬的，但直到最后一个乐章的结尾也未能完全消除疑惑、黑暗、胆怯、绝望的因素，这充斥着整个作品。③尽管其音乐中真正温柔的一面常常湮没于配合其曲调的豪言壮语，然而他的进行曲与一些旋律，还是成了一切王室仪式场面中不可或缺的伴奏，且此后一直如此。

此三者贡献重大，在他们的帮助下，英国君主制的公共形象在第一次世界大战前发生了根本性的转变，为适应国内与国际情势的变化，将旧有的仪式进行了成功的改造，并创造、增添了新的仪式。这些王室的仪式盛会被进行了商业性的开发利用，这种前所未有的方式很好地反映了这些变化。尽管没有获得确切的数据，但毫无疑问王室的纪念性陶器就是从这一时期开始大量涌现的，此时制造商利用王室仪式对大众市场的吸引力来赚钱，这是过去从未有过的。④

---

① 帕洛特：《埃尔加》(I. Parrott, *Elgar* [London, 1971])，第7、18、65页；扬：《埃尔加》(P. M. Young, *Elgar, O. M.: A Study of a Musician* [London, 1955])，第79、97、222、288页。

② 关于埃尔加的这种解释，参见谢尔登：《爱德华·埃尔加》(A. J. Sheldon, *Edward Elgar* [London, 1932])，第16、33、48页；兰博特：《嗨！音乐》(C. Lambert, *Music Ho!*, 3rd edn [London, 1966])，第240页；麦克维：《爱德华·埃尔加：他的生平与音乐》(D. M. McVeagh, *Edward Elgar: His Life and Music* [London, 1955])，第181页；梅因：《埃尔加：他的生平与作品》(B. Maine, *Elgar: His Life and Works* [London, 1933])，第2卷，第196—197、297—300页。

③ 对于这一解释最为雄辩的表述，参见肯尼迪：《埃尔加肖像》(M. Kennedy, *Portrait of Elgar* [London, 1968])，第132—153、202—209页。

④ 梅：《纪念性陶器》，第73—74页；希克尔斯：《流行的斯坦福德郡陶器》(D. Seekers, *Popular Staffordshire Pottery* [London, 1977])，第30—31页。

新式的、以消费者为导向的公司，如朗特里（Rowntree）、卡德伯里（Cadbury）和奥克叟（Oxo）也利用王室活动来帮自己大做广告，而地方当局亦开始分发塑料杯、有把手的瓷杯或其他纪念礼物。同样地，还有很多私人生产的维多利亚金禧庆典纪念章出售，这比先前四个重大王室活动加起来生产的纪念章还多，而且，爱德华七世的加冕礼成了纪念章制造商的另一个良机。此外，1887年第一次出现纪念章以战役勋章的形式被佩戴在左胸前，这是这一阶段中随后的一切加冕礼与执政纪念都要模仿的另一个新举动。①因此，靠杯子与纪念 137
章，靠音乐，靠庄严华丽，19世纪最后二十五年与20世纪前十年成为“被发明的传统”的黄金时代，在一个工业化的社会中，君主制对人民大众的吸引力以仅半个世纪前还难以企及的方式扩大着。

对礼仪的日益看重并不仅限于王室。在许多其他活动中，一些历史悠久的、老掉牙的仪式也复兴了，新制度、习俗被赋予了具有不合时代的古风魅力的外表，但其实这几乎都是新发明的奇观。在伦敦，庆祝新市长就职的彩车游行恢复为一个隆重华丽的盛会，另外在地方城市，新巴罗克式的城镇会堂与公民尊严概念的强化，都是公民礼仪兴盛的进一步的证据。同样地，地方新成立的一批大学具有故意不合时宜的建筑风格，具有贵族气派的大学名誉校长，以及古式的大学礼服与奢华的仪式，这都体现了类似的潮流。②在自治领，达弗

① 在1887、1897、1902和1911年，皇家铸造厂也生产政府纪念章，此乃更进一步的创新。参见罗杰斯：《加冕礼纪念品》，第38—41页；埃德蒙森：《收集现代纪念章》，第54—61页；科勒：《加冕礼和纪念章》（H. N. Cole, *Coronation and Commemoration Medals, 1887—1953*［Aldershot, 1953］），第5页。亦参见附录表2。

② 卡纳迪恩：《从“封建”领主到傀儡领袖》（D. Cannadine, ‘From “Feudal” Lords to Figureheads: Urban Landownership and Aristocratic Influence in Nineteenth-Century Towns’, *Urban History Yearbook*, v［1978］），第26—27、31—32页；桑德森：《大学与英国工业，1850—1970年》（M. Sanderson, *The Universities and British Industry, 1850—1970*［London, 1972］），第81页。

林(Dufferin)勋爵在担任加拿大大总督期间(1872—1878)引入渥太华的大总督制度确立了一个惯例,日后为澳大利亚、新西兰和南非所效仿。[1] 在印度,1877年、1902年和1911年的三次德里杜尔巴[2] 标志着英国对印度统治的公开展现(尽管不是个人的权威)的一个高峰。与此同时,荣誉体系也在大大地扩展,创立了印度勋章、维多利亚女王勋章、殊勋勋章、下级爵士勋章,以及为嘉德与巴斯爵士勋位而恢复的盛大的任命仪式。[3] 简言之,英国君主制提升了的、礼仪化的公众形象,仅是这一阶段新礼仪与再生礼仪普遍激增的一个例证,这一阶段使得英国、欧洲与美国的公共生活特色化,不仅限于政府首脑的
138 层面,而是以一种更加普及的方式。

六

从1914年至1953年的第三阶段中,时代背景再次发生了深刻的转变,因此英国的君主制礼仪不再仅是各国争先表现创造性的一个侧面,而是成了在史无前例的变化阶段中表达连续性的唯一方式。首先,维多利亚晚期与爱德华时代的君主制在礼仪上庄重盛大而在政治上不偏不倚的程式,以一种更严格的宪政形式被重复着。爱德华七世行使的有限权力,到他三个子孙统治时被进一步侵蚀了。譬如,

---

① 哈伯德:《土脊上的大楼:渥太华政府大楼插图史》(R. H. Hubbard, *Rideau Hall: An Illustrated History of Government House, Ottawa, from Victorian Times to the Present Day* [London, 1977]),第20—38页。

② 这三次著名的杜尔巴分别庆祝维多利亚女王担任印度女皇、爱德华七世加冕和乔治五世与玛丽王后访问印度。——译注

③ 德拉贝尔爵士:《女王的骑士勋章》(Sir. I. De la Bere, *The Queen's Orders of Chivalry* [London, 1964]),第129、143、144、149、168、171、178页;伯金斯:《威斯敏斯特教堂》,第2卷,第202页。

尽管乔治五世被迫参与了在他即位时就已存在的宪政危机，参与了选择保守党的首相（1923年），参与了国民内阁[①]的形成（1931年），也尽管他个人倾向于保守党，但是，他在公众面前履行宪政职责时体现了一丝不苟的正直与公正。[②]在政治上他是一个傀儡领袖，在仪式中也适当地表现了他傀儡领袖的地位，他实现了一位激进分子在1913年的预言，此人曾说：“在英国，国王做人民想让他做的事。他将成为一位社会主义的国王。”[③]爱德华八世的退位进一步有力地证明，是议会在废立国王。乔治六世颇像其父，这不仅体现在他个人倾向保守党，也体现在他在公众面前的不偏不倚。连他被征求意见的权力、去告诫和鼓励的权力也相对减弱了。1940年，他原本希望哈利法克斯[④]担任首相，1945年，他对丘吉尔的离去感到遗憾。但在这两次的情势中，他都没有任何权力去影响事件。[⑤]立宪君主制的演化是彻底的。

从软弱无能到超然淡漠，到受人崇敬，再到高贵伟大，这条发展线索未曾间断，并被君主们个人极高的声望所加强。尤其是乔治五世，他结合了其祖母私底下的正直诚实与其父公众面前的高贵庄重，139
这种综合的人格被其两个在位很长的继任者所效仿。[⑥]一方面，像他父亲一样，他对于公开的礼仪、仪式的态度可谓勤勉不懈，得体的

① 英国由工党、保守党和自由党领袖联合组成的政府。——译注

② 尼克尔森：《国王乔治五世》，第98—101、218、486—490、597—601页；朗福德：《温莎王室》（E. Longford, *The Royal House of Windsor*［London, 1976］），第65、91页；罗兹·詹姆斯编：《一个保守党人的回忆录》（R. Rhodes James［ed.］, *Memoirs of a Conservative: J. C. C. Davidson's Memoirs and Papers*, 1910—1937［London, 1969］），第177—178页。

③ 汤普森：《工党和现代英国君主制》（J. A. Thompson, 'Labour and the Modern British Monarchy', *South Atlantic Quarterly*, lxx［1971］），第341页。

④ Halifax（1881—1959），政治家、外交家。——译注

⑤ 惠勒—贝内特：《国王乔治六世》，第636—637、649—650页；朗福德：《温莎王室》，第91页。

⑥ 汤普森和梅希亚：《现代英国君主制》（J. A. Thompson and A. Mejia, Jr., *The Modern British Monarchy*［New York, 1971］），第38页。

着装、佩戴饰物的方式等问题常常占据他的心思；另一方面，在私生活上，他则结合了乡绅的谦逊与中产阶级的体面。[1] 这或许是出于偶然，却是极其成功的，乔治五世努力塑造了既尊贵又热爱家庭的整个帝国之父的形象，而且所有人都承认，担任家族的领袖是他自身的权利。（值得注意的是，爱德华八世将乔治的综合人格的双重因素都否弃了，他根本不在乎仪式，并过着一种惹是生非、有失检点的私生活。）[2]相比之下，乔治六世故意沿用了乔治的名字，以强调回归其父的风格。实际上，在他即位时，鲍尔温[3] 就指出，"在性格和思想上，他比其兄弟们都更像其父，正是这一点将使他受人民爱戴"。[4] 这位君主也勤勉地履行着公众仪式的职责，同时过着一种与其兄长迥然不同的家庭生活。[5] 和他父亲一样，他的优点是"勇敢、有耐力、厚道、忠诚"：他曾克服了口吃，并在第二次世界大战期间坚决拒绝离开伦敦。[6] 如果说他的父亲是"受爱戴的乔治"，那么他就是"忠诚的乔治"。

在这些背景下，君主制似乎是一致性、稳定性与共同体的化身（尤其是在隆重的仪式场合上）。实际上，盛大的王室礼仪，第一次世界大战停战纪念日的庆祝仪式，以及日益发展的圣诞膜拜仪式（在后两个活动中王室的角色十分突出），是三种最盛大的共同庆祝的仪式，其中王室、普通个体的家庭与民族大家庭融为了一体。在1914年
140 至1953年间，不列颠经历了一系列的内政变化，它们在重要性上远远

① 朗福德：《温莎王室》，第63页。

② 汤普森和梅希亚前引书，第73、79页。

③ Baldwin（1867—1947），英国政治家，三次担任首相。——译注

④ 引自莱西：《伊丽莎白二世和温莎王室》（R. Lacey, *Majesty: Elizabeth II and the House of Windsor* [London, 1977]），第109页。

⑤ 关于20世纪王室的肖像研究参见斯特朗：《王室肖像》（R. Strong, 'The Royal Image', in Montgomery-Massingberd [ed.], *Burke's Guide to the British Monarchy*），第112页。

⑥ 齐格勒：《君主与人民》，第76—77页。

超过了前一阶段的变化。在1910年至1928年间，英国从欧洲选举权最受限制的国家之一，发展为全体成年人都具有选举权的国度，同时又担心“一个饱受战祸折磨、饥饿的无产阶级在选举权上具有巨大的优势”。① 自由党被作为全国第二大党的工党盖过，尤其是在第二次世界大战之后，大贵族的消亡使得王权在伦敦社会越来越受到孤立。大罢工、大萧条，还有两次大战，带来了空前规模的怨恨与痛苦。于是，一个政治上中立、人格上受景仰的君主，极其成功地充当了“疯狂年代中稳定性的聚集点（rallying-point）”，其最富成效的方面乃是其克制的、不合时代的、仪式上的崇高庄严。②

在某种程度上，这被新闻媒体素来的逢迎谄媚所大大推动，媒体一直以一种敬畏的、肃穆的方式报道盛大的国礼。实际上，还可能有什么其他方式来对待这样一种制度呢？它结合了政治上的中立与人格上的正直。罗兰森或吉尔雷的那种批评、讽刺的方式已再无用武之地。从帕特里奇到谢泼德和伊林沃思，王室漫画限于风景、庆贺王室成员成功地周游帝国、向温莎王室欢呼致敬或哀悼君主的逝世。值得注意的是，1936年洛试图在退位事件发生时刊登一幅抨击君主制的漫画，伦敦没有一家报纸愿意接受。③ 因为编辑和记者，像漫画家一样，都是恭敬、顺从的，在退位事件发生时，新闻界的巨头之间存在着一个君子协定便有力地说明了这一点。同样地，新闻摄影，像新

---

① 惠勒—贝内特：《国王乔治六世》，第160页。

② 朗福德：《温莎王室》，第91页。

③ 沃克尔：《日常素描》，第13、23、126—127页；温·琼斯：《漫画君主制史》，第132、157—164、174—179页。当然也有例外情况不在规则之列。1937年《每日快报》的记者汤姆·德赖伯格在报道加冕礼时，对于“大多数媒体所认为得体的肃穆与敬畏的态度”，表现出了敌对的腔调，结果激起读者们的“勃然大怒”。参见德赖伯格：《主导情感》（T. Driberg, *Ruling Passions* [New York, 1978] ），第107—109页。在这一阶段，纪念性与传记性文学的潮流依然未曾减退。

闻片一样，都经过了小心谨慎的编辑。乔治六世加冕后，英国纹章院141 院长与坎特伯雷大主教被授权编辑“一切可能被认为不适宜公众随便看的东西”。同样，1948年，当哈罗德·尼克尔森被邀请撰写乔治六世的公众生活时，他被明确地要求“删去一切有损王室名誉的事情”。①

然而，这一阶段中最为重要的发展是BBC的出现，它在传播由乔治五世成功确立的君主制的双重形象方面具有深远影响。一方面，始于1932年并旋即被吸纳为“传统的”圣诞广播，加强了君主作为人民之父的形象，君主可以向待在舒适、静谧的家中的子民讲话。②乔治五世是一个如此成功的播音员，以至他的二儿子，尽管存在口吃的障碍，也不得不延续这一“传统”。与此同时，BBC的首位总监约翰·里斯爵士（他是庆典与君主制的一位浪漫的爱好者）很快便意识到了新媒介有能力传播对仪式的参与感，这是过去根本不可能的。③因此，从1923年约克公爵的婚礼开始，“听得见的庆典”就变成了BBC节目的一个永恒的特色，每一场盛大的国家庆典都会在收音机中现场直播，特殊的话筒被放置在各处，所以听众能听到钟声、马的声音、马车声和欢呼声。的确，正是这一技术的发展使得可能成功地将国家庆典展示为民族的、家庭的活动，每个人都可参与其中。如果大众社会风俗研究的证据是可信的，那么由此而知：王室盛典的对外广播一直具有创纪录的听众。④

---

① 莱西：《伊丽莎白二世和温莎王室》，第333页；詹宁斯和马奇：《五月十二日》，第16页。

② 齐格勒：《君主与人民》，第31页；尼克尔森：《国王乔治五世》，第670—671页。

③ 鲍伊尔：《只有风会听》（A. Boyle, *Only the Wind Will Listen: Reith of the B.B.C.* [London, 1972]），第18、161、281页。

④ 里斯：《逆风》（J. C. W. Reith, *Into the Wind* [London, 1949]），第94、168—169、221、238—241、279—282页；布里格斯：《英国广播史》（A. Briggs, *The History of Broadcasting in the United Kingdom*, 4 vols. so far [Oxford and London, 1961—1979]），第1卷，第290—291页；第2卷，第11、81、100—101、112—113、157、266、272、396、505页。

媒体的新奇性与仪式的不合时代的特点相结合，使得王室礼仪在一个变化的年代中令人鼓舞、广受欢迎。到现在，君主们的交通工具（在上一个阶段中它已然是稀罕、华美的了）已经变成了美丽的童话中的事物。比如，在乔治六世的加冕礼上，连大多数贵族都是乘轿车前来出席的。对色彩和浪漫事物极敏锐的亨利·钱农，也只看到了 142
三驾马车。①实际上，到那时，19世纪中叶的那种马车社会已久被遗忘，以至于在大的游行队列之后，清扫马粪的清道夫经过时赢得了一阵欢呼，这是当日几次最响亮的喝彩之一。②在这个拥有飞机、坦克、原子弹的世界中，马、马车、剑和羽饰帽等物件的那种不合时代的堂皇感被进一步增强了。1948年一本关于轿式马车的书籍曾指出，连那些名门望族也不再使用礼仪马车；马车如今仅用于“纯粹的仪式，并以步行速度行驶，如雕花镀金的王室礼仪用车，伦敦市长的马车，以及鲜被使用的下院议长的马车”。实际上，到伊丽莎白加冕时，甚至连王室都没有足够的马车来乘载参加仪式的王族与政府首脑，结果不得不额外向一家电影公司借了七辆。③

包括借得增援马车在内的成功的组织工作，证明了由伊舍开启的专业管理传统得到了全面的延续。诺福克第十六代公爵，亦即世袭的纹章学院院长，尽管在乔治六世加冕时年仅二十九岁，却很快赢得了严守时间、擅长表演并具有戏剧天赋的名声，简直可与伊舍相媲美。到1969年，当他最后一次组织盛典（威尔士亲王的授封仪式）时，

① 罗兹·詹姆斯编：《亨利·钱农爵士的日记》(R. Rhodes James [ed.], *'Chips': The Diaries of Sir Henry Channon* [London, 1967])，第123页。

② 詹宁斯和马奇：《五月十二日》。

③ 麦肯斯兰德：《英国马车》(H. McCansland, *The English Carriage* [London, 1948])，第85页；弗罗斯特：《加冕礼：1953年6月2日》(C. Frost, *Coronation: June 2 1953* [London, 1978])，第57—58页。

他已经有了四十年操办王室仪式的经验。在1937年的加冕礼时，如果真正的加冕滞后或提前，那么误差的每一分钟他都会付给同事一英镑，结果他只花费了五英镑。① 在那场仪式中，诺福克得到了坎特伯雷大主教科兹莫·戈登·兰的辅助，这位大主教被亨斯利·亨森描绘为“天生的演员”，而且他的传记作者说，他“对庆典中最微小的细节也表现得极其关注，这使得他所参与的表演与庆典都有一种强烈的宗教感”。像诺福克一样，大主教也用“戏剧的语言”来思索，正是这些教会与国家的代表控制着三个委员会，并指挥着为加冕礼
143 准备的八次彩排。② 此外，到此时，主要归功于教长赖尔与圣器保管人乔斯林·伯金斯的努力，威斯敏斯特教堂本身的环境变得更适合举行仪式了。唱诗班得到了改善，牧师席被修饰过；重新将钟放到钟楼里；恢复了穿着长袍、拿着旗帜的游行。在赖尔担任教长期间(1914—1925)，举行了不下八十六次特殊的仪式，其中包括无名战士的葬礼。“威斯敏斯特教堂举行的仪式发展得庄严华贵、色彩多样”，这意味着这里拥有极其丰富的经验与专业技能，能够不费吹灰之力地满足盛大的王室仪式所提出的额外要求。③

再来谈谈音乐，前一阶段的创新得到了巩固与进一步的发展。1924年帕拉特去世后，埃尔加亲自担任国王乐队的总监，这位最著名

---

① 麦肯斯兰德：《英国马车》(H. McCansland, *The English Carriage* [London, 1948])，第85页；弗罗斯特：《加冕礼：1953年6月2日》(C. Frost, *Coronation: June 2 1953* [London, 1978])，第57—58页。

② 亨森：《回顾一种平凡的生活》(H. Henson, *Retrospect of an Unimportant Life*, 3 vols. [London, 1942—1950])，第1卷，第380—385页；洛克哈特：《科兹莫·戈登·兰》(J. G. Lockhart, *Cosmo Gordon Lang* [London, 1949])，第408—423页。

③ 伯金斯：《威斯敏斯特教堂》，第1卷，第113—117、193—194页；第2卷，第207页；第3卷，180—187页；菲茨杰拉德：《赫伯特·E. 赖尔传》(M. H. Fitzgerald, *A Memoir of Herbert E. Ryle* [London, 1928])，第290—292、307—310页；坦纳：《一位威斯敏斯特教堂文物研究者的回忆录》(L. E. Tanner, *Recollections of a Westminster Antiquary* [London, 1969])，第65—68、144—152页。

的作曲家占据这个职位长达十年之久，由此我们可以强烈意识到其音乐在王室礼仪中的重要地位。[①] 此后，这个位置一直被有才华的作曲家占据，他们继续负责王室仪式中音乐的编排。在埃尔加被任命时，他的创作激情已经枯竭，他的笔下再没有产生出伟大的作品或流行的音乐。但是其他作曲家继承了他的衣钵，继续保持了近来创造的传统，即每次王室的盛典也是一次当代英国音乐的盛会。[②] 巴克斯、布里斯霍尔斯特、班托克、沃尔顿与沃恩·威廉斯都写过乔治六世和伊丽莎白二世加冕礼上演奏的音乐。沃尔顿的两支加冕进行曲，即《帝国的王冠》(1937年)和《宝球与节杖》(1953年)，可以与埃尔加的曲子相媲美，不仅因为它们都旋律多变并配以精彩的管弦乐，还因 144
为它们都成了经常、定期在音乐厅中演奏的作品。[③]

王室礼仪之国内背景的这些发展，还伴随着国际上更大规模的变化。在前一阶段中，经过维多利亚早期和中期，英国仪式尽管已经有了很大的改善，但和其他国家的盛大庆典也相类似。然而，在第三阶段中，在礼仪的创造性上相互竞争的情形已不复存在，英国仪式由于其他国家对仪式的放弃而成为举世无双的。因为乔治五世在位

---

① 自1924年始，国王乐队总监由以下人物担任：爱德华·埃尔加爵士(1924—1934)、瓦尔福德·戴维斯爵士(1934—1941)、阿诺德·巴克斯爵士(1941—1952)、阿瑟·布里斯爵士(1953—1975)、马尔科姆·威廉森(1975—2003)。参见布洛姆：《格罗夫音乐及音乐家辞典》，第5卷，第627页。关于总监戴维斯的工作参见科勒斯：《瓦尔福德·戴维斯传》(H. C. Coles, *Walford Davies: A Biography*[London, 1942])，第157—161页。

② 关于在乔治六世和伊丽莎白二世加冕礼上演奏的音乐参见：《音乐时报》，lxxviii(1937)，第320、497页；xciv(1953)，第305—306页。

③ 霍尔斯特：《古斯塔夫·霍尔斯特的音乐》(I. Holst, *The Music of Gustav Holst,* 2nd edn[London, 1968])，第46、162页；斯科特—萨泽兰：《阿诺德·巴克斯》(C. Scott-Sutherland, *Arnold Bax*[London, 1973])，第181—182页；帕肯哈姆：《拉尔夫·沃恩·威廉斯》(S. Pakenham, *Ralph Vaughan Williams: A Discovery of his Music*[London, 1957])，第118、164—165页；豪斯：《威廉·沃尔顿的音乐》(F. Howes, *The Music of William Walton,* 2nd edn[London, 1974])，第119—121页。

期间，大多数王朝被共和制度所取代。1910年，德皇和八位国王、五位王储分别代表自己的国家参加了爱德华七世的葬礼。但在以后的二十五年中，“这个世界见证了五位皇帝、八位国王以及十八个小王朝的消失——这是历史上最惊心动魄的政治崩溃现象之一”。① 在第二次世界大战结束时，意大利和南斯拉夫的王朝也被击败了，日本天皇亦名誉扫地。在这个发生了惊天动地变化的国际环境中，英国君主制的礼仪能以一种过去不可能的方式展示给世人：它乃是一种悠久、持续的传统的唯一化身。

比如，在1937年，一位对即将开始的加冕礼进行报道的人指出：“英国的加冕礼不同于其他所有的仪式：实际上，在世界的其他地方看不到任何一场典礼是如此令人难忘、令人惊叹。” ② 在那个时候，此言的确不虚。但是就在二十五年前，相似的仪式在莫斯科、柏林、维也纳和罗马都可以看到，那样的评论显然就是虚妄的了。在一个变化的年代中，英国君主制的幸存使得那些在刚刚逝去的竞争的时代中尚属新奇的玩意儿现在却成了古老神圣的东西。珀西·施拉姆在他的《加冕的历史》一书中，用更富修辞的方式表达了相同的观点：

> 威斯敏斯特大教堂中的一切一如往昔，而亚琛与兰斯大教堂却变得荒芜了。不再有什么罗马的皇帝，甚至连哈布斯堡和霍亨索伦
> 145 王族都不得不放弃皇帝的头衔，旧帝国宝库中的王冠、节杖与王袍现在陈列于博物馆中供人参观。在法国，甚至连关于过去的记忆也未能存留下来……如果我们要更加明智地审视自己，我们就应该看看

① 尼克尔森：《国王乔治五世》，第154页。

② 帕辛哈姆：《加冕礼史》(W. J. Passingham, *A History of the Coronation* [London, 1937])，第vii页。

那些被丢到垃圾堆上的国家之古老传统的方方面面。几乎没有哪个国家能够持续不断调整其中世纪的制度，从而避免完全废除或彻底重建它们，实际上，我们的时代的病症之一即是，那些享受着新发掘的权力的国家，创造出了一种全新的国家形式，并故意将过去抛在一旁。在这一幕幕的废与立中，除了罗马的圣彼得大教堂和威斯敏斯特教堂中爱德华国王的唱诗班，没有什么过去的象征仍作为今天的符号而存在。①

调整与重建之间的差异不仅是一种隐喻；对于制度而言是正确的东西，对于首都来说也是正确的。伦敦的重建大部分在第一次世界大战前就已完成，而此时其他新成立的或新近变得自信的国家则一直在重建其首都，以期能够进一步体现民族的伟大。比如在意大利，墨索里尼希望罗马“必须在世界上的任何民族面前都显得奇异非凡——广阔、井井有条、强大，如同在奥古斯都帝国时一样”，1931年的总计划以创建一个辉煌、不朽的首都为首要目标，其中包括建造威尼斯广场，以及一些宏伟的、纪念性的通道，诸如权威路（Via dell' Imperio），它们一直通向罗马竞技场。②在德国也是一样，第三帝国的那些庞大的、纪念性的、夸张的、炫耀的建筑（它们是希特勒与阿尔贝特·施佩尔③合作的成果），也都体现了相似的观点。德国艺术剧

---

① 施拉姆：《英国加冕礼史》，第104—105页。

② 弗里德：《设计不朽之城》，第31—33页；坦纳鲍姆：《法西斯主义在意大利》（E. R. Tannen-baum, *Fascism in Italy: Society and Culture,* 1922—1945 [London, 1973]），第314页；考斯陶夫：《皇帝与领袖》（S. Kostof, 'The Emperor and the Duce: the Planning of Piazzale Augusto Imperatore in Rome', in Millon and Nochlin [eds.], *Art and Architecture in the Service of Politics*），第270—325页。

③ 阿尔贝特·施佩尔（1905—1981），德国建筑师、政治家，同纳粹党早有关系，1942年被任命为军备和战时生产部部长。——译注

院、柏林的总理府、纽伦堡的大厦与阅兵场，更不用提后来未实现的柏林凯旋路与凯旋门计划，这些都反映了希特勒始终不变的信念，即评判一种文明是通过它留给后世的伟大建筑。[①] 这种革新的新古典
146 主义不仅限于纳粹的强权。在莫斯科，将红场建造成仪式中心的做法，以及苏维埃宫的庞大（未实现的）计划，也都在一定程度上体现了相似的新古典主义的宏伟风格。[②] 在华盛顿，林肯纪念堂的竣工，杰斐逊纪念建筑、阿林顿大桥以及宪法大街的一组行政办事处的建造，也都显示了相同的影响在大西洋对岸的效果。[③]

在建筑方面，就像在制度上的设计一样，伦敦又是一个例外。当其他国家建造或重建统治精英用来表演其庆典的剧场时，伦敦的剧场自白金汉宫—海军拱门一道落成后就基本保持不变。在两次大战之间的岁月中，大型的公共建筑只增添了伦敦郡议事厅，而且它是在1914年之前就开始动工的。甚至连充满象征性内涵的第一次世界大战阵亡将士纪念碑，相对于伦敦的建筑遗产而言，也是个无足轻重的新建筑。于是，1910年时还是崭新的建筑，在其他首都建设风潮的映衬之下，二十年之内就变得古老悠久了。伦敦人没有像第一阶段那样沾沾自喜地接受杂乱无章，也没有像第二阶段那样为时已晚地努力

① 施佩尔：《在第三帝国之中》（A. Speer, *Inside the Third Reich* [New York, 1970] ），第5、6、10、11章；莱恩：《德国的建筑与政治，1918—1945年》（B. M. Lane, *Architecture and Politics in Germany, 1918—1945* [Cambridge, Mass., 1968] ），第185—195页；巴登：《纽伦堡的政党集会》，第6章。

② 帕金斯：《苏联的城市设计》（M. F. Parkins, *City Planning in Soviet Russia* [Chicago, 1953] ），第33—43页；科普：《城市与革命》（A. Kopp, *Town and Revolution: Soviet Architecture and City Planning,* 1917—1935 [London, 1970] ），第219—226页；鲍尔特：《俄罗斯雕塑和列宁大规模宣传的计划》（J. E. Bowlt, ‘Russian Sculpture and Lenin’s Plan of Monumental Propaganda’, in Millon and Nochlin [eds.], *Art and Architecture in the Service of Politics*），第182—193页。

③ 雷普斯：《不朽的华盛顿》，第167、170—174页；克雷格：《联邦的在场》，第309—327页。

迎头赶超，现在他们认为，自己的城市在建筑上是最稳固的首都——物理上的稳定性适当地反映了其政治上的稳定性。正如哈罗德·科兰在考察了1897年至1914年间发生的变化后所写到的：

> 考虑到整个伦敦市中心所完成的巨大改善……似乎今日伦敦之壮丽堂皇能使巴黎黯然失色。当然，关于不同城市之长处的看法会迥然相异，但伦敦无疑完全有资格被认为是世界上最华美的首都。①

在建筑方面，就像在制度上的设计一样，在一个变化的年代中，“幸存”能使那些在刚刚逝去的竞争的岁月中尚属新鲜的东西变得古老而神圣。

这些对比也确切地反映在仪式之中。在意大利，就像在俄国一 147
样，新的政治秩序会带来炫耀的、情绪激动的、技术上复杂的礼仪形式，而英格兰正盛行着恰恰相反的东西。尤其德国，还使用了坦克、飞机和探照灯，这暗示着对技术的信仰，而难以忍受不合时代的东西，如仪式上用的马车和剑就与之格格不入。每年参加纽伦堡集会的有二十五万德国人，在那里，他们不是像伦敦人那样有秩序地夹道欢呼，而是带着极度的狂喜倾听希特勒“情绪激昂”的演讲。演讲者与听众之间半礼拜式的吟诵与祈求；话语似乎是从元首体内迸发出来的那种演讲方式；他演讲之后留给人们的那种近乎欲望满足的状态：所有这一切与乔治五世及其王后的“无可挑剔的庄重高贵”，形

① 科兰：《重建的伦敦》(H. Clunn, *London Rebuilt,* 1897—1927［London, 1927］)，第10页。

成了鲜明的对照。①

无论法西斯的礼仪(与建筑)后来被发现是多么的向后看(backward-looking)并缺乏原创性，对于当时的英国人来说，与君主制所具有的更明显的传统精神相比，它令人注意到的只是刺眼、狂野的新奇。诚如布罗尼斯拉夫·马林诺夫斯基在乔治六世加冕时所解释的，独裁者们：

> 从各式各样搭配糟糕的零碎东西中，匆忙地创造出了他们自己的象征符号与礼仪，他们自己的神话，以及几近宗教甚至巫术的信条。他们中的一个成了雅利安人的神的化身；另一个公然将古罗马皇帝的桂冠戴在自己的头上……盛大的仪式与礼仪，神话与巫术仪式，在他们周围上演，并呼喊着要超越传统君主制中那些形成于历史的古老的制度。②

当然，就英国君主制的礼仪传统而言，它们相对是“形成于历史的”、“古老的”；但只有和近来与之相竞争的那些仪式相比，才可以貌似合理地这样描述它们。然而，在两次大战之间，这确实是被广为接受的观点。比如，1936年《新政治家》杂志比较了“国王圣诞广播中所
148 体现的慈爱可亲的常识性内容”与纳粹党员的圣诞演说，后者“结

① 斯特恩：《希特勒：元首与人民》(J. P. Stern, *Hitler: The Fuhrer and the People* [London, 1975])，第39、82、85—86、88—91页；亨德森：《一项使命的失败》(Sir N. Henderson, *Failure of a Mission: Berlin, 1937—1939* [London, 1940])，第70—71页；巴登：《纽伦堡的政党集会》，第113—120、125、133—134页；莫利：《“搞笑天赋”：诺埃尔·考沃德传》(S. Morley, *'A Talent to Amuse': A Biography of Noel Coward* [Harmondsworth, 1974])，第193页。

② 马林诺夫斯基：《全国范围内的情报服务》(B. Malinowski, 'A Nation-wide Intelligence Service', in C. Madge and T. Harrison, *First Year's Work, 1937—1938* [London, 1938])，第112页。

束时要求听众和他一道向领袖发出纳粹的圣诞问候——‘嗨，希特勒！’”。又比如，金斯利·马丁曾于同年更简洁有力地写道，“如果我们把君主制的装饰品丢进阴沟……德国已经告诉我们，某个流浪儿会将它们捡起”。①

在这些不同的、令人迷失方向的国内与国际的环境中，帝国的魅力以及王权与帝国在仪式上的结合都在增强，这部分是分散对国际问题的注意力的方式，部分是表达了那种令人鼓舞的信念，即在一个新的、强权政治竞争的世界中，不列颠及其帝国仍处于领先的地位。爱尔兰条约、埃及的独立、在印度统治的结束，以及爱尔兰与缅甸的分离，这一切可能暗示了帝国已然在衰落。但威尔士亲王与约克公爵极为成功的加拿大和印度之行，只是进一步加强了王权与帝国间的联系，因此每个王室仪式仍然既是国内的，也是帝国的盛会。② 比如，马林诺夫斯基教授这样解释乔治六世加冕礼的“意义”：

> 加冕礼，和其他仪式一样，以一种大型的仪式来展示英国的伟大、权力和财富。它也是在公开地展现帝国的统一、其纽带的力量……从心理学上来讲，我认为加冕礼产生了一种强化了的安全感、稳定感和大英帝国的永恒感。③

此外，乔治六世本人在其加冕礼的广播中更简明扼要地说出了这个

① 《新政治家》(*New Statesman*)，1936年1月25日；马丁：《大众君主制的演进》(K. Martin, ‘The Evolution of Popular Monarchy’, *Political Quarterly*, vii [1936])，第155—156页。

② 惠勒—贝内特：《国王乔治六世》，第199、215、254、302—304、371—781页；唐纳森：《爱德华八世》(F. Donaldson, *Edward VIII* [London, 1976])，第6—8章。

③ 马林诺夫斯基：《全国范围内的情报服务》，第114—115页。

道理："我觉得这个上午整个帝国的确团聚在了威斯敏斯特教堂的围墙之内。"① 人们也以这种开阔的视角来看待他女儿的加冕礼。如菲利普·齐格勒曾解释道：

> 帝国已然在崩溃，但联邦似乎仍是一个强大的实体。被其共同的君主制结合在了一起，联邦的力量与凝聚力将会增长。仍然顽强地抓住伟大强国的装饰品的不列颠，将会重新获得她在
> 149 世界上应有的位置。②

的确，伊丽莎白本人的话也必须放在这个背景中去理解："我坚信，我的加冕礼并非是逝去的权力与辉煌的一个符号，而是我们对未来之希望的一则宣言。"③

七

这些背景下，王室礼仪的"意义"被进一步发展与扩大。的确，君主的政治威权与个人魅力、媒体的态度、伦敦的条件与技术的状况，一切在前一阶段发生了深刻变化的东西，现在都保持不变。像以往一样，君主是人民的父亲、帝国的家长，王室仪式也像伊舍时代一样成功辉煌。然而，似乎矛盾的是，正是这些实实在在的**连续性**因素，既隐藏了又阐释了**变化**的"意义"。因为，在一个国内动荡、国际革命的时代中，正是客观存在的连续性赋予了英国王室礼仪独特的、传统

① 泰晤士报：《王权与帝国》(The Times, *Crown and Empire* [London, 1937])，第184页。
② 齐格勒：《君主与人民》，第97页。
③ 弗罗斯特：《加冕礼》，第136页。

的、永恒的特性，这些特性都是前一阶段中明显缺乏的。风格与环境上的连续性，主要是促进了而非阻碍了王室礼仪意义的再次改变。

此外，通过创新，即创造新的仪式，连续性与稳定性的印象被进
一步增强了。其中一些创新是针对王后的。从19世纪70年代至20
世纪前十年，没有一位君主的配偶去世；艾伯特比维多利亚早亡①，而
亚历山德拉又比爱德华长寿。然而，在第三阶段中，王后与王太后的
地位变得更重要了，而且这也反映在王室仪式中。1925年亚历山德
拉王后去世时，她被赐予国葬，这主要是效仿其夫的先例，而非艾伯
特亲王的先例。② 葬礼中又有公开的遗体告别仪式（这次是在威斯敏
斯特教堂），随后游行队列经过伦敦的大街，最后在温莎举行非公开性
的下葬仪式。1953年玛丽王后去世时，仪式更像是国王的葬礼，因为
她的遗体就陈列在威斯敏斯特厅（议会大厦）。同样新鲜的还有，为 150
了充分证明家庭内部的团结，玛丽王后参加了其子乔治六世的加冕
礼，这为1953年伊丽莎白女王的母后参加她的加冕礼开创了先例。③

这一阶段中新创造的王室礼仪并非只有两位王太后的葬礼。在第二阶段中，由于维多利亚和爱德华的年龄，此间很少有君主的子女举行婚礼，最近的一次是1885年，比阿特里斯公主嫁给了巴腾贝格的路易斯王子。但从1910年至1953年，当两位比较年轻的国王在位时，则增加了那些家族生命周期之早期阶段中的“通过仪式”④ 衍生的庆典。1922年，玛丽公主嫁给了拉塞尔斯子爵，乔治五世乘机将隐退在

---

① 艾伯特死于1861年。——译注

② 巴蒂斯康柏：《亚历山德拉王后》，第302页；坦纳：《一位威斯敏斯特教堂文物研究者的回忆录》，第67页。

③ 莱西：《伊丽莎白二世和温莎王室》，第116页。

④ rites of passage，指为人生进入一个新阶段如出生、成年、结婚、死亡而举行的仪式。——译注

温莎或王宫附属教堂里的王室婚礼搬到了伦敦的街头；仪式在威斯敏斯特教堂举行，此前有盛大的游行。① 如约克公爵所分析的，此举的后果乃是一次展现在众人面前的伟大的成功："现在它不再是玛丽的婚礼，而是'威斯敏斯特教堂的婚礼'、'王室的婚礼'，抑或'国家的婚礼'，甚或'人民的婚礼'。"②1923年约克公爵的婚礼遵照了此先例，这是五百年来第一次有王子在威斯敏斯特教堂完婚。1934年肯特公爵也在此成婚，另外还有1947年伊丽莎白公主的婚礼。然而，值得注意的是，1935年格洛斯特公爵的婚礼是在比较僻静的白金汉宫的王家教堂中举行的，因为担心银禧庆典这一年会有太多的王室仪式，以至于遮蔽了这场婚礼的珍贵价值。③

不过，王室子女在威斯敏斯特教堂举行的婚礼与为王太后举行的国葬的新颖性，被乔治五世的银禧庆典远远超过了，银禧庆典也无恰当的先例可循，因为在维多利亚即位二十五周年纪念将要来临时，赶上了艾伯特去世以及女王的隐居。这次创新又是一次巨大的成功，唤起了人们广泛的热情与支持。以索尔兹伯里勋爵之见，这次盛
151 会"令人惊叹地证明，在陛下您的权威之下，这个国家与帝国深刻的稳定性与团结一致的精神"。④ 拉姆齐·麦克唐纳把银禧庆典那天的仪式描绘为"情绪热烈"，他更被为自治领的总理们举行的欢迎会所感动："在这里，帝国是一个大家庭，家庭团聚，国王是父亲般的领袖。我们走的时候都感到仿佛刚参加了一次圣餐式。"⑤ 关于君主制乃是

① 莱西：《伊丽莎白二世和温莎王室》，第76—78页；尼克尔森：《国王乔治五世》，第92页。

② 波普—亨尼西：《玛丽王后》(J. Pope-Hennessy, *Queen Mary, 1867—1953*[London, 1959])，第519—520页。

③ 莱西：《伊丽莎白二世和温莎王室》，第78页；惠勒—贝内特：《国王乔治六世》，第151页。

④ 朗福德：《温莎王室》，第94页。

⑤ 马昆德：《拉姆齐·麦克唐纳》(D. Marquand, *Ramsay Macdonald*[London, 1977])，第774页。

世俗宗教的观点，在这里得到了最为清晰的表达。哈罗德·尼克尔森在所著的传记中就银禧庆典唤起大众情感的现象，做出了最全面且看似客观的评价：

> 人们首先为之感到骄傲的事实是，尽管其他的王权崩溃了，但我们的君主制威严无损，已经幸存了千余载。在一个迅速崩溃的世界中，我们的王权中具有爱国主义的符号、一致性的凝聚点和连续性的象征，对此我们怀有敬意。君主能够超越一切阶级仇恨，一切政治野心，一切派系利益，对此我们感到满意。我们拥有一位有魄力的、慈爱的家长，他体现了人类最高的准则，对此我们感到欣慰。我们感激这位用自身的正直赢得全世界尊重的人。乔治国王代表并加强了那些英国人认为专属于他们的家庭与公共的美德。他们看到，他的身上反映并放大了那些他们作为个人理想而珍视的东西——忠诚、本分、诚实、勇敢、通达、宽容、正派与求真。①

此次盛会上所表达的这些情感，或许可被视为鼓动偏见获得成功的明证，或许是集体舆论的真实展现，抑或是兼而有之，无论如何，这都肯定会成为被争论的问题。然而，无可置疑，这样的情感的确存在过。

这一阶段中其他的庆典，都遵从了前一发展阶段中已确立的典范。乔治五世的葬礼成了人们感激这位挨过战争、经历和平的国王的活动。②经历了退位事件的扰乱，乔治六世的加冕礼十分铺

---

① 尼克尔森：《国王乔治五世》，第671—672页。

② 对此问题最充分的解释，参见泰晤士报：《致意与诀别》（The Times, *Hail and Farewell: The Passing of King George the Fifth* [London, 1936] ）。

152 张，体现了帝国对君主制的稳定性的重新肯定。他的葬礼又进一步表达了举国的感激之情，感激这个原本未被指望成为国王、却在战争中获胜的人，这个有强烈责任感的口吃者。大众社会风俗研究的资料记录了普遍的悲痛、震撼与同情，这样的感情的确是如此广泛，也许理查德·丁布尔比著名的实况广播报道确实体现了大部分听众的感情，它描绘了在威斯敏斯特厅（议会大厦）的遗体告别仪式：

> 桑德灵厄姆[①]的橡树隐藏在旗帜的富丽的金色褶皱下。烛光慢慢闪烁，柔和地照耀着帝冠上的宝石，其中甚至包括亨利在阿金库尔战役[②]中佩戴的那颗红宝石。烛光还照耀着紫红色的天鹅绒褥垫，以及放在旗子旁唯一的、冰冷的白花圈。这种简朴是如此感人。那些从此经过的瞻仰者的眼泪不断涌出，如此真实，此时此刻，在这个漆黑寒冷的夜晚，他们泪水涟涟，并给自己的思想留出一点私密的空间……从来没有一位“睡去”的国王被如此精心地守卫着，金色的烛光温暖着他安息的地方，爱戴他的臣民们沉重的脚步声伴随着他……虔诚乔治的今晚是如此真实，正如一位爱戴他的、不知名的子民说出的一句话：“他去世时的晚霞染红了整个世界的天空。”[③]

① 诺福克郡中的王家宅邸，乔治六世病逝于此。——译注

② 1415年英王亨利五世于法国北部阿金库尔村重创兵力数倍于己的法军。——译注

③ 丁布尔比：《理查德·丁布尔比》，第227—229页；迈阿尔编：《理查德·丁布尔比：广播员》（L. Miall [ed.], *Richard Dimbleby: Broadcaster* [London, 1966] ），第75—76页。关于大众对国王逝世的反应，参见齐格勒：《君主与人民》，第84—96页。

这一自豪、忠诚、虔敬、受欢迎的广播，与乔治四世去世时《泰晤士报》粗暴的社论相比较，便很好地证明了大众对于王室仪式与庆典的态度发生了多大程度的改观。

在这一阶段中，最后一次盛典便是1953年伊丽莎白二世的加冕礼，它成功地融合了君主制与帝国，强调在一个变迁的时代中稳定的重要性，并庆祝英国作为一个大国的持续性。因为这显然仍是一个**帝国的**庆典，所以女王的礼服上绣着象征自治领的图案，仪式上有许多联邦和殖民地的军队进行了队列游行，印度与自治领的总理们也出现在威斯敏斯特教堂，同时出席的还有来自各海外殖民保护领地的形形色色的政府首脑。[①] 此时，似乎战争与严峻时期的威胁和挑战都已被克服：帝国仍在很大程度上未受损伤；印度独立的问题与联 153
邦内部的共和的形势都被成功地解决了；丘吉尔又回到了唐宁街十号；英国再次肯定了她作为大国的地位；一个崭新的伊丽莎白时代即将来临。在加冕礼上，这一切不仅是被含蓄暗示的，更是不言自明的。据《德里快报》报道：

> 这种精神上的轻快、活泼是英国过去从未经历过的，它标志着伊丽莎白二世时代的来临。女王享用着联邦（包括英国）现在所拥有的道德声望，这是英国历史上从未有过的。

在这种过分轻快的环境中，无须惊讶，在加冕礼当日，坎特伯雷大主教甚至感到英国已近乎天国王朝，而伊丽莎白以后会再做出关

---

① 莫里斯：《永别了号角》，第498页。

于信仰的明确宣言。①

高水平的商业开发与纪念，成功地预期了这一组仪式的吸引力。在执政周年纪念与加冕礼时，纪念性陶器又一次激增。实际上，由于国内制造商急于从1937年的加冕礼中获利，以致对一切外国进口的纪念品征收了100%的进口税。1953年，伯明翰公司让本地的儿童在一系列纪念品中选择一种，其中包括：一本《圣经》、理查德·丁布尔比撰写的《伊丽莎白，我们的女王》、一套勺叉、两个纪念杯、一罐巧克力、几支自动铅笔、一个笔刀或一个印有女王肖像的碟子。②纪念章再次被以战役勋章的方式授予，收藏者们的纪念章又是私人生产的。③但这次比以往数量要少。这主要是因为出现了两种新的纪念方式。
154 第一种方式是在全帝国范围内植树，这是乔治六世与伊丽莎白二世的加冕礼中尤其值得注意的创新之处。④第二种方式是邮局发行专门设计的纪念邮票，这种方式始自乔治五世的银禧庆典。以前，发行王室纪念邮票仅局限于帝国，而在英国只有像在温伯利（Wembley）举行的帝国博览会这样的世俗盛会才受到注意。但从1935年起，每次君主执政周年纪念、加冕礼、大婚和婚庆纪念（值得注意的是，不包括

① 布里格斯：《广播史》，第4卷，第470页；马丁：《王权与当权派》，第15页。亨利·钱农爵士对一系列王室盛典（从乔治五世的银禧庆典到其孙女的加冕礼）做了很好的说明，参见罗兹·詹姆斯编：《亨利·钱农爵士的日记》，第32—33、54—57、123—126、464—465、472—474、275—277页。

② 罗杰斯：《加冕礼纪念品》，第38—43页。

③ 见附录表2。在乔治五世的银禧庆典和乔治六世的加冕礼时，又由皇家铸造厂生产了政府纪念章，这是自1887年以来形成的惯例。但是在1953年，皇家铸造厂没有生产政府的加冕礼纪念章，只制造了一顶王冠。埃德蒙森的评论颇具启发性：“收藏者们认为，这次不生产纪念章是对这一传统的严重断裂，但他们也指出，在现代，所谓的‘传统’仅始自爱德华七世的加冕礼。”埃德蒙森：《收藏现代纪念章》，第65—66页。

④ 例如，加冕礼植树委员会：《王室植树记录》（Coronation Planting Committee, *The Royal Record of Tree Planting* [Cambridge, 1939] ）。

出生与葬礼）都成为纪念邮票的主题。① 这又是一种创新；但巧妙地置于“传统的”模子中。

八

从划分上说，自1953年加冕礼以来的这个阶段距今太近，不能做出细致的或令人满意的历史分析。不过，似乎可以清楚地看到，王室礼仪的“意义”已经进入了一个新阶段，其中前一阶段的许多前提条件都已失去了效力；另外，还不是很清楚，王室礼仪可能得到何等积极肯定的评价。然而，为了论说上的完整性，我这里也提出一些与前文分析相一致的观察。首先，君主的政治权力仍然是有限的，或起码在行使政治权力时是如此小心谨慎，以至于似乎起不到什么作用。在最近的一次民意测验中，86%的受访者认为，女王“是一个傀儡，她在议会法令上签字，并且做这做那都是听命于政府”。② 与此同时，女王延续了“极端自觉与尽职尽责”的传统，这是自其祖父统治起英国君主制就具有的特征，而且她也继承了乔治私底下正直、公众前体面的特性。最重要的是，在这一阶段中，伦敦的许多地方都得 155
以重建，人类登上了月球，协和式飞机使纽约处于通勤来往的距离

① L. N.威廉斯和M.威廉斯：《大不列颠的纪念邮票》（L. N. Williams and M. Williams, *Commemorative Postage Stamps of Great Britain,* 1890—1966［London, 1967］），第9、25—40页；托德：《英国邮票史》（T. Todd, *A History of British Postage Stamps, 1660—1940*［London, 1941］），第211、214、215、217页；哈佛贝克：《英联邦纪念邮票》（H. D. S. Haverbeck, *The Commemorative Stamps of the British Commonwealth*［London, 1955］），第89—94页。亦参见附录表5。值得注意的是，与无论是欧洲还是帝国的其他部分相比，英国本土采用纪念邮票为时较晚。在1890年至1914年间，在欧洲的大部分国家和帝国的其他地方，为庆祝执政周年纪念发行了特种邮票，加拿大纽芬兰曾发行过特种邮票以纪念乔治五世加冕。参见霍布斯鲍姆：《传统的发明》，第19页。

② 罗斯和卡瓦纳：《当代英国文化中的君主制》，第551页。

之内，而不合时代的仪式的浪漫魅力则变得更加吸引人。正如查尔斯·皮特里爵士的解释，“现代世界是如此程式化且单调，以至于这个世上的居民都力图抓住任何一次能逃离这种单调的机会”，而君主制的“庆典与仪式”给大众生活带来了“迷人的魅力、神秘感与兴奋刺激”，因而尤其适合充当这样的机会。① 比如，如果女王在执政周年纪念的感恩仪式上乘坐轿车去圣保罗大教堂，那么庆典的光彩将减去不少。

王室仪式对国内的社会变迁而言，是一种解毒剂，或者说使之合理化，这与前一阶段非常相似，同时也具有十分重要的意义。如果眼界放宽些，就会清楚地发现，第二次世界大战在社会与经济层面带来的后果，在许多方面都比第一次世界大战更深远。作为政府组成部分的贵族实际上已经消失。公众对于基督教伦理的遵循已然减弱。种族、肤色、暴力、犯罪、毒品等问题激增。舆论与立法对死刑、堕胎、婚前性行为与同性恋等问题的态度已经发生了明显的转变。财富与收入被重新分配，虽不是以迅猛的方式，但这种重新分配的现象在20世纪肯定比以往的岁月都要多。因此，在一个“平等的、性自由的、多种族的社会中”，君主制仍在公开的仪式中扮演着哈罗德·尼克尔森所描述的角色，他在描述乔治五世国王的银禧庆典时说，君主制是“稳定性、安全性与连续性的保证，即对传统价值的保存”。② 最近的一次民意测验则更完整地表达了这个观点：

---

① 查尔斯·皮特里爵士：《现代英国君主制》（Sir Charles Petrie, *The Modern British Monarchy* [London, 1957]），第215页；哈里斯：《长久地统治我们？》，第27、55页。

② 莱西：《伊丽莎白二世和温莎王室》，第245页；齐格勒：《君主与人民》，第198页；邓肯：《君主制的现实》（A. Duncan, *The Reality of Monarchy* [London, 1970]），第95页。

> 它的存在意味着安全、稳定与持续的民族威望：它许诺了宗教的约束与道德的领导权；它“超越党派”而关注团体认同；在仪式庆典中，它意味着欢乐、兴奋与满足；它是一个重要的，或许是越来越重要的，民族威望的象征。①

正如上述言论所指出的，在英国的世界地位已严重衰落的国际背景中，王室仪式的作用也获得了新的意义。加冕礼时那个不大可 156
能实现的美好愿望，即一个伊丽莎白的新时代即将来临，业已被证明是一场黄粱梦。其实，在那场仪式上，一些敏锐的观察家已经看出了不祥的征兆。一位美国评论者没有被庆典轻快活跃的气氛所蒙蔽，而是指出，“这次表演”部分上是“英国人为了在心理上吹捧他们多少有些衰落的帝国而举行的”。②而且，值得注意的是，伊丽莎白的头衔与她三位前辈比起来，也少了许多堂皇的帝国气派。因为她既非印度女皇，亦非“英国海外自治领”的统治者，而仅仅是“联邦的领袖”。③自此之后，君主制变得越来越软弱无力，并伴随着殖民帝国的分崩离析，史末资④、孟席斯⑤等上一代帝国政治家的离世，还经历了苏伊士问题的惨败，比拉夫与北爱尔兰问题，以及周期性的经济危机和英国加入共同市场的问题。实际上，1965年温斯顿·丘吉尔爵士的国葬（它处于伊丽莎白的加冕礼与银禧庆典之间），不仅是这位伟人最后的仪式，同时人们也清醒地意识到，这也是作为大国的不列颠的

① 哈里斯：《长久地统治我们？》，第137页。
② 布里格斯：《声音与影像》，第471页。
③ 朗福德：《温莎王室》，第196页；莫里斯：《永别了号角》，第498—499页。
④ Sumts（1870—1950），南非军人和政治家，两度任南非联邦总理。——译注
⑤ Menzies（1894—1978），澳大利亚政治家，曾任总理。——译注

一首挽歌。①

于是，“当不列颠的权威衰退时……对王室却越来越感到自豪，认为它是唯独属于我们的东西，其他国家无法匹敌”。②就像前两个阶段一样，在国际变迁的背景中，君主制的礼仪起着使正统帝国的新奇之处合法化的作用，并在一个国际局势令人困惑的年代给人以稳定的印象，所以在战后的世界中，它能令人感到安慰地缓和丧失世界强国地位的痛感。在观看一场筹备完善、毫无闪失的王室盛典时，同时听着这样的评论（无论其中有多少差错）——它强调这一盛典与不列颠伟大的往昔具有历史连续性，那么人们几乎会相信不列颠的伟大并未消失殆尽。理查德·丁布尔比在女王的加冕礼上颇有几分优越感地指出，美利坚可能是“一个非常有活力的民族”，但美国人是如此“缺乏传统”，以至于“他们必须要等待千年，才能向世人展示如
157 此有意义或如此可爱的事物”。③而且自1953年之后，当明显的衰落已成定局时，这种观点变得越来越流行。D.C. 库伯曾说过这样的话：“当人民可以看到戴着手套的手从金色的马车中向外挥舞，他们就会相信这个国家一切都好，无论其真实状况如何。”“将王族提升为民族威望之象征的倾向在衰落”，而空前地专门强调其仪式的壮观与独特的倾向在战后英国则十分明显。④

---

① 朗福德：《温莎王室》，第545—557页；丁布尔比：《理查德·丁布尔比》，第370—375页；赖文：《摇摆的年代：60年代的英国》（B. Levin, *The Pendulum Years: Britain in the Sixties* [London, 1972]），第399—407页；克罗斯曼：《一位内阁大臣的日记》（R. Crossman, *The Diaries of a Cabinet Minister*, 3 vols. [London, 1975—1977]），第1卷，第141—143、145页。

② 齐格勒：《君主与人民》，第84页。

③ 迈阿尔编：《理查德·丁布尔比》，第83页。

④ 库伯：《怒气冲冲回头看》（D. C. Cooper, ‘Looking Back in Anger’, in V. Bogdanor and R. Skidelsky [eds.], *The Age of Affluence, 1951—1964* [London, 1970]），第260页；哈里斯：《长久地统治我们？》，第18、52页。

由于电视的影响，这一切都变得非常简单，人们可以立即看到王室庆典，如同身临其境一般，这是广播或新闻片都无法办到的。在这一点上，像在其他方面一样，伊丽莎白的加冕礼是连接旧时代与新的发展阶段的一座桥梁。当理查德·丁布尔比的评论之声传向世界时，这个世界与1935年（甚或1897年）的共同之处，要多于与1977年的相似性，但这也向世人展示了这样的事实：这是电视评论，而且与在收音机前**收听**相比，有更多的人通过电视**观看**了仪式，由此显而易见，电视转播这种报道国家盛典的新途径已经完善。① 主要是因为有了电视，伊丽莎白实际上成了“第一位根据‘在人民的目光下’这一规程加冕的英国君主”。因此便有了希勒斯与扬的评论，他们认为，整个庆典是一次“国民共同参与的活动”。② 因为在过去根本不可能像这次这样，全民作为一个整体来观看仪式，因而在积极参与的层面，这次具有前所未有的意义。

但是，与出版物或收音机一样，电视这种媒体也包含着讯息。另外值得注意的是，电视使政客们有了自知之明，他们在议会或者白厅中的翩翩风度派不上用场了，但电视对于君主制仍延续了里斯时代的广播所倡导的尊敬的态度。一方面，像影片《王室》这一类的电视节目，成功地将女王及其家庭的影像（像典型的中产阶级似的）永久地保存了下来。③ 另一方面，对盛大的国礼的报道增强了其宏伟庄严 158
以及神话般辉煌壮丽的效果，这也正是里斯与BBC的广播曾孜孜以求的。在这方面，理查德·丁布尔比的解说评论具有突出的重要性，

① 布里格斯：《声音与影像》，第457—473页；丁布尔比：《理查德·丁布尔比》，第223—239页。

② 莱西：《伊丽莎白二世和温莎王室》，第208页；希勒斯和扬：《加冕礼的意义》，第80页。

③ 齐格勒：《君主与人民》，第131—137页。

从女王加冕礼直至1965年他去世，此人为BBC解说了所有王室重大庆典。他具有雄辩的口才、动情的评论，又融入了对君主制深深的忠诚，以及对历史和传统的浪漫感受，因而能以最恭维、最逢迎的措辞来描绘王室礼仪。丁布尔比以他自己的方式阐释仪式，并传达某种历史感，凭此，他的评论能在一个忧心忡忡、心烦意乱的年代，将君主制礼仪展示为庆祝自由与连续性的盛会，就此而言，其评论意义非凡。正如他的传记作者所指出的，在20世纪50年代与60年代初，理查德·丁布尔比通过他的评论“捍卫了君主在英国人民心目中的地位，在此方面他的贡献无人能及”。①

尽管最初对现场直播加冕礼存在疑虑，但结果证明它是如此成功，以至于后来的所有王室庆典主要就是电视上的奇观。其实，电视转播包括了许多东西，因而它甚至影响到了礼仪本身的性质。比如，威尔士亲王在卡那封授封时，贵宾席上方的天篷被故意做成透明的，以便让电视摄像机能够看清楚。② 至于仪式本身，它们与乔治五世、乔治六世时期的仪式有更多共同之处，而不同于维多利亚与爱德华时期的仪式。因为此时的仪式主要是一个比较年轻的家族的“通过仪式”，而非执政周年纪念、葬礼和年迈国王的加冕礼。玛格丽特公主（1960）、肯特公爵（1961）、亚历山德拉公主（1963）、安妮公主（1973）的婚礼，威尔士亲王的授封仪式（1969），女王的银禧庆典（1977），以及1958年之后议会的召开，这一切都成了电视上仪式的

① 迈阿尔编:《理查德·丁布尔比》,第145—146、157、161、167页；丁布尔比:《理查德·丁布尔比》,第225—252、326—330页。

② 关于电视报道王室仪式方面的记述，参见贝克尔:《王室庆典》(R. Baker, ‘Royal Occasions’, in Mary Wilson et al., *The Queen: A Penguin Special* [Harmondsworth, 1977])，第105—127页。

题材。

1977年女王的银禧庆典或许尤应放在这个传统与变迁交织的背景中来理解。一方面，是大众对庆典的反应，庆典可能被视作传统的一部分，而这种传统可追溯至乔治五世的银禧庆典与维多利亚时期 159
更为古老的庆祝仪式：一场精心组织、受大众喜欢的盛会。另一方面，庆典无与伦比的辉煌、华丽与隆重对于不列颠日益衰退的自尊来说，乃是一粒绝好的强心剂：

> 我们共同分享了一段丰富的历史……有人说英国已经输掉了一些东西，但谈到仪式的时候，我们仍甩开这个世界一大截。昨日的庆典是一个极好的例子……它证明用古老的方式行事总有些道理。①

但与此同时，专家们也意识到了，仪式规模的缩减明显显示出，这是在后帝国时代举行的活动：

> 仅有少数几位王室成员陪伴女王驶向圣保罗大教堂；只有一小撮来自海外的军队补充怎么也不算多的英国小分队；没有外国统治者……来为游行的队列增添异国情调。②

因此，这次银禧庆典在不同的方面显示出了民族与帝国的衰落，它也力图通过场面的铺张来掩盖这种实实在在的衰落，或者来争辩即使

① 《每日镜报》(*Daily Mirror*)，1977年6月8日。
② 齐格勒：《君主与人民》，第176页。

衰落存在其实也并不重要。

九

这里对王室礼仪演进路线的粗略阐释，一定会使开篇所征引的那些19和20世纪的权威感到吃惊。曾经被表演得非常糟糕的仪式，现在已经被安排得如此精心，以至于英国人已经能够使他们自己相信（尽管存在着大量相反的历史证据），他们长于礼仪，因为他们一向如此。而且，无论文化与教育已经有了多大的发展，英国公众对于王室庆典与表演的喜爱都依然有增无减。旧的仪式已被改头换面，新的礼仪被创造了出来，二者结合的后果看似不可思议——在国内变化的时期产生了稳定性的印象，在国际局势紧张、国家地位衰落的时代产生了存在连续性与安逸的印象。或许在某种意义上，英国君主制使现状合法化，并使下列事实合情合理，即在过去二百年左右的时
160 间中，状况自身发生了深刻的变化，君主制在公开仪式中的形象也随之转变。即使（这似乎是可能的）下一场加冕礼举行时没有贵族的马匹，没有联邦或英国国教，仪式在创造稳定性、传统与连续性等令人欣慰的图景方面的作用，也只会进一步增强。礼仪与社会、文本与背景之间的动态的对话将会持续。

与此同时，这里所呈现的演进、发展与变迁的图景可能会令那些评论者与记者吃惊，这些人在每次王室盛典上都口齿伶俐地谈论着一种“千年的传统”。当然，君主制以及它的一些仪式的确是如此古老。无法否认，16—17世纪在英国及欧洲的大部分地区，曾存在着大量的壮观的王室仪式。但是正如霍布斯鲍姆教授所表明的，试图将19世纪晚期所发明的传统追溯至上述早期阶段，大体上是不切实际

的。[1]形成仪式的素材有些或许真的是历史悠久，但这些仪式的意义明显与其所处时代的社会、政治、经济及文化背景相关联。

在英国，和欧洲的普遍情况一样，似乎存在着王室仪式的两大繁荣期。先是16和17世纪，以前工业社会的绝对主义为中心。到19世纪初期，在拿破仑统治下，第一阶段的礼仪尚存一丝气息，随后这一发展阶段走向终结。后继的第二阶段始自19世纪70或80年代，一直持续到1914年，此时发明创造了光辉壮丽的仪式。在奥地利、俄国和德国，仪式也是围绕着王权，无论王权可能多么衰落。但是在英国，仪式则聚焦于王室的衰微；在法国和美国，仪式（或许不太成功地）体现对共和政体的忠诚。此外，仪式的第二繁盛阶段产生于一个经济、社会结构迥异于第一阶段的社会中，因此，创造并发扬这些新“传统”的人物的动机，以及时人阐释并理解这些新“传统”的方式，也都发生了深刻的变化。

英国的评论者们认为，那些宏大壮观的仪式的**源头**可追溯千年，
其实，其源头无疑正是存在于国际间就仪式的创造性展开竞争的第 161
二阶段中。然而，这些“传统”之所以能**存续**至今的最重要因素在于，第一次世界大战前后的王室礼仪保存了独一无二的连续性。在奥地利、德国和俄国，从19世纪70年代至第一次世界大战这段时期所创造的礼仪，在1917年至1919年间随君主制一起（君主制正是这些仪式要提升的形象）化为乌有。因此，在两次大战间的岁月中，取而代之的新统治精英不得不又重新开始。相比之下，君主制在英国得以幸存，而“发明的传统”也与之相伴而行。在两次大战之间，英国君主制的仪式形象的确发生了一定程度的革新，但这种革新是在第一次世

① 霍布斯鲍姆：《传统的发明》，第1、11页。

界大战之前形成的程式之内，而非其外。

这当然只是对一个宽泛、复杂的主题的有限阐释，即使在一个如此长的章节中，也不能做到详述所有有价值的主题与枝节。本文致力于描述王室礼仪不断变化的本质、它的表演以及背景，希望为下面的问题提供某种解释：为什么相似的仪式在不同的时代对不同的人意味着不同的东西？当然，划分演进的阶段（无疑是非常粗略的）比分析解释变迁的动力要容易。但是至少这种方法与一些文化人类学家的方法相比，似乎能在“意义”的层面上更合理地解释证据，而那些文化人类学家认为，礼仪是独立于一切主体、一切客体以及一切背景的，还有些文化人类学家认为，背景是静止不变的。在这样一篇采用“厚描”的文章中，如果仪式的文本偶尔消失在环境的语境中，则仅仅表明这种描述究竟需要有多“厚”。其实，如果文化形式要被视为文本，被视为从社会的素材中生产出的想象性的作品，那么我们就应该致力于考察这些社会素材，以及那些有意或无意地从事想象性工作的人，而不是对文本进行复杂的、非背景化的（decontextualized）分析。[1] 通过分析过去二百年
162 间英国王室仪式的例证，本文在此研究方向上迈出了试探性的一步。

附录：统计表

表1　加冕礼的费用

加冕礼	费用（英镑）
乔治四世，1821	238238
威廉四世，1831	42298

① 吉尔茨：《文化的阐释》，第449页。

（续表）

加冕礼	费用（英镑）
维多利亚，1838	69421
爱德华七世，1902	193000
乔治五世，1911	185000
乔治六世，1937	454000
伊丽莎白二世，1953	912000

来源：詹宁斯和马奇：《五月十二日》(H. Jennings and C. Madge, *May the Twelfth*［London, 1937］)，第4—5页；弗罗斯特：《加冕礼：1953年6月2日》(C. Frost, *Coronation, June 2 1953*［London, 1978］)，第24页。

注：就伊丽莎白的加冕礼而言，议会制定的预算（包括从1952年至1953年）是1560000英镑，但座位的出售收回了648000英镑。

表2　为王室庆典而制造的纪念章

在位君主	庆　典	时　间	数　量
乔治四世	加冕礼	1821	40
威廉四世	加冕礼	1831	15
维多利亚	加冕礼	1838	30
维多利亚	金禧庆典	1887	113
维多利亚	钻石大典	1897	80
爱德华七世	加冕礼	1902	100
乔治五世	加冕礼	1911	42
乔治五世	银禧庆典	1935	12
爱德华八世	加冕礼	1937	36

来源：麦凯：《纪念章》(J. A. Mackay, *Commemorative Medals*［London, 1970］)，第75—

78页，它修正了格兰特：《1760年以来的英国勋章、纪念章》(M. H. Grant, 'British Medals since 1760', *British Numismatic Journal*), xxii (1936—1937)，第269—293页；xxiii (1938—1941)，第119—152、321—362、449—480页。

表3　国歌的合唱曲

年　代	数　量	年　代	数　量
1801—1810	2	1871—1880	4
1811—1820	2	1881—1890	3
1821—1830	3	1891—1900	7
1831—1840	6	1901—1910	14
1841—1850	3	1911—1920	3
1851—1860	4	1921—1930	1
1861—1870	1	1931—1937	3

来源：斯科勒斯：《"上帝保佑女王"！：世界上第一首国歌的历史与传奇》(P. A. Scholes, '*God Save the Queen*' *!: The History and Romance of the World's First National Anthem*
163 [London, 1954])，第274—279页。

表4　伦敦和华盛顿的纪念雕像

年　代	伦　敦	华盛顿	年　代	伦　敦	华盛顿
1801—1810	3	0	1871—1880	13	7
1811—1820	1	0	1881—1890	14	8
1821—1830	2	0	1891—1900	11	6
1831—1840	5	0	1901—1910	18	14
1841—1850	8	0	1911—1920	13	7

(续表)

年　代	伦　敦	华盛顿	年　代	伦　敦	华盛顿
1851—1860	7	2	1921—1928	7	8
1861—1870	10	1			

来源:爱德华·格莱肯勋爵:《伦敦的露天雕像》(Lord Edward Gleichen, *London's Open Air Statuary* [London, 1973 edn]);古德:《华盛顿特区的露天雕塑》(J. M. Goode, *The Outdoor Sculpture of Washington, D. C.: A Comprehensive Historical Guide* [Washington, 1974])。

注:此表仅限于纪念性的、独立式的或骑马式的雕像,而不包括浮雕、象征性的雕塑、抽象雕塑、喷泉、动物像和墓地雕像。但如果把所有这些都包括进来的话,图表中反映的这一倾向仍十分明显。

表5　王室纪念邮票的发行

在位君主	庆　典	邮票发行	销售总量
乔治五世	银禧庆典	1935 0.5d,1d,1.5d,2.5d	1008000000
乔治六世	加冕礼	1937 0.5d	388731000
乔治六世	银婚	1948 2.5d,£1	147919628
伊丽莎白二世	加冕礼	1953 2.5d,4d,1s3d,1s6d	448849000
伊丽莎白二世	威尔士亲王授封	1969 5d,9d,1s	125825604
伊丽莎白二世	银婚	1972 3p,20p	66389100
伊丽莎白二世	银禧庆典	1977 8.5p,9p,10p,11p,13p	159000000

来源:里戈·德·里吉:《王室的邮票》(A. G. Rigo de Righi, *The Stamp of Royalty:*

British Commemorative Issues for Royal Occasions, 1935—1972[London, 1973]),第14、19、26、33、41、48页;吉本斯:《大不列颠:特种邮票目录,从爱德华七世到乔治五世》(S. Gibbons, *Great Britain*: *Specialised Stamp Catalogue*, ii, *King Edward VII to George V*, 3rd edn [London, 1974]),第172、207、211页;吉本斯:《大不列颠:特种邮票目录,伊丽莎白二世》(*Great Britain: Specialised Stamp Catalogue*, iii, *Queen Elizabeth II: Pre-Decimal Issues* [London, 1976]),第148—149、254—256页;哈佛贝克:《英联邦纪念邮票》(H. D. S. Haverbeck, *The Commemorative Stamps of the British Commonwealth*[London, 1955]),第91、92、94页。

注1:哈佛贝克提供的1937年加冕礼的发行数字是45000000。我采用的是吉本斯的较低的数字。

164 **注2**:表中d=便士,s=先令,p=便士,£=英镑。

第五章

维多利亚时期印度的权威表象之确立

博纳德·S.科恩

建构一种仪式风格过程中的文化矛盾

19世纪中叶，印度殖民社会的特征是：文化上属于英国的外国统治者小集团与被英国人有效控制的2.5亿印度人之间存在着明显的分裂。1857年与1858年，席卷印度北部大部分地区的军人与平民大起义被残酷镇压，这充分说明这些外国统治者具有军事上的优势。自这次军事行动后的二十年中，一套关于权威的理论被编纂出来，这套理论基于下列观念与设想：为印度社会中的各集团建立恰当的秩序，并确立他们与英国统治者之间的恰当关系。1858年8月2日通过的《印度政府组织法》授予女王对印度的最高统治权，借此，从概念上讲，作为"局外人"开始统治的英国人变成了"局内人"。1858年11月8日，在英统印度的所有重要区域都宣告了英国君主、其印度臣民以及印度本土王公三者之间的新关系。在公告中，维多利亚女王向印度王公们保证，“他们的权利、尊严和荣誉”以及对其领地的控制权都将得到尊重；公告还称，女王“与我们印度领土上的本地人相结合，靠的是某些职责、义务，连接我们与所有其他臣民的也是同样的职责与义务”。她所有印度臣民的宗教实践活动都将受到保护。他们将享受“法律平等、公正的保护”，在构建和执行这个法律的过程中，“将给予印度古代的权利、惯例和习俗应有的尊重”。女王还告诉印度王公和她的臣民，将尽一切努力来刺激“和平时期印度工业的发展，并促进公用事业与改良工作的发展”，而且他们“应该享受社会的
165 进步带来的成就，而社会的进步只能靠国内的和平与良好的政府来确保”。①

这个公告基于两点主要的假设：首先，在印度的文化、社会与宗教中存在着一种本土的多样性；其次，外国统治者对于维持一个公正、合理的政体负有责任，这个政体不仅要保护这种多样性内在的完整，还要促进有益于被统治者的社会与物质层面的进步。

这个公告可被视为一则文化宣言，其中包含两种有分歧甚或相矛盾的统治理论：一种力图维持印度的封建秩序，另一种则期待着将不可避免地导致这一封建秩序毁灭的种种变化。关于英国统治的这些理论，每一种都体现了关于印度的社会学的思想，以及统治者们与印度社会中的个体及团体之间的关系。如果将以一种封建的模式统治印度，那么就必须承认或者创造出一个贵族阶层，这个阶层可能成为英国女王“忠诚的封建领主”。如果英国人用一种“现代的”模式

① 《维多利亚女王的公告，1858年11月1日》(‘Queen Victoria’s Proclamation, 1 November 1858’, in C.H. Phillips, H. L. Singh and B.N. Pandey [eds.], *The Evolution of India and Pakistan 1858—1947: Select Documents* [London, 1962])，第10—11页。

来统治印度，那么就必须发展出面向新型的公民或公共秩序的原则。拥护后者的人渴求一种代议制政体，这种政体在社会的层面上，是建立在一些共同体和利益集团之上的，这些实体都由个人来代表。

对于印度的过去与现在，对于印度采取持久的君主统治的必要性与优越性，无论是拥护封建殖民政府还是拥护代议制殖民政府的英国人，都有许多共同的假说。在这两种模式中，尽管印度人可能作为封建领主或共同体与利益集团的代表而与他们的白人统治者联合起来，但是整个体制范围内有效的决策都将由英国殖民统治者做出。英国统治者想当然地认为，印度人因其弱点已经丧失了自我统治的权利，他们的弱点导致其被一系列的“外国”统治者征服，这可以追溯至雅利安人的入侵，再到晚近的英国人对于印度以前的帝国统治者莫卧儿人的征服。印度人没有能力自我统治这一表面上的事实， 166
被所有参与统治印度的英国人所接受。这些英国人存有争议的地方是，所谓“没有能力”是内在的、永恒的，还是说，在适当的监护下印度人逐渐能够有效地进行自我统治。封建的理论可能包含代议制的理论与发展能力的可能性，既然英国人在他们自身的历史中曾经历过一个封建阶段，那么以分析的眼光看，印度的现在可被视为英国的过去。英国的政体、社会、经济都从“那样的过去”发展成了现代的形式；因此，从理论上讲，印度现在的封建社会也可能在遥远的未来发展成一个现代社会。从政策方面来讲，统治集团的成员可以论证支持下列阶层的政治功效，其中包括地主、王公、农民，或新兴的立足城市、受西方教育的印度人，他们声称这样做符合印度社会的性质，也与印度之终极目标的实现相一致，同时无须质疑现存的殖民统治制度。

在19世纪60—70年代，逐渐确立了这样一种观念，即“曾经达到目的的当权者一定有一个可靠的、有借鉴意义的过去”。①“过去”（它曾被编纂、被用来表现在印度和在国内的英国人，也用来表现印度人）拥有英国和印度两方面的成分，并拥有关于这两者之间关系的理论。女王既是印度又是大不列颠的君主，是两个社会共有的权威中心。1858年后，在印度的英国政府首脑拥有双重的头衔与职位。作为总督，他必须向议会负责；作为“副王”（viceroy），他代表君主并代表她和印度王公及人民之间的关系。

从1858年开始，作为政治秩序重建的一部分，印度的第一任副王坎宁勋爵进行了穿越北印度的大范围的旅行，其目的在于解释清楚女王所宣布的新关系。这些旅行的一个主要特征是，他与许多印度王公、贵族、印英官员一起举行杜尔巴②、召开会议，在这些场合中要授予一些印度人荣誉、奖赏，因为他们在1857年至1858年的起义中已经证明了自己对其外国统治者的忠诚。在这些杜尔巴中，授予了印度人一些头衔，如拉甲③、纳瓦布④、莱沙希伯⑤、莱伯哈德⑥和可汗伯哈德（Khan Bahadur）；并赠予他们特殊的服装与纹章（即“克和拉特”
167 [khelat]），还授予其特权，允许他们免受行政惯例的限制，并以津贴和土地的形式奖赏他们的各种行动，比如在起义中保护欧洲人，并为英军提供军队和补给。这些杜尔巴的形式是仿照莫卧儿皇帝宫廷礼仪的模式，这些宫廷礼仪曾被18世纪的印度统治者（印度教徒和穆斯林）所运用，尔后，在19世纪初又被作为印度统治者的英国官员采用。

---

① J. H. 普拉姆：《过去之死》（J. H. Plumb, *The Death of the Past*[Boston,1971]），第41页。

② Durbar，在印度指宫廷或接见厅，又指由政府召集的任何贵族正式会议。——译注

③ Raja，指印度的酋长、王公或贵族。——译注

④ Nawab，原指莫卧儿帝国时代的地方行政长官。——译注

⑤ Rai Sahib，Rai 即首领或王，Sahib 即领袖。——译注

⑥ Rai Bahadur，Bahadur 即大人、阁下。——译注

在莫卧儿王朝的杜尔巴中，最核心的礼仪是一种“吸收仪式”。其中被授予荣誉的人要献出“纳杂尔”(nazar，这里指金币)和(或)“波什卡什”(peshkash，即诸如大象、马匹、珠宝等贵重物品)。所贡献的金币数量，“波什卡什”的质、量都严格地分出等级，与贡献者的头衔、地位相匹配。莫卧儿皇帝将赐予“克和拉特”，从狭义上来说，这包括一些整齐、特别的服装，其中有一件斗篷、一条缠头巾、几条围巾、各种缠头巾的装饰、一串项链和其他一些珠宝、纹章和盾形徽章，但也可能包括带着象征权威与贵族身份的各种饰品的马匹和大象。这些东西的数量及其价值也被分出了等级。某些徽章、服饰、权利，比如使用鼓和某些旗帜的权利，只限于王族成员使用。在莫卧儿人和其他印度统治者的统治下，这些仪式中贡献的礼物与赏赐品，在给予者与接受者之间构成了一种关系，这种关系不能被理解为商品与贵重物品之间的一种简单交换。“克和拉特”象征着“连续性或继承性的思想……而连续性又依赖于一种物质基础，依靠接受者的身体与赠予者的身体通过衣服的中介而发生的接触”。[①] 接受者通过衣服的中介被吸入赠予者的体内。依F. W.巴克勒之见，这种吸收基于这样的思想，即君主代表一种“统治体系，他是这种统治体系的化身……那些被吸入他体内的人……分享其统治”。[②] 被吸入的人不仅是君主的仆人，也是他的一部分，“就像眼睛是视觉的器官，耳朵是听觉的场所”。“纳杂尔”这个词指的是下属所贡献的金币，它来自阿拉伯语和波斯语的“誓约”一词。在典型的形式中，进贡的“纳杂尔”用的是统治者的那种钱币，代表官员承认统治者是财富与幸福的源泉。贡献“纳杂尔”与接受“克和拉特”是相对应 168

① F. W.巴克勒：《东方的专制君主》(F.W.Buckler, ‘The Oriental Despot’, *Anglical Theological Review*[1927—1928])，第241页。

② 同上，第239页。

的，并且是吸收仪式的一部分。从“纳杂尔”的给予者与“克和拉特”的接受者的角度来看，这些行为代表顺从，乃是忠诚的誓言，并认可了“克和拉特”赠予者的优越性。

在杜尔巴中，对于人与物相应的位置都存在制定合理的规则。一场杜尔巴中的空间秩序确定并体现了与统治者之间的关系。与统治者本人或他的代表站得越近，这个人的地位就越高。按传统的形式，在一场杜尔巴中，君主本人坐在垫子上，或低矮的王座上，王座位于稍稍高起的平台上；所有其他人沿着接见大厅或帐篷的左右两侧站成垂直的队列。在其他的一些杜尔巴中，队列可能水平排列并被栏杆隔开。无论哪种情况，站得离君主本人越近的人，就分享他越多的权威。进入接见室时，每个人都要向统治者本人致敬，通常是拜倒在地，并通过以各种方式触摸自己的头部来表示敬意。在莫卧儿人看来，敬礼者“已经将他的头（头是感觉与心智的场所）放在了表示谦卑的手上，这个礼节是给统治者们的一个礼物”。① 如果要献上“纳杂尔”或“波什卡什”，并接受“克和拉特”或其他荣誉，那么这个人就会走上前，君主看到和（或）触摸贡献的礼物；然后，一位官员或君主给他穿上长袍，还赐给他其他贵重物品。如果被赐予了马匹或大象，就要将它们牵到接见厅的门口供人观看。

17和18世纪的英国人倾向于曲解这些行为，认为其性质与功能都是经济上的。贡献“纳杂尔”和“波什卡什”被视为报偿宠爱，这样的宠爱于是被英国人解释成与他们的贸易活动相关的“权利”。对于印度统治者的臣属来说，权利确立了特权，而特权是财富与地位的源

① 阿布·阿尔·法泽尔：《阿克巴法典》（Abu Al Fazl, *The Ain-i-Akbari*, trans. by H. Blochman, ed. D.C. Phillot, 2nd edn [Calcutta, 1927]), clxvii。

泉。在吸收仪式中作为关系之基础的物品，如衣服、布匹、金银币、动物、武器、珠宝，以及其他物品，被英国人解释为实用的商品，是其贸易体系的组成部分。对印度人来说，这些物品的价值不是在市场上确定的，而是在吸收仪式活动中确定的。一把剑如果是从莫卧儿皇帝 169
手中得到的，或是因被不同的人使用而颇具渊源，那么它所具有的价值远远超过了其“市场”价值。“克和拉特”中主要的东西是服装与布匹，它们都具有传家宝的性质。这些服装与布匹被保存起来，代代相传，在特殊的场合中被展示。它们不是为了满足日常使用和穿着的。英国人根据其自身的文化代码，将贡献“纳杂尔”曲解为行贿，把“波什卡什”误作为贡品，并想当然地认为其中包含直接的交换物。

18世纪后半期，经过和其法国竞争者的一系列斗争，在军事上，东印度公司在印度各邦中变得最为强大，这是通过先后打败以下对手而实现的，即孟加拉的行政长官（1757年），阿瓦德的行政长官维齐尔（Vizier）和莫卧儿皇帝（1764年），迈索尔邦的铁普苏丹（1799年），以及信迪亚家族统治下的马拉地人（1803年）。东印度公司作为印度国家体系中的政权，肇始于1765年莫卧儿皇帝任命英国人为孟加拉的地万（Diwan，首席文官），并且在1803年（此前，莱克勋爵占领了莫卧儿王朝的“首都”德里）确立了他们作为莫卧儿皇帝的保护者的角色。英国人没有废黜莫卧儿皇帝并宣称他们是接替莫卧儿王朝的印度统治者，而是遵照总督韦尔兹力勋爵的指示，愿意对莫卧儿皇帝“充分流露出敬意、尊重与关注”。[①] 按照韦尔兹力和当时其他官员的

① 韦尔兹力致莱克，1803年7月27日，收入蒙哥马利·马丁（编）：《韦尔兹力侯爵管辖印度期间的急报、记录和通信》（Wellesley to Lake, 27 July 1803, in Montgomery Martin [ed.], *The Despatches, Minutes and Correspondence of the Marquess of Wellesley During His Administration in India* [London, 1837] ），第3卷，第232页。

构想，东印度公司被创建成了莫卧儿皇帝的“保护者”，这些官员认为，他们将“获得莫卧儿皇帝所具有的名义上的权威”。[①] 英国人认为，获得“名义上的权威”是有用的，因为尽管在欧洲人看来莫卧儿皇帝“没有真实的权力，没有统治权，但是几乎印度每个邦、每个等级的人民都继续承认其名义上的权威”。[②] 约翰·凯爵士（其著作《印度叛
170 乱史》在很多方面仍是阐释大起义“原因”的典范之作）曾这样评论东印度公司与莫卧儿皇帝从1803年至1857年间的关系，他认为已经产生了一种“政治上的悖论”：莫卧儿皇帝“成了一个受豢养者、一个装饰和傀儡。但他还要担任君主，却又绝非真正的君主，他是个人物，但又无足轻重，他是名副其实的，但同时又是冒牌货”。[③]

自1757年东印度公司获得了对孟加拉的军事控制之后，其影响增大，而且公司的雇员开始带着大笔财富返回英国；这些财富与影响开始被运用到国内的政治体系中。公司与王权及议会的关系，变成了重要的政治问题。1784年的《印度法案》达成了一项妥协，它导致议会最终对印度的统治负责，但公司仍是印度境内从事商业活动并进行统治的机构，就此而言，公司仍是统治者。议会与公司的董事们也开始限制雇员们获取私人的财富，其手段是先减少，然后杜绝私人的贸易活动，并把由于收受“纳杂尔”、“克和拉特”和“波什卡什”（这些已经被称作贿赂）而吸收公司高级职员进入地方统治集团的行为定为“腐败”。

① Martin：前引书，第208页。

② 韦尔兹力致董事会，1804年7月13日（Wellesley to the Court of Directors, 13 July 1804, in Martin, Despatches），第4卷，第153页。

③ 约翰·W.凯和乔治·B.马勒森：《凯与马勒森之印度1857至1858年的叛乱史》（John W. Kaye and George B. Malleson, *Kaye's and Malleson's History of the Indian Mutiny of 1857—1858*, 2nd edn [London, 1982] ），第2卷，第4页。

由于对“腐败”如此界定，由于莫卧儿皇帝仍然是印度政治秩序的核心象征，又形成了另一个政治矛盾。英国的君主并不是印度的君主；在印度的英国人是其君主的臣民，而印度人不是。对印度人来说，莫卧儿皇帝仍然是“荣誉之源”。英国人无法利用象征性的行为使他们与一位外国统治者结合在一起，或者说更重要的是，他们无法用象征手段将印度人吸收进他们的统治中。

18世纪晚期，当东印度公司的高级职员们在印度的政治秩序中越来越多地行使估税人、收税人、法官、地方官、立法者、行政官的职责时，其雇主和议会却禁止他们参与仪式并与作为其下属的印度人建立良好的关系。然而，在和那些与英国人结盟的地方统治者（他们是英国人的下属）的关系中，东印度公司的高级职员们意识到，在下属
与随从的眼中，忠诚必须被象征化才能生效。于是，英国人开始在正 171
式的会晤（印度人可能将其视为杜尔巴）中提供“克和拉特”，并接受“纳杂尔”与“波什卡什”。

在19世纪上半期，尽管英国人作为“印度的统治者”继续接受“纳杂尔”与“波什卡什”，并赠送“克和拉特”，但他们力图限制采用这些礼仪的场合。比如，当一位亲王或要人访问加尔各答的政府机构时，或者当总督、地方长官、专员和英国的下级官员来巡回访问时，都要举行一次杜尔巴。“克和拉特”的授予总要得到地方长官或总督的准许，并且是以他们的名义进行的。印度人贡献的作为“纳杂尔”与“波什卡什”的东西从不被接受它们的官员保留。不过，要对送来的物品估价，并列出详细的清单，这些物品最后被存放在宝库（Toshakhana）中，这是政府的一个特殊金库，用于接收、派送礼物。与印度人不同，英国人直接或间接地重复利用他们收到的礼物。直接的方式是，把从一个印度人那里得到的礼物送给另一个印度人；间接

的方式为，在加尔各答将收到的礼物拍卖掉，然后用换来的资金购买要送的礼物。英国人总是力图在经济层面上使他们的收获与赠予相平衡，其方法为，指令印度人可以给予价值多少的物品或现金。因此，如果一个人给了101卢比作为“纳杂尔”，那么他将得到一件等值的围巾或长袍作为他的“克和拉特”。

莫卧儿人的礼仪可能看起来被保留了下来，而意义却已经发生了改变。它在印度统治者的支配下曾经是吸收仪式，现在变成了一个标志着服从的仪式，其中没有了君主的身体与所选中的朋友或仆人之间的神秘结合（在这种结合中他们成了统治者的一部分）。通过将一种献上物品和赠与礼物的形式变为一种“经济上的交换”，英国官员与印度臣民或统治者之间的关系变成了契约性的。19世纪前半期，英国人在扩张其统治时，他们的权威建立在契约与“好政府”的观念之上。他们创建了一支雇佣军队，其中契约被以比喻的形式表达为“已经吃了公司的饭”。印度士兵与他们的欧洲长官之间的忠诚靠定期的薪水来维持，并依赖于“公正的”对待，以及遵守不干涉本土宗教信仰及习俗的规定。当叛乱发生时，对士兵们来说，叛乱是基于相
172 信他们的“契约”被明显或暗地里违反了，违反契约的行为有戴皮帽子、在“黑河”上行驶或咽下了禁吃的猪或牛的肥肉。政府成了印度人之间契约关系的缔造者和维护者，这种关系涉及通过引入欧洲的所有权、租、税收等观念，来使用劳动力与土地等基本资源。地方上的贵族拥护基于宇宙论概念的社会秩序，并且通过礼仪活动维持合理的秩序，他们被转化成了“地主”。印度的“藩王们”被允许在自己的领地内实行内部的自治，被削弱至“首领与小诸侯”的地位。他们被本质上属于契约的条约所控制，这些条约保证各邦边界的完整，并许诺公司支持皇室及其子孙，作为交换条件，他们放弃了发动战争的能

力，有效地实行“良好的统治”，并接受一位英国官员的监督。

我认为，在19世纪前半期，在印度的文化—象征的结构中存在着不完善与矛盾之处。关于“一种文化象征的结构”，可征引罗纳德·因登的论述：

> 它包括分类上的方案、对于事物状态的假设、宇宙论、世界观、道德伦理体系、法律规范、对于统治单位与社会集团的界定、意识形态、宗教教义、神话、仪式、程序以及礼节上的规则。①

在一个文化—象征的结构中，各元素并非是一个单纯的大杂烩，而是有序地排列在一个模式之中，这个模式表明了各元素之间的关系，并构建了它们的价值。

印度本土关于统治的理论建立在吸收的观念以及等级制的理论之上，在等级制的理论中，统治者不仅地位高于任何人，而且包含着那些他所统治的人。因此，莫卧儿皇帝即使作为“受豢养者”也一直具有重要性，因为无论是东印度公司的印度国民，还是联盟各邦的统治者，都还带有只有皇帝才能授予的荣誉头衔。即使在英国统治下的印度，清真寺中的“呼图白”②也要继续以他的名义诵读；直到1835年东印度公司的硬币都带有他的名字，印度的许多邦直到1859年至1960 173
年都继续铸造带有莫卧儿皇帝即位纪元的硬币。尽管英国人用英语指莫卧儿皇帝时用的是“德里王”，但他们在以波斯语称呼他时仍用

---

① 罗纳德·因登：《古代印度文化象征的建构》(Ronald Inden, ‘Cultural Symbolic Constitutions in Ancient India’, mimeograph [1976])，第6—8页。

② Khutba，指伊斯兰教教长或阿訇在聚礼和宗教节日礼拜时对穆斯林讲道的讲辞。——译注

其完整的皇帝头衔。因为在1858年之前,大不列颠的君主并不是印度的君主,所以总督们在授予印度人勋章和称号时存在着困难。当总督进行巡游访问并为印度统治者们举行杜尔巴时,通常一次只接见一个统治者,以避免在总督面前给各首领排座次。直到19世纪50年代,英国人才开始尝试使向印度统治者表达敬意的鸣炮礼规则化。直到1867年,鸣炮礼所表现的等级系统才被固定下来。总督致力于将新秩序象征化,或消除文化—象征结构中的一些矛盾与缺陷,这种努力遭到了来自东印度公司董事与伦敦的管制委员会主席的怀疑甚至指责。1828年至1835年间担任总督的威廉·本廷克勋爵率先感到,应该使“帝国的”首都坐落在远离加尔各答的地方,并建议他在伦敦的雇员们,他们的统治中心“需要有个基点”。① 阿格拉城成了他所选择的这样的“基点”,因为这曾是阿克巴② 的首府,他认为自己和阿克巴都是关心“维护帝国”的统治者,他们二人的时代在政治环境上十分相似③,阿格拉被视为总督的“冠冕”上“最闪亮的宝石”④,因为它处于“昔日的昌盛与未来的繁荣之间,帝国将被拯救或是被葬送皆系于此”。⑤

1829年,当本廷克提出是否可能迁都时,董事会禁止考虑搬迁,同时指出,他们的统治不是由单一、独立的最高统治者来完成的,印度是

---

① 《本廷克1834年1月2日的记录》(‘Bentinck Minute 2 January 1834’, I. O. L. R., *Board's Collection*, 1551/62/250),第83页。

② 阿克巴(1542—1605),印度莫卧儿帝国皇帝,在位期间加强了中央集权并扩大了帝国疆域。——译注

③ 《本廷克1834年1月2日的记录》,第94页。

④ 约翰·罗塞利:《威廉·本廷克勋爵》(John Rosselli, *Lord William Bentinck*[Berkeley, 1974]),第192页。

⑤ 《1829年7月3日致孟加拉的政治信件摘录》(‘Extract Political Letter to Bengal 3 July 1829’, I. O. L. R., *Board's Collection*, 1370/54/508),第12页。

由“一个遥远的海上强国来统治的，政府位置的确定必须要根据这一特殊情况来考虑”。其实本廷克要试图改变的，正是过去这种海上的/重商 174
的特点，因为他认为英国的统治“不再具有商人与君主的矛盾特征”①，而是具有一个帝国政权的特征。在1828年至1830年间担任管制委员会主席的埃伦伯勒勋爵，在定期性的调查（此调查是在议会续展其二十年许可之前）东印度公司的领土情况时，曾向当时的首相威灵顿公爵建议，对印度的统治应该转交给王权。②这条建议被公爵拒绝了，埃伦伯勒认为，威灵顿“担心的是不要脱离于伦敦的商业利益”。③

1842年，公司的军队被阿富汗人打得大败之后，埃伦伯勒成了印度的总督，他决心重建英国在印度统治的声望。他指挥了一次对阿富汗的入侵，结果作为报复行动而洗劫了加兹尼和喀布尔。埃伦伯勒想将阿富汗穆斯林的失败象征化，其做法是，将所谓的索姆纳特神庙之门（索姆纳特神庙是古吉拉特邦的著名印度教神庙，六百年前它被穆斯林劫掠并亵渎，庙门被带至阿富汗），耀武扬威地带回了印度，并装在古吉拉特邦新建的神庙之上。他发布指示，要求用大车将檀香木门经旁遮普城运到德里，并有仪仗队跟随，伴有适当的仪式。埃伦伯勒向“印度的所有王公、首领和人民”发出了公告，以凸显其意图。埃伦伯勒宣告，庙门的回归是“你们民族的光辉史册中最令人自豪的一页；它证明你们在武力上优于印度河之外的民族”。他还指出，在“利益与情感”上自己与印度人民及王公相一致，又声称“英雄

① 《本廷克致董事会，1884年1月2日的记录》（‘Bentinck to Ct Director, Minute, 2 January 1884’, ibid.），第83页。

② 艾伯特·H. 伊姆拉：《埃伦伯勒勋爵》（Albert H. Imlah, *Lord Ellenborough: A Biography of Edward Law, Earl of Ellenborough, Governor General of India*［Cambridge, 1939］），第41页。

③ 同上，第42页。

的军队”反映了“我的祖国和我现居国家的不朽的荣耀”，并许诺将维持和提高“我们两国的幸福”。① 他以类似的方式向年轻的维多利亚女王致信道出了这场胜利，并“记起现在帝国的权威［被］……移
175 交给了英国政府”，还说，如果“陛下成为帝国名义的领袖”，那么所有要做的就是使印度的王公成为“女皇的封臣”。②

埃伦伯勒还将一种特殊的勋章授予在中国参加鸦片战争的东印度公司军中的英、印士兵。威灵顿公爵觉得，埃伦伯勒的举动是对君主特权的僭越。③ 埃伦伯勒的行为和他关于索姆纳特神庙之门回归的公告，在英国和印度的英国人中间引起了恶意的批评和嘲笑。尽管埃伦伯勒于1844年被召回的原因并不在于他关注于用象征的方式为在印度的英国人表现帝国的角色，但是其做法被认为体现了一种在英、印都鲜受支持的关于英印关系的观念。

界定一个象征—文化结构的矛盾与困难，可追溯至19世纪前半期建构一种向印度人展示英国之权威的仪式风格的努力。继续沿用莫卧儿的风格导致了持存的困难，比如英国官员和印度国民就一些问题进行了艰难的协商，其中包括位次问题、致辞的方式、是否有权继续使用莫卧儿皇帝头衔的问题，以及因下列现象而引发的问题，即莫卧儿皇帝继续收受来自印度人和英国官员的“纳杂尔”，同时授予“克和拉特”并对印度邦国中的王位继承颁布皇家特许状。最后一种做法被英国人称为“特许状的交易”。

---

① 约翰·威廉·凯：《阿富汗战争史》(John William Kaye, *History of the War in Afghanistan* ［London, 1851］)，第2卷，第646—647页。

② 科勒奇斯特勋爵(编)：《埃伦伯勒勋爵管理印度的历史》(Lord Colchester［ed.］, *The History of the Indian Administration of Lord Ellenborough*［London, n.d.］)，第64页。

③ 同上，第324—338页。

冲突不仅存在于贵族精英与英国官员之中，也存在于东印度公司的场所与地方办事处的日常实践中，比如所谓的“关于鞋子的争论”。在印度的英国人在和其印度臣民的关系上，遵循着一种转喻的逻辑，印度人在英国人面前穿着鞋子被视为被统治者努力与他们的统治者建立平等的关系。因此，当印度人要进入英国人界定为他们自己的空间，如他们的办公室和家时，总要被迫脱去鞋子（或草鞋）。而另一方面，英国人在进入印度人的场所，包括清真寺和神庙时，总坚持穿着鞋子。一个意味深长的例外是，如果一名印度人习惯于在 176
公众面前穿着欧洲人的服装，那么他将被允许穿着鞋子出现在他的英国主人面前，参加西式的仪式场合，其中包括总督的招待会、接见、座谈会或舞会。

英国人试着用各种礼仪的形式来表现公共仪式。1824年，在加尔各答为印度教学院和穆罕默德学院的建筑奠基时，举行了“遵照惯例的、壮观的共济会的仪式”。[①] 这些学院是在公共教育委员会的支持下建立的，这个委员会由那些主要从私人那里为这些机构筹资的印度人和欧洲人组成。这些学院教授印度人“基本的道德原则与自然科学原理”。[②] 加尔各答共济会支部（这里有几个支部）的成员们在加尔各答的街道上游行，队伍前面有乐队，并举着每个支部的徽章与旗帜，尔后队伍聚集在要建造大厦的空地上。

> 杯子、直角尺和这个行业的其他工具被放置在地基上……布赖斯牧师……向造物主做了一场庄严的祈祷……在目力所及

---

① A. C. 达斯·古普塔（编）：《东印度公司的节日》（A. C. Das Gupta [ed.], *The Days of John Company: Selections from The Calcutta Gazette, 1824—1832* [Calcutta, 1959] ），第23页。

② 同上，第26页。

的范围内，看到的都是一层层的人脸，房顶的各个方向都挤满了本地人，热切盼望看到这个壮观的场面。[①]

在祈祷之后，便将硬币和刻有献词的银盘子放到一个洞里，基石就将放到这个洞上。然后，基石被放低，涂上谷粒、油和酒。接下来，省长会进行演讲，最后，仪式以演奏国歌《上帝保佑国王》标志结束。不仅仪式的风格是欧洲的，而且所庆祝的习俗与它基本的公共/公民理想也是欧洲的。这两所学校将提供世俗的教育，不包括本土的教育机构所传播的宗教知识。尽管一所学校是给印度教徒的，另一所是给穆斯林的，但招生并不像通行的那样局限于印度教徒或穆斯林的特
177 定群体。资金的筹集是通过公众的捐赠这一事实，也被视为欧洲式的慈善行为，同时，使用公共彩票筹集的资金，标志着此举的确是非常新奇的，如果不是独一无二的话。

19世纪的前几十年中，英国人常常庆祝他们在印度和欧洲的胜利，庆祝总督和战斗英雄的归来和离去，纪念英王的去世、加冕及生辰。这些仪式的风格看起来和在英国的一样，其中有烟火、阅兵式、带有祝酒仪式的晚宴、音乐伴奏、基督教祈祷，当然最重要的是常见的讲演。印度人勉强算是参与其中，他们作为士兵参加游行，作为仆人或观众参加公众的仪式部分。

成为结构的事件：1857年起义的意义

英国统治下的印度在文化—象征结构中的矛盾，消失在1857年

---

① 达斯·古普塔，前引书，第3页。

的起义中,这次起义传统上被描绘为印度的叛乱,它导致了对莫卧儿皇帝本人的非神圣化,也残忍地展示了英国人用来压制印度人的力量,并树立了这样一个神话,即英国人的品质优于那些不忠的印度人。

在击败叛乱后对皇帝进行了审判,这正式宣布了统治的转变。[①]将皇帝推向被审判的位置意味着,这样做的那些人相信此乃正义之举,它"明确否定了皇帝的统治权"。依米歇尔·沃泽尔之见,审判的意义在于,它使过去与现在和未来相分离,并确立了新的政治原则,这些原则标志着一个新型政府的胜利。[②]

审判皇帝必须和1858年的《印度政府组织法》、1858年11月1日的《女王公告》联系起来看。对皇帝的审判和司法上的放逐,以及莫卧儿王朝统治的终结,都伴随着对以前的社会政治秩序的彻底非神圣化。议会的法案和女王的公告宣告了新秩序的诞生。这种新秩序 178
需要有一个中心和一种手段,凭借这种手段使印度人可以认同这个中心,并认同英国在印度的政权所采取的仪式表现方式的发展。

在盎格鲁—印度的文化体系中,1857年至1858年的大起义可被视作分水岭式的关键变化。对于英国国内和在印度的统治精英来说,1857年至1858年的事件,以及因此而导致的政府组织上的变化,此二者所具有的意义,越来越成为一个中心点,这些精英的殖民统治理论就围绕着这个中心旋转。战争导致了重新界定印度社会的性

---

① 旁遮普政府档案:《通信》(Punjab Government Records: *Correspondence*, vii, pt 2),第39页;H. L. O.加勒特:《巴哈杜尔沙二世的审判》(H. L. O. Garrett, 'The Trial of Bahadur Shah II', *Journal of the Punjab University Historical Society*, i, pt 1[April, 1932]),第3—18页;F. W.巴克勒:《印度叛乱的政治理论》(F. W. Buckler, 'The Political Theory of the Indian Mutiny', *Transactions of the Royal Historical Society,* 4th ser., v[1922]),第71—100页。

② 米歇尔·沃泽尔:《弑君与革命》(Michael Walzer, *Regicide and Revolution*[Cambridge,1974]),第6页。

质，以及统治者与被统治者之间必要的、恰当的关系，并重新评价印度政府的目标，结果这又导致了机构组织的进一步变化（机构组织要有助于实现这些目标）。在19世纪后半期，英国人无论是作为参观者在印度旅行，还是在履行其职责的过程中，都会参加一种定期的“对兵变的朝拜”活动，即参拜一些重大事件的旧址，其中有德里山脉①、纪念井②和坎普尔的公园（园中高耸着一尊巨大的复活天使的大理石雕像），还有勒克瑙城的总督特派代表的官邸。墓碑、纪念物、纪念碑及其铭文，还有钉在欧式教堂墙上的匾额，都标志着英国军人与平民的献身、牺牲以及最终的胜利，对维多利亚时代的英国人来说，这些军人与平民的死使他们在印度的统治变得神圣。

从1859年到20世纪初期，英国人都将兵变看成一个英雄的神话，它体现了英国人的核心价值观念，这种价值观将他们在印度的统治解释为自我牺牲、尽职、刚毅；最重要的是，它将英国人对那些印度人（他们已经威胁到了恰当地建立起来的权威与秩序）的最终胜利象征化了。

仪式风格的定形与展现：1877年的帝国集会

自德里的非神圣化和1858年起义被最终镇压后的二十年间，英国统治下的印度完成了象征—文化结构的建构，此乃这一时期的主要特点。我只打算简单地罗列出这种结构内容的组成要素，然后描述这些组成要素如何在一场仪式活动中被表现出来，这场仪式即1877

① Delhi Ridge，1857年起义时英国人驻扎于此围攻德里城。——译注

② Memorial Well，位于坎普尔城，纪念印度起义中被杀死的英国人。——译注

年为宣告维多利亚女王成为印度女皇而举行的帝国集会。

重要的政治事实是，东印度公司统治的终结，以及1858年大不 179
列颠的君主被确立为印度的君主。这个法案可以被视为与莫卧儿帝国最终的非神圣化相互关联的事物。它终结了英国人在印度地位含糊不清的状态，现在英国君主既是大不列颠的君主，也是印度的君主。另外，它还确立了一种社会秩序，其中英国的君主被视作权威的中心，她能够将其所有的臣民，印度的与英国的，都排列到一个单一的等级秩序中。印度王公现在成了维多利亚女王的"忠诚的印度封臣"，他们通过女王的副王向她表达尊重与忠诚。由同一个人担当的总督与副王，不容置疑地把持了印度的权威，所有的英国人和印度人都可以依据与他的关系被分出等级，无论他是在政府机关工作，还是各种阶层的团体的成员。英国人在印度实施了一种等级制的次序理论，其中可以依据地位的高低将个人分出等级，地位的高低又基于固定的、众所周知的标准，这种标准通过归属、继承或成就与职位来决定。到1876年，与英国人结盟的王公们依据地域被分类，并获得一个相对于其区域内其他统治者的固定级别。王公邦土的大小，其收入的多少，他们成为东印度公司之同盟者的日期，他们家族的历史，他们与莫卧儿帝国相关的身份，以及他们对英国人的忠诚举动，这一切都是可以被衡量的，因而建立了一套指标，来确定每一个统治者的级别。于是，这种级别、地位在地方长官或副总督举行的杜尔巴中，在副王—总督进行的巡游中，都得到了体现。此外，还为王公和首领们确立了一套出席杜尔巴的行为规范。他们所穿着的服装，可能携带的武器，能够陪同他们前往副王帐篷的扈从与士兵的数量，在帐篷外的什么位置与英国官员会面，要鸣多少响礼炮向他们致意，进入接见大厅或帐篷的时间，副王是否要起身并上前迎接他们，他们要在副王小地毯的哪个位置上接受副王的欢迎，他们将在何处落座，他们可以给出多少“纳杂尔”，他们是否有资格接受副王的拜访，所有这一切都是级别的标志，而且级别是可以被副王提升或降低而改变的。在副王与他们的通信中，开头称呼的形式，英国人使用的印度头衔的类型，以及信的结尾用语，都被分出了类别，而且被看成赞许或认可的
180 标志。

同样，在英国直接统治下的印度人，依据各级官员的杜尔巴手册，在其城镇、地区、省份中通常也被分出等级。地区领袖的级别划分则依据所交纳的税收、所持有的土地、其家系、其对英国政府的忠诚或不忠的举动。帝国政府或省政府的印度官员和雇员的级别根据职位、工作的时间、所获得的荣誉来划分，下层人民则根据种姓、团体和宗教划分。

在镇压叛乱并确立英国女王为印度的“荣誉之源”之后不久，便开始调查印度王室头衔、封号的体系，以便将他们排列到一个等级制度中。不仅要建立体系，而且拥有头衔的人也必须经过英国人所确立标准的“检验”，以证明其头衔是合法的。自此之后，只有副王能够根据地方或省级官员的推荐授予印度人头衔。授予头衔的依据被明确规定为下列行为：忠诚的行为，在政府中长期出色地工作，特殊的慈善行为（比如向学校和医院捐赠、向一些专门的基金捐款），还有因实施了“良好”的措施而提高了农业产量。印度人的头衔、封号仅供被授予者在有生之年享有，不过在一些名门望族中有这样的假定，即如果家族领导权的继承人已然显现出了善行，那么在恰当的时候，他将被奖赏，重新获得其前辈拥有的头衔。到19世纪70年代，荣誉与头衔都和新的统治秩序所提出的目标“平稳进步”密切相关。

1861年制定了一套新的印度爵士的王家勋位体系，即印度之星

（Star of India）。首先，这套体系既包括印度也包括英国的爵士，并严格限制为二十五名成员，他们是印度最重要的王公和英国高级的、出色的文武官员。1866年，这套体系又增加了两个较低的级别，到1877年，有七百人拥有这套体系的爵位，他们都是亲自受到女王加封的。这种授封仪式与对某些勋位的占有，为英国人正在印度树立的仪式风格增添了一种重要的欧洲成分。勋位服饰是英国的、“封建的”：一件长袍或披风、一个护肩、一枚带着女王肖像的大勋章（佩戴这样的人像对穆斯林来说是要受诅咒的）和一个珠宝垂饰。这种授封仪式是欧洲的风格，在授封书的颂读声中，戴着授予的徽章，新加封的 181
爵士跪在女王或她的代表面前。印度的受勋者对于授封的契约性质（这种性质是令人不快的）十分清楚，比如赐予的服饰在封号持有者去世时必须归还。过去从印度统治者那里接受的礼物可以作为圣物放在宝库中，在特殊的场合被欣赏、使用，而现在获得的赏赐与之不同，它们必须被归还。勋位法令要求受勋者签订一个契约，规定其后嗣要归还贵重物品。印度人也反对这样一条法令，它详细地规定出在哪些情况下爵士身份可以因不忠的行为被废除。爵士身份成了“好好效劳”的回报。

王权与印度的关系始自王室成员的印度巡游。1869年，爱丁堡公爵做了第一次这样的巡游。1875年至1876年间，威尔士亲王进行了六个月的印度巡游。王室的巡游在印度的重要意义，不仅在于它体现了印度王公、人民与他们的君主之间的密切关系，更重要的是它被英国新闻广泛报道。威尔士亲王回去后，在英国的主要城市为他收到的具有异国情调的、昂贵的礼品举办了展览。具有讽刺意味的是，威尔士亲王回赠的一个主要礼品是马克斯·缪勒翻译的《吠陀经》英译本。

1860年至1877年这段时期，见证了这样一种倾向的飞速发展，它可被视作帝国统治者对印度文明进行界定并将其据为己有。殖民统治不仅建立在直接统治的制度之上，同时也要建立在知识类型的基础之上。自1784年威廉·琼斯爵士和其他欧洲学者创建孟加拉亚洲学会以来，对于印度的历史、思想体系、宗教信仰与实践、社会与制度等方面知识的积累，一直有平稳的发展。这种积累大部分来自法庭中的实际经验、估税与征税，以及随后英国人所必须进行的对信息的整理、分类。经过这一阶段，有越来越多的欧洲人来界定他们所认为的印度文明的独特性。这种界定包括学习印度语言和文本的工具书的发展，结果导致将那些被视作“经典”的印度思想与文学标准化、权威
182 化，而这不仅是为了欧洲人，也是为了印度人自身。受到学校教科书中印度人所创造的作品的鼓励，印度人开始以欧洲的模式撰写历史，他们经常借用欧洲人关于印度之过去的观念。在19世纪60年代，考古研究得到了确立，欧洲人据此来断定，哪些是印度最伟大的遗迹，哪些遗迹适于保存，或哪些在一定程度上描绘了印度的“遗产”。人口调查的实施与人类学研究的创立，都是为了描述“印度的民族与文化”，使之出现在专题论著、照片和统计表格中，这些不仅提供给他们的官员，也提供给社会科学专家，以使印度成为人类实验室的一部分。英国人认为，印度艺术和手工艺在面对西方的科技与机器制品时，已经进入了明显的衰退期，因此他们的艺术品和手工艺品应被收集、保存起来，并放置在博物馆中。此外，在各大城市建立了艺术学校，印度人可以在此学习如何雕塑、绘画和制作手工艺品，这些艺术品内容上是印度的，却是迎合西方口味的。印度的建筑师开始建造欧洲式的建筑物，却使用着“东方的”装饰图案。帝国政府成立了委员会来搜寻并保存梵文、波斯语、阿拉伯语和地方语言的文献。受教育的印度人

越来越多地通过欧洲思想与学术的中介去学习他们自己的文化。英国统治者逐渐以一种官方的、"客观的"方式来界定什么是印度人。印度人必须看起来像印度人：在1860年之前，印度士兵和他们的欧洲军官都穿着西式的制服；现在印度人和英国人的制服都包括穆斯林的头巾、腰带和束腰外衣，这些被认为是属于莫卧儿或印度的。

具体化与客观化的印度形象及其生活、思想、社会学、历史，被结合在一起，以此来庆祝印度政治体制建设的完成，这是通过确立维多利亚为印度女皇而实现的。

1876年的《女皇称号法案》

1876年2月8日，维多利亚女王召开了议会，自1861年其夫去世后，这还是第一次。让自由党反对派大为意外的是，女王在她的演讲中宣布，议会将提出一个议案以给她的女王称号与头衔增添新内容。
在演说中她提到，其子威尔士亲王（当时他正在印度巡游）受到了"我 183
的印度臣民"的"衷心爱戴"。这使她确信，"他们乐于接受我的统治，并忠于我的王权"。[①] 因此，她认为此时乃是为其女王称号与头衔增添新内容的恰当时机。

在1876年2月17日的演说中，首相迪斯雷利回顾了1858年关于宣布维多利亚为印度女皇的讨论。那时候，使维多利亚成为女皇被认为为时过早，因为当时印度的情况尚不安定。但是，他又接着说，在随后的二十年中，大不列颠对于印度的兴趣日益增长。亲王的访

① 英国议会记录中的《议会辩论》(*Hansard's Parliamentary Debates* [3rd ser., ccxxvii, 1876]),第4页。

问已经激发了两国之间感情上的相互支持，迪斯雷利确信，一个女皇的称号（这一称号确切的性质未被详细规定）“将不仅使王公们感到非常满意，也会使印度各民族非常高兴”。[1] 这将意味着“这个国家的人民全体一致地决定保留我们与印度帝国的联系”。[2] 迪斯雷利在他的演讲中强调了印度的多样性，将其描述成“一个有着众多民族的古老国家”，不同的民族与种族，“在宗教、习俗和法律方面都存在差异，其中一些民族极具天赋且文明化程度很高，而大多数则具有罕见的古代遗风”。他接着说，“此外，这个巨大的共同体在女王的权威之下，受许多王公的统治，其中一些王公的祖先在英国还是罗马的一个行省时，就已经占据了王公的位置”。[3] 迪斯雷利表达的这种夸张的历史想象构成了日后在帝国集会中所展现的神话的一部分。印度是多样的，它缺乏有凝聚力的、团结一致的感情，只有在英国统治下，在帝国君权的一体化的制度下，印度才会团结一致。

因此，保守党捍卫这个议案的思想基础便在于，印度是一个与英国不同的民族。印度人更易被高调的言辞感动，通过借助他们东方式的想象（比如“他们赋予一些微不足道的差别以巨大的价值”），能够更好地统治他们。[4] 据称，考虑到印度与大不列颠之间宪法上
184 的关系，印度王公实际上是封臣，如果英国君主得到了一个“皇帝”的头衔，那么印度王公与英国最高权威之间的关系中所存在的模糊性将被减少。尽管印度的统治者们在英语中被称为“王公”，但在印度的语言中他们的头衔是国王，比如大君（Maharaja，指印度土邦

① 《议会辩论》，第409页。
② 同上，第410页。
③ 同上，第409页。
④ 同上，第1750页。

主)。有了女皇的称号,等级秩序将变得清晰明确,不再含糊不清。据说,伊丽莎白女王曾使用过女皇的称号;实际上,自坎宁统治印度的时代以来,王公和其他独立的亚洲统治者们[①]就用女皇的称号指代女王。这一提议反复申明,英国人是莫卧儿人的后继者,而莫卧儿人有一顶印度各阶层人都理解其意义的皇冠。保守党认为,英国人是莫卧儿王朝的后继者;因此,宣布印度的君主维多利亚女王为女皇是正当的、合适的。

《女皇称号法案》被通过了,并于1876年4月27日获得了女王的批准。要压制激烈的争辩与敌对的新闻报道(尤其当这些争辩与报道已出现在印度的报纸上,并引起了受西方教育的印度人的讨论时),成了筹划帝国集会的一个重要原因。这次集会有三位主要的设计者:迪斯雷利、索尔兹伯里(印度事务大臣)和利顿勋爵(新任命的副王),他们意识到,帝国集会的设计必须对国内的英国人以及印度人都产生影响。

帝国集会筹划者的意图

新任命的副王与总督利顿勋爵从葡萄牙(他曾在葡萄牙任大使)返回了英国,到1876年1月,他开始努力克服他“对于印度的……绝对无知”。这种努力包括2月会见印度官员和在伦敦的一些所谓的印度“专家”。其中最具影响的是O. T. 伯恩,此人后来陪同利顿来到了印度,担任他的私人秘书,并被利顿视为集会计划的创

① 如中亚的埃米尔(Amir,穆斯林国家元首、亲王、酋长等)。——译注

始人。①

利顿选择伯恩做他的私人秘书，来“帮助重建印度与阿富汗之间友好、正常的关系，与此同时宣布印度女皇的称号”，就这两个问题，
185 伯恩写道，“我被认为具有专门的知识”。② 像许多副王一样，利顿来印度时对这里所知甚少，或许更严重的是，他对殖民政府的工作方式毫不了解。统治印度的高官多数是从文官提升上来的，这意味着他们有着二三十年的经验，与官僚机构的上上下下都建立了良好的关系，并且十分善于玩弄政治计谋。副王们痛苦地抱怨，他们在贯彻实施基于英国的政治立场而下达的计划、政策时会遇到挫折。于是，向官员们清晰地传达副王的行政事务的职责，就落到了私人秘书的肩上。任命、提升、委派、授予荣誉等问题最初都经他们之手。副王们依靠于私人秘书对人际关系、官僚机构内部派系情况的熟悉掌握，也依靠于他们在行政事务方面能有效运用副王权力的能力。伯恩担任过各种职务，有二十年的经验，因此他非常熟悉印度的官员，同时由于他曾在爱尔兰和伦敦任职，所以对国内重要的政治家也都很熟识。

1876年4月利顿和伯恩到达加尔各答，此后不久，就开始了对于帝国集会的秘密筹划。为此而成立的委员会中包括担任印度政府外交大臣的托马斯·桑顿，他负责与印度王公、首领们打交道；还有印军中的总军需官罗伯茨少将（他后来成了陆军元帅），他负责集会的军事方面的安排。委员会中还有利顿的军事大臣陆军上校乔治·科利，以及政治部的少校爱德华·布拉德福德，此人是新成立的秘密警

① 利顿致索尔兹伯里，1876年8月12日（Lytton to Salisbury, 12 Aug. 1876, I. O. L. R., E218/518/1），第367页。

② 少将欧文·图德·伯恩爵士：《回忆录》（Major General Sir Owen Tudor Burne, *Memories* [London, 1907]），第204页。此外这一点在其《回忆录》中随处可见。

察的头脑。

委员会主席是桑顿，他过去主要在秘书处任职，在暂时担当外交大臣之前曾在旁遮普政府做过十二年的秘书。罗伯茨少将因作为一名后勤事务专家而出名，他负责德里的营地。①罗伯茨的能力给利顿勋爵留下了深刻的印象。正是他在筹划集会时的表现，使他被选中 186
统率在阿富汗的英军，这是罗伯茨日后在印度和英国事业的基础。②

委员会采纳了一小群有影响的政治官员的思想与建议，这些人在主要的王公宫廷中担任过多年的总督驻扎官或代理。在工作的初期阶段，少将亨利·德莫特·达利爵士似乎也参与了这个群体；就此人，利顿曾这样写道："舆论普遍认为，在印度没有任何人能像达利一样了解如何管理本地的王公。"③达利认为，不可能举办一个让所有重要王公都出席的杜尔巴，因为这些首领敏感、好妒忌。④大多数政治专家所持的观点是，"位次的问题和各种潜在的要求都必定会出现，内心的激动与怨恨，甚至更为严重的困难都会接踵而至"。⑤利顿试图通过如下方法解决政治官员们的反对意见：一方面悄悄地不理睬这些意见；另一方面坚持德里的会见并不是一场杜尔巴，而是一次"帝国集会"。于是，他尤其希望将不会产生位次的问题，另外，通过

① 坎大哈的陆军元帅罗伯茨勋爵：《在印度的四十一年》(Field-Marshal Lord Roberts of Kandahar, *Forty-one Years in India*［New York, 1900］)，第2卷，第91—92页。

② O. T. 伯恩：《印度女皇》(O. T. Burne, 'The Empress of India', *Asiatic Quarterly Review*, iii［1887］)，第22页。

③ 利顿致索尔兹伯里，1875年5月11日(Lytton to Salisbury, 11 May 1875, I. O. L. R., E218/518/1)，第147页。

④ 同上，第149页。

⑤ L. A.奈特在他的文章《女皇称号法案与印度》(L. A. Knights, in his article, 'The Royal Titles Act and India', *Historical Journal* xi, no. 3［1968］, pp.488—507)中详述了当时对于领土的要求和一些抱怨，这些被认为可能是杜尔巴中显露出来的问题；T. H.桑顿：《将军理查德·米德爵士》(T. H. Thornton, *General Sir Richard Meade*［London, 1898］)，第310页。

小心控制与王公们的互访来避免讨论各种领土要求。①

到1876年7月底，委员会已经完成了初步的计划。计划透露给了副王的顾问班子，计划的大纲送到了伦敦，请求索尔兹伯里与迪斯雷利的批准。持续到8月的这一阶段，计划一直是严格的机密，因为利顿担心早宣布计划会在印度新闻界（包括欧洲人和印度人的报纸）引起强烈的抗议，反对计划的细节，并且将会引发一场争论，像那场给《女皇称号法案》留下印记的争论一样"不合时宜"。

利顿期望能够在这次集会上达成一项重大的协议。他希望它能够明显地"将女王的权威置于莫卧儿人的古老的王权之上！而［我们］印度臣民的想象与传统将最高权威的辉煌与莫卧儿王权联系在
187 一起"。② 因此集会决定要在莫卧儿的首都德里举行，而不是在加尔各答。此时，德里是个比较小的城市，刚从1857年的叛乱中恢复过来。城市中的人民被看作被征服的人民。在集会上以女王的名义宣布的"特许"之一是，重新开放以"军事理由"长期关闭的"最美的清真寺"，以便公众去礼拜，并且给德里的穆斯林重建在月光集市（Chandi Chowk）的、名为"命运之宫"的清真寺，这个清真寺曾在1857年被充公。③

选择德里作为集会地点，还可以避免将王权与明显的区域中心（比如加尔各答或孟买）联系在一起。德里的优势在于，它是一个相对位于中心的地点，尽管这里举行大型集会的设施有限。集会的地

---

① 利顿致索尔兹伯里，1876年5月11日（Lytton to Salisbury, 11 May 1876, I. O. L. R., E218/518/1），第149页。

② 利顿致维多利亚女王，1876年4月21日（Lytton to Queen Victoria, 21 April 1876, I. O. L. R., E218/518/1）。

③ 印度事务部藏书与档案：来自印度的政治的秘密信件，1877年1月与2月（I. O. L. R., *Political and Secret Letters from India, Jan. and Feb.* 1877, no. 24, para. 20）。

点与英国人的而不是莫卧儿人的德里相关，因为所选地点并非红堡（当时它已经被清理过，此外今天这里是印度的政治礼仪中心）前的大广场，而是靠近山脉、居民稀疏的一块土地，这里曾是英国战胜叛乱的地方。英国的营地扎在山上，面朝东方，一直向下延伸到贾木纳河。

此次集会是一个激发热情的机会，以激起“本国贵族的热情，他们的支持与热忱的效忠对于……印度帝国的稳定而言绝非无足轻重的保证”。[①] 利顿正设法发展这个“贵族阶层”与王权之间的牢固关系。他认为，印度不可能只靠“好政府”的统治，换言之，要提高印度农民的生活条件，严格执法，并在灌溉工程上大量投入。

所谓的印度人对炫耀特别敏感的倾向与贵族的重要地位，是这次集会关键的主题；利顿写道，这次集会将对大不列颠的“公众舆论”产生影响，将会产生对英国保守党政府的支持。利顿希望，一次成功的集会（被新闻充分地报道并展示出印度王公与人民的忠诚）将证明颁布《女皇称号法案》乃明智之举。

利顿期望，集会将把英国官员与印度非官方的团体紧密结合起 188
来，共同支持政府。而这一希冀并没有通过集会实现。马德拉斯和孟买的地方官对举行集会都持反对意见，有一段时间似乎孟买的地方官甚至不可能出席。他声称孟买发生了饥荒，他需要待在那里；而且他认为，中央政府或管辖区的参加者将参与集会的钱花在缓解饥荒上会更好。两地的地方官都抱怨，为参加集会不得不带着大批职员离开本地政府两周时间，这会导致混乱。

---

① 利顿致维多利亚女王，1876年5月4日（Lytton to Queen Victoria, 4 May 1876, I. O. L. R., E218/518/1）。

许多在印度的英国人（官员和平民）和几家有影响的英国报纸都认为，这次集会体现了提高“黑皮肤人”地位的政策，它过分关注印度人，因为大多数的特许与恩典都是针对印度人的。利顿写道，他面临着“要使欧洲方面满意的政治困难，这一困难十分棘手，要避免恩惠被征服者多于征服者的困境”。①

在伦敦和印度对于计划的反对意见是如此强烈，以至于利顿不得不致信维多利亚女王：

> 如果英国的王权将承受失去辉煌、伟大的印度帝国之不幸，那将不是由陛下的土著臣民的不满造成的，而是由国内的党派精神造成的，也是由陛下的印度政府部门成员的不忠诚与不服从造成的，其实部门成员的职责应该是与政府合作……遵纪地、忠实地执行政府的命令。②

殖民社会学与帝国集会

以分析的眼光看，集会的目标是彰显关于印度的社会学。受邀请者的选择与英国统治者的思想相关，他们在印度确立了正当的社会秩序。尽管这次集会要重点强调王公是封建统治者和“天然的贵族”，但集会也包括了其他阶层的印度人：“本地绅士”、“地主”、“编
189 辑和记者”以及各类的“代表人物”。在19世纪70年代，英国人关于印度社会学的理论中的一条悖论变得日益明显。英国统治集团中

① 利顿致索尔兹伯里，1876年10月30日（Lytton to Salisbury, 30 Oct. 1876, ibid.）。
② 利顿致维多利亚女王，1876年11月15日（Lytton to Queen Victoria, 15 Nov. 1876, ibid.）。

的一些人从历史的角度将印度视为封建社会，它由贵族、首领和农民组成。其他英国人认为，印度是一个变化中的社会，它包含着各种团体。这些团体可以很大，而且多少有些无组织，诸如印度教徒/穆斯林/锡克教徒/基督徒/万物有灵论者；它们可以是模糊的、地方性的，比如孟加拉人或古吉拉特人；它们可以是种姓，比如婆罗门、刹帝利、班尼亚[①]；或者，这些团体可以基于教育、职业的标准，如西化的印度人。那些认为印度是由团体组成的英国统治者，试图通过与“代表人物”打成一片来控制团体，这些代表人物被认为是可以为他们的团体讲话并左右其反应的领袖。

根据封建理论，印度存在一个“本土的贵族阶层”。为了界定并控制这个贵族阶层，利顿计划在加尔各答建立一个枢密院与一个纹章院。枢密院将是纯粹咨询性的，由副王召集，“他将使这一机构完全处于他的掌控之下”。[②]利顿的意图是，通过操纵枢密院的构成来“授予副王权力，同时标榜顾及了本土的舆论，而实际上使本土成员不起作用，但又确保他们有出席的荣誉，并获得其支持”。[③]为印度成立枢密院的计划，很快遭遇到了章程上的问题以及来自伦敦的印度委员会的反对。要建立这样一个机构必须有议会的法案，而在1876年夏秋期间议会并未召开。因此，在集会上宣布的结果是，任命二十位“女皇顾问”，以便“在遇到重要问题时，可以时常向印度的王公与首领寻求忠告和建议，并通过这种方式将他们与最高权力相结合”。[④]

① 印度种姓，通常由放债人和商人组成。——译注

② 利顿致索尔兹伯里，1876年7月30日（Lytton to Salisbury, 30 July 1876, ibid.），第318页。

③ 同上，第319页。

④ 《印度公报》，特刊，1877年1月1日（Gazette of India, Extraordinary, 1 Jan. 1877），第11页。

加尔各答的纹章院将与伦敦的英国宗谱纹章院相类似，它实际上要为印度建立、制定出一套“贵族的爵位”。自19世纪初以来，印度的头衔一直是令印度的英国统治者苦恼的问题。对英国人来说，
190 这里似乎没有固定的、正统的等级次序或任何共同的头衔体系，就像英国人所熟悉的他们自身社会中的头衔体系那样。所谓的王室头衔，比如拉甲、大君、纳瓦布或伯哈德，这些头衔似乎被印度人随意使用，并不等于实际控制了领土或职位，也不是一套等级制的身份区隔体系。

与建立纹章院相配合的是这样一个计划：在集会上向九十名重要的印度王公与首领赠送以纹章装饰的大旗。这些旗帜是欧洲式的盾形。纹章也是欧洲式的，纹章的图案设计源自特定的王室历史。在纹章上对“历史”的展示包括家族的神话式起源、能将家族与莫卧儿的统治联系在一起的事件，尤其是能使印度的王公、首领与英国统治结合在一起的过去的方方面面。

这些旗帜出现在集会上，伴随着印度的王公们。这些礼物代替了以前莫卧儿王朝用“纳杂尔”（金币）和“波什卡什”（珍贵的所有物）换来“克和拉特”（象征荣誉的长袍）的做法，这种做法在先前英国人的杜尔巴中也有保留。通过废除吸收仪式，英国人完成了始自18世纪中叶的重新界定统治者与被统治者关系的过程。过去的权威体系建立在表现从属于皇帝本人的吸收仪式之上，而现在的体系则表达出一种线性等级秩序，在这种秩序中，锦旗的赠予使印度王公成了维多利亚女王的合法臣民。在英国人的关系概念中，印度王公变成了英国爵士，因此他们应该服从、效忠女皇。

利顿意识到，某些经验丰富而头脑顽固的印度委员会的大臣（他们都曾在印度任职）将会认为，赠予旗帜和创立纹章院都是“无足

轻重并且愚蠢荒谬的”。[1]利顿认为，这样的回应将是一个巨大的错误。“从政治上讲，”利顿写道，“印度农民阶级是一个具有惰性的、无活动能力的群体。如果这个阶级最终要活动起来，它并不会服从于其英国保护者，而会投向其本土的首领与王公，无论他们可能多么残暴。”[2]

“本土舆论”其他可能的政治代表，是利顿很轻蔑地提到的“半英 191
化印度人”（Baboos），他们被教会写些“半煽动性的文章，发表在本土的报刊上，他们并不能代表什么，他们只是代表自身立场的社会畸形儿”。[3]利顿认为，印度首领与王公绝不仅仅是贵族，而是“一个有权力的贵族统治阶层”，他们的复杂性可以被在印度的英国人保护起来并有效地利用。除了他们对于下层社会的权力，印度贵族阶级还易于领导，只要能够很好地投合他们的心意，因为“他们易受情感的影响，对象征符号（这些符号与事实并不很相符）的作用非常敏感”。[4]利顿继续写道，英国人可以赢得“他们的忠诚，而无须放弃我们任何的权力”。[5]为了支持他的论断，利顿提到了英国人在爱尔兰的地位，还特别提及最近和希腊爱奥尼亚人之间的经历，爱奥尼亚人并不抵抗英国统治者给予他们的“好政府”，并热情地交出了所有的利益，为的是（他所谓的）“旗子上有一小块儿带有希腊的特色”。为了强调他关于印度贵族阶层的论断，他还说，“你越往东走，旗子上那一小块儿

① 利顿致索尔兹伯里，1876年5月11日（Lytton to Salisbury, 11 May 1876, I. O.L. R., E218/518/1），第149页。

② 同上。

③ 同上。

④ 同上，第150页。

⑤ 同上。

就越重要”。[1]

印度殖民社会学的展现：帝国集会的受邀请者

根据集会设计者的安排，居于会场中心的是六十三名来到德里的、掌握统治权的王公。利顿称，他们统治着四千万人民，拥有比法国、英国、意大利都广阔的领土。[2] 掌握统治权的首领们与三百名与会的“名义首领和本地绅士”被视作“印度贵族中的精英”。利顿勋爵写道：

> 他们当中有来自马德拉斯管辖区的阿尔果德和坦焦尔的王公；贾伊·曼加尔·辛格邦主和来自奥德的一些重要的土地贵族；有西北省中来自几个最显赫家族的四十位代表，德里前王室
> 192 的子孙；卡布勒的萨都载族的后人，信德的阿罗拉部族领袖，来自阿姆利则和拉合尔的锡克教首领，来自康格拉山区的拉其普特人[3]；有来自赫扎拉边境上安巴半独立的首领，来自基德拉尔和亚辛的特使，他们乘着查谟和克什米尔的邦主的列车来到这里；有来自白沙瓦的阿拉伯人，来自科哈特和特拉杰德的帕塔首领；来自德拉加济汗的俾路支人陶姆杜伊斯；还有来自孟买的公民代表；来自中央省份的龚德人与马哈拉特邦人的贵族；来自阿杰梅尔的权贵与来自缅甸、印度中部、迈索尔和巴罗达的

---

① 利顿致索尔兹伯里，1876年5月11日，第150页。

② 印度事务部藏书与档案：来自印度的秘密政治信件，1877年2月（I. O. L. R., *Political and Secret Letters from India, Feb. 1877*, no. 24, para. 5）。

③ 指印度北方一部分专操军职的人，他们自称是古印度武士种姓刹帝利的后代。——译注

土著人。①

对利顿和英国人来说，这些冗长的名字、头衔和地区是这次集会的具体体现。这些带有异国情调的名字，“野蛮人”的头衔，尤其是服饰外表上精心制造的差异，这一切一直为集会上的英国观察者们所关注。受邀者的名单包括被剥夺了权力的印度王族的代表，诸如“前奥德王”的长子、铁普苏丹的孙子，以及“前德里王室”(莫卧儿王室)的成员。这些昔日印度主要统治家族的后人的出席，赋予这次集会一种罗马式凯旋的味道。因此，英国人将印度历史的概念理解为一种“活的博物馆”，英国人的敌人与盟友的后代共同出席，展现了征服印度的时期。“统治者”与“前统治者”都见证、体现了一种过去，它是在18世纪末和19世纪初由英国征服者创造的。在德里，所有这些“历史”被摆在了一起，为了宣布、提升、颂扬由英国君主所象征的英国的权威。②

在帝国集会的第一次官方公告中就宣布，过去与现在被结合在了一起，当时宣称，受邀请者中包括“这样一些王公、首领和贵族，他们自身体现了**过去的不确定性**与现今的繁荣”。③从帝国各地而来的印度人，甚至还有跨越边境而来的其他亚洲人，展现了一种多样性，这种多样性被视为他们需要英国女皇之统治的体现。代表女皇的副王象征着唯一的权威，其权威能够使这种内在于“殖民社会学”的伟大多样性结合在一起。帝国的统一被完全看作由统治印度的英国人 193
所赐，他们的地位高高在上，并受上天保佑。“多样性”经常在讲演中

① 印度事务部藏书与档案：来自印度的秘密政治信件，1877年2月。
② 关于主要受邀请者的名单，同上，附件1和2。
③ 《印度公报》，特刊，1876年8月18日。

被提及,这成了十天集会活动的一个特征。在集会前的国宴上,来宾既有穿着“本土服装”的印度人,也有身着长礼服和制服的英国人。利顿宣布,如果谁想知道帝国称号的意义,那么他只需“环顾四周”就会看到这样一个帝国:“其传统多种多样,其居民也是多种多样,居于其中的民族几乎有无穷多个,形成他们特性的信仰也是数不胜数。”①

印度的殖民社会学绝非固定的、严格有序的。其分类体系基于多种标准,它根据时间而变化,印度的各个地区之间也不相同。分类的基础有两种标准,一种是英国统治者所认为的“自然的”标准,诸如种姓、民族和宗教;另一种是社会的标准,它可以包括成就、教育(既有西方的也有印度的),公用事业的筹资工作,对其英国统治者的忠诚行为,还有表明其血统和宗谱的家族史。英国统治者所认为的印度的“自然贵族”,有时与“本土绅士”这一类别形成对比,本土绅士的地位建立在他们的行为(社会标准)之上,而非其血统(自然标准)之上。

被孟加拉政府作为“本土绅士”而邀请的二十二名印度人,是控制大片庄园,例如比哈尔邦的哈瓦特、达邦哈和杜姆罗恩等庄园的大地主,或者是像蒙吉尔的贾伊·曼加尔·辛格这样的人,他在桑塔尔(Santhal)部族“造反”和印度兵“叛乱”期间曾忠诚地为英国人效力。②

马德拉斯的“贵族与本土绅士”代表团由两个被废黜的统治者的后代率领,他们是阿尔果德王公和坦焦尔末代大君之女。除了马德拉斯管辖区的大地主,马德拉斯立法委员会的印度委员和两名低

① 印度事务部藏书与档案:来自印度的秘密政治信件,1877年2月,第24号,附件11,《利顿勋爵在国宴上的演讲》。

② 印度事务部藏书与档案:来自印度的秘密政治信件,1877年1月和2月,第24号,附件2。

等的印度文职人员也都在官方客人之列。孟买的“贵族与本土绅士”代表团最为多样化，其人员选择明显具有代表性。孟买市派来了两 194
名帕西人（印度拜火教徒），其中一人为詹姆斯特吉·贾吉比爵士，他是当时唯一拥有世袭英国爵位的印度人，并且由英国政府指派为孟买帕西人团体的首脑。另外，有一位重要的商人（他被当作“穆罕默德团体的代表”）、一位来自孟买高级法院的辩护律师，以及另一位成功的律师。从国际性都市孟买的“团体”来看，这里有两名帕西人、两名马拉地人、一名古吉拉特人、一名穆斯林。从管辖区的其他地方来了几个大地主、一个小额钱债法庭的法官、一个代理收税员、一位来自德干学院的数学教授和孟买政府的东方语言翻译。①

后勤和物质方面的筹划：营地、圆形会场与装饰图案

到1876年9月底，已经拟定了客人名单并发送了官方的请柬。集会的筹划工作现在转向了实际的物质方面的安排，营地的地点及相关准备，这个营地要为84000多人提供住宿，这些人12月末就要会聚德里。营地的分布为五英里的半圆形，以德里火车站为起点。营地的准备工作包括，清理一百个村庄，租赁村里的土地，阻止村民耕种冬季的作物。修建公路网、水的供给、建几个集市和适当的卫生设施，这些都需要大量的工作。就像19世纪举行一切大规模的印度人集会时一样，英国人非常担心可能暴发传染病，进行了广泛的医疗卫生方面的预防。此外还必须招募劳动力，他们大多是来自那些因使用其土地做营地而受扰乱的村庄的农民。营地建设的实际筹备工作始自

① 印度事务部藏书与档案：来自印度的秘密政治信件，1877年1月和2月，第24号，附件2。

10月15日，由罗伯茨少将做全面的主管。

受邀请的印度统治者被通知带上他们的帐篷、马车及侍从；制定出的铁路时间表必须能做到运输伴随统治者而来的数以千计的侍
195 从和牲畜。可以陪伴主人同行的随从人数有严格的限制。每位首领的侍从人数是根据他们的礼炮响数而定的，那些享受17响或更多礼炮的首领允许带500名侍从；那些有15响的可以带400人；11响，300人；9响，200人；还有那些不享受礼炮的“封臣”允许带100人。[①] 筹划者预计印度统治者和他们的随行人员总共25600人，但活动过后，据估计有50741名印度人住在自己的营帐中，有9741名印度人住在帝国的营帐中，还有职员、仆人、随从及其他人等共6438人住在“混杂的营帐”中，这些混杂的营帐有警方的、邮政与电报的、帝国集市的，还有参观者的。[②] 如果包括参加集会的军队（大约有14000人）的营帐，那么就有8000个帐篷竖立在德里周围来容纳客人。大体说来，至少有84000人参加了集会，其中欧洲人有1169人。

中央的帝国营地绵延1.5英里，宽0.5英里，位于毗邻德里山脉东北侧的平地上，覆盖了叛乱前的军营场地。副王的帆布帐篷面向主路，因此便于大量的欧洲和印度来访者到达，这些来访者要受到副王的接见。这次集会的官方史家惠勒，将副王的帐篷描绘为“帆布房子”和“大帐篷”，它是一个巨大的接见篷，就像“一座宫殿”。[③] 在帐篷中，副王端坐在其宝座上接见来访者，这个座位在一个高起的平台

① 印度事务部藏书与档案：帝国集会记录8，1876年9月15日（I. O. L. R., Imperial Assemblage Proceedings 8, 15 Sept. 1876, Temple Papers, Euro. MSS. F86/166）。

② 数字由印度事务部藏书与档案提供，来自印度的秘密政治信件，1877年8月6日，第140号，附件8。

③ J.塔尔博伊斯·惠勒：《德里帝国集会史》（J. Talboys Wheeler, *The History of the Imperial Assemblage at Delhi* [London, 1877] ），第47页。

上,平台背后悬挂着一幅面目严肃、身着黑衣的维多利亚女王画像,俯视着人们的举动。在副王前面,铺着一块专属于他的巨大的地毯,上面的图案是印度帝国政府的纹章。座椅在地毯上摆成半圆形,提供给副王的部下和首领的重要侍从,这些侍从来此向新产生的女皇和副王表示敬意。在副王帐篷内,沿着帐篷壁排列站立着持牝马尾和牦牛尾扫把的人,他们穿着副王府侍从的制服。在这些座椅后面、帐篷 196
的最后边是欧洲和印度的军人。整个景象被煤气灯照得光辉明亮。

驻扎在副王右侧的是孟买的地方官,左侧是马德拉斯的地方官;再外层是那些副地方官的帐篷。在帝国营地的东南端,毗邻副王和马德拉斯地方官的,是印军总司令和马德拉斯、孟买军队司令的帐篷。这些帐篷具有和副王的帐篷一样大的出口。在副王、地方官和副地方官帐篷的背后是那些主要的专员,海德拉巴的驻扎官,中部印度、巴罗达和拉杰普塔纳的总督代理。要进入这些帐篷须经过里面的一些小路,因为它们并不朝向外部的平原。

平原上1至5英里的范围内散布着印度人的营地,按区域排列。在山脉的东端,在朱木拿河(Jumna)的漫滩上,紧挨着帝国营地的是海德拉巴的尼扎姆(巴土邦君主的称号)、巴罗达的牧牛王(印度西部巴罗达土邦统治者的称号)、迈索尔邦邦主等人的帐篷。这些是"特殊的本土帐篷"。在帝国营地前面是中部印度首领们的帐篷,其中离副王最近的是瓜廖尔的信迪亚王公的帐篷。向南2.5英里是孟买西北省和中部省份首领们的帐篷。在德里城的西、南墙排成行驻扎的是旁遮普的首领们,其中最尊贵的位置给予了克什米尔王公,他离帝国营地最近,有2英里远。拉杰普塔纳地区的首领们沿着古尔岗公路扎营,绵延5英里,朝向帝国营地的南面。沿库土勃公路5.5英里长的公路都是奥德的贵族首领们的营地。孟加拉和马德拉斯的贵族在主营地的1英里范围之内。

欧洲人与印度人在帐篷的布置上存在着明显的差别。欧洲人的营地井然有序，帐篷的每一侧都有笔直、整洁的道路。营地还布满了花草，以增添某种英格兰的格调，而英国人将这种格调带到了整个印度。这些植物由萨哈兰普尔市和德里的植物园供应。在印度人的营地中，给每个统治者都留出了空间，以便让他们以自己的风格布置帐
197 篷。在欧洲人的眼中，印度人的帐篷杂乱无章，烹饪用的炉火似乎随便放置，还有杂乱的人群、动物、大车都妨碍了走动。不过，大多数欧洲观察家评论道，印度人的帐篷是何等生气勃勃、色彩鲜明。①

一些印度人也并非看不到帝国营地与其他营地之间的差异。信迪亚的地万（首席部长）丁卡尔·拉奥爵士对利顿的一位副官这样评论：

> 如果有人想要知道为什么现在英国人是，且将来还会是印度的主人，他只需爬上旗杆塔［眺望营地的制高点］并俯瞰这个绝妙的营地。当他注意到整个营地组织的方法、秩序、整洁、纪律和完美，他就会立刻意识到，这体现了一个种族所拥有的能支配、统治其他种族的种种资格。②

在丁卡尔·拉奥爵士的评论中有很大的夸张成分，或许还有一些个人的利益；但是，他有力地指出了一项利顿及其同事想通过这次集会完成的事情，这就是按他们的想法展现英国人统治的本质，而且令

① 惠勒，前引书，第47页。

② 引自贝蒂·贝尔福夫人：《利顿勋爵统治的历史，1876—1880年》（Lady Betty Balfour, *The History of Lord Lytton's Administration, 1876—1880*［London, 1899］），第123页。

营地体现他们自己的统治理论：秩序、纪律，在他们的意识形态中，这是整个殖民统治体系的一部分。

圆形会场与位次

自筹划之初，安排印度统治者座次的问题就成了决定这次帝国集会成功与否的最关键问题。正如我们所见，根据像达利这样的专家的意见，扰乱杜尔巴的位次问题是应该被避免的。利顿将杜尔巴的名称变成了集会后才能做到这一点。他坚持集会与杜尔巴不同，“其组织安排或仪式与通常所谓的任何接见会都不一样”①，因为宣布新头衔的实际仪式将不会“在帐篷里”举行，而是在“开阔的平原上举行，因而就避免了一次普通的杜尔巴的位次问题、交换礼物的问题以及其他一些障碍”。② 集会的筹划者们偶然想出了一个解决帝国集 198
会座次安排的绝好主意。他们决定让王公们正面围坐成半圆形，按他们的地域划分从北到南。副王将在高台上，坐在代表副王权威的座位上，周围是他的一些亲信。高台处于这样一个位置，即所有的印度人，至少在第一排的，都和副王本人等距。因此没有人能声称比其他首领地位更高。正面的座位按省或机构划分，但巴罗达的牧牛王、海德拉巴的尼扎姆和迈索尔邦邦主是例外，他们将坐在座位中心区的一个特殊的位置上。每个主要的地域单元都有一个单独的入口，此外，因为每个地域单元的位次问题已经得到了很好的解决，所以筹

---

① 利顿：《备忘录》，印度事务部藏书与档案，帝国集会记录8，1876年9月15日（Lytton, ‘Memorandum’, I. O. L. R., *Imperial Assemblage Proceedings* 8, 15 Sept. 1876, Temple Papers, Euro. MSS. F86/166, para. 16）。

② 同上。

划者认为不会引起跨区域的位次问题。有一条单独的道路通往各个入口,入场时间也是有规定的。欧洲官员混杂在印度人中间就座,比如旁遮普的副地方官和此地的王公、贵族坐在一起,拉杰普塔纳的总代表和各种驻扎官也坐在此地的首领中间。利顿写道:

> 首领们并不强烈反对按他们的民族和省份分组就座,他们坚决反对的是如同在杜尔巴中,各省混杂在一起,和其他省的首领分等级就座。在被副王接见时,每个首领都将从自己的帐篷出发,由单独的大象队列护送,来到指定给他的座位。①

除了给大人物们就座的大帐篷,还有为侍从和其他来访者搭建的两个倾斜着、面朝大帐篷的大看台。大量的印度军和王公军队的士兵排列成半圆形站立,面对着大帐篷,仆人与其他印度人也是如此。有许多大象、马匹以及马夫和看象人散布在旁观者之中。

为了强调此次活动的独特性,筹划者们形成了一个可谓带有“维多利亚时代封建特色”的总设计主旨。洛克里奇·吉卜林全面负责集会的制服与装饰品的设计。此人是作家拉迪亚德·吉卜林之父,担任拉合尔艺术学校的校长,其实他只是个不重要的拉斐尔前派风格画
199 家,而用他自己的话来说,他是一位“伟大的陶瓷艺术家”。

副王的大高台建在大帐篷对面,呈六边形,每边有40英尺长,绕一圈共有220英尺左右;其砖石底座有10英尺高。有一段宽广的台阶通向平台,台上置放着副王的宝座。在高台之上有一个大天篷。支撑天篷的杆子用各种东西装饰,其中有桂花环、帝国王冠、怪兽状

① 利顿:《备忘录》,第18段;又参见桑顿,前引书,第21章的附录《帝国集会安排记录》。

的鹰、圣乔治十字架旗和英国国旗。天篷上悬挂着刺绣装饰带,上面绣有玫瑰、三叶草、蓟花以及印度的莲花。另外,天篷杆上还悬挂着各种盾形徽章,上面有爱尔兰竖琴、苏格兰跃立的狮子和英格兰的三狮。800英尺的半圆大帐篷里面坐着首领与政府高官,装饰着鸢尾花、镀金长矛,篷布的支撑杆上描绘着帝国的王冠。在后面的柱子上挂着丝绸大锦旗,上有王公与首领的纹章。并非所有的观察者对这一场景都印象深刻。画家瓦尔·普林塞普被委任为这个场景作画,这幅画将成为王公们集体送给新女皇的礼物,但他这个景象感到吃惊,认为它体现了很差的品位。在看到这个场景时,他写道:

> 哎哟,糟糕!我要画什么呢?一个比水晶宫更丑陋的东西……[它]全是铁色的、金色的、红的、蓝的、白的……副王的高台像一座高80英尺的猩红色寺庙。从没有过这么廉价、俗丽的装饰,或比这更糟糕的品位。①

他又接着说:

> 他们一直在往装饰物上堆砌装饰物,往颜色上堆砌颜色。[副王的高台]像主显节的蛋糕的顶部。他们将一片片刺绣贴到各处的石板上、锡制的徽章上和战斧上。[所有建筑的]面积构成了一个巨大的外观,就像一个带有各种装饰的巨大的马戏场。② 200

① 瓦尔·C.普林塞普:《印度帝国》(Val C. Prinsep, *Imperial India: An Artist's Journal* [London, 1879]),第20页。

② 同上,第29页。

帝国集会

12月23日，一切都准备就绪，只等待帝国集会的核心人物副王利顿勋爵的到来。八万四千名印度人和欧洲人已经占据了他们广阔的营地，公路也已修好，整个场所都已竣工。集会的活动要持续两个星期；其目的在于指出维多利亚女王接受了她的新女皇头衔——"Kaiser-i-Hind"（印度女皇）。这个头衔是由G. W.雷特纳所提出的，他是东方语言教授，并且是拉合尔政府学院的院长。论血统，雷特纳是一个匈牙利人，在克里木战争期间他为英军担任翻译，从此成了东方学家和语言学家。他在君士坦丁堡、马耳他、伦敦的国王学院接受过教育，在弗里堡大学获得博士学位。在1864年前往拉合尔之前，他曾是伦敦国王学院的阿拉伯语和土耳其语讲师，随后为阿拉伯和伊斯兰教法律教授。① 雷特纳认为，"Kaiser"（皇帝）一词为印度本土人所熟悉，伊斯兰教作家在指罗马的恺撒时曾用过这个词，因此拜占庭帝国的统治者会被称作"Kaiser-i-Rum"（罗马皇帝）。雷特纳认为，从印度的英国统治者当前的情况来看，此时正是一个恰当的时机来巧妙地结合罗马的"恺撒"、德国的"皇帝"和俄国的"沙皇"等帝王头衔。在印度的背景中，这将是一个独一无二的头衔，将不会存在像女皇（empress）一样被印度人发错音的危险，也不会使英国的统治与那些用滥了的头衔相联系，如"沙"②、"帕迪沙"③ 或"苏丹"。它避免了

① G. W.雷特纳：《印度女皇》（G.W.Leitener, *Kaiser-i-Hind: The Only Appropriate Translation of the Title of the Empress of India* [Lahore, 1876] ），第11—12页。

② Shah，伊朗国王称号或印度等亚洲国家地方统治者的称号。——译注

③ Padishah，常指伊朗国王或土耳其苏丹。——译注

和印度或穆斯林的头衔公开结合。①

1876年7月底，利顿勋爵基于他或伯恩对雷特纳小册子的解读，向索尔兹伯里勋爵建议并指出，“Kaiser-i-Hind”是“完完全全为东方的观念所熟悉的”，并且在印度和中亚被“广泛地视作帝王权威的象征”。此外，这个头衔在梵语和阿拉伯语中都一样，它是“响亮的”，不是“陈腐的或自罗马皇帝起就被某个王权所独占的”。利顿让索尔兹伯里就女王的印度头衔问题做出最终决定。②索尔兹伯里同意使用 201
“Kaiser-i-Hind”，并且要在1876年10月7日的《泰晤士报》上适时地宣布。杰出的东方学家考德威尔批评这个头衔晦涩、模糊，米尔·奥拉德·阿里（都柏林三一学院的阿拉伯语和乌尔都语教授）认为这个头衔是“荒谬、可笑的”，因为它形成了“这样一幅图景，即一位欧洲夫人穿着一半阿拉伯服装，一半波斯服装，而且这些服装是男式的，另外，她头上还戴了一块印度穆斯林的缠头巾”。③

利顿到达德里火车站，标志着集会正式开始。他和妻子、两个女儿以及随行官员亲信从车厢中走下来，发表了简短的讲话，欢迎与会的印度统治者与政府的高级官员，并轻快地和一些与会者握手。然后利顿随迎候他的大象队列出发。

利顿勋爵与夫人乘坐一个银象轿，这个象轿是为前一年威尔士亲王的来访而制造的，象轿安置在一头大象的背上，据说这头大象的块头为印度之最，它归巴纳拉斯王公所有。

---

① 雷特纳：《印度女皇》，第9页。

② 利顿致索尔兹伯里，1876年7月30日（Lytton to Salisbury, 30 July 1876, I. O. L. R., E218/515），第321—322页。

③ 《文艺协会》（*Athenaeum*），第2559号（1876年11月11日），第624—625页；第2561号（1876年11月25日），第688—689页。

由骑兵引导的游行队列从德里城走向红堡，环绕扎玛（Jama）清真寺一周，然后走向西北山脉中的营地。游行的队列中有包括印度人和英国人在内的印军士兵，其间还夹杂着王公地方军的小分队，他们还穿戴着“中世纪的”盔甲，带着印度的武器。利顿评论道，这些本土士兵呈现了“一种最引人注目、最奇特的外表……生动、丰富地展示了奇特的军装、奇特的制服、奇特的外形”。①

队列用了三个小时从城里行至营地。当副王、其随行人员以及其他的英国官员经过时，一些印度王公的侍从就跟在随行官员之后。然而，没有任何出席集会的王公或印度贵族骑行在队列中。自始至终，他们在此扮演的角色都是女皇所赐礼物与荣誉的接受者，同时他
202 们也是旁观者，观看英国人代表女王表现其为印度的君主。

从利顿到达至盛大的入场，再到1877年1月1日举行集会，正式宣读维多利亚登上帝王宝座的公告，共一周时间，其间利顿致力于接见重要的首领，为高贵的来访者、参与者举行各种招待会、晚宴。利顿在德里总共举行了一百二十次接见会，其中包括对许多王公的回访，并接待了几个向新女皇请愿、发表效忠致辞的代表团。②

其中，为王公举行的一些最为重要的接见会是在副王的接见篷中进行的。一名王公由一些侍从陪伴，在指定的时间到来。在门口（取决于他实际的地位）他将受到副王的欢迎，然后副王授予他（“专属于”这位王公的）绣在一面大锦旗上的纹章。印度统治者的纹章的图案、标志由罗伯特·泰勒设计，此人是孟加拉的文官，一位业余的纹章学家。当1869年爱丁堡公爵和1876年威尔士亲王来访时，泰勒首

---

① 利顿致维多利亚女王（Lytton to Queen Victoria, I. O. L. R., Letters Despatched to the Queen, 12 Dec. 1876 to 1 Jan. 1877, E218/515/2）。

② 桑顿，前引书，第305页。

次为印度统治者设计了纹章。现在利顿勋爵决定，除了泰勒已经创作的纹章之外再设计八十个。

泰勒设计的图案与他的一些观念相关，其中包括各统治家族的神话起源，他们对于特定的男神和女神的认同，他们历史上的事件，他们领土的地形特征，或者他们所拥有的祖传纹章是与某个甚至某些统治家族相联系的。拉其普特人的大多数纹章都以太阳象征他们是罗摩[①]的后裔。旁遮普所有锡克教首领的旗帜上都有一只公猪。图案的背景颜色也用来代表地区的首领群体，有些首领用带有神圣意义的树或植物象征一个特定的家族。甚至连叛乱事件也被表现了出来，只要它们象征效忠英国人。某些时候，泰勒的想象力似乎也枯竭了。克什米尔是1854年英国人用安插一个大君的方法创立的一个缓冲区（此前此地由其他几个统治者控制），这一地区无疑对下列象征手法感到满意，即用三条波浪线象征三条喜马拉雅的山脉，用三朵玫瑰象征克什米尔山谷之美。纹章图案绣在长宽各为五英尺的罗马式大锦旗上；印度旗帜是狭长的锦旗，其形状被认为不适宜绣上新封建贵族的纹章。[②]除了赠予旗帜与纹章，最重要的印度统治者 203
还被授予一枚金质大奖章，用丝带把奖章挂在他们的脖子上。地位次之的首领和数百名下级文官及英、印士兵会得到银质大奖章。

授予旗帜与奖章的过程并非一帆风顺；人们发现，旗帜非常不便于持握，因为铜旗杆和旗帜的附属物具有相当的重量，另外印度人也

① 印度教神名，最高神毗湿奴的第六、第七、第八三个化身之一。——译注

② R.泰勒：《王公的纹章》（R.Taylor, *The Princely Armory Being a Display for the Arms of the Ruling Chiefs of India after their Banners as Prepared for the Imperial Assemblage held at Delhi on the First Day of January,1877*, I. O. L. R. typescript; and Pioneer Mail, 4 Nov. 1904［clipping bound with Taylor, Princely Armory in I.O.L.R.］）。

不清楚该怎么使用旗帜。据说，他们可以在游行时将旗帜固定在大象的背上。一位英军军官用乌尔都语向他的几名印度士兵授予了银质奖章，但并不能胜任向他的士兵传达奖章意义的任务。他对其手下士兵说："Suwar［suwar意为猪，他想说的是sowar，乌尔都语的士兵］，你的女皇赠予你一个billi［billi意为猫，他想说的是billa，即奖章］，让你戴在脖子上。"① 女皇的赏赐用来替代"克和拉特"的赠予，并免除奉献"纳杂尔"（金币）。主要的赏赐——纹章，是以英国人的方式展现了印度统治者们的过去，这一点是意味深长的。

1877年1月1日中午，一切都准备就绪，只等副王进入圆形会场。王公和其他贵族都坐在自己的座位上，观众的看台上都挤满了人，成千上万的印度和欧洲军人列队站立。副王和他的妻子及几个随从，在《唐怀瑟》中的进行曲的伴奏下，进入圆形会场。当他们从马车上下来时，六名身着中世纪服装的号兵吹起了响亮的喇叭。尔后，副王在国歌的旋律中登上了宝座。首席传令官（据称他是印度军中个子最高的英国军官）宣读了女王的公告，这份公告宣布自此以后她的女王称号与头衔中要加上"印度女皇"。

印度政府的外交大臣桑顿，用乌尔都语宣读了新头衔公告的译
204 文。然后，101响礼炮鸣起，与会士兵还行了鸣枪礼。大炮和步枪的声响惊动了聚集于此的大象和马匹；许多看热闹的人被践踏而死或受伤，卷起的滚滚烟尘笼罩着剩下的活动。

利顿发表了演说，与在其他重大场合发表的演说一样，他强调履行女皇在1858年11月1日发表的公告中的承诺，即为印度的王公与人民实现"进步的繁荣"与不受干扰的享乐，实现"他们世代的光

① 伯恩：《回忆录》，第42—43页。

荣”，并保护“他们合法的利益”。

英国在印度之权威的历史根基是“天意”使然，上天曾号召君主“改良统治，走向善治，并成为伟大的君主”，但其继承者们没有做到

> 确保他们领土内部的和平。冲突长期不断，政治混乱循环往复。结果，弱肉强食，而强者亦成为自我欲望的牺牲品。

利顿接着说，帖木儿王朝继承者的统治“已不再能体现东方的进步”。如今，在英国的统治下，所有的“信仰与种族”都被保护了起来，并为“帝国权力的铁腕”所引导，帝国的权力已经带来了迅速的进步与“日益的繁荣”。

利顿还提及了作为帝国组成要素的恰当的行为规范。他首先提到了“英国行政官与对君主忠诚的军官”，他要以女皇的名义向他们致谢，感谢他们“为了帝国的美好而付出的巨大艰辛”，感谢他们所具有的“百折不挠的精神、公共美德以及自我牺牲的精神，这些都是历史上前所未有的”。他尤其挑出了“地方官员”来致谢，因为他们具有忍耐力和勇气，这些是有效运转整个行政体系所必须的。所有的文职与军职人员都得到了女王的感谢与认可，因为他们能够“维持其民族的高尚品格，实施其宗教的良好准则”。利顿告诉他们，他们“正给这个国家的各宗教与民族带来善政的不可估量的益处”。非官方的欧洲团体也得到了称赞，因为印度受益于“他们的进取心、勤劳、社会能量与公民道德”。 205

副王代表女皇向帝国的王公与首领表达了谢意，感谢他们的忠诚，感谢他们在过去的岁月中，当政府“受到攻击和威胁时”乐于辅助政府。为了“将英国王权与王权的封臣和支持者们联合在一起”，“女

王陛下欣然接受女皇头衔”。

“印度女皇的本土臣民”被副王告知，“这个帝国的长久利益要求英国官员对他们的行政管理进行最高监督与指导”，英国官员必须“继续建设最重要的、实际的交流渠道，通过这些渠道，西方的艺术、科学和文化……可能自由地流向东方”。尽管为“印度本地人”留出了空间来参与“所居住地区”的行政管理，但是这里仍断言英国人具有优越性。然而，任命高级公职人员不应该只选择那些“智力上合乎要求”的人，还应该包含那些“从出身、等级、世袭的影响来看”，属于“天然的领导”的人，也就是封建贵族，这个阶层是在这次集会上被“创造出来的”。

副王通过诵读来自“女王，你们的女皇”的电文，结束了他的演讲，女皇向所有与会者表达了她的感情。她致电说，“我们的统治”是建立在自由、平等和正义等伟大原则之上的，这些原则“将促成他们的幸福”，给他们带来“繁荣，并增进他们的安康”。①

副王演讲的结尾部分得到了热烈的欢呼回应，当欢呼声平息后，信迪亚王公起身向女王致辞，他用乌尔都语说道：

> 王中之王，吾皇，愿神保佑你。印度的王公祝福你，并祈祷你的最高统治权[此处原文为hukumat，指能够下达令人必须遵守的绝对命令的权威，即最高统治权]能永远保持不变。②

信迪亚王公之后，其他统治者也表达了他们的感激之情，并宣誓效

① 《印度公报》，特刊，1877年1月1日，第3—7页。
② 桑顿，前引书，第310页。

忠。信迪亚王公的宣言似乎是主动提出的，尽管他没有以“Kaiser-i-Hind”这个恰当的称呼向女皇致辞，却被利顿视作实现了集会意图的标志。

此后集会活动又持续了四天。这些天的活动包括一场步枪射击比赛，一场皇家杯赛马会的开幕式（某王公的一匹马如人所料地获得了胜利），好几次晚宴和招待会，还有各种地区的、公民的团体来表达 206
忠诚、进行请愿。此外还组织了一次印度艺术与手工艺品的大规模展览。集会活动以一场帝国军队在前、王公军小分队紧随其后的队列游行作为结束。在这次集会中宣布了一长串的新荣誉，一些王公的礼炮响数得以增加，还有十二名欧洲人和八名印度人被授予了“女皇顾问”的头衔。“印度之星”勋位增加了三十九位新成员，以庆祝这次盛会。一大批印度人成了新的头衔拥有者。成千上万的犯人获释或者被减刑，一些军人得到了奖金。宣布公告的那天，全印度都举行了仪式，以庆祝这一盛会。在各管辖区的中心城市，在文官和军官的居住区，直至地方的区级总办事处，总共召开了三百多场类似的会议。在各城镇，庆祝活动的计划往往是由地方的印度官员起草，计划包括举行杜尔巴，用梵语或其他语言献诗，让学校的儿童游行并请他们吃糖果，给穷人分食物，给缺乏生活必需品的人发衣服等，这些活动通常以晚上放烟火而告终。

结　论

历史学家们很少关注1877年的集会；至多把它当成一件蠢事，一次盛大的表演会或演出，但没有任何实际价值。印度的民族主义史学注意到，这次盛会第一次使全印度的早期民族主义领袖和新闻记者在同一时间聚集到同一个地方，但这被当作粉饰帝国现实的虚假玩意儿而被忽略过。此外，这次集会还被看作帝国统治者冷漠无情的例证，因为他们在饥荒时期花费了大量公款。

从集会的筹划到事后，它一直受到印度语言报刊和英语报纸的广泛批评。许多人认为，就像埃伦巴勒费尽心机来颂扬帝国一样，这次集会也以某种甚或是非英国式的方式，表现迪斯雷利和利顿的荒诞的想象。

207 然而，这次集会一直被印度人和欧洲人（先是印度人后是欧洲人）当成一个里程碑式的事件。它成了衡量公共仪式的标准。可以说，这样的活动又出现了两次：1903年，寇松勋爵[①] 在德里组织了一次帝国杜尔巴，宣布爱德华七世为印度皇帝，会议的地点正是其母宣布其女皇头衔的地方；1911年，还是在同一地点，乔治五世亲自到场，使自己加冕为印度皇帝。寇松是一个精力极其充沛并充满智慧的人，他对自身统治印度的权威有着近乎自大狂式的信念，他花了近六个月时间来筹划"他的"杜尔巴，并一直尽力遵循利顿制定出的模式。当他有所背离利顿模式时，就尽量详细、充分地解释他的变化和增添的东西。寇松希望这次帝国杜尔巴在某些方面比集会更加"印度化"，因此这次的设计动机是"印度—穆斯林式的"，而非"维多利亚封建式的"。他还希望王公能够更积极地参与这次活动，他们将在活动中直接表达其敬意。这类的参与成了1911年帝国杜尔巴的核心部分，在这次杜尔巴中，许多主要的王公领袖在他们的皇帝面前一一下跪，接见的地点在所谓的"效忠仪式篷"，它代替了圆形会场中心的副王的高台。

① 1898—1905年的英国驻印度总督。——译注

帝国集会、帝国杜尔巴以及它们所创造的仪式风格清晰明显地展现了英国人统治印度之权威的建构，它们具有怎样的意义或后果？利顿及其接班人是否完成了他们的目标？从某个层面来看，他们没有做到，因为今天的印度、巴基斯坦和孟加拉国都是独立的国家。帝国统治之永世长存的思想成了几乎为人遗忘的老古董，即使对那些历史学家来说也是如此，他们认为，1877年至1947年这一阶段的事件是争夺物质利益的斗争，或者是印度人民反帝斗争高潮的体现。

然而，我认为，存在着另一种方式来看待利顿及其同僚的意图与仪式风格程式化的成败问题。我已经专门考察了英国人对权威的建构及其表象。当印度人（尤其是在他们民族运动的最初几年中）开始通过他们自己的组织发展出一套属于自己的公共政治风格时，他们采用的是何种风格？我要指出，实际上，他们使用的正是其英国统治
者所采用过的那种风格。印度国会中所有委员会的早期会议，都与 208
杜尔巴非常相似，其中有游行活动，而且领袖人物及其演讲具有核心地位，这些演讲成为了载体，领袖们通过它们来分享“先进的治理”的价值、成就，以及印度人民所获得的幸福、安康。英国风格的成效在于，它制定了民族主义运动初级阶段的话语形式。实际上，早期的民族主义者宣称，他们比其英国统治者更加忠于印度帝国的真正目标。

1920年至1921年的第一次不合作运动，被认为最终确立了甘地在民族主义斗争中的重要地位。正是在不合作和消极抵抗的形式中，人们第一次尝试了一种新的风格。从本质上讲，在印度这是对英国权威的第一次发展成熟、范围广泛的抵抗。这次运动始于甘地的宣言，即印度人应该归还帝国政府授予的所有荣誉和纹章。甘地这样做，不仅是在攻击政府制度，也是在抨击政府利用创设荣誉而使其

权威充满意义、值得遵守的本领。

甘地对于民族主义运动大部分的贡献在于，他关注创造、表现基于一套完全不同的权威理论之上的新行为规范。这体现在一系列标志中。印度人不再穿西式服装或他们的帝国统治者下令规定的“本土”装束，而是穿家庭纺制的农民服装。团体祈祷会是阐释甘地的指示的场所，这样的祈祷会与那种杜尔巴式政治集会的气氛不同。印度的朝圣被吸收到了政治中，存在于甘地的游行示威的形式中，而且“政治家走在人民中间”（paidatra）的思想现在仍是印度政治仪式的一部分。

然而，英国风格并没有轻易或迅速地死亡，它可能仍存在于各种形式中。帝国的终结是以1857年为标志的，这一年或许也被当作帝国的起点，此时莫卧儿王宫失去了神圣意义，英国官员喝着酒吃着猪肉。红堡见证了副王权威移交给独立后印度新总理的这一刻，它以英国国旗的降落为标志，这发生在1947年8月14日的午夜，在一大群
209 欢欣鼓舞的印度人面前。

第六章

殖民统治时期非洲传统的发明

特伦斯·兰杰

导 论

19世纪70—90年代是欧洲发明传统（教会的、教育的、军事的、共和国的、君主制的）的极大繁荣时期。同时，它们也是欧洲人大量涌入非洲的时代。在这两个过程之间存在着众多复杂的联系。帝国的概念在欧洲自身内部的发明传统过程中是居中心地位的，而非洲的各个帝国出现得如此之晚，以至于当时它们体现的是欧洲发明的传统的影响，而不是起因。然而，新传统运用于非洲后，就具有了独特之处，将它们与欧洲和亚洲的帝国形式区分开来。

与印度不同，非洲的许多地方成为白人定居的殖民地。这意味着，定居者必须将自己界定为广大非洲人的自然而又无可争议的主人。他们利用欧洲发明的传统来确定和证实自己的地位，并且提供有时能吸引非洲人的从属形式。因此，在非洲，一整套发明出来的学校、职业和军团传统，比在欧洲更为明显地成为命令和控制措施。

而且，在欧洲，新统治阶级的这些发明的传统在某种程度上受产业工人发明的传统或农民发明的“民间”文化的制衡。在非洲，没有哪个白人农民将自己看成农民。南部非洲矿山中的白人工人确实利用了欧洲行业工会中发明的仪式，但是他们这么做，在一定程度上是因为它们是排他性的仪式，而且能够被用于阻止非洲人成为工人。

与印度的另一不同之处是，非洲既未向其征服者提供固有的帝国体系，也没有为他们提供现存的有关荣誉和地位的主要仪式。想
211 要实现非洲和欧洲统治体系间的联系，只能在君主制层面；殖民者们认为，非洲有许多未发展成熟的国王。由此，英国人在非洲比他们在英国或印度更加广泛地使用了“帝国君主制”（Imperial Monarchy）的观念。有关一个无所不知、无所不能和无所不在的君主的“神学理论”，几乎是呈现给非洲人的帝国意识形态的唯一内容。对于德国人来说，皇帝也是德国统治的首要象征。而法国人则面临将非洲人纳入共和传统这一更艰巨的任务。

尽管君主制意识形态对于英国人来说是有用的，但是它本身尚不足以立即为殖民统治提供理论，或证明其统治体系是合理的。因为在英国和非洲政治、社会、法律制度之间能确立的联系非常少，所以英国统治者着手为非洲人发明非洲传统。他们自己对“传统”的尊重，使得他们青睐那些在非洲是传统的东西。他们着手整理和传播这些传统，由此将那些灵活多变的习俗转变成为确定无疑的东西。

虽然所有这些都属于欧洲观念史范畴，但它们同时也是现代非洲史的重要组成部分。一个历史学家若想对殖民主义之前的非洲特性有所理解，就必须先理解这些复杂进程；很多非洲学者与欧洲

研究非洲问题的学者都已发现，要想摆脱殖民地时期整理形成的非洲“传统”的错误形式是困难的。然而，对这些进程的研究不仅是史学编纂的一部分，而且也是历史的一部分。由欧洲输入的发明的传统不仅为白人提供了发号施令的模式，而且还为很多非洲人提供了“现代”行为的模式。非洲社会的发明的传统，无论其是由欧洲人发明的，还是由非洲人作为回应而自己发明的，都歪曲了过去，但是其本身已成为现实，而且正是通过它们，大量殖民冲突得以显现。

欧洲发明的传统和非洲帝国

19世纪欧洲发明的那些传统被非常不均衡地输入非洲。19世纪80—90年代，来自欧洲、加拿大和澳大利亚的很多白人到达南部非洲，并在矿山工作；众多的非洲人则正被纳入劳工流动网络之中。但 212
是欧洲无产阶级或手工业者发明的传统，并不适用于使非洲工人安于他们在劳动等级制中所处的地位，更不利于他们将自己界定为手工业者或工人。相反，重新恢复的和发明的行业工会的仪式，被白人工人用来**排斥**非洲人的加入。伊莱恩·卡茨在她有关南非白人工联主义的研究中，指出了白人矿工是如何获得行会会员资格的。英国和澳大利亚矿工占支配地位的这一行会是“在这一基础上组成的，即排外性的成员资格仅限于那些拥有爆破执照的、白人背景的矿工”。行会领导人们敦促那些往往是持冷淡态度的会员在劳动节游行中跟随行会旗帜和铜管乐队行进——这些是工人团结的仪式，在当时背景下意味着精英身份。正像开普殖民地的首相约翰·X.梅里曼于1908年指出的，在欧洲被看作“下层阶级”的白人工人“到达这里后高兴地发现,自己处于一种肤色贵族的地位”。[1]

当前大量的研究已指出,在19世纪80—90年代,整个东部、中部和南部非洲的非洲人正在成为农民,由于不平等的贸易方式、税收或租金,以及他们在由基督教传教团确定的一种共享文化体系中所处的从属地位,他们的农业剩余产品被剥夺了。[2] 但是对于非洲农民来说,他们很难借鉴欧洲农民在使自己免受资本主义侵袭时曾使用过的被发明的传统。几乎在非洲的各个地方,白人农民都不认为自己是农民,而是绅士派头的农场主。只是通过一些传教会,欧洲农民的传统模式才影响到非洲人,而且那也只是以一种转变了的形式。

最接近于农民传教会的是巴塞尔传教团(Basel Mission)。作为沃登堡虔信派的产物,巴塞尔传教士们将源自维护前工业时代的德国农民生活的乡村社会模式带到了非洲。为抵御工业城镇的威胁,
213 他们主张一种理想的“基督徒的乡村模式”,提倡一种建立在“前工业的、使用自然产品的手工艺与大家庭相结合的”基础上的重构的农村“传统”。它们代表着“一种‘传统的’社会和经济环境,其中地方食物生产和地方食物供给之间存在着直接关系”。他们进入非洲的原始动因是渴望找到自由土地,在那里德国农民团体可以获得逃避。在他们接近非洲人时,他们“从这个村庄到那个村庄进行传教”。在德国,虔信派模式只是不完全地反映了一种更少组织性和一致性的过去。在非洲,并不存在这种形式或稳定的“村庄”。巴塞尔传教团

① 伊莱恩·卡茨:《行会贵族统治》(Elaine N. Katz, *A Trade Union Aristocracy, African Studies Institute Communication*, no.3 [Univ. of the Witwatersrand, Johannesburg, 1976])。

② 有关“农民化”的另外两个解释是:罗宾·帕尔默和尼尔·帕森斯编:《农村贫穷的根源》(Robin Palmer and Neil Parsons [eds.], *The Roots of Rural Poverty* [London, 1978]); 科林·邦迪:《南非农民的兴衰》(Colin Bundy, *The Rise and Fall of the South African Peasantry* [London, 1979])。

的那些乡村，远没有为非洲耕种者提供一种保护其价值的方式，而是以专制的欧洲式的控制与经济革新的机制进行运作。①

其他教会很少如此清晰地表达欧洲农民的意愿。但是很多教会具有的一些特点，也是由于欧洲教会对农民意愿所做的回应而产生的。因此，英国国教会通过形成"传统"社会的仪式，来应对一个日益增长的、以阶级为基础的农村社会的紧张状况，而且现在它已将这些丰收庆祝活动和祈祷日期间列队穿过田野的活动引入非洲。②通过认可广为流行的圣母玛利亚崇拜，将它集中在几个神殿之中，并把朝圣的人流引向那些地方，罗马天主教会也对地方农民的神殿、崇拜和朝圣的无序扩散做出了回应。③现在法蒂玛④和卢尔德⑤的复制品被引入非洲。仪式和崇拜的集中化，在非洲尚无流行的基督教对其做出回应时被引入非洲，它限制了非洲农民的创造力，而不是激发它。

对于非洲的白人来说，最重要的不是欧洲工人和农民的发明的传统，而是绅士和职业人士的发明的传统，而且它们对黑人的影响也最大。有两个主要原因可解释这些新传统的重要性。在19世纪80—90年代，欧洲有剩余的新传统资本正等待被投资到海外。工业民主 214

① 保罗·詹金斯：《关于作为一个传教运动的沃登堡虔信派的定义》(Paul Jenkins, 'Towards a Definition of the Pietism of Wurtemburg as a Missionary Movement', *African Studies Association of the United Kingdom, Conference on Whites in Africa*[Oxford, Sept.1978])。

② 詹姆斯·奥贝尔科维奇：《宗教和乡村社会：1825—1875年的南部林德赛》(James Obelkevich, *Religion and Rural Society: South Lindsey, 1825—1875*[Oxford, 1976])。

③ 阿尔方斯·迪蒙：《宗教—宗教人类学》，载雅克·勒高夫和皮埃尔·诺拉编：《研究历史，新途径》(Alphonse Dumont, 'La Religion-Anthropologie Religieuse', in Jacques Le Goff and Pierre Nora[eds.], *Faire de l'Histoire, Nouvelles Approches*[Paris, 1974])，第2卷，第107—136页。

④ Fatima，穆罕默德之女，被什叶派尊为"圣母"。——译注

⑤ Lourdes，法国地名，是圣母玛利亚崇拜者朝圣的中心。——译注

制中日益扩大的统治阶级内的公职人员的生产简直是太成功了。年龄较小的儿子、出身名门的孤儿、教士的儿子等，已经亲身经历了公学、军队、大学的“传统”，但是无人能保证他们在英国官僚体制中确定无疑地获得晋升。这些人在非洲成为军人、猎人、商人、店主、寻求特许权者、警察和传教士。他们经常发现自己在从事这样的工作：这些工作就其定义而言在英国是卑贱的，只是建立中的帝国之魅力使它们变得可以接受；他们越来越强调自己作为上层阶级所拥有的新传统头衔。

第二个原因是，在19世纪的最后几十年中，有一种使欧洲人在非洲的行为变得更受人尊敬和更有序的极为迫切的需要。随着官僚政治和学校、军队、教会甚至商业中的部门传统的兴起，在英国已经得到重构，但此时在热带非洲的绝大多数欧洲人的活动，无论是官方的还是非官方的，依然是粗俗、卑鄙、混乱和缺乏效率的。随着正式的殖民统治的来临，迫切需要将白人转变为一个令人信服的统治阶级，不仅通过军事或经济力量，而且还通过由新传统赋予的特定地位，而对他们的臣民们行使统治。

因此他们采取了各种措施，以确保非洲的军事和行政公职人员与占统治地位的传统互相关联。在殖民统治的早期阶段，较多使用了新近高效而又受尊敬的英国军队的军官。卢加德[①]在尼日利亚依靠他们来担任“绅士般的”行政官员。1902年，正在尼日利亚的洛科贾撰写有关尼日尔河的文章的卢加德夫人，描述了一种真正的新传统节庆活动。为了庆祝“加冕日”——这是第一个精心设计的“传统的”加冕的日子：

① Lugard，英国派驻尼日利亚的殖民地官员。——译注

我们满怀爱国热情地以玫瑰装饰餐桌……我们为国王的健康干杯，乐队在一旁演奏《上帝保佑国王》，而一群黑仆人和其他人聚集在打开的窗外高喊："好国王！好国王！"当我注意到餐桌两边一排排坐着的英国绅士的优雅表情时，我不禁为这一想法而激动，即这确实是我们帝国才有的一个现象，也就是说，我们能够在非洲的中心以一种像你们在伦敦最高雅的中心 215
地区所希望遇到的美好方式，使二十位有修养的英国官员共进晚餐。①

同时，英国的教育体系也开始培养殖民地民事行政官员。哈罗公学的校长如此说道：

一个英国校长，当他展望自己学生的未来时，将不会忘记，他们注定将成为世界最大帝国的公民；他将传授他们爱国主义思想……他将使他们对自己国家和种族所具有的天赋使命深信不疑。②

负责招募殖民官员的人证实了这些努力的成功。"至于公学"，殖民地公职人员体系的主要设计者之一拉尔夫·弗斯爵士如此写道：

① 马杰里·佩勒姆：《卢加德传》(Margery Perham, *Lugard: The Years of Authority* [London, 1960])，第80页。

② 引自辛西娅·贝尔曼：《1890—1914年英国帝国主义的神话》(Cynthia Behrman, 'The Mythology of British Imperialism, 1890—1914' [Univ. of Boston doctoral dissertation, 1965])，第47页。

> 它们是极其重要的。没有它们，我们不可能掌管一切。在英国，大学锻炼人的智力；公学则培养人的性格和传授领导才能。[①]

但是大学也开始尽其职责，而且很快，

> 区专员必须是一个身兼多职的人。为了胜任殖民地公职人员行政部门的任命，他必须拥有一所受认可大学的文科优秀荣誉学位……如果在优秀学位之外，他还拥有某项体育成绩，那么将会有利于申请。[②]

所有这一切使得行政官员们像公学中高傲的级长一样统治其辖区，这些级长们发明出自己的小传统，以指使低年级的学生们。我们被告知，南坦噶尼喀通杜鲁的区专员

> D先生习惯于每天晚上戴着帽子出去走很长一段路。大约日落之时，当他到达回家的折返处后，他就把自己的帽子挂在近处的树上，然后不戴帽子继续散步。在他之后经过这条路并且看到帽子的第一个非洲人，被要求把帽子拿回D先生的家，交给他的仆人们，即使这位非洲人正走在相反方向上而且前面还有很长的路要走。如果他对帽子视而不见，那么他将由于害怕D先生的

---

① 引自R.霍伊斯勒：《昨日的统治者：英国殖民地公职人员的形成》(R.Heussler, *Yesterday's Rulers: The Making of the British Colonial Service* [London, 1963])，第82页；也可参考D. C.科尔曼：《绅士与演员》(D. C. Coleman, 'Gentlemen and Players', *Economic History Review*, xxvi [Feb. 1973])。

② E. K.拉姆利：《被遗忘的委托统治权：坦噶尼喀的一位英国地方官员》(E. K. Lumley, *Forgotten Mandate: A British District Officer in Tanganyika* [London, 1976])，第10页。

情报机构抓住自己而提心吊胆。① 216

但是，这本身尚不足以确保非洲的士兵和行政官员的高雅风度。人们还需要相信，众多的白人定居者也确实是或有可能是统治的新传统的继承人。最终，一些定居者的城镇成功地将那些其传统曾赋予英国统治阶级以法律效力的学校复制到非洲。因此在1927年：

> 与伊顿公学讨论了这样一项计划，即在温切斯特和伊顿的联合支持下，建立“肯尼亚公学”，由双方安排教员，并为较贫困的白人父母的孩子提供奖学金。在去英国证实对这一项目的支持后，教育主管决定要求“所有名列前茅的公学都向我们提供他们学校建筑的照片，以使那些学生能够不断回想起祖国的伟大学校，而参观学校的校友们则可能回想起他们的母校”。

最终，这所学校将以国王乔治五世的名字命名，“以此提醒那些落后种族牢记他们已加入帝国之中”。②但是一开始，转变主要是通过一套复杂的重新阐述体系而产生的，这套体系影响了非洲白人被看待的方式和他们看待自身的方式。

这一过程以两种方式展开。新传统资本的剩余正被投资于非洲这一事实，加上上流社会成员的追逐财富，使评论者们可以强调白人定居者中的绅士风度，并且认为殖民地经历本身有助于使人们获得

① 拉姆利，前引书，第55页。

② M. G.雷德莱：《困境政治：1918—1932年的肯尼亚白人社区》(M. G. Redley, ‘The Politics of a Predicament: The White Community in Kenya, 1918—1932’ [Univ. of Cambridge doctoral dissertation, 1976])，第124、125页。

绅士风度。令布赖斯勋爵印象深刻的是,在19世纪90年代罗得西亚的“热带荒漠”中,“会遇到如此多有礼貌、有教养的男子”,他补充说,殖民地经历促进了“个性在简朴却严酷的环境下的发展,能够显示出一个男子的真正力量”。在这样的环境下,布赖斯准备宽恕那些他在英国将会加以谴责的相当粗俗的新传统狂热。就南非白人对“国家体育项目”板球所表现出的狂热,他也记忆犹新。

> 即便是一个认为英国对于体育运动的激情已超越所有理性
217 限制,已严重损害了教育,并渴求智力娱乐的人,也会在当时的氛围中找到热爱板球的理由……我们的同胞们不会因为担心阳光炽热而不再从事这项国家体育项目。他们是非洲的英国人,就和在英国一样。①

在肯定和形成绅士风度这一进程之外,同时还有另一进程,即重新界定职业,由此,店铺主或是探矿职业也符合绅士身份了。移民至罗得西亚或肯尼亚的年轻绅士可能梦想有一天置下一片地产,但是在初期,经营一家农场商店和购买非洲人的农产品,要比试图亲自种农作物有利可图得多。不管怎样,说英语的“农民”将是绅士般的农民,他们自己不下地劳动,而是使用他们新传统的命令力量来管理劳动。因此,起初他们依靠非洲人,或是布尔人的土地知识,并通过贸易来牟取非洲农业生产者的剩余。由此,他们就扮演了一种非常重要的功能,因为早期殖民地经济的劳动力完全依赖非洲人生产的食物。

① 詹姆斯·布赖斯:《南非印象》(James Bryce, *Impressions of South Africa*[London, 1897]),第232、384—385页。

因此，在一段时间里，经营一家店铺或是购买非洲人的谷物与牲畜是适合绅士的。① 布赖斯勋爵在1896年的罗得西亚年轻白人店主或是寻找黄金的探矿者中，发现了"有教养和有思想的人"。这些早期岁月的思想氛围，以及绅士新传统中的乐观情绪，在科林·哈定的自传中有明确体现。作为蒙塔丘特府勋爵的儿子，年轻的哈定主要关心的是猎场上的英雄行为。但是

> 我父亲的死揭示了这一不幸的事实，即无论是我自己，还是我家庭中的其他成员，都并不是像所期望的那样富裕……我和我的兄弟们都没有职业，而且也没有获取职业的方法。

无论如何，"打猎教给了一个男子很多东西"。哈定于1894年来到津巴布韦的布拉瓦约，发现"农业是令人筋疲力尽的"，而且"像我这样的人是市场上的滞销品"。然而，"有经验和可靠的店主几乎能随心所欲地控制任何工资"。但是这位年轻绅士并未就此垮掉。哈定与猎场上的一位老朋友一起开始勘探金矿。不久，他开始挖一个矿 218
井。"对于我来说，提醒我的朋友我对于挖矿所知甚少或是一无所知是没有用的，因为他以挖金矿和找狐狸非常相像的观点来让我闭嘴。"不久，哈定进入英国南非警察机关，并由此踏上了体面的绅士般的行政官员之路。②

很快地，罗得西亚和肯尼亚逐步向一个更加稳固的绅士社会发

① 有关罗得西亚白人对非洲食物生产的依赖情况，见帕尔默：《罗得西亚南部农业史》(Palmer, 'The Agricultural History of Southern Rhodesia', in Palmer and Parsons [eds.], *The Roots of Rural Poverty*)。

② 科林·哈定：《远方的号角》(Colin Harding, *Far Bugles* [London, 1933])，第22页。

展。亚洲人、希腊人和犹太人接手了店主和“非洲高粱商人”的工作；政策有意识削减非洲农业产量，并使劳动力受绅士农场主的支配。由此，M. G.雷德莱这样描述第一次世界大战刚刚结束时肯尼亚白人社会的特性。

> 战后携带资本的英国移民的主要成分是被称为“新上层中产阶级”的人。源自制造业、商业和自由职业的家庭财富，已使维多利亚时代社会的阶级划分变得模糊不清了。公学教育为那些不能直接自认为是绅士的人提供了和那些能够如此认为的人相同的背景基础。战后定居者更多来自工厂主、乡村教区长家庭和印度军队官员，而不是贵族的后裔……然而，绅士风度是一种生活方式，由此他们感觉到了一种深切的认同，并且他们对此表现出了一种痴迷的兴趣……上层中产阶级移居非洲的信念，对于那些感觉自己的地位和个性在英国社会中受到威胁的人来说，是最好的建议。①

雷德莱描述了新传统如何使小而分散的白人农村社会团结一致。团队比赛以经批准和有组织的方式定期将邻居们聚集到一起。它们还使象征性的抗议活动成为可能，这些抗议以定居者和殖民官员都熟悉的方式进行。雷德莱还描述了1907年在内罗毕举行的由总督资助的“化装慈善足球赛”，这一比赛

> 被领头的打扮成殖民官员的定居者打断，这些人佩戴着一排排

① M. G.雷德莱，前引书，第9页。

> 用罐头盖和红带子做成的奖章，他们用树桩标出隔离区、森林、保护区和禁猎区，直至整个足球场都成为“禁区”。① 219

另一方面由于控制肯尼亚社会的那些人决心将控制权保留在“那些以遗产、军事抚恤金、投资收入或是家庭支持做担保而接受公学教育的人”的手中，所以任何通过引入数以千计的小自由民或是手工业者来增加白人定居者人数的计划都失败了。

将非洲人纳入统治传统之中

激进的肯尼亚记者J. K.罗伯逊勇敢地批评了肯尼亚白人，因为他认为他们阻碍了生产工业。他创造了一个虚构的定居者职业历史来证明自己的观点。

> 约翰·史密斯，一个伦敦大零售商店的职员，在英属东非某一政府机构中找到一个书记职位。约翰·史密瑟斯—史密斯刻苦研读书籍和分类账本。这是同一个约翰，只是更加……他已意识到由两部分组成的名字的价值……约翰挥霍放荡。这是这个国家的习惯。他很少付账……他依靠欠账和有关他祖先高贵出身的奇妙故事生活。约翰在那一带相当知名，并逐渐使自己融入了内罗毕社会的核心。②

① M. G.雷德莱，前引书，第39页。

② 罗杰·茨万南博格：《罗伯逊和〈肯尼亚批评〉》(Roger van Zwannenberg, ‘Robertson and the Kenya Critic’, in K. King and A. I. Salim [eds.], *Kenyan Historical Biographies* [Nairobi, 1971])，第145—146页。

通常，殖民地非洲有关统治的、欧洲发明的传统所具有的力量，有助于产生忠于“封建—家长制”伦理，而不是“资本主义—改革”伦理的士兵、行政官员和定居者。

但是，这在很多方面是非常误导人的。19世纪英国发明的传统，是统治一个极其复杂的工业社会，管理与容纳变化的一种方式。在非洲，白人为了获得权威与信任，以便作为变化的代理人行事，也依靠发明出来的传统。而且，当它们被有意识地应用于非洲人时，19世纪欧洲发明出来的传统被明确地看作“现代化”的力量。

欧洲人以两种非常直接的方式来寻求利用他们发明的传统，以使非洲人的思想和行为发生转变，并使之现代化。第一种是接受这一观念，即某些非洲人能够成为殖民地非洲统治阶级的成员，欧洲人
220 由此将在新传统背景中的教育扩大到这些非洲人。第二种（这更普遍）是尝试利用已有的欧洲发明的传统，来提供一种重新界定的统治者与被统治者之间的关系。毕竟，军团传统确定了军官和士兵的地位；乡村绅士的大宅传统确定了主人和仆人的地位；公学传统确定了级长和低年级学生的地位。所有这些都可以用来创造一个明确界定的等级社会，其中欧洲人发号施令，非洲人接受命令，但是两者都是在一个共同的荣耀与忠诚体系之中。因此，如果说欧洲的工人和农民为自己而制造的传统对殖民统治之下的非洲人没有多大影响的话，那么有关从属关系的、欧洲发明的传统则确实产生了非常大的影响。

第一种观念是：通过接触英国新传统，某些非洲人可以被转变为统治者。这方面的最好例证可能是乌干达的著名学校，布多的国王学院。有关该学院的最全面描述是由G. P.麦格雷戈所做的，他敏锐

地指出，有关初等教育的规定，即使在英国也只是在19世纪70年代才刚被认真制定出来，是作为将绝大多数人口纳入职业与教育等级制的这一过程中的一部分。因此，19世纪末初等学校在布干达的传播，显然是同一进程略为延迟地扩大到非洲帝国。但是在布干达，尽管这种教育似乎足以适合占绝大多数的农民耕种者，英国国教会传教士们却认为它不适合干达族贵族。

> ［塔克主教写道］为上层阶级的孩子所做甚少乃至没有，这些孩子的情况在很多方面比农民的孩子更加糟糕。我们强烈感觉到，如果这个国家的统治阶级在未来的日子里仍要永久地对其人民产生影响，并对他们负有责任感，那么就必须在这些被忽视的孩子的教育方面有所作为，而最可行的方法是……通过在寄宿学校的学习与体育活动的磨炼来培养其性格，从而使布干达人在自己国家的行政管理、商业与工业生活中扮演适当角色。①

总之，传教士们在布干达的目的是，在英国式的初等教育之上建 221
立一个新传统的英国式的中等教育结构。他们始终确信，自己的目的是“使我们英国的公学方式适应非洲环境”。他们获得了超乎寻常的成功：国王学院被建在巴干达国王行加冕礼的山上，由此“这一世纪的两次加冕仪式都在学院附属教堂内举行”；“尽管其中仍有一些传统仪式的成分”，但是这一仪式“具有英国加冕仪式中的很多特

① G. P.麦格雷戈：《布多国王学院：起初60年》（G. P. McGregor, *Kings College, Budo: The First Sixty Years*［London, 1967］），第6、16页。

点”。[①]“英国公学中的宿舍精神很快建立起来”，而且土耳其宿舍里的干达族学生要求将名字改为加拿大宿舍，以和英格兰宿舍、南非宿舍和澳大利亚宿舍相一致，因为土耳其似乎“明显是非帝国的”。学院的格言，据说也是根据学生的要求选择的，是塞西尔·罗得斯[②]临终遗言的干达版：“已做完的事是这样的少，还有如此多的事有待去做。”

麦格雷戈引了一位干达族学生在学校成立初年写的信，它使我们可以通过干达人的眼睛来看这一引人注目的社会化过程。

> 首先，每天早上当我们起床后，就迅速整理好床。如果你不整理好床，当欧洲人来巡视时，就会受到指责或是训斥……在我们杯子的前面有一个狮子像。布多学院的学生正是以像狮子而出名。而且在小房间中，任何人都不能吃东西，也没有咖啡可供享用，只有在阳台上才可以吃东西。我们唱一曲赞美歌并祈祷，然后开始学英语……当我们四点钟出来以后，就去踢足球，每方各十一人，而且我们给每个人都安排好位置，守门员、后卫、前卫和前锋。[③]

每个人都同意，布多学院已创造了一种无形的东西，即“学校精神”。它在布多学院达到

① G. P.麦格雷戈：《布多国王学院：起初60年》(G. P. McGregor, *Kings College, Budo: The First Sixty Years* [London, 1967])，第35—36页。

② Cecil Rhodes，英国殖民者，开普殖民地总理。——译注

③ 麦格雷戈，前引书，第17—18页。

> 全盛，就像我们在英国经过几代人的实验后所体会到的：团队精神、遵守纪律、地方爱国精神，而且非常明显的是，它已被灌输到非洲心灵之中。

菲利普·米切尔爵士认为，布多学院是“此地为数不多的具有一种精神的地方”。流亡国外的教师们后来则开始批评，“布多学院习惯于 222
维护那些没有价值的传统，而这仅仅是出于它们始终存在”。[①]

无论在帝国框架中（干达统治阶级完全听命于英国殖民官员、干达君主从属于大英帝国君主）如此做产生了什么样的紧张状况，毫无疑问的是，传教士们在布多学院中创立了一套成功的新传统体系，它们与有关卡巴卡[②]和其他乌干达国王之地位的日益增长的礼仪平行发展而成，其目的是为了实现类似于19世纪英国曾完成的综合。学院举行的庆祝五十周年纪念活动（“在贵宾桌上，我们有四位国王”）也通过仪式展现：很大一部分干达统治阶级现在已支持这些尊崇发明传统的仪式活动。[③]但是，布多经验并未成为一个普遍的模式；英国人自己也开始对起初与干达族酋长们的联盟感到后悔，并且开始相信真正的现代化变革不可能通过这些人的参与而完成。真正的现代化变革将是得到非洲从属衷心支持的欧洲领导人的成果。

存在着各种不同的有关从属的传统。一种是大宅内等级制的传统。在非洲的欧洲人的自我形象的一部分，就是认为自己有权拥有黑人仆人，在南非矿山劳动力危机的顶峰时期，在约翰内斯堡做室内

① 麦格雷戈，前引书，第54、117、124页。
② Kabaka，布干达国王的称号。——译注
③ 麦格雷戈，前引书，第136页。

仆人的黑人比做矿山工人的黑人还要多。[1] 1914年，桑给巴尔的主教弗兰克·韦斯顿将非洲的伊斯兰社区与分化的基督教相比较。他写道，非洲的基督徒没有什么可以依附，除了“街上从其身边走过的几个欧洲人；他比他们地位要低；他们可能对他态度和蔼；他也可能在他们的餐厅做服务员，或是司膳总管……但是兄弟关系？这却是没有的”。[2] 在殖民地非洲对于“兄弟关系”没有任何要求。因为对于绝大多数欧洲人来说，他们所喜爱的、与非洲人之间的关系形式是家长式的主人与忠诚的仆人之间的关系。这种形式很容易就被应用到
223 企业工作中。在整个南部非洲，非洲雇工并不被看作工人，而是依照主人和仆人的身份关系被加以控制和约束。

然而在非洲，没有几个白人家庭规模达到了使整套“传统的”英国仆人等级制成为可能的程度。欧洲有关从属的新传统之更为充分的应用，是与非洲军队的重组相伴而来的。在西尔韦纳斯·库凯对这一进程所做的颇具吸引力的解释中，法国人成为军事上发明性传统的最早和最富想象力的操纵者。19世纪50年代，费德尔布[3] 解散了其军纪涣散的、强迫征召的军队，并且以“漂亮的”制服、现代武器、《古兰经》的效忠誓言和有关法国传统中辉煌军事胜利的速成课程来吸纳非洲志愿者。

> 巴黎甚至建议：要在早期阶段将对军事的感觉慢慢灌输给

---

① 查尔斯·范·翁塞伦：《市郊的巫师：1890—1914年威特沃特斯兰德的家政服务》(Charles van Onselen, ‘The Witches of Suburbia: Domestic Service on the Witwatersrand, 1890—1914’ [unpublished MS.])。

② 弗兰克·韦斯顿：《桑给巴尔教区的伊斯兰教》(Frank Weston, ‘Islam in Zanzibar Diocese’, *Central Africa*, xxxii, no.380 [Aug.1914])。

③ Faideherbe (1818—1880)，法国军人和殖民地行政官员。——译注

年轻非洲人，并使他们对军事生涯有所准备，一个办法是，应该令土著步兵的孩子们获得与其父辈相似的制服和小型装备。①

英国则更晚采取这一政策。但是，面对来自法国的威胁，他们也开始整编自己的非洲军团。卢加德以其对于细节的极端喜爱，致力于将他所征召的尼日利亚士兵从“一群乌合之众”转变为纪律严明、有战斗力的军队。不久，他就开始高度评价他们；他们由于在黄金海岸和尼日利亚北部战役中的表现，而获得了官方高度嘉奖；一种军团传统很快像布多精神一样确立起来。卢加德的行政当局成员主要来自军队官员；在东非，“各个政府在初期的特点也主要是军事的”，乔治·谢泼森教授如此评论道：

民事和军事之间的界限是非常细微的……正是通过它的军事力量和传教团，欧洲文化被传给英属中非的土著居民。②

允许非洲人进入欧洲军事传统与布多精神的影响具有同样的不明确性和同等的成功。有时这两种社会化形式结合到一起，就像卡巴卡爱德华·穆特萨的情况所显示的一样。穆特萨还是布多学院的 224
学生时成为卡巴卡，并留在那里继续他的学业；他的登基仪式在学院的附属教堂隆重举行；他走在五十周年庆典游行队伍的最前列。但

① S. J.库凯：《西非殖民军的起源和1914年前的特点》(S. J. Cookey, ‘Origins and pre-1914 Character of the Colonial Armies in West Africa’ [Univ. of California, Los Angeles, colloquium paper, 1972])。

② 乔治·谢泼森：《英属中非的军事史：评论文章》(George Dhepperson, ‘The Military History of British Centural Africa: A Review Article’, *Rhodes-Livingstone Journal*, no.26 [Dec.1959])，第23—33页。

是，他也被纳入英国军队的团队传统中。

> 在到达大学之后，他很快加入了剑桥的军官团（Cambridge Officers' Corps），并成为一名官员……然后他正式申请加入军队，并特别将近卫步兵第一团作为首选……正是国王乔治六世，出于个人的友善，建议任命穆特萨为上尉。穆特萨去白金汉宫参加了仪式。①

阿里·马兹鲁伊注意到，卡巴卡制度（Kabakaship）已成为一种"英国—非洲制度"，这一点在穆特萨死后举行的仪式中得到了最充分的体现。为他举行了两次葬礼，一次在伦敦，一次在坎帕拉，两次都带有向皇家致敬的军葬礼的特点。

> 1969年在伦敦举行的穆特萨的第一次葬礼中曾有军人葬礼号。那时葬礼上的军人来自英国近卫步兵第一团。现在［在坎帕拉］近卫步兵第一团只是仪式的一部分。军人主体是乌干达军队。而1969年伦敦葬礼的军号声与1971年乌干达卡苏比墓地的军号声确实是相同的。②

但是，穆特萨被吸收进军官队伍之中是一个罕见的例外。更常见的是，出现了像穆特萨的继承者乌干达总统伊迪·阿明这样

① 阿里·A.马兹鲁伊：《乌干达的士兵和亲属：一种军事种族统治的形成》（Ali. A. Mazrui, *Soldiers and Kinsmen in Uganda: The Making of a Military Ethnocracy*［London, 1975］），第173页。

② 同上，第177、190、191页。

的人。马兹鲁伊认为，阿明和他那“愚昧落后的军队”的崛起可以被看作殖民统治之前的军事传统的复兴，这一军事传统在殖民征服之后就一直处于中止状态。但是事实上，阿明的经历为我们提供了通过殖民军队而进行社会化的极好例子。正像马兹鲁伊告诉我们的，当阿明于1946年被招入国王的非洲步兵团时，他表现出了

> 被殖民训练成附庸的一切标志……在七年的时间里，他被提升为一等兵，并显示出那些使他能深得英国上级赏识的品质：立即 225
> 服从、强烈的团队自豪感、崇敬英国和英国人，制服上折缝笔挺，靴子的鞋尖则如黑镜子一般。①

英国士兵与军士的黑镜子，这就是非洲士兵被期望成为的样子。正如基根所描述的，欧洲军队曾经大量利用他们所遭遇的“好战”种族的服装和传奇色彩。但在非洲，他们似乎没有这样做，这也不是由于他们与非洲人的军事冲突。直到巴登—鲍威尔，即操练场心态(drill-square mentality)的批评者，才开始根据马塔贝列人②的侦察能力来给年轻白人提供一种灵活的训练，它十分类似吉卜林笔下的丛林故事。在很长一段时间里，南部非洲体现了这么一个悖论，即年轻的非洲人被训练成军队中刻板僵硬的人，而年轻白人则接受丛林谋

① 阿里·A.马兹鲁伊：《乌干达的士兵和亲属：一种军事种族统治的形成》(Ali. A. Mazrui, *Soldiers and Kinsmen in Uganda: The Making of a Military Ethnocracy* [London, 1975])，第206—207页。

② Matabele，居住在津巴布韦的祖鲁人。——译注

生知识和技能的训练。[1]

将非洲人纳入英国新传统的复制品之中的过程,并没有随着成为司膳总管或是建立布多学院这样的学校或是招募军队而结束。韦斯顿主教假想的寻求"兄弟关系"的非洲基督教徒,如果非常幸运的话,可能"如人们想象的那样,学习成为一个打字员"[2],还有很多受过教会教育的非洲人进入官僚等级制的较低阶层。非洲职员开始重视橡皮图章和胸前口袋中的一排笔;非洲各舞蹈协会用偷来的橡皮图章证明相互之间的通信是真实的,而且以完全官僚的和军队战斗队形的方式跳舞。[3] 格雷厄姆·格林笔下的河舟上的疯子(当他力求使一个无人注意的世界恢复正常时,他带着几叠纸,并且不断地涂写记录),是献给殖民官僚体制的想象权力的贡品(可能也是其无能的戏剧性表现)。当然,非洲基督教徒被作为教职人员纳入基督教会不完善的兄弟关系之中,他们被训练执行19世纪欧洲教会发明和重新发明的各种仪式。

对所有这一切,有一个大致的分期。在一系列相互重叠的阶段
226 中,欧洲的发明出来的传统对于非洲人来说都是重要的。军事新传统,由于它清晰可见的等级界限,以及其明显处于早期殖民活动中心的性质,因此最先产生强烈影响。随着第一次世界大战的各场战役,它的影响也达到了巅峰,尤其是在东非。此后,特别是在英属非

---

① 有关在非洲建立童子军并且以后试图将非洲人从中排除出去的含糊性的讨论,见特伦斯·兰杰:《英帝国的北罗得西亚的形成:1924—1938年的王室主题的变化》(Terence Ranger, 'Making Northern Rhodesia Imperial: Variations on a Royal Theme, 1924—1938', *African Affairs*, lxxix, no.316[July 1980])。

② 韦斯顿:《桑给巴尔教区的伊斯兰教》,第200页。

③ 特伦斯·兰杰:《东非的舞蹈和社会》(Terence Ranger, *Dance and Society in Eastern Africa* [London, 1975])。

洲，军事势力衰落了。[①]军事模式的影响变得小于传教士活动模式或国家和商业活动中非洲官僚的发展模式了。但是，有关影响之结果的争论，或是哪种新传统最终最具影响的争论（这是一场不断反复的争论，当受新传统之浮华装饰包围的非洲国王在一些非洲新国家统治时是一个样，而当官僚精英在其他国家中取得胜利、马兹鲁伊所谓的"愚昧落后的军队"实行统治时则又是另一个样），最终都不如对这些新传统的社会化过程的总体影响做评价来得重要。

这种影响确实是非常广泛的。欧洲的发明出来的传统为非洲人提供了一系列明确界定的、进入殖民世界的入口，尽管几乎在所有情况下，它都是进入仆人/主人这样的从属关系的入口。它们从使非洲人集体接受某种现成的欧洲新传统行为模式的社会化过程开始——历史文献中充满了非洲人为自己已掌握了成为军团一员的职责，或是已学会了如何成为19世纪基督教国教会教义中的仪式的有效执行者而自豪的材料。这一过程常常以对殖民政权的严重挑战为终结，并往往通过使新传统自身社会化而表达出来。（布多学院的学生们从忠诚地庆祝爱德华·穆特萨的"被现代化的"登基仪式转变为骚乱和抗议，因为卡巴卡不再被殖民当局看作一个"合适的"国王。）这是马丁·钱诺克针对尼亚萨兰[②]学校教师中的传统主义者而总结出的一种模式，而约翰·艾利夫则依据坦噶尼喀湖地区情况更为细致地发展了这一模

① 托尼·克莱顿：《1919—1939年殖民地非洲的权力和军事力量概念》（Tony Clayton, 'Concepts of Power and Force in Colonial Africa, 1919—1939', Institute of Commonwealth Studies seminar［Univ. of London, Oct.1978］）。

② 马拉维的旧称。——译注

式。[①] 通过各种不同形式，它支撑了大量我们称之为民族主义的东西。令人痛苦但又一点也不令人吃惊的是，赞比亚总统肯尼思·卡翁达在寻找有助于他迈向国家领导人的个人意识形态时，在阿瑟·米的《写
227 给学生们的书》中找到了安慰和灵感。[②]

如果我们回到通过使用欧洲发明传统而“现代化”这一问题，那么它们对于殖民者们所具有的优点和缺点就都清晰可见。它**确实**有助于将非洲人相对分为各个专门类别，土著士兵、教师、仆人等，并为非洲工人提供了一种初步的专业化。在有关统治和从属的新传统之中，关于工业时代的仪式和工作纪律，有着非常明确的要求，例如，清楚甚至是狂热地规定了布多学院学生一天的各个部分，以及作为纪律与守时的源泉和象征的操练场。另一方面，介绍给非洲人的那些发明的传统是统治性的，而不是生产性的。产业工人可能也被归为“仆人”一类，但是在很长一段时间里，真正的家庭仆人享有更高的威望，而且能够控制主人/仆人关系中所包含的相互关系，而产业工人则被中断了这种关系。产业工人与农民从来也没有进入过士兵、教师、教士的明确而又有声望的仪式之中，除了他们穿着狂欢节或是舞蹈比赛服装时所臆想的。[③] 而且就像我们已看到的，在行业工会传统存在的地方，非洲人被明确地排除出去。非洲产业工人仍需形成一

① 马丁·钱诺克：《马拉维政治传统中的含糊不清处》(Martin Channock, ‘Ambiguities in the Malawian Political Tradition’, *African Affairs*, lxxiv, no.296 [July 1975])；约翰·艾利夫：《坦噶尼喀湖现代史》(John Iliffe, *A Modern History of Tanganyika* [Cambridge, 1979])。

② 肯尼思·卡翁达：《应获自由的赞比亚》(Kenneth Kaunda, *Zambia Shall be Free* [London, 1962])，第31页。

③ 兰杰：《东非的舞蹈和社会》。

种与自身情况相符的意识和行为模式。①

这是在殖民地非洲的非洲人中，非生产性职业具有较高威望的众多原因之一。与此同时，如果说有关从属关系的新传统已开始“有益于”界定某些专业化，那么它们后来也导致了关于这些专业化的根深蒂固的保守思想，这使得非洲教师、牧师和士兵尤其反抗随后的现代化变革尝试。 228

殖民地非洲的君主制新传统

非洲殖民政府并不希望通过不断运用武力来实施统治，由此他们需要比已被纳入从属关系新传统的非洲人范围更广的合作者。他们尤其需要与乡村地区的酋长、村长和长老合作。这种合作本质上是一种非常实际的互惠行为。② 但是，殖民统治者感觉到需要一种共同帝国的意识形态，它能包含白人和黑人，使合作行为变得庄严，并证明白人统治是合理的。英国人和德国人在帝国君主制思想中找到了这种意识形态。

在德属东非，君主中心地位的概念有两个方面。一方面，德国人相信，非洲人自己已有一种原始的王权观念，而且尤其是在与非洲统治者交往的初始阶段中，他们准备迎合非洲人的君主政治主张，并以

① 有关当前关于非洲工人意识研究的讨论见：彼得·古特坎德、让·科潘斯和罗宾·柯恩：《非洲劳动史》(Peter Gutkind, Jean Copans and Robin Cohen, *African Labour History*［London, 1978］)，导论；约翰·希金森：《上加丹加矿山联合会中的非洲矿工》(John Higginson, ‘African Mine Workers at the Union Minière du Haut Katanga’, *American Historical Association*［Dec. 1979］)。

② 当前有关合作交换的解释见：罗纳德·罗宾森：《1890—1914年英属西非的欧洲帝国主义与当地反抗》(Ronald Robinson, ‘European Imperialism and Indigenous Reactions in British West Africa, 1890—1914’, in H. L. Wesseling［ed.］, *Expansion and Reaction: Essays in European Expansion and Reactions in Asia and Africa*［Leiden, 1978］)。

19世纪欧洲仪式场景中的舞台道具来装饰他们。因此，一位德国官员在1890年给德国皇帝的报告中说，他已将皇帝的礼物交给查加族（Chagga）的林迪酋长："当士兵们举枪敬礼时，我……将来自柏林歌剧院的加冕大氅围在他的肩上，并将尼曼歌颂罗英格林[①]时曾经戴着的头盔戴到他的头上。"[②]另一方面，德国人相信，非洲人的由一位君主个人统治的观念能够被无限扩大，由此一个全能的皇帝形象就能够象征德国帝国权力。正如约翰·艾利夫所说的：

> 象征德国统治的仪式是一年一度的皇帝生日庆祝活动。在每一个行政区中，土著士兵们都在广大群众的围观下列队游行。在检阅和操练之后，德国高级专员向集会发表演说，赞颂皇帝的美德，并带头三呼皇帝、帝国"万岁"。然后人们开始跳舞，围成一个个圈子散布在阅兵场上。[③]

229 但是，正是英国人将君主制意识形态推至最精致的程度。英国国王并不像德国皇帝那样拥有非常真实的行政权力，但是人们谈及英国国王/皇帝时是以一种更为神秘的方式。J.E.海纳，北罗得西亚的主教，发现国王乔治五世的加冕是"一个盛大的宗教仪式行为"。他发现仪式的各个方面"如此具有戏剧性，使人联想起舞台上的场景"，而且其中有"太多'专为这一仪式撰写的'音乐，对于我来说是喧闹和刺耳的现代音乐"。但是

---

① 德国神话中的圣杯骑士。——译注

② 艾利夫：《坦噶尼喀湖现代史》，第100页。

③ 同上，第237—238页。

作为一个整体，加冕仪式是一种辉煌的景象。它绝不仅仅是一种脱离了现代生活和20世纪精神的中世纪盛大庆典；没有精心布置的辉煌壮丽的戏剧表演……它是极度辉煌的象征，但在其背后存在着现实——上帝的圣油，与之相符的一种准圣礼行为，并伴随着这位唯一君主的以手抚顶祝福礼，这是对全体英国人和效忠英国国王的众多海外国家的统治的庄严而又责任巨大的外在象征。①

在北罗得西亚，代理行政官员召集所有恩戈尼族（Ngoni）酋长和族人参加加冕日庆祝集会；"土著警察"乐队演奏音乐；英国国教会"代表穿上长袍，并站在飘扬的旗帜附近，诵读专为这一场合而选的祷文"。狂喜的传教士报告了那天晚上的庆祝活动。

在山谷中有四堆巨大的篝火，周围是数百名皮肤黝黑的土著在雀跃、跳舞。一些人腿上系着铃铛，而且几乎每个人都拿着圆头棒……欧洲人，以一绿屏风隔开，围坐成半圆形，而在他们和篝火之间，土著居民们在跳舞……然后警察乐队站出来，在即将熄灭的火光中为我们演奏《哈莱克人进行曲》（"The March of the Men of Harlech"）、《前进，基督教士兵们》（"Onward Christian Soldiers"）和其他乐曲。②

---

① J. E.海纳：《国王乔治五世的加冕》（J. E. Hine, 'The Coronation of King George V', *Central Africa*, xxix, no.344［Aug. 1911］），第200—201页。

② A. G.德拉普：《安戈尼如何庆祝加冕日》（A. G. De La P., 'How the Angoni kept Coronation Day', *Central Africa*, xxx, no.345［Sept. 1911］），第242—243页。

然而，并非只有国教会以宗教术语讨论君主制。事实上，世俗的行政官员也进一步推进了这套话语。在他们对非洲听众发表的演说
230 中，国王几乎就是无所不能、无所不知和无所不在的神。例如，对索托人发表的一系列官方演说强调国王了解他们的处境、关心他们的幸福，而且国王对那些事实上是由内阁做出的决策负责。1910年，康诺特省的阿瑟亲王告诉索托人的最高统治者，新国王乔治五世"记得你对他的前任爱德华国王所做的陈述"，而且他知道"一旦他决定将巴苏陀兰[①]纳入南非联盟（South African Union）的时刻来临，你将忠诚地遵从他的决定"。[②]1915年，巴克斯顿爵士向最高统治者证实，"国王陛下从未停止过关注巴苏陀的幸福"，而且他非常感激他们对"国王派去与敌人作战的大军"的支持。[③]1925年，威尔士亲王对巴苏陀人说，他

> 非常高兴你们仍然怀念我的曾祖母维多利亚女王……虽然她已离我们而去，但是国王将继续以慈父般的关心照料你们。你们应该听从他所任命的引导和教育你们的官员的话，从而表明你们值得受他保护。[④]

而1927年，殖民大臣艾默里上校对巴苏陀人说，"派我巡视自治领地

① 莱索托的旧称。——译注

② 康诺特省的阿瑟亲王，对呈文的答复（Prince Arthur of Connaught, Reply to Address, 9 Oct. 1910, file S3/28/2/2, National Archives, Lesotho, Maseru）。

③ 巴克斯顿爵士，对呈文的答复（Lord Buxton, reply to Address, Apr. 1915, S3/28/2/3, Maseru）。

④ 威尔士亲王，对呈文的答复（Prince of Wales, reply to Address, 28 May 1925, S3/28/1/9, Maseru）。

的国王陛下对于他的所有子民，无论其是小人物还是大人物，都怀有最强烈的关爱”。①

当国王直接向巴苏陀人发表讲话时，即1910年的国王诏书（Royal Message），官员们使他的语句带有很强的家长口吻：

> 当一个孩子有困难时，他会去找他的父亲，而他的父亲在听完有关事情的全部陈述后，会决定该做什么。由此孩子必须信任和听从他的父亲，因为他是一个大家庭的一员，父亲在解决年纪较大的孩子们的困难方面有丰富经验，而且他能够判断哪些东西不仅对小孩子是最好的，而且也是对整个家庭的和睦与利益最好的……巴苏陀民族在大英帝国众多民族中就像一个非常年幼的孩子。②

由此，对于老酋长乔纳森在欢迎威尔士亲王1925年对巴苏陀兰
的访问时使用了令一些传教士震惊的、被称为亵渎上帝的语句，就不 231
会感到奇怪了：

> 对于我来说，这是一个值得纪念的日子。在这一天，我像《圣经》中的老人西面一样高兴。他高兴是因为在他死去进入父辈们的墓地之前看到了耶稣基督。③

---

① 艾默里上校，对呈文的答复（Colonel Amery, reply to Address, Aug. 1927, S3/28/1/12, Maseru）。

② 《国王诏书》（‘The King’s Message’, Oct. 1910, S3/28/2/2, Maseru）。

③ 乔纳森酋长的演说（Chief Jonathan’s speech, 28 May 1925, S3/28/1/9, Maseru）。

在英属非洲的各个地方，同样的语言都在使用着。20世纪20年代，北罗得西亚总督与酋长会议的敏锐观察者注意到，这些会议被“设计为国王陛下对他的毫无教养的非洲臣民所具有的仁慈的展现（就像在幼儿园）”。[①] 确实，总督非常注意将他和区行政官员的权力来源归于国王。

> 你们这里的所有人是一个民族——都是英国国王的臣民。国王希望他的所有臣民和平共处……正是为了实现这一点，各个总督被派遣……居住在利文斯顿[②] 并且需管理一大片地区的总督，不可能始终在一个地方，但是各区专员……是总督和国王的代表，而且他们的工作就是使国王的意愿得以执行。[③]

为了使这些说法可信，殖民地行政官员们将君主制的仪式层面看作至关重要的。当1919年巴苏陀兰的最高统治者请求允许在旅欧之际参观梵蒂冈和白金汉宫时，殖民地高级专员担心他“可能会对梵蒂冈的壮观景象和接待情况留下不适合的印象，并由此得出教宗比国王更重要的结论！”因此，请求被拒绝。[④] 当威尔士亲王1925年访问南部和东部非洲时，他也在殖民地行政官员们的请求之下克服了对仪式原本具有的极端厌恶，这些人告诉他，如果不能身着全套鲜红色衣服出现在集会的非洲群众面前，那么对于他来说最好就别出席

---

① 温弗里德·塔普森：《老人》（Winfrid Tapson, *Old Timer*［Capetown, 1957］），第65页。

② 马兰巴的旧称，赞比亚地名。——译注

③ 总督詹姆斯·马克斯威尔爵士，在恩多拉会议的讲话（Governor Sir James Maxwell, speech at Ndola Indaba, 6 July 1928, file ZA1/9/59/1, National Archives, Zambia, Lusaka）。

④ 高级专员，致殖民大臣的电报（High commissioner, cable to secretary of state, 19 May 1919, S3/28/2/4, Maseru）。

了。结果非常令人满意,"亲王的到来是一个盛大事件",《每日电讯报》发自巴苏陀兰的报道如此说:"殿下佩戴的各种勋章闪闪发光,这一景象给人数众多且寂静无声的群众留下了深刻印象。"①发自北罗 232
得西亚的索卢韦齐分区的报道称,两位参加了与亲王的会议的酋长

> 在讲述与亲王见面所带给他们的快乐时非常激动……似乎已印入他们脑海之中的,是这样两个主要印象……首先是与访问联系在一起的盛况和仪式,用卡皮津潘加的话来说就是,"主人的制服发出如此耀眼的光芒,以至于我们都无法看他";第二点就是,他们能以一种友好方式与地区的其他酋长见面。②

北罗得西亚当局吹嘘道,会议表明地区内的所有民族是一体的,这不是因为他们都是非洲人,也不是因为他们都是北罗得西亚人,而是因为他们都是一个全能国王的臣民。在这一背景下,当北罗得西亚政府1947年为了国王来访而不得不向非洲人发布书面指令时,它更多的是一种自信衰退,而不是自大的标志,这些指令告诉非洲人

> 国王乔治是世界上最重要的国王。他与非洲酋长不同。他不喜欢人们蜂拥到他身边,他希望看到他的臣民们都循规蹈矩。③

---

① 《每日电讯报》,1925年5月30日,《生动的场景》(Daily Telegraph, 30 May 1925, 'Picturesque Scenes')。

② 索卢韦齐分区土著专员年度报告(Annual Report, native commissioner, Solwezi sub-district, 1925, ZA7/1/9/2, Lusaka)。

③ 《北罗得西亚。国王访问。1947年4月11日。节目和广播安排细节》('Northern Rhodesia. The Royal Visit. 11 April 1947. Details of the Programme and Broadcasting Arrangements', P3/13/2/1, Lusaka)。

但是，王室访问在殖民地非洲毕竟是较少的。在间隔期里，王室崇拜还需要有地方性的发明仪式做支撑。人们可以通过对这些仪式的创造性贡献，而在事业上有所成就。一个最好的例证就是爱德华·特文宁，日后的坦噶尼喀总督，他的传记作者说：他的母亲由于嫁给了地位比她低的人，而曾被她的家族所压制；他做牧师的父亲则被认为并非绅士。特文宁并不很突出的军旅生涯，以及转到殖民政府工作，都是为了追求令人信服的荣誉，这种荣誉是在绅士社会的帝国边缘地区以一种传统方式实现的。最终，特文宁赢得了荣誉，而且很明显他是通过全力发明传统的能力而赢得这种荣誉的。

当特文宁还是乌干达的一名行政官员时，他就撰写出版了一本关于英国加冕仪式的小册子。《泰晤士报文学增刊》曾评论，“人们如果想了解古代细节，可能不会找这本书”，不过因为“它使现代仪式可以
233 一步一步地被遵循，所以不可能期望更好的了”。因此在赞扬其他民族的发明传统之后，特文宁在1937年加冕年中开始发明自己的传统。事实上，特文宁第一次赢得官方赞赏，就是由于他成功组织了1937年乌干达的庆祝活动，仪式具有创造性的胜利，特文宁对此有生动描述：

> 晚上，我们有野外军事演习和烟火表演结合在一起的活动，这在很大程度上是我的个人秀，我发明了这一活动，亲自训练了其中两项，组织了整个活动，搭建了一个看台，亲自出售所有门票……到场的总督按下电钮，这其实不会产生任何作用，但是假装点着一个爆竹，随即它引起了湖边巨大的篝火，紧接着又点着了五十支“火箭”。随后，号手在夜色中吹起降旗号，亮起四十盏各色的聚光灯、泛光灯、脚灯，鼓手和乐队则连续有节奏地敲击，

> 观众们也坐下来享受乐趣……随后，一些学生开始表演“太平兵阅兵分列式”。我从多佛尔的约克公爵学校获得这一阅兵式的详细情况，并使它适应当地条件。孩子们身着白裤、红色束腰外衣和白色筒状帽子，军官则戴着熊皮高帽……然后，野外军事演习开始。一百二十名战士在豹皮状停火区内跳战争舞蹈。鸵鸟羽毛、长矛和盾牌。然后“从野蛮人到士兵”表现了从土著战士到真正士兵的转变过程。

中心事件，也是晚会的轰动所在，是播放新国王/皇帝的讲话，通过隐藏的喇叭向集会广播。第二天在高等法院还有一个仪式，它涉及卡巴卡、法官、总督、酋长们和主教们——“也是我的发明，而且它成为最庄严的仪式”。①

特文宁此后的杰出职业生涯，同样展现了对发明仪式的关注。他是坦噶尼喀的一位爱炫耀的总督。最终他成为第一批册封的终身贵族之一（这本身就是被发明的传统的最佳例证），他为了买“一件二手的、装饰着真正白鼬皮的礼服”而出售他的圣米歇尔和圣约翰勋爵团的大十字勋章披风。②

在英属殖民地非洲的所有地方，这样的仪式都被很认真地对待， 234
只是很少有特文宁那样的旺盛精力。在最近一篇名为《殖民地非洲的国家和农民》的论述中，约翰·朗斯代尔指出，“非洲殖民地国家的国家形态（statishness）问题”可以“通过考察它的那些节庆活动”而

① 达雷尔·贝茨：《追寻荣誉：哥达尔明和坦噶尼喀的特文宁爵士传》（Darrell Bates, *A Gust of Plumes: A Biography of Lord Twining of Godalming and Tanganyika* [London, 1972] ），第102—105页。

② 同上，第286页。

得到充分理解。

> [他写道]在1935年5月6日，也就是国王乔治五世在位二十五周年纪念的时候，整个帝国都举行了各种庆祝活动，甚至在卡卡梅加，西肯尼亚山区中的一个区首府所在地，这样的小地方也有……国家的**力量**通过警察游行显现出来……统治的**威严**通过总督的演说体现出来，这一演说由区专员朗读，他说甚至对于最卑贱的臣民来说，乔治国王也存在于他们货币的像上和他们酋长的勋章上。他是"一个非常伟大的统治者，深爱着他的人民，并且知道他们正被公正地统治着。对于你们的幸福，他一直深为关切"——而农民思想的教导者—引导者那时甚至遵照农民正统主义的原则行事，绕过国王的仆人们，直接向下议院请求昭雪冤屈……王室还被进一步与具有公民资格的农民的物质**改善**联系在一起。在维多利亚女王时代，"除了毛皮以外，没有几个人有衣服穿，更没有什么人识字。现在你们有了铁路、公路、学校、医院、城镇和贸易中心，这是文明和好政府带给你们的发展机会"。殖民地状况的改善被与农民**娱乐**联系在一起。那一天的活动中还包括了地方童子军的表演……统治者们在(几乎确实是**恣意无节制**的)狂欢中寻求他们臣民的喜爱。还有只为非洲人举行的比赛，如涂油竿、拔河比赛、蒙眼击足球；但是也有种族间的体育比赛，如自行车赛、骑驴大赛，甚至让土著人瞠目结舌的欧洲人与印度人之间的化装足球赛。农民**经济**也被吸收了；甚至还有蛋、分币和面粉比赛……农民**文化**也被使用了；这一天的庆祝活动从教堂礼拜开始。欧洲人参加英国国教会礼拜的上层文化活动，而天主教庆

祝的“下层文化”则留给了非洲人。[1]

很明显，英国行政官员是非常严肃地对待所有这一切的——作为坦噶尼喀总督的特文宁，拒绝与尼雷尔的坦噶尼喀非洲民族联盟 235
谈判，因为他认为他们对女王不忠。但是很难评估非洲人是如何认真看待它的。朗斯代尔描述道，卡卡梅加的乔治五世在位二十五周年纪念庆祝活动已成为“国家本地化”的一部分，并指出当地非洲农民领导人如何轻易地在这一假定的范围内活动；在北罗得西亚，酋长们与官方“神学”相互配合，经总督而向国王要枪或制服，并且送给国王豹皮或象牙做礼物；非洲各舞蹈协会选举他们的“国王”和“皇帝”，来以合适的仪式领导这些组织；宣扬美好未来的祈祷则告诉听众，乔治国王以前曾被身边腐败的顾问们所欺骗，今后将直接统治并开创黄金时代。[2] 显而易见，君主制象征求助于想象。可能在一段时间内，它也有助于欧洲人和他们的非洲合作者形成某些意识形态上的一致。就像我们将看到的，大量合作发生在由殖民地的君主制理论所设定的限度之内。但是正像特文宁在坦噶尼喀所采取的致命严厉政策所显示的，殖民地对君主制的运用以及出于实际目的的整个传统发明过程最终适得其反。特文宁表面上傲慢并愿意制造传统，

---

① 约翰·朗斯代尔：《殖民地非洲的国家和农民》(John Lonsdale, ‘State and Peasantry in Colonial Africa’, in Rahael Samuel[ed.], *People's History and Socialist Theory*[London, 1981])，第113—114页。

② 一个有意思的不同，被直接称作帝国意识形态的欺骗，是1923年6月由一位叫作昆加的守望塔教会运动（Watch Tower，1906年在中南非地区发生的群众宗教运动。——译注）教师在布拉瓦约所做的布道：“乔治五世国王将真理告诉给英国人，但是这个国家的人民并没有遵守他所说的，而是制定他们自己的法律。1912年国王想来罗得西亚看看当地人和改变他们的法律，但是南罗得西亚的白人们发电报给他让他不要来，因为这个国家有太多的疾病。”档案N3/5/8（File N3/5/8, National Archives, Rhodesia, Salisbury）。

只是隐藏了他自己对君主制、贵族制、新传统的根深蒂固的支持。发明一个传统，要比发明之后调整以及使之更灵活容易得多。**被发明的**传统，与无意识演变的习俗不同，如果被严格执行就只能被认真对待。布多学院如此有名的学校"精神"在缺乏殖民地仪式的地方不
236 可能传播。

非洲人使用欧洲新传统的尝试

19世纪欧洲传统发明的功能之一，就是赋予正在形成的权力与附属形式以迅速为人接受的象征形式。在非洲，在殖民统治过于简单化的影响下，象征表现本身变得更简单和更突出了。新殖民社会的非洲观察者们不会漏掉这一点，即欧洲人将君主制的公共仪式、军衔等级、官僚统治仪式连接在了一起。那些试图自己控制这些象征，不接受有关统治的新传统的从属含义的非洲人，往往被欧洲人指责为浅薄，混淆了形式与现实，并幻想仅仅通过模仿仪式行为就可能获得权力或财富。但如果这是事实，那么殖民地白人自己已经过分强调形式了，这些人中的绝大多数是财富和权力的受益者，而不是创造者。如果对于白人来说，垄断新传统的仪式和象征是如此重要，那么非洲人试图将它们据为己有就绝不是愚蠢的。

在我看来，非洲人在试图以相对独立且不接受欧洲人指派给非洲人的地位的方式利用欧洲发明的传统时，存在着四种形式。一方面，有抱负的非洲资产阶级试图将界定欧洲中产阶级的态度和行为为己所用。另一方面，很多非洲统治者（包括他们的支持者）力求有权使用欧洲新传统的君主制的头衔和象征，来表现他们自己的权力。另外，以时尚精神改编欧洲新传统象征的那些非洲人，宣称自己的长

处更多的是保持时尚、认识并敏锐评论殖民权力现状的能力，而不是“模仿”欧洲人。但是无论如何，对欧洲新传统的最有意思的使用，是由那些发现自己无家可归并且必须发掘建立新社会的新途径的非洲人完成的。

有关非洲小资产阶级愿望以及他们对英国中产阶级新传统的使用的最生动叙述，是布赖恩·威兰在有关19世纪90年代金伯利市受 237
过教会教育的非洲人的著作中做出的。他写道：“19世纪90年代金伯利最终成为英国领土：事实上，钻石城的日常生活可能像帝国中的其他任何地方一样，清楚表达了英帝国霸权的含义与现状。”在城市中存在：

> 一个人数日益增长并且逐渐一致的有教养的非洲人阶级，他们被吸引到金伯利市来，是因为这里提供的就业机会以及发挥与他们文化水平相关的技能的机会。

这些人渴望成为19世纪英属自由世界的稳定居民，这是习惯法治下的自由、平等的世界，是具有稳定的财产权和企业活力的世界。同时，他们试图通过掌握19世纪后期英国中产阶级的相当“非理性的”被发明的传统，而将这一世界的公民权象征化。

在对国王的忠诚上，他们超过了殖民地白人。“一个尤其重要和普遍的象征……表达了他们所拥有的价值和信念，那就是维多利亚女王”；他们在1897年庆祝女王在位六十周年钻石庆典时，举办各种宴会并发表忠诚演说，在演说中他们生动描述了自己的“进步”成就和对作为自己保护人的君主的信任。他们建立了“一个定期参加教会、俱乐部和社团活动的网络”。首先，他们开始从事体育活动：

> [威兰写道]体育在金伯利市非洲小资产阶级的生活中是重要的，它提供了进一步联系的纽带和传播他们在所生活的社会居支配地位的价值的方式。在以下三个俱乐部中，人们打网球：蓝旗网球俱乐部、冠军草地网球俱乐部、再来一次草地网球俱乐部……然而更流行的是板球与橄榄球，它们在整个开普殖民地都是位居前列的体育项目……板球是金伯利市非洲小资产阶级认为真正属于自己的体育项目。之所以如此，可能并不令人意外。毕竟板球并不只是一项体育运动。相反，它是唯一一种内含如此多他们渴望的价值和理想的英国制度。板球是一个社会训练的场所：板球与生活之间的相似已为人所广泛接受，它在个性培养上的价值是毋庸置疑的。"谨慎、专注、耐心与决断都通过
> 238 板球这一充满男子气概的竞争而得以传授"，一位作者在1893年的《金刚石矿区公告者》中这样写道。板球既包含又传播了帝国观念。
>
> 在金伯利市，两个非洲人的俱乐部（它们都拥有几支队伍）是威灵顿公爵板球俱乐部……和古怪者板球俱乐部：甚至它们的名字都是有暗示意义的，两者都象征了那些大英帝国赖以建立的品质。①

当然，从南非历史的长远观点来看，所有这些都被白人看作过于认真地对待帝国理想了。在南非，没有打板球的黑人统治阶级的发

① 布赖恩·威兰：《金伯利的一位非洲人：索尔·T.普拉阿特杰，1894—1898年》(Brian Willan, 'An African in Kimberley: Sol.T.Plaatje, 1894—1898', *Conference on Class Formation, Culture and Consciousness: the Making of Modern South Africa*[Jan. 1980]),第3、5、14—15页。

展空间。非洲人打板球的活动变得逐渐衰落了，后来被无产阶级的职业足球所取代，后者是现代非洲的群众体育项目。只有在塞拉里昂这样例外的殖民社会中，克里奥耳人团体[①]通过盛大的欧洲新传统仪式而定期展现它的真正力量。

同时，“部落中的”非洲统治者也在争夺新传统君主制的视觉象征，因为在殖民统治中期，他们的地位在各处都受到了威胁。在早期，殖民地行政官员愿意承认非洲统治者为国王，而且提供给他们（如林迪）君主制的舞台道具。但是一旦殖民统治确立，并且对来自非洲统治者的租让书的依赖日渐减少，紧缩过程就开始了。因此，英属南非公司对西北罗得西亚地区的行政管理要求，很大程度上有赖于它从巴罗策兰[②]王国的勒瓦尼卡处获得的租让书。勒瓦尼卡被描述为一位伟大的国王，并被奖赏从近处领略英国君主的魅力。勒瓦尼卡经历的象征巅峰，是被邀请参加1902年爱德华七世的加冕典礼。勒瓦尼卡受到英国“社会”的隆重欢迎：

> 他有皇室马车可以任意支配，在多塞特郡的一个村庄中，他的马被从马车上解开以使村庄中的人们能够拉马车，在阿伯康公爵夫人等举行的茶会上他被教玩一些简单的游戏。

他还被鼓励学习在英国和回国之后都可使用的一些英国王室仪式的象征物——皇室马车、海军上将的礼服、他在利卢伊的仆人可穿的鲜红色外套。“当国王们坐到一起时，”这位洛兹族的老统治者说 239

① Creole，欧洲人与黑人的混血儿。——译注
② Barotseland，今非洲赞比亚。——译注

道,“从来也不会缺乏讨论的话题。”①

但是不久,这位老人的国王身份就被完全否定了。当北罗得西亚殖民当局感觉到统治已很稳固时,就开始削减勒瓦尼卡的权力,断然拒绝他的抗议,并通过君主象征的双重使用而使这种撤销支持的行为引人注目。依据规定,见到高级专员时必须行洛兹人的王室礼;还规定勒瓦尼卡本人将不再被称为“国王”,因为这使他高居于其他酋长之上,并且产生一种完全不恰当的与帝国君主的相似性。②类似的情况在乌干达的安科勒王国中也存在。在那里,也有一个殖民当局支持安科勒国王的初始时期,紧接着是反对的时期,其中“在当地工作的官员们不喜欢国王头衔被用于非洲小王国的统治者们”。③

在这个殖民统治的中期阶段,非洲“最高统治者们”力求获得国王头衔、参加英国国王加冕礼的邀请,并努力以王冠、御座、英国式的加冕礼和在位周年庆祝来生动表现他们所拥有的内部权力。安科勒的奥姆加贝设法获得了御座、有盾形纹章的上衣和王冠。④勒瓦尼卡的继承人耶塔也坚持不懈地宣称具有独特的君王地位。他确实有一些有利条件。每当英王室成员访问北罗得西亚时,殖民当局都非常渴望找到除了维多利亚瀑布以外的地方进行展示。他们总是依靠洛兹人。面对为1925年威尔士亲王到访所安排的几种仪式,总督哀叹,“总的说来,这些酋长中没有一个是看起来很威严的”,但是他又

---

① 亨利·兰杰利:致“亲爱的柯恩先生”的信(Henry Rangeley, to ‘Dear Mr.Cohen’, March 1938, Historical Manuscripts 20, RA1/1/1, Lusaka);G.卡普兰:《1878—1969年的巴罗策兰的精英》(G.Caplan, *The Elites of Barotseland, 1878—1969*[California, 1970])。

② M. R.多恩博斯:《众多的王位标志:安科勒王权的式微与解体》(M. R. Doornbos, *Regalia Galore: The Decline and Collapse of Ankole Kingship*[Nairobi, 1975])。

③ 同上。

④ 同上。

安慰自己，洛兹人的“水上表演”可能是“土著仪式中相当别致、生动的”。[①] 耶塔让他的舰队沿赞比西河而下去会见亲王，但是要注意的是，他在讲话中强调，“对于我们来说，原本希望在我们家中以**适当的**仪式来迎接和欢迎殿下您”。[②]此外，有数千洛兹人在南部的矿山和 240 城镇中工作，很多是做职员和管理人员。这些“新人”对于为他们的最高统治者恢复“国王”头衔而捐钱和起草请愿书，是有充分准备的。最后，巴罗策兰的特殊地位也意味着，殖民当局不能只是把地方“改革”强加到那里，而且还不得不与耶塔谈判协商。

依靠所有这些有利条件，耶塔在他统治末期赢得了非凡的象征胜利。他被允许出席1937年的加冕礼。这期间曾有过各种难以克服的障碍。伦敦的殖民大臣起初决定不邀请任何非洲统治者参加仪式，但是印度王公例外。北罗得西亚殖民当局坚持，加冕礼是一个只适合白人的神圣仪式；非洲人不能参加这一神圣的仪式；加冕仪式上的祈祷书“不会传达任何东西给绝大多数土著人”。[③] 但是耶塔充分发挥了他的所有优势；他同意了地方政府的“改革”，从而被邀请。他的南游是成功的，当时洛兹劳工移民们簇拥到铁路边为旅行捐款。耶塔受到英国国王接见；他则还以洛兹王室礼节；当他胜利回到巴罗策兰后，洛兹人中的进步人士宣称，他们自己

对于英帝国通过邀请殿下您参加加冕礼而给予巴罗策兰的荣耀

---

① 赫伯特·斯坦利爵士给杰弗里·托马斯爵士的信（Sir Herbert Stanley to Sir Geoffrey Thomas, 7 July 1925, P3/13/3/8, Lusaka）。

② 耶塔三世的演说，1925年6月18日（Address of Yeta III, 18 June 1925, RC/453, Lusaka）。

③ 殖民大臣致总督的电报，1937年2月6日（Minute on secretary of state to governor, 6 Feb. 1937, sec. 1/1792, Lusaka）。

> 感到非常高兴，而且最重要的是给予殿下您威斯敏斯特大教堂中最好的座位之一，这是成千上万人中只有几个人才能享有的特权。①

耶塔的秘书戈德温·姆比库西塔为后世记录了这一胜利，他的《耶塔三世出访英国记》于1940年出版。

> ［姆比库西塔写道］加冕礼是我们曾经看过或是我们一生中将要看到的最伟大的事件。当看到加冕礼上的列队行进时，没有人会想到他确实是在尘世，而是认为自己是在做梦或是已在天堂。

但是，他也非常明确地指出，耶塔向乔治国王表示敬意是以一个国王对另一个国王的方式，并且他记录道，斯威士兰的索布扎二世曾发电
241 报给耶塔，"希望你……以非洲君主的姿态和礼节向国王致敬"。②

运用这种象征政治的并非只有那些曾经享有"国王"头衔的主要酋长。求助于王室新传统，是20世纪20和30年代在各地进行的"部落"传统的伟大发明的技术之一。③勒鲁瓦·韦尔曾经描述了拥有不同宗教与社会制度的、说通布卡语（Tumbuka）的人中所发生的情况。

---

① 有关耶塔三世访问英国的情况见档案2/364，第2部分（file sec. 2/364, ii, Lusaka）。

② 戈德温·姆比库西塔：《耶塔三世出访英国记》(Godwin Mbikusita, *Yeta III's Visit to England*[Lusaka, 1940])。

③ 特伦斯·兰杰：《传统社会和西方殖民主义》(Terence Ranger, 'Traditional Societies and Western Colonialism', *Conference on Traditional Societies and Colonialism* [Berlin, June 1979]. Published as 'Kolonialismus in Ost Und Zentral Afrika', in. H. Grevemeyer [ed.], *Traditionale Gesellschaften und europaischer Kolonialismus* [Frankfurt, 1981])。

正是在殖民统治之下，一群受过教会教育的非洲人创造了一个通布卡最高统治者。1907年，奇隆戈兹·贡德韦（Chilongozi Gondwe）被任命为酋长，而且开始了将他的君主地位强加于通布卡人之上的运动。每年他都举行庆祝自己登基周年的仪式，并且开始采用“国王”头衔。在这一过程中，他得到了传教士精英的积极支持，这些人正开始制造古通布卡帝国的神话历史。正如勒鲁瓦·韦尔所指出的：

> 对于有教养的精英来说，考虑到他们在［教会］学校中所受的维多利亚式教育的本质，他们接受传统价值和酋长领导下的社会等级制**并不**奇怪。

区专员试图抑制贡德韦的影响。“我警告他不能使用国王头衔。”但是到1931年奇隆戈兹·贡德韦死时，情况变了。那时殖民当局又支持间接统治政策了，这就为发明传统的精英们提供了机遇。

一位非洲牧师，爱德华·博特·曼达支持奇隆戈兹的儿子约翰·贡德韦为新酋长。曼达精心设计了一场加冕仪式，包括一系列模仿英国加冕礼的“酋长誓言”（Vows of Chieftainship）——“你庄严宣誓保护我们的基督教，并且听从作为公正统治你的人民之指引的《圣经》教诲吗？”通布卡最高统治制度开始具有了改革过的基督教君主制的特点。① 242

人们将会看到，使用英国君主象征的这些尝试是复杂的。如果从酋长们的观点来看，它们主要是重申自己的地位，而从受过教会教

① 勒鲁瓦·韦尔：《种族划分、语言和民族统一》（Leroy Vail, ‘Ethnicity, Language and National Unity’［Univ. of Zambia seminar paper, 1978］）。韦尔博士正在编辑一部有关南非种族划分和政治经济的著作。

育的人的观点来看，它们也是**重新界定**酋长权力的一种尝试。姆比库西塔写道，英国加冕礼仪式

> 展现了君主和人民之间的紧密合作，而且这显示，尽管人民是他们国王的臣民，但是国王也是他们的臣属……对于我们来说，看到英国王后与国王一起出席加冕礼非常令人惊讶。它是不可改变的婚姻与生活中真正伴侣关系的写照。欧洲文明历经几个世纪才体会到这一点，而我们则希望通过这一文明给我们的教育和榜样，在我们这一代实现这一点。

洛兹人中的教师们希望耶塔参加加冕礼的访问将为“巴罗策兰有教养阶级提供机会”，并且“通过采用英国已有的一些文明方式来促进国家的发展”。[①] 英国新传统在非洲再一次被看作现代化变革的一个源泉。

但是，正像信奉君主象征实践所证明的，最终它是局限于殖民主义者的，因此对于非洲人来说，它所具有的成果是含糊不清的。有教养的非洲人开始认识到，通往能够带来现代化变革的真正权力的道路，并不存在于范围较小的非洲“王国”中。他们开始发明民族主义传统，而不是部落传统。1947年国王乔治六世访问北罗得西亚时，非洲知识分子试图借此机会发表各种包含民族主义观点的忠诚演说；这种场合原有的虔敬只有通过对他们演说的专制审查才得以维持。那时，在他们所关心的问题与洛兹最高统治者所关心的问题之间，产

① 姆比库西塔，前引书，第56、63—64、145页。

生了明显差异，后者在1947年举行了另一场生动的仪式。①

同时，那些**确实**成功获得新传统君主制的一些装饰物的非洲统治者，已陷入一个具有反讽意味的进程之中。就像多恩博斯就安科勒情况而清楚阐述的那样，这是一个从灵活的、有适应能力的习俗君主制，向“适合官僚机构并且最终以新仪式的厚厚遮盖作为装饰”的 243
殖民君主制的转变过程。安科勒的变化之实质，是将奥姆加贝转变为“官僚等级制的工具，并且将传统价值降至民间文化层面”。力求更像国王/皇帝的渴望，最终使得非洲统治者确实更像奥姆加贝，他们只是越来越占据社会的仪式中心，而不是政治或文化中心。多恩博斯的《众多王权象征》（*Regalia Galore*）一书的题目，就简单明了地概括了这一过程。但是，不同于国王/皇帝的仪式（它在处于衰落之中的后殖民帝国时代的英国还有其功能），非洲国王的仪式最终变得不再反映任何很重要的东西。安科勒君主制在没有任何异议的情况下被废除了，而且当地媒体的标题显示了向权力的一个更为公开的官僚象征的转变，“王位被总统席位所取代”。②

并非只有非洲统治者和牧师试图利用欧洲发明的传统的那些象征。数以千计的从事殖民经济活动的其他人，如流动工人，或小职员和公务员，也利用这些象征。这两个集团都试图与新殖民社会相妥协，并且在一定程度上，通过参加舞蹈协会来实现，在这些舞蹈协会中，某些欧洲发明的传统被用来表现殖民主义的实质，作为声望的源泉或是时尚的标志。约翰·艾利夫已考察了第一次世界大战之前德属东非沿海地区的舞蹈协会情况。1911年，为向德国皇帝表示敬意，

① 档案3/234（File sec. 3/234），卢萨卡保存了各种演说的原稿和审查稿。
② 《乌干达守卫者报》，1967年9月28日（Uganda Argus, 28 Sept. 1967）。

“无赖者的舞蹈协会”(ngoma ya kihuni)表演舞蹈,这个名字是“下层阶级、内地移民”大胆选择的。他们跳博姆舞(Bom),这种舞蹈模仿德国军事操练,其名依据机关枪的声音而得。职员和家庭仆人则“始终以查波林格(chapaulinge)舞庆祝皇帝的生日”。他们的舞蹈协会在一个装修成欧洲风格的房子里聚会;他们喝茶;“在宴会的最后,他们三呼‘万岁’”。[①] 在肯尼亚沿海城镇中,类似的阶级划分在阿里诺提(Arinoti)的内地移民舞蹈协会和马里尼(Marini)说斯瓦希里语的年轻人舞蹈协会之间引发了竞争。马里尼舞蹈协会有富裕的贵族资助,并战胜了他们的平民反对者,这体现为由装扮成总督及其侍从的人引导的游行队伍;战列舰彩车上全副武装的舰队司令在舰桥上向
244 他们敬礼;以及在拉穆(Lamu)的摄影作品中仍然相当著名的辉煌时刻,即全部身着礼服的上院议员们的庄严队伍。[②]

正如我在别处所论述的,这些狂欢场合并不只是模仿白人。舞蹈协会是旧协会的延续,这些旧协会几十年甚至可能几百年来都反映了沿海地区及内地所经历的变化,现在它们通过接受阿曼时尚和采用印度风尚而反映了权力平衡中的转变。其中,舞蹈协会非常擅于利用欧洲殖民社会的基本划分,并以此作为舞蹈竞争之基础。在正式的殖民统治之前,法国的舞蹈队伍与德国、英国队伍进行舞蹈比赛。在殖民统治之下,代表海军的队伍与代表殖民地陆军的队伍比赛。在肯尼亚,宣布效忠英国国王的舞蹈队伍,即“金吉”(Kingi)协会,与那些最明确反对英格兰人的苏格兰人舞蹈队伍进行比赛。苏格兰人游行通过蒙巴萨的街道,穿着苏格兰短褶裙,演奏风笛,由此

① 艾利夫:《坦噶尼喀湖现代史》,第238—239页。
② 兰杰:《东非的舞蹈和社会》。

庆祝19世纪成功发明的苏格兰传统。而威尔士人，唉，在非洲帝国中则较少，而且非洲舞蹈比赛中没有德鲁伊特！①

这些舞蹈的表演者或者是那些对自己海岸城市环境充满信心的男子，或者是有乡村居所的男子。但是，也有感觉到流离失所的其他人，他们不仅要反省殖民地经历，而且还要发现一种组织他们整个生活的方式。对于这些人来说，一种独特的欧洲传统，即军事模式，是有用的。它是可以使用的最清晰的形式，尤其是在早期殖民统治中。它的权力界限是明显的，就像它灌输工作纪律的那些方法一样；它形成了早期欧洲殖民社会的核心部分，并且似乎提供了一个有效运转的社会的完整形式。它是如此容易获得，以至于军事模式和军事象征被欧洲传教士们广泛采用，他们在正式殖民统治确立之前就武装和操练他们的早期归附者，而且在殖民统治时期继续操练他们的学生，并将他们组织成鼓笛乐队。②但是，适当的纪律并不只是由白人实施 245
的；它常常也是非洲人所寻求的，毕竟，新殖民体系急迫要求的适应必须由非洲人自己完成。一种新形式的社会互动、等级制和控制，是很多想成为共同体的非洲人团体所需要的。军事模式能被非洲人用于所有这些目的之中。

奥格特教授引述了一个鲜明例证。1916年，威利斯主教访问了西肯尼亚地区分散的非洲改宗者。

> [主教写道]在教会学校受训或是半受训之后，改宗者回到他出生的村庄，下落不明了。下一次传教士遇到他时，他已自发

① 兰杰：《东非的舞蹈和社会》。

② 特伦斯·兰杰：《东非的欧洲军事模式和协会》(Terence Ranger, 'The European Military Mode and the Societies of Eastern Africa' [Univ. of California, Los Angeles, colloquium paper, 1972)。

> 地承担起组织祈祷书朗诵者的任务，由此一小批新的教徒候选者出现了。于是（传教）工作进展了，但是在它的初始阶段大多是完全独立于欧洲人的。而且，任何一个礼拜日在基苏木参观当地集会的人都将会看到只有在卡维伦多才会看到的训练有素且衣着统一的集会。并非全部，但至少有几百人身着带有暗青色镶边和暗青色刺垫的白色短衬衫；粗略缝上的字母“C.M.K.”穿过胸前；而且在红色的土耳其帽上，一个蓝色的十字架处于白色盾牌之上。更细看将会发现神秘的扣子和条纹，它们代表了从下士到上校的每一个等级。肩上的两颗小红扣子表明是中尉，三颗是上尉，等等。甚至在教堂前的建筑外还有“红十字会代表团”。尽管效率不同，但各地情况都一样。虽然颜色有所不同，帽子上的十字架形状随地区不同而不同，但是相同思想在各个地方都能看到。这种组织的有意思部分在于，它完全是当地基督徒自己的想法。他们设计自己的服装，并承担了费用。他们在没有任何白人指导或干涉的情况下训练和组织自己；要找
> 246 到比这更明显的有关自发独立性的证据是困难的。①

欧洲人与非洲“传统”

19世纪欧洲发明的传统已被引入非洲，以使欧洲人和某些非洲人能够为了“现代化”目的而联合起来。但是在新传统思想中存在着内在模糊性。属于这个或那个新传统的欧洲人相信自己尊重习俗。

① F. B. 韦尔伯恩和B. A. 奥格特：《感觉轻松的地方》(F. B. Welbourn and B. A. Ogot, *A Place to Feel at Home*[London, 1966])，第24—25页。

他们喜爱古老的、约定俗成的权利观念，并且喜爱将非洲酋长所拥有的头衔与他们自称拥有的绅士身份相比较。这样就产生了很深的误解。白人将欧洲新传统与非洲习俗相比较，这当然就是将完全不同的两者相比较。欧洲发明的传统之特点是它们的不变性。它们涉及各种有记录的规则与程序，例如现代加冕仪式。它们能提供信心，因为它们在充满变化的时期里代表了那些不变的东西。现在，当欧洲人想到非洲的习俗时，他们很自然地将这些相同的特点归于它。白人认为的非洲社会是非常保守的，它生活在从未变化的古老规则之下，生活于以没有变化为基础的意识形态之中，生活于一个明确界定的等级制之中，而这个观点往往并不被看作对非洲落后或不愿现代化的指责。它常常被看作对传统之美好品质的一种赞扬，即使它是一种相当错误的赞扬。当白人在20世纪20—30年代认识到，迅速的经济变化将不会在非洲发生，绝大多数非洲人将依然是农村社会成员，或者是当一些白人开始讨厌**已经**发生的变化之结果时，对待"传统"非洲的这一态度变得更为明显。从此，在这个或那个引入的欧洲传统中发挥作用的非洲合作者，似乎开始变得不如那些仍然被认为生活在其特有的传统世界中的"真正的"非洲人值得赞美。

这种认识之不足在于，它完全误解了殖民统治之前非洲的实际状况。这些社会确实尊重习俗和连续性，但是习俗没有明确的界定，而且具有极大的灵活性。虽然习俗有助于维持一种认同感，但是它也容许如此自发、自然以致往往不被注意到的改变。而且，事实上，很少存在可被接受为"传统"非洲之特点的封闭的、全体一致的体系。247
当前，几乎所有有关19世纪殖民统治前的非洲研究都强调，远不是只有一种单一的"部落"认同，绝大多数非洲人都在多种认同之间摇摆，有时将自己界定为这一酋长的臣民，有时是那种教派的成员，有时属于这一氏族，有时又是那一职业行会的成员。这些相互重叠的联系与交流的网络扩展到广大地区之中。因此，“部落”制度的界限和其中的权力等级制并**没有**在概念层面上界定非洲人。正像维姆·范宾斯伯根所指出的，他批评研究非洲的历史学家接受所谓的“契瓦族认同”（Chewa identity）作为有关过去的有用的组织概念：

> 现代中非部落并不完全是殖民统治前之历史的残存物，而在很大程度上是殖民官员和非洲知识分子的殖民创造……历史学家们未能使所谓的契瓦族共同性经受住边缘集团不断地融合与分化之历史证据的检验……他们并没有将缺乏政治动力的殖民统治强加的统治者体系与殖民统治之前的权力及影响力的竞争、变化和流动的不平衡加以区分。①

类似地，19世纪非洲之特点并**不是**缺乏内部社会经济竞争，年长者具有不可挑战的权威，以及接受在被界定和保护的社会中赋予每个人（无论年轻和年老，也无论男女）以合适地位的习俗。竞争、运动、流动性是小团体与更大集团的相同特点。因此，在有关19世纪后期坦噶尼喀湖走廊地区情况的富有启发性的解释中，马西娅·赖特已指出，经济和政治竞争破坏了通过婚姻或是延伸的亲属关系提供给妇女的“习俗上的安全感”。妇女们不断发现，自己被从她们曾获得安全感的位置上赶走，由此她们不断试图为自己找到新的合适位置。当然，随后在20世纪，习俗安全感的信条和永远固定的关系，在这些

① W. M. J.范宾斯伯根有关哈里·兰沃西编的《契瓦族史》（Harry Langworthy [ed.], *History of the Chewa*）的评论（W. M. J. Van Binsbergen, *African Social Research* [June 1976] ），第73—75页。

开始具有乌贾马式①的团结一致之迹象的社会中形成发展；19世纪的"迅速变化"，即"正式的结构因素"变得相对不如"个人活力与决策能力"重要，让位于稳定。正如马西娅·赖特指出的： 248

> 1895年以后，殖民当局规定了重建的内容，当时，安定意味着人口静止不动、种族区分加强和更加严格的社会界定。②

因此，坦噶尼喀湖走廊地区的"习俗"更多地是一种发明，而不是一种恢复。在其他地方，19世纪的竞争活力已给予年轻男子众多建立独立的经济、社会政治影响基础之机会，现在殖民统治确保建立了年长者对土地分配、婚姻事务和政治职务的控制。小范围的老人统治是20世纪，而不是19世纪的一个明显特征。

在20世纪的这些"人口静止不动、种族区分加强和更加严格的社会界定"过程中，有一些是殖民经济和政治变化的必要而又意外的结果，这些变化包括国内贸易与交通形式的改变、领土边界的划定、土地分配和保留地的建立。但是其中也有一些是殖民当局有意通过界定和增强传统来"重建"秩序、安全与认同感的结果。殖民地行政官员们起初宣称，支持受剥削的平民反对贪婪的酋长，最后却为了社会控制的目的而支持"传统"的酋长统治。③传教士们起初将改宗者带离他们的社会，以改变他们对"基督教村庄"的认识，最终却赞扬"传统

---

① Ujamaa，坦桑尼亚总统尼雷尔20世纪60年代时推行的社会主义集体农庄形式。——译注

② 马西娅·赖特：《危机中的妇女》(Marcia Wright, 'Women in Peril', *African Social Research* [Dec. 1975])，第803页。

③ 亨利·米贝罗：《对殖民主义的反应》(Henry Meebelo, *Reaction to Colonialism* [Manchester, 1971])。

的”小型社会的优点。每一个人都试图整理和理解这种极其复杂的局面，而这个局面是由19世纪“非传统的”混乱造成的。人们将被“恢复”到部落认同；种族区分也将被“恢复”为联合与组织的基
249 础。[①]新的严格规定、静止不动和种族身份，尽管是直接为欧洲利益服务的，仍被白人看作完全“传统的”，因此也是合法的。当欧洲人自以为尊重古老的非洲习俗时，殖民地非洲中影响最深远的传统的发明也就产生了。所谓的习惯法、根据习惯拥有的土地权、久已习之的政治结构等，事实上**都**是殖民统治时期整理发明的。

有关这些进程的人类学与历史学研究正在逐渐增多，在此不可能一一概述。但是有一些引人注目的论述的论点应当指出。约翰·艾利夫如此描述殖民时期坦噶尼喀的“部落的创造”：

> 部落的概念是坦噶尼喀间接统治的核心。净化种族思想在德国统治时期是普遍的，殖民官员们相信，每一个非洲人都属于一个部落，就像每一个欧洲人都属于一个民族一样。这一观念毫无疑问在很大程度上是由于《旧约》、塔西佗和恺撒，有关以等级为基础的部落社会与以契约为基础的现代社会之学术区分，以及战后人类学家更愿使用“部落”一词而不是更带贬义的“野蛮人”一词。部落被看作“拥有共同语言、单一社会制度和已确立的习惯法的”文化单位。它们的政治与社会体系依赖于亲属关系。部落成员资格是世袭的。不同部落是有血缘关系的……正像为数较少的一些见多识广的官员所知道

① 特伦斯·兰杰：《欧洲人态度和非洲现实：东南坦桑尼亚马托拉酋长的兴衰》(Terence Ranger, ‘European Attitudes and African Realities: The Rise and Fall of the Matola Chiefs of South-East Tanzania’, *Journal of African History*, xx, no.1 [1979])，第69—82页。

的那样，这种成见与坦噶尼喀的充满变化的历史基本不符，但卡梅伦和他的信徒们就是在这一流沙之上，通过“利用**部落**单位”来确立间接统治。他们拥有了权力，并且创立了政治地理学。①

伊丽莎白·科尔森则以几乎相同的方式描述“土地习惯法”之演进：

> 新创立的体系据称是以传统为依据的，而且它的合法性可能来自古老习俗。它在何种程度上是当时状况的反映，以及殖民地官员与非洲领导人共同的创造……已无法被确定。

问题不仅在于所谓的习俗事实上掩盖了新的权力与财富平衡（因为这确实是习俗在过去经常能够做的），而且还在于这些习惯法的独特结构被整理和变得固定不变，由此不能迅速反映未来的变化了。科 250
尔森评论道：

> 殖民地官员希望法庭增强长期确立的习俗，而不是当时的舆论。因此，有关非洲习惯法的普遍模式被殖民地官员用以评估当时决定的合法性，并由此被纳入所有权“习惯”体系之中。②

---

① 约翰·艾利夫：《坦噶尼喀湖现代史》，第323—324页。

② 伊丽莎白·科尔森：《殖民时期有关土地权之界定的影响》（Elizabeth Colson, ‘The Impact of the Colonial Period on the Definition of Land Rights’, in Victor Turner [ed.], *Colonialism in Africa* [Cambridge, 1971] ），第3卷，第221—251页。

与此相似，怀亚特·麦加菲已指出了巴刚果人（Bakongo）如何从殖民统治前的“分散和同化的过程”、“身为奴隶和工具的附属人群的流动”、“债务、财产、诽谤和抱怨的混合”，转向殖民统治时期的更为明确与固定的共同体和土地权界定。

> 在传统的演进过程中，判断价值的标准往往是主审法官的习俗社会的概念，这种概念最终来自……一种长期延续的、欧洲人有关祭司王约翰的非洲王国的印象……法庭记录保留了传统演进的证据，出于法庭的需要，它越来越远离巫术，而趋近证据与辩论……那些其传统输了官司的人，在一年或是两年后带着更好的传统回来了。

再重复一次，我的观点是，在某一确定时刻，“传统”将停止变化，而不是不断变化以适应新的形势；一旦“传统”与共同体的认同相关联，土地权被写入法庭记录之中，并被置于已发明的习惯模式之标准中，那么一个新的不变的传统就已被创造了。

> 最终产生了新旧间的综合，它现在被称为“习俗”。与1908年至1921年间形成的局势相对应的习俗社会的主要特征，在20世纪20年代具有了它们现在的形式。①

大约在同时，欧洲人开始对“传统”的“非理性”和仪式层面更感

① 怀亚特·麦加菲：《刚果河下游地区的习俗与统治》（Wyatt Macgaffey, *Custom and Government in the Lower Congo*［California, 1970］），第207—208页。

兴趣。1917年，一位国教会传教士神学家首次建议，当地的传教士们应该“收集有关黑人宗教观念的信息”，由此他们与传统社会的关系就能被理解。“在20世纪，我们不再满足于像19世纪所做的那样，直 251
截了当地宣称：科学已终止了这些迷信。”① 第一次世界大战以后，东非的国教会传教士面对战争破坏与随后的大萧条影响之下重建乡村社会的需要，开始对那些曾有助于社会稳定的“传统”仪式进行人类学分析。从这一考察中，产生了众所周知的传教士的“调整”政策，在东南坦噶尼喀的马萨西主教区举行的基督教入会仪式中有着最完善的例子。② 更普遍的是，因为这种思想与实践强调连续性和稳定性的仪式，所以产生了一种古老的“非洲传统宗教思想”，而它并没有对殖民统治之前的非洲宗教形式所具有的多样性和生命力做出应有评价。

非洲人对发明的习俗的使用

当然，如果没有非洲人的大量参与，所有这些都不可能实现。正如约翰·艾利夫所写的：

> 英国人错误地相信坦噶尼喀人属于部落，坦噶尼喀人就创造了部落以在殖民结构中运转……新的政治地理学……将是转

① 《非洲宗教研究》(‘The Study of African Religion’, *Central Africa*, xxxv,no.419［Nov. 1917］)，第261页。

② 特伦斯·兰杰:《传教士调整政策与非洲宗教机构》(Terence Ranger, ‘Missionary Adaptation and African Religious Institutions’, in Terence Ranger and Isaria Kimambo［eds.］, *The Historical Study of African Religion*［London, 1972］)，第221—251页。

> 瞬即逝的，如果它没有与非洲人中的类似趋势相一致的话。他们也必须生活在使人困惑的社会复杂情况之中，以有关亲属关系的词语发号施令，并得到发明出来的历史的支持。此外，非洲人想要有效的行动组织，就像殖民地官员想要有效的政府组织一样……欧洲人相信非洲人属于部落；非洲人就构建部落以投其所好。①

在通布卡的最高统治权这一例子中，我们已看到非洲统治者和受过教会教育的“现代化人士”如何一起参与到运用君主制象征的尝试之中。艾利夫指明类似的同盟如何有助于构建“部落”传统的观念和结构。

> 在1925年以后的二十年中，坦噶尼喀经历了广泛的社会重建，其中欧洲人和非洲人一起创造了一种以神话历史为基础的
> 252 新政治秩序……在分析［间接统治］制度时，一位官员得出结论，认为它的主要支持者是有进步思想的酋长们……很明显他们是间接统治中的关键人物。间接统治的主要优点确实在于发挥了他们的积极性……土著政府吸纳了很多地方精英……甚至没有土著政府职位的有教养者一般也承认世袭权力……反过来，很多酋长也欢迎有教养者的指导。

艾利夫描述了共同参与“进步的传统主义”（progressive traditionalism）计划的进步酋长和受过教会教育的非洲人。

① 艾利夫，前引书，第324页。

> 正像以后的民族主义者试图创造一种民族文化一样，那些建立了现代部落的人强调部落文化。在任何情况下，有教养者都起领导作用……问题在于，综合、“挑选出（欧洲文化）中最好的，并以我们所拥有的将其稀释”。由此，有教养者自然就重新阐述过去，所以他们的综合确实是新的创造。①

非洲知识分子与传教士的“调整”理论相互作用的一个领域是“传统宗教”的发明。

> 直到20世纪20年代传教士们开始仔细研究非洲宗教时，绝大多数非洲人才敢公开考虑自己的态度。米歇尔·基库尔维，一位齐古阿族的教师和文化宗族主义者，设想了一个传统非洲社会的黄金时代……萨缪尔·泽奥扎则率先提出本地宗教信仰已预示了基督教的观点。

像传教士一样，这些人强调宗教在稳定社会中所起的作用。

> ［基库尔维写道］在每一个区，男人和女人们都忙于互相帮助，他们教给孩子们相同的法律和传统。每位酋长都尽其所能地帮助他的人民、使他们高兴，而同样地，他的人民也转而如此对他，他们都明白什么是合法的，什么是不合法的，而且他们都

① 艾利夫，前引书，第327—329、334页。

知道在天上有一位全能的上帝。①

很容易就能发现这些传统的发明者所获得的个人利益。站在最高统治者右手边的成功教师或大臣，是一位拥有真正权力的人。建构“传统宗教”模式作为稳定的殖民统治之前社会的意识形态的非
253 洲教士宣称，通过采用“调整过的”基督教，他们为现代非洲社会做了相同的事。②然而，艾利夫总结道：

> 由此而持怀疑态度将是错误的。创造一个尼亚库萨（Nyakyusa）部落的努力，与四十年后创造坦噶尼喀民族这一本质上相似的努力同样真诚和具创造性。两者都试图在现代世界中建立人们能在其中幸福生活的社会。③

但是，在非洲被发明的传统中仍存在模糊不清之处。不管它如何可能被“进步的传统主义者”用于开始新的观念和制度，如通布卡最高统治下的强迫教育，已经整理的传统不可避免地在某种程度上增强了那些有利于在传统整理时期已居统治地位的既得利益集团的东西。业已整理和具体化的习俗被这些既得利益集团用作维护或是增加控制的方式。这发生在四种特定情形之中；尽管它并不局限于这四种情况。

年长者往往诉诸“传统”来维护他们对农村生产资料的支配地位，使其不受年轻人的挑战。男人往往借助“传统”来确保男性对作

① 艾利夫，前引书，第335—336页。
② 兰杰：《传教士调整政策与非洲宗教机构》。
③ 艾利夫，前引书，第324—325页。

为经济资产的妇女的控制，使其不会由于妇女在农业地区生产中不断提高的地位而有任何削弱。各个种族和社会群体组织中的最高首领和统治贵族们，诉诸“传统”以维持或是扩大他们对臣民的控制。本地人则借助“传统”来确保定居的移民不会获得政治或经济权利。

年长者使用“传统”来反对年轻人

殖民统治时期农村习俗的具体化产生了一种与殖民统治之前非常不同的形势。殖民统治之前的人和观念的运动，被殖民统治时期以习俗为界的地方小社会所取代。对于殖民当局来说，限制地区间交往并由此阻止对非洲人的关注的扩大是重要的。出于这个原因，他们准备支持地方层面的合作者，并认可他们的统治。但是与此同时，殖民列强又想从这些乡村社会中获得劳动力，由此年轻人就被抽 254
调到那些相对于殖民统治之前的旅行范围来说是非常远的工作地点。这些年轻人被希望既是远方城市经济中的工人，又是严格界定的小社会中被接受的公民。

这一形势造成了很多紧张状况。返回的流动工人回到的是由年长者严格控制的社会；反过来，年长者又对这些流动工人所拥有的新技能和资金感到担心。年长者强调习俗，强调给予他们控制土地和妇女以及由此而来的保护人身份的约定俗成的权利。麦加菲如此描述殖民时期的巴刚果村：

> 一个男子直至四十岁，甚至可能更老时，都还是学生……他听命于那些年长者，后者对他的语气往往是命令式的。年轻人认为年长者是嫉妒和爱挑剔的。年轻人处于依附者的地位……

> 年长者施加于他们的依附者之上的控制，是由于他们对日常公共事务管理权的垄断。

这种对管理权的垄断在很大程度上是由于年长者对“传统”知识的控制，土地和资源的所有权也建立在这种控制之上。麦加菲记录了一次听证会上，当“聪明的年轻人忙于做记录”，并由此可能打破年长者的垄断时，“年长者所进行的反对”。①

年轻人对于这样使用“传统”的反应，可能采取以下两种形式中的一种。如果主要目的是取代年长者和他们的地方性但又是殖民时期发明的传统，就可以通过采用某一种欧洲新传统而完成。因此，回归的流动工人经常使自己成为传授教义者（无论传教士是否承认），而且依照新的组织原则建立他们自己的村庄，就像西肯尼亚的身着制服的集会一样。然而，在欧洲教会和国家开始坚持严格服从习俗之前的殖民统治较早时期，这样做要更容易一些。在麦加菲描述的村庄中，失去现实出路的年轻男子们，在幻想之中寻求安慰。

> 对于那些上了年纪的年轻人来说，迪肯贝（Dikembe）提供了某种程度的补偿，它是一个迎合未婚男子的社交俱乐部……迪
> 255 肯贝文化，是一种有意思的讽刺，针对它所蔑视的年长一代的严肃的巫术宗教信仰和原则，包含了一种反社会思想的开端……单身汉茅舍的门上以花体字写有诸如“爱的宫殿”之类的话……迪肯贝文化是比尔式（billisme）的文化，其英雄是法国和美国传奇电影中的明星，并且它的名字也得自水牛比尔，“圣达菲地区

① 麦加菲，前引书，第208、222—223页。

的治安官，爱的地铁”。①

这些无忧无虑的荒诞言行背后，隐藏了通过欧洲式幻想的颠覆性结果来败坏得到白人支持的“习俗”名声的认真尝试。

然而，在殖民统治时期和民族主义政党兴起之前，还有另一条道路是对年轻人开放的。这就是通过诉诸传统的更具活力和更有改造作用的方式，来超越年长者的具体化的“习俗”。目前，研究者们已日渐注意到殖民统治时期分布非常广泛的消灭巫术运动，以及它们以此使社会免除邪恶的承诺。麦加菲描述了他所在的巴刚果村中，由年长者领导的利用巫术的指控引起了强烈不满，并导致一个承诺消灭巫术的“预言者”的到来，这是一个剥夺了年长者强有力的社会控制的成就。结果是“年长者暂时丧失能力”。罗伊·威利斯也已指出，在20世纪50年代的西南坦噶尼喀农村中，年轻人试图利用一系列的消灭巫术运动，来打破年长者对土地和地方“日常公共事务”的控制，这些运动借助史前时期的黄金时代而取代了发明的习俗。②

在其他众多支持这一论述的分析中，我将引用有关南部和中部非洲著名的守望塔教会运动的，非常有说服力却尚未出版的解释。肖尔托·克罗斯总结道：

非洲殖民者的三个矿区是运动的中心，而且劳动力移民是主要的支持者……存在于这些地区的移民体系……延长了非洲人能被看作由部落文化联系在一起的时期……然而同时，旨在

① 麦加菲，前引书，第223—224页。

② 罗伊·威利斯：《康开普：西南坦桑尼亚的反巫术运动》(Roy Willis, ‘Kamcape: An Anti-Sorcery Movement in South-West Tanzania’, *Africa*, xxxi, no.1 [1968])。

> 256 促进劳动力流动的政策也已制订实施，它破坏了这种部落文化的经济基础……工业地区的变动速度要远远超过乡村内陆的速度，然而劳动力移民继续在城镇和农村两个世界之间移动……支持守望塔教会运动的村庄的增多［是由于］加在返乡移民身上的一系列限制。习俗权力当局嫉妒这些新人，后者的生活方式强调城市价值……妇女和年轻人在农村守望塔运动中的广泛参与表明，经济分裂由于其他区分形式而得到加强……宣扬美好未来的守望塔［所承诺的］期望中解放的进取思想，使得习俗权力本身成为攻击的主要目标。①

男子运用“传统”来反对妇女

丹尼斯·保尔默的《热带非洲的妇女》一书旨在驳斥已成定式的压迫非洲妇女的欧洲形象，但它非常明确地阐明了两点。首先，是殖民统治之下很多规定两性之间关系的习俗制度事实上的崩溃，而这种崩溃几乎总是在经济上对妇女不利。其次，是男子不断求助于“传统”。安妮·劳伦廷在其收入文集的论文中表明：

> 对过去美好日子的回忆伴随着年长男子们怀念过去的遗憾……在老少男子中间，存在着深深的反对男女平等主义的思想，它源于这样一种无能为力的感觉，即意识到妇女们将拒绝回到一个世纪前的依附状态。老人们还将出生率的降低归罪于

① 肖尔托·克罗斯：《1908—1945年南部中非的守望塔教会运动》(Sholto Cross, ‘The Watch Tower Movement in South Central Africa,1908—1945’ [Univ. of Oxford doctoral thesis, 1973])，第431—438页。

妇女。①

在我看来，劳伦廷将有关日益增长的女性独立的抱怨和它的实际情况相混淆了。通过抱怨年轻人违背传统，年长者重申了他们对地方事务的控制；而男子通过抱怨妇女们违反传统，重申了他们对正在变化的经济与社会制度的支配地位。

有关非洲妇女的更新一本论文集清楚地阐明了这一点。正像卡罗琳·艾夫卡—莫勒提醒我们的，有关非洲“传统”（新的发明习俗以 257
此为基础）的殖民记录完全来自男性资料提供者，由此“当地的女性信仰”始终未被记载。因此，“男子在社会中的统治地位，即他们对宗教信仰和政治组织的控制”，在殖民统治时期的发明习俗中得到了比以往更为清晰的表达。无论是在间接统治的人种志学者的著作中，还是在“调整的”传教士学者的著作中，都对妇女传统没有多少关注，受过教会教育的非洲知识分子的著作中也是如此。②此外，一旦“习俗”已获得界定，非洲男子就准备求助殖民权力，来将它强加给妇女。在南罗得西亚以及工业劳动力移民区的其他地方，官员们通过惩罚通奸行为和加强父亲对婚姻的控制，来回应男性“传统主义者”的不断抱怨。③与此同时，由于缺少了男性移民，妇女在农业生产中所起的作用正越来越大。

同样，妇女有两种可能的方式来表达她们对男性主导习俗的反

---

① 安妮·劳伦廷：《恩扎卡拉的妇女》（Anne Laurentin, ‘Nzakara Women’, in Denise Paulme [ed.], *Women of Tropical Africa* [California, 1963] ），第431—438页。

② 卡罗琳·艾夫卡—莫勒：《妇女的战斗精神和殖民地的反抗》（Caroline Ifeka-Moller, ‘Female Militancy and Colonial Revolt’, in S.Ardener [ed.], *Perceiving Women* [London,1975] ）。

③ 艾琳·伯恩：《南罗得西亚非洲人的婚姻，1890—1940年》（Eileen Byrne, ‘African Marriage in Southern Rhodesia, 1890—1940’ [Univ. of Manchester B.A. research thesis, 1979] ）。

对。她们可以诉诸基督教传教会及其有关女性权利与责任的思想，或者她们可以寻求使用非洲文化中现有的反对思想。有时，妇女力图形成女性主导的仪式，这在过去曾经是对男性仪式影响的一种平衡的缩影。有时，她们则试图依靠20世纪的地区教派组织和整个预言运动，来挑战发明习俗的有限社会的束缚。

一种或两种当前研究已试图探寻这些女性首创精神。在一篇未发表的文章中，理查德·斯图亚特指出了契瓦族妇女如何利用母亲同盟（the Mothers' Union）这一传教士输入物：

> 到19世纪末，在东部中非契瓦族同样重要的妇女领域和男子公共领域之间已形成一种平衡。由于非洲人和欧洲人入侵的冲击以及基督教、商业和文明的作用，这种平衡被打破了。这些
> 258 因素破坏了契瓦社会的历史基础，并且使得男子获得了排斥妇女的财富和权力的新形式。在殖民统治时期，新传统主义者试图维持男女之间的这种不平衡，并在家长式统治的和利己主义的基础之上重建社会。反对这一进程，并使妇女们能够按照她们自己的主张实现从小社会向大社会之转变的尝试，是由国教会妇女组织母亲同盟做出的。当它于20世纪30年代初期被引入时，立即获得响应，使契瓦族妇女们能够在变化的环境中重新界定历史地位和各项制度，并且对凸显的新问题做出回答。在维持妇女的地位上，它取得了一些成就。[①]

① 理查德·斯图亚特：《尼亚萨兰的母亲联盟》（Richard Stuart, 'Mpingo wa Amai—the Mothers' Union in Nyasaland' [unpublished MS.] ）。

谢里林·扬的《丰收与饥荒》是对替代策略(alternative strategy)的研究。在一篇概述文章中,她这样解释南部莫桑比克的情况:

> 20世纪殖民地的强迫劳动制度补充了聪加人(Tsonga)和乔皮人(Chopi)劳动力外移的损耗。在已有的农业土地上,大规模的殖民地种植园被开辟出来。1908年至1922年间的一连串饥荒和生态灾难,造成了对劳动力输出的严重依赖。20世纪20年代的农业复兴主要是女性农民的复兴,她们生产了南部莫桑比克绝大多数的腰果和落花生……当第二次世界大战期间强迫劳动制度被恢复以后,妇女不得不在男性监工管理之下一周工作四天,生产商品作物,尤其是棉花。对这些变化的调整适应,从妇女为主体的人群中灵魂附体崇拜的增加可以看出。南部莫桑比克社会幸存下来,并带有地方女性农民和男性半无产者移民之间的显著区别。① 259

运用"传统"反对臣民和外来移民

其他两种借助"传统"和依靠新殖民习俗中表明的关系的形式更为直接。伊恩·林登已描述了尼亚萨兰的恩戈尼族酋长们如何试图利用与殖民行政官员和传教士们的殖民联盟,来控制他们的契瓦族臣民。为此,他们勾勒出严守纪律的、健康的"恩戈尼文化",以及堕落的、邪恶的"契瓦文化"的思想。宾斯伯根批评这些思想就

---

① 谢里林·扬:《丰产与饥荒:南部莫桑比克的妇女农业史》(Sherilyn Young, 'Fertility and Famine: Women's Agricultural History in Southern Mozambique', in *Palmer and Parsons* [eds.], Roots of Rural Poverty)。

19世纪的情况而言是极具欺骗性的：他们宣称，恩戈尼文化在欧洲人到来之前就已占统治地位，因此现在应被支持，以反对契瓦人“野兽般的”行为；他们利用欧洲人对明确划分的地位等级制的喜好，来巩固那些过去并未明显划分的权力组织。通过有选择地利用欧洲军事模式，恩戈尼人还能够巩固他们自己有关纪律和军事威力的“传统”。

另一个尼亚萨兰的例子也能用来阐明当地人利用“传统”来维护对外来移民的控制的情况。马修·舍弗勒已指出了低希雷谷地的马甘雅人如何设法继续控制酋长权力、土地分配等，尽管其在人数上已被来自莫桑比克的移民远远超过。他们通过同时借助殖民统治前的酋长权力的“传统”和地方宗教的“传统”来实现这一点。事实上，整个19世纪的希雷谷地历史是高度流动性的历史；武装精良的冒险者们来到这里，并对马甘雅人实行强迫统治；地方宗教的神庙被摧毁；人们的自我认同发生了迅速变化，他们根据威望平衡情况的变动而使用这种或那种种族名称。正是终止了武装冒险者权力的、殖民统治时期的安抚政策，恢复了马甘雅酋长们的统治，并且由此确实激发了马甘雅认同的发明。通过编纂的殖民统治时期习俗，马甘雅酋长分配土地的权力就被当作一项信条。在20世纪，马甘雅以他们过
260 去从未实行过的传统的名义取得了统治地位。①

① 伊恩·林登：《契瓦族入会仪式和尼欧社会》(Ian Linden, ‘Chewa Initiation Rites and Nyau Societies’, in Terence Ranger and John Weller [eds.], *Themes in the Christian History of Central Africa* [London, 1975])；马修·舍弗勒：《马甘雅人的姆伯纳崇拜的历史和政治作用》(Matthew Schoffeleers, The History and Political Role of the Mbona Cult among the Mang’anja, in Ranger and Kimambo [eds.], *The Historical Study of African Religion*)。

结　论

非洲政治家、文化民族主义者，当然还有历史学家们，从殖民时期的传统的发明中获得了两项含糊不清的遗产。一项是从欧洲输入的发明的传统，它在非洲的一些地方对统治阶级文化仍有影响，而在欧洲本身则大多消失了。在恩古吉[①]的《狱中日记》里，他愤怒地描写了当代肯尼亚的精英们：

> 前定居者殖民地中的买办资产阶级成员只关注他们自己的命运。他们并不需要外出游历和居住国外以了解和模仿帝国主义资产阶级的文化：他们不是已经从代表宗主国文化的殖民定居者那里学到了这一切吗？培育于旧殖民体系之中，他们已发展成熟至买办的顶点，将当地的欧洲人看作绅士风度和贵妇人优雅气派的全部体现。随着阻碍阶级流动的种族隔阂被打破，欧洲绅士风度（上衣翻领上的玫瑰花芽和饰针、胸前口袋里的洁白方巾、燕尾服、高顶黑色大礼帽和金链怀表）不再只是梦想和希望了……旧殖民者报纸中最受欢迎的栏目……就是社会版……而现在这些栏目又在光纸印刷的资产阶级月刊中出现了……殖民者打高尔夫和马球，去赛马或是身着红上衣和马裤进行盛大的狩猎……现在，黑人学生们也做相同的事，只是带着更大的热情：高尔夫和赛马已成为“国家”制度。[②]

---

① Ngugi wa Thiong'o，肯尼亚当代诗人、作家。——译注

② 恩古吉：《被拘禁的岁月：一位作家的监狱日记》（Ngugi wa Thiong'o, *Detained: A writer's Prison Diary*［London, 1981］），第58—59页。

其他新的国家，也许没有受到恩古吉的指责，但也已通过国歌、国旗和群众集会来表现它们的国家主权（埃里克·霍布斯鲍姆在本书中就19世纪欧洲情况做出了描述）。在体现新的多种族的领土国家时，非洲国家在过去“民族文化”的发明上的所作所为远不如苏格兰或是威尔士的浪漫主义者。

第二个含糊不清的遗产是“传统的”非洲文化，由殖民官员、传
261 教士、“进步的传统主义者”、年长者和人类学家发明的、经过系统整理的整个“传统”。像恩古吉一样否定资产阶级精英文化的人，面临接受另一套殖民发明的颇具反讽意义的危险。恩古吉本人通过接受反对殖民主义的肯尼亚大众传统来解决这一困难。正像本章所指出的，年轻男子、妇女、移民，即恩古吉表示同情的受剥削团体，有时已经能够着手利用混合了连续性和革新的持久活力，这种活力存在于土著文化之中，这些文化在经过整理的殖民习俗的僵硬刻板之下仍继续发展。

至于历史学家，他们至少具有双重任务。他们必须使自己摆脱那种错误观念，即由殖民官员或是很多人类学家记录的非洲习俗就是有关非洲过去的指南。同时，他们也需要鉴别，所有发明的传统中有多少是与20世纪非洲历史有关的，并且力求得出比本文这一初步
262 概述更扎实的有关这些传统的解释。

第七章

大规模生产传统：1870—1914年的欧洲

埃里克·霍布斯鲍姆

一

一旦我们注意到传统的发明是何等普遍，就会很容易地发现，第一次世界大战之前的三四十年是这些传统持续不断涌现的时期。我们不愿说它比其他时期“更加持续不断”，因为无法进行现实的量化比较。然而，传统的创造在许多国家、出于各种目的而被狂热实施，这种传统的大规模产生就是本章的主题。它包括官方的和非官方的实践，前者（我们可以宽泛地称之为“政治的”）主要存在于国家或有组织的社会与政治运动之中，或是通过它们实现的；后者（我们可以宽泛地称之为“社会的”）的实施主要通过并非如此正式组织起来的社会团体，或其目标并非在政治上明确或自觉的社会团体，例如俱乐部和互助会，而不论它们是否也有政治功能。区分是为了研究的便利，而不是原则性的。本章的目的是关注19世纪创造传统的两种主要形式,这两种形式都反映了这一时期深刻而迅速的社会变化。全新的或虽然陈旧但也已发生显著转变的社会团体、环境和社会背景呼唤新的发明,以确保或表达社会凝聚力和认同,并建构社会关系。另一方面,一个变化中的社会使传统的国家、社会或政治等级制的统治形式变得愈益艰难甚或行不通了。这就要求新的统治方法或建立忠诚纽带的新方法。由此必然地,随之而来的"政治"传统的发明是更有意识的和深思熟虑的,因为它在很大程度上由怀有政治目的的机构承担。然而我们也随即注意到,有意识的发明成功与否,取决于它能否成功地为公众所接受。支配日渐增长的国家工作人员和日益被迷惑
263 的小学生的新的官方公共节日、仪式、英雄或象征,如果缺乏真正的群众共鸣,那么仍然可能无法动员公民自愿参与。德意志帝国在将皇帝威廉一世塑造成一个为民众所普遍接受的德国统一之父方面未能成功,同时也未能将他的生日变成真正的国庆日。(顺便说一句,现在谁还记得称他为"威廉大帝"的尝试?)虽然在官方资助下,到1902年时建立了327座威廉一世的纪念碑,但是在1898年俾斯麦去世后仅仅一年的时间里,就有470个市政当局决定树立"俾斯麦柱"。①

然而,国家将正式与非正式的、官方与非官方的、政治和社会的传统的发明结合到了一起,至少在那些需要传统出现的国家中是这

---

① G.L.莫斯:《君主政治、环形广场与纪念碑》(G. L. Mosse, 'Caesarism, Circuses and Movements', *Journal of Contemporary History*, vi, no.2 [1971]),第167—182页;G. L.莫斯:《大众的民族主义化:从拿破仑战争到第三帝国的德国政治象征和大众运动》(G. L. Mosse, *The Nationalisation of the Masses: Political Symbolism and Mass Movements in Germany from the Napoleonic Wars through the 3rd Reich* [New York, 1975]);T.尼佩尔代:《19世纪德国的民族思想和民族纪念碑》(T. Nipperdey, 'Nationalidee und Nationaldenkmal in Deutschland im 19. Jahrhundert', *Historische Zeitschrift* [June,1968]),第529—585页,尤其是第543页和第579页的注释。

样的。从下层的角度看，国家越来越成为开展那些决定人们是臣民还是公民的至关重要的活动的最大舞台。事实上，它日渐界定和记录他们的身份。它可能并不是唯一的这种舞台，但是它的存在、边界，以及它日益定期与深入地干预公民生活，归根到底是决定性的。在发达国家中，范围由某个国家或其下属的领土确定的“民族经济”，是经济发展的基本单位。国家边界或是其政策中所发生的变化，对于它的公民来说有重要和持续的物质影响。国家中的行政和法律的标准化，尤其是国家教育的标准化，将人民转变成一个特定国家的公民：用一本切合实情的书的题目来说，就是“农民变成法国人”。①国家是公民集体活动的框架，只要这些活动是被官方承认的。影响或改变国家政府或是它的政策，自然成为国内政治的主要目标，而普通人也逐渐有资格参与其中。事实上，新的19世纪意义上的政治，本质上是国家范围内的政治。总之，社会（“公民社会”）和它活动于其中的国家实际上已变得越来越不能分离。

因此自然地，社会中的阶级，尤其是工人阶级，将趋向于通过全 264
国范围内的政治运动或组织（“政党”）来确定自身；同样自然地是，事实上这些运动本质上都是在国家范围内起作用的。②试图代表整个社会或“人民”的运动将依照一个独立或至少是自治的国家来设想自己的存在，这一点也不奇怪。国家、民族和社会汇合到一起了。

同样，从它的正式统治者或统治集团的视角自上而下地看，国家

① 尤金·韦伯：《农民变成法国人：1870—1914年乡村法国的现代化》（Eugen Weber, *Peasants into Frenchmen: The Modernization of Rural France, 1870—1914*［Stanford, 1976］）。

② 这一点在1914年时第二国际社会党的表现中得到了令人信服的展现，这些政党不但宣称在活动范围上是国际的，而且确实有时将自己看作只是一个全球运动的国家分支（如“工人国际法国支部”）。

产生了前所未有的问题，即如何维持甚或确立它的臣民或成员的顺从、忠诚、合作，或是他们眼中它所具有的合法性。它与作为个体（或至多是一家之首）的臣民或公民的直接、日益深入与有序的关系，逐渐成为它活动的中心，这一事实使得在很大程度上维系了社会从属关系的旧的设计被削弱：处于统治者之下却又控制自己成员的相对自治的集体或社团，以及在其各自的顶端与更高当局相连的权力金字塔，共同形成社会等级的分层排列，每一个社会阶层在这种等级中都接受自己的地位，等等。无论如何，这种以阶级来替代等级的社会转变破坏了这些等级。在那些臣民已变成公民，也就是说其政治活动已在制度上被看作值得重视的人民（即使只是以选举的形式）的地方，国家和统治者面对的问题明显要更加尖锐。当作为大众的公民的政治运动有意挑战政治或社会统治体系的合法性，或威胁将对其他一些人类团体的义务（最通常的是阶级、教会或民族）置于国家之上，从而表现自己与国家秩序相对立时，这些问题甚至会变得更加严重。

在以下地区中，这一问题是最易控制的：社会结构变化最小的地方；人的命运似乎依旧受制于一个无法预测的神在人类中释放的那些力量的地方；等级优越性与分成不同阶层的、多种形式的相对自
265 治的从属关系的旧形式仍然起作用的地方。如果说有什么可以动员意大利南部的农民离开他们的地区的话，那就是教会和国王。确实，农民的传统主义（这不应与顺从相混淆，尽管他们挑战地主的现实存在的情况并不很多，因为他们属于相同信仰和民族），不断被19世纪的保守派称赞为臣民的政治行为的理想模式。但不幸的是，具有这种模式的国家都是“落后的”，由此也是软弱的，而任何使它们“现代化”的尝试都可能使这种模式更不可行。保持社会从属关系的旧秩

序的“现代化”（可能有一些很不错的传统的发明），在理论上并非不可想象，但是除了日本以外，难以找到实际成功的例子。更新传统秩序的社会联系的这些尝试，暗含着社会等级制的地位降低、臣民与中央统治者直接联系的增强，而无论其是否愿意，中央统治者都逐渐开始代表一种新的国家。“上帝护佑国王”逐渐成为（如果说有时是象征性的）一个比“上帝保佑乡绅及其亲属，并使我们各就各位”更为有效的政令。有关英国君主制的章节已对这一进程有所阐述，然而人们也期望看到对更为正统主义的王朝所做尝试的研究，例如哈布斯堡王朝和罗曼诺夫王朝所做的尝试；这些尝试不只是命令它们的人民像臣民一般顺从，而且将他们作为潜在的公民来恢复他们的忠诚。我们都知道它们最终失败了，但是它们的失败是一个不可避免的结局吗？

相反地，在那些全新的国度、统治者不能有效使用已有的政治顺从与忠诚联系纽带的地方、其合法性（或者它们所代表的社会秩序的合法性）已不再被接受的国家中，问题是最为棘手的。1870年至1914年间，正巧“新国家”异乎寻常地少。绝大多数欧洲国家与美洲的共和国一样，那时已建立了基本的官僚机构、象征和实践，这些东西在1912年刚从中国“独立”出来的蒙古国看来是新的和必要的。这些国家有了首都、国旗、国歌、军服以及类似的物品，这些在很大程度上是参照英国和法国的，英国国歌（从约1740年开始）可能是最早的，而 266
法国的三色旗则被广泛模仿。一些新的国家和政权既可能像法兰西第三共和国一样，转回到较早以前的法国共和象征主义，也可能像俾斯麦的德意志帝国一样，将对较早以前的德意志帝国的渴望、中产阶级中流行的自由民族主义的神话和象征，以及普鲁士君主制的王朝连续性（到19世纪60年代俾斯麦德国的居民中一半是普鲁士王朝的臣民)结合在一起。在各大国中,只有意大利不得不从起点开始,以解决阿泽利奥① 所概述的问题:“我们已创造了意大利,现在我们必须创造意大利人。”萨伏伊王国的传统在国家的西北角之外没有政治价值,而教会又反对新的意大利国家。由此可能就不难理解:无论新的意大利王国是怎样热心于“创造意大利人”,它却始终对给予其中仅1%或2%以上的人以选举权颇为冷淡,直至这似乎已是不可避免为止。

然而,如果说新国家和政权的合法性的确立相对来说不常见的话,那么它反对大众政治的挑战的主张却是常见的。正像上面指出的,这种挑战主要表现为(单方面或是结合在一起)通过宗教(主要是罗马天主教)、阶级意识(社会民主主义)、民族主义或至少是排外情绪实现的有时相互联系、有时又相互对立的群众的政治动员。政治上,这些挑战在选举中得到最明显体现,而且在这一时期,它们不可避免地与已有的普选权或争取普选权的斗争联系在一起,反对那些主要是做无望的拖延行动的反对者。到1914年,某种形式的广泛(若非普遍)的男性普选权已在澳大利亚(1901年)、奥地利(1907年)、比利时(1894年)、丹麦(1849年)、芬兰(1905年)、法国(1875年)、德国(1871年)、意大利(1913年)、挪威(1898年)、瑞典(1907年)、瑞士(1848—1879年)、英国(1867—1884年)和美国实行,尽管它还只是偶尔与政治民主制结合在一起。然而,即使在其宪法并非是民主的国度中,广大选民的存在也使保持他们的忠诚的问题凸显出来。德意志帝国中社会民主党得票数的不断上升,居然也使它的统治者们感到担忧,因为事实上德意志帝国国会没有什么权力。

因此,选举民主制和随后出现的大众政治的充分发展,在1870年

① Azeglio,意大利复兴运动的主要人物,撒丁王国的首相。——译注

至1914年间的官方传统发明中占据了主导地位。自由立宪机构和自 267
由意识形态模式的统治地位使情况变得尤为紧迫。自由立宪机构并没有给选举民主制带来理论上的障碍，而至多只是经验上的阻碍。确实，对于自由派来说，不可能不期望迟早有一天公民权将扩展到所有公民，或至少是男性公民。通过系统地选择个人而不是制度化的集体，市场交易（“现金交易关系”）而不是人际联系，阶级而不是地位等级制，法理社会（Gesellschaft）而不是礼俗社会（Gemeinschaft），自由意识形态就实现了其最引人注目的经济成就和社会转变。因此，它不仅未能完全提供那些在较早之前的社会中是理所当然的社会纽带和权力关系，反而开始削弱它们并获得了成功。只要大众始终处于政治之外，或是准备追随自由资产阶级，那么这将不会产生什么大的政治困难。然而从19世纪70年代以后，日益明显的是，大众已开始参与政治，并且不再能指望他们继续追随他们的主子了。

因此，19世纪70年代以后，并且几乎肯定与大众政治的出现相关联的是，统治者和中产阶级观察家们重新发现了“非理性”因素在维系社会结构和社会秩序中的重要作用。正如格拉汉姆·沃拉斯在《政治中的人性》（1908年）中所指出的：“任何致力于将他的政治思考建立在重新考察人性的运作的基础上的人，都必须首先努力克服这种夸大人类智力的趋势。”① 新一代思想家在克服这一趋势上毫无困难。他们重新发现了非理性因素，不仅在个人心理学（雅内、威廉·詹姆斯、弗洛伊德）、社会心理学（勒庞、塔尔德、特罗特）中，而且通过人类学在原始人中也发现，这些原始人的活动似乎不再只是保存了现代

① 格拉汉姆·沃拉斯：《政治中的人性》（Graham Wallas, *Human Nature in Politics* [London, 1908]），第21页。

人性的孩童时期特征（涂尔干不是在澳大利亚土著居民的仪式中看到了所有宗教的因素吗？①）；甚至在理想的人类理性典范古希腊精神中也发现了（弗雷泽、康福德）。②由于认识到使人类集体联系在一
268 起的任何东西都不是其个体成员的合乎理性的计算，有关政治和社会的学术研究发生了转变。

这里并不是要分析（即使是以最粗略的方式）思想上的这种从古典自由主义的退却（只有经济学家没有参与其中）。③这种退却与大众政治实践的关系是显而易见的，这并不只是在资产阶级已经（用柏克的话来说）以最不可改变的方式“粗暴地撕掉了……生活的美好装饰物……以及使权力变得温和与使自由变得顺从的令人高兴的虚幻”④的国度里，资产阶级现在发现自己最终赤身面对在社会革命（巴黎公社）的阴影下通过政治民主制来统治的永恒必要性。对教会和君主制这样的旧的社会纽带的消失感到遗憾是明显不够的，就像巴黎公社之后的泰纳所表现的那样。他对两者都不抱同情。⑤君主主义者（他们自己也并非是传统虔诚和信仰的最好例证，就像莫拉斯的情况所反映的一样）恢复信仰天主教的国王的主张甚至更不切实际。替代性的方案是不得不创立“公民宗教”。这一需要是

---

① 爱弥尔·涂尔干：《宗教生活的基本形式》(Emile Durkheim, *The Elementary Forms of the Religious Life*［London, 1976］)，法文第1版于1912年出版。

② J. G.弗雷泽：《金枝》(J. G. Frazer, *The Golden Bough, 3rd edn*［London, 1907—1930］)；F. M.康福德：《从宗教到哲学：西方思辨的起源研究》(J. M. Cornford, *From Religion to Philosophy: A Study of the Origins of Western Speculation*［London, 1912］)。

③ 大概是因为他们能够将一切不能被界定为理性的最大化行为都从他们的视野中排除出去；其代价（从1870年代以后）是他们的研究课题变得相当狭窄。

④ 埃德蒙·柏克：《思考法国革命》(Edmund Burke, *Reflections on the Revolution in France*, Everyman edn)，第74页。

⑤ J. P.梅耶：《从大革命到第五共和国的法国政治思想》(J. P. Mayer, *Political Thought in France from the Revolution to the 5th Republic*［London, 1961］)，第84—88页。

涂尔干社会学（一位忠诚的非社会主义者的共和派的作品）的核心。然而，它还需要由知名度较小的思想家或是更注重实践的政治家来确立。

认为第三共和国的统治者主要依赖发明新的传统以实现社会稳定将是愚蠢的。相反，他们依赖这一铁的政治事实：右翼始终在选举中处于少数地位；可以始终通过占比过高的乡村和小城镇选票，来压倒要求社会革命的无产阶级和易激动的巴黎人；共和国的农村选民对于法国大革命的真正激情和对有钱阶层的痛恨，常常可以通过行政区周围合理分布的道路、维持较高的农产品价格和几乎确定无疑地保持低税收来缓解。当激进社会主义者的显要人物通过呼唤1789年（及1793年）精神和颂扬处于巅峰的共和国来起草选举演说（其中他承诺将忠于自己所处的朗格多克地区选民中葡萄种植者的利益①）时，他明白自己在做什么。 269

然而，通过捍卫共和国免受社会主义和右翼的攻击，传统的发明在维护共和国中扮演了非常重要的角色。通过有意识地添加革命传统，第三共和国或是驯化了社会革命者（如绝大多数社会主义者），或是孤立了他们（如无政府—工联主义者）。反过来，它现在甚至能动员左翼中潜在的绝大多数反对者，来维护共和国与过去的革命，使他们处于一个共同的阶级阵营，从而使右翼在国内始终居少数地位。确实，正像第三共和国政治教科书《蠢材》（*Clochemerle*）中所清楚指出的，右翼的主要作用是为好的共和派提供动员起来反对的靶子。社会主义工人运动在某种程度上反抗资产阶级共和国的

① 让·图沙尔：《1900年以来的法国左派》（Jean Touchard, *La Gauche en France depuis 1900* [Paris, 1977]），第50页。

这种拉拢；他们因此确定每年在公社社员墙（1880年）纪念巴黎公社，以此来反对共和国的制度化；也因此在德雷福斯事件中，以及尤其在有关社会主义者加入资产阶级政府（米勒兰）的争论中，他们以新的《国际歌》来取代传统的但已成为官方的《马赛曲》作为自己的歌曲。① 另一方面，激进的雅各宾共和派继续在官方象征主义中表现出他们与温和的、居主导地位的共和派的不同。曾经对1875年至1914年间出现的建造纪念碑，尤其是献给共和国自己的纪念碑的独特狂热做过研究的阿居隆，敏锐地指出在激进派的市政府中，玛利亚娜② 至少袒露一个乳房，而在温和派的市政府中，她则是衣着整齐的。③ 然而一个基本事实是，控制共和国肖像、象征、传统的那些人是伪装成极左派的中间人士：激进社会主义者，如谚语所说，"像萝卜一样，红皮，白心，而且始终明白自己的利益所在"。一旦他们不再控制共和国的命运（从人民阵线以后），第三共和国的日子也就屈指可数了。

有相当多的证据表明，从19世纪60年代后期以后，温和的共和派资产阶级认识到了自己主要政治问题的本质所在（"左翼没有敌
270 人"），并且当共和国政权稳固之后就立即开始着手解决这一问题。④ 在传统的发明这方面，有三项主要革新是尤其相关的。首先是教会

---

① 莫里斯·多芒吉：《欧仁·鲍狄埃，巴黎公社成员和国际歌作者》（Maurice Dommanget, *Eugène Pottier, Membre de la Commune et Chantre de l'Internationale*［Paris, 1971］），第3章。

② 共和女神，象征法兰西共和国。——译注

③ M.阿居隆：《一种共和考古学的概略；女性公民寓意》（M. Agulhon, 'Esquisse pour une Archéologie de la République; l'Allégorie Civique Féminine,' *Annales ESC*, xxviii［1973］），第5—34页；M.阿居隆：《战斗中的玛利亚娜：1789—1880年的共和图像与象征》（M. Agulhon, *Marianne au Combat: l'Imagerie et Symbolique Républicaines de 1789 à 1880*［Paris, 1979］）。

④ 斯坦福·H.埃尔维特：《第三共和国的形成：1868—1884年的法国阶级和政治》（Stanford H. Elwitt, *The Making of the 3rd Republic: Class and Politics in France,1868—1884*［Baton Rouge, 1975］）。

的世俗替代物，即初等教育的发展，它深受革命与共和派的原则和内容的影响，并且由神甫（或者可能是修道士，如果他们贫穷的话）的世俗替代物，即小学教师实施。① 毫无疑问，这是第三共和国初期有意识的建构，而且考虑到众所周知的法国政府的中央集权化，那些将不仅使农民转变成法国人，而且使所有法国人都成为好共和派的教科书的内容也没被忽视。确实，共和国中进行的并由其推动的法国革命的"制度化"已得到较为详细的研究。②

第二是公共仪式的发明。③ 这些公共仪式中最重要的是攻占巴士底日，它的确切开始日期是1880年。在这个一年一度的、宣称法国是源自1789年的国家节日里，官方和非官方的游行和群众庆祝活动（烟火、街头跳舞）结合到一起，每一个法国男子、女子、孩子都能参与其中。然而在它为更狂热、更大众化的表现提供机会（这可能是很难避免的）的同时，它的总趋势是将大革命的遗产转变为对国家盛大活动、权力与公民快乐的共同表述。公共庆典的不太持久的形式是偶尔举行的世界博览会，它赋予共和国以繁荣、技术进步（埃菲尔铁塔）和世界性的殖民征服（这是他们刻意要强调的）的合法性。④

---

① 乔治·迪沃：《小学教师》（Georges Duveau, *Les Instituteurs* [Paris, 1957]）; J. 奥祖夫编：《我们是小学教师：美好时代的小学教师自传》（J. Ozouf ed., *Nous les Maîtres d'Ecole: Autobiographies d'Instituteurs de la Belle Epoque* [Paris, 1967]）。

② 艾丽斯·杰拉尔：《法国大革命：神话和解释（1789—1970年）》（Alice Gérard, *La Révolution Française: Mythes et Interprétations, 1789—1970* [Paris, 1970]），第四章。

③ 查尔斯·里阿里克：《现代法国的节庆：第三共和国的经验》（Charles Rearick, 'Festivals in Modern France: The Experience of the 3rd Republic', *Journal of Contemporary History*, xii, no.3 [July 1977]），第435—460页；罗斯蒙德·桑松：《7月14日，节日与民族意识（1789—1975年）》（Rosemonde Sanson, *Les 14 Juillet, Fête et Conscience Nationale, 1789—1975* [Paris, 1976]），包括书目。

④ 关于1889年世界博览会的政治意图，参见德博拉·L. 西尔弗曼：《1889年展览：资产阶级个人主义的危机》（Debora L. Silverman, 'The 1889 Exhibition: The Crisis of Bourgeois Individualism', *Oppositions, A Journal for Ideas and Criticism in Architecture* [Spring, 1977]），第71—91页。

第三是已经提到过的公共纪念碑的大规模出现。应当指出的是，与其他国家不一样，第三共和国并不喜欢法国已有的很多巨大
271 的公共建筑（尽管大型博览会于结束之后给巴黎留下了一些这样的建筑），也不喜欢巨大的雕像。法国“雕像热”[①]的主要特点是它的民主精神，这也预示了1914年至1918年以后的战争纪念物的民主特性。它将两种形式的纪念碑传遍整个国家的城市和乡村：共和国自身的形象（以现在已为世人所熟知的玛利亚娜的形式），以及被地方爱国主义选择作为自己过去与现在标志的有胡须的民间人物。确实，在共和国纪念碑的建造明显得到鼓励的时候，这一事业的倡议、开支都是由地方承担的。迎合这一市场需求的企业主们，为每一个共和国市镇（从最穷直至最富）提供了适合它们购买需要的选择，从不同尺寸的玛利亚娜的端庄胸像、不同大小的全身塑像，到雕像底座和寓言式或英雄般的附件（更为炫耀的公民们可以拿这些来环绕她的脚）。[②]巴黎共和广场与民族广场上的众多雕像构成了这种雕塑的最终版本。此类纪念碑描绘了共和国的基层群众（尤其是在它的农村根据地里），而且可以被看作选民与国家之间看得见的纽带。

第三共和国官方“发明”传统的其他一些特点也可顺带说一下。除了对地方历史名人的纪念活动或地方政治宣言这种形式以外，它已远离历史。毫无疑问，这部分是由于1789年以前的历史（可能除了“我们的祖先高卢人”）使人想起教会和君主制；部分是由于1789年以来的历史是一种分裂而不是统一力量：每一种

① M.阿居隆：《雕像热与历史》(M. Agulhon, 'La Statuomanie et l'Histoire', *Ethnologie Française, nos*. 3—4 [1978])，第3—4页。

② 阿居隆：《一种共和考古学的概略》。

或每一阶段的共和主义在革命的先贤祠中都有它自己的英雄与坏人，就像法国大革命史学史所显现的那样。党派差异在罗伯斯庇尔、米拉波或丹东的雕像上表现出来。因此与美国和拉美国家不同，法兰西共和国避开了对立国之父的崇拜。它更喜欢一般性的象征物，而且在直至1914年以后的很长一段时间里，都不在邮票上使用与民族历史相关的主题，尽管绝大多数欧洲国家（除了英国和斯堪的纳维亚国家）从19世纪90年代中期以后就发现了这些主题的魅力所在。象征物是很少的：三色旗（在市长绶带上得 272
以民主化和普遍化，并在所有世俗婚礼或其他仪式上出现），共和国的字母缩写（RF）与格言（自由、平等、博爱），《马赛曲》，以及共和国与自由本身的象征玛利亚娜，她似乎是在第二帝国末年形成的。我们还应指出，第三共和国对于第一共和国时期极具特色的发明仪式，如“自由树”、理性女神和特殊节日，并没有表现出任何官方渴望。除了7月14日以外，没有任何官方的国家纪念日，也没有公民的正式动员、列队行进（不像20世纪的人民政权，也不像美国），而只是将制服、游行、乐队、旗帜这些已被接受的国家权力的华丽象征“共和化”。

德意志第二帝国则提供了一个饶有趣味的对照，尤其是因为法兰西共和国发明传统中的一些一般性主题在它那里也能发现。它的主要政治问题是两方面的：怎样为从未有过的俾斯麦式的统一（普鲁士领导的小德意志）提供历史合法性；如何对待支持另一种统一方式的为数众多的民主派选民（大德意志支持者、反普鲁士特殊论者、天主教徒，特别是社会民主党）。俾斯麦本人似乎对象征主义并不很关心，除了亲自设计了一面三色旗，将普鲁士的黑—白两色与他想包含的民族主义和自由派的黑—红—金三色结合到一起（1866年）。帝国

273 的黑—白—红三色国旗是没有任何历史先例的。[①] 俾斯麦实现政治稳定的诀窍相当简单：通过执行不会危害普鲁士君主制、军队和贵族的统治地位的计划，来赢得（绝大多数是自由派的）资产阶级的支持，利用各种反对派中潜在的分裂，将政治民主尽可能地排除出政府决策过程。那些不能被分裂的明显对立的集团，特别是天主教徒与后拉萨尔派的社会民主党人，使他有些茫然不知所措。事实上，他正是由于与这两派的正面冲突而失败的。人们有这样的印象，即这位老派保守的理性主义者，无论怎样擅长政治策略艺术，却从未令人满意地解决与贵族政治不同的政治民主制的各种难题。

因此，德意志帝国中的传统发明首先是和威廉二世时代相连的。它的目标主要是两方面：建立第二帝国与第一帝国之间的连续性，或更广泛地，将新帝国确立为德意志人民的世俗民族愿望的实现；强调在1871年新帝国建立过程中，将普鲁士与德国其他部分联系在一起的那些特殊历史经历。两者反过来都要求将普鲁士和德意志历史合并，而那些爱国的帝国历史学家（尤其是特赖奇克）已然致力于此项事业。完成这些目标的主要困难首先在于，德意志民族的神圣罗马帝国历史难以与任何19世纪民族主义模式相调和，

① 惠特尼·史密斯：《各个时代的旗帜》（Whitney Smith, *Flags through the Ages* [New York, 1975] ），第116—118页。民族主义者的黑—红—金三色旗似乎是在拿破仑统治时期之后的学生运动中出现的，在1848年已确定无疑地成为全国运动的旗帜。对魏玛共和国的反抗使它由国旗降为一个政党的旗帜——社会民主党的民兵组织确实以它为自己的名称（“国旗社”——“Reichsbanner”，指1924年5月建立的一个准军事组织，全名为“黑—红—金国旗社”。——译注），而反共和国的右派则分裂为支持帝国旗帜和国家社会主义党旗帜两部分，这就使得传统的三色旗设计被废弃，这可能是因为三色旗与19世纪的自由主义相关，也可能是因为它不足以显现与过去的彻底决裂。然而，它保持了俾斯麦帝国的基本颜色内容（黑—白—红），与此同时突出了红色，它到目前为止都是社会主义和工人运动的唯一象征。联邦德国和民主德国都重新采用了1848年的颜色，前者没有任何添加，而后者则增加了一个改编自共产主义和苏联的锤子与镰刀这一基本图案的相应标志。

其次是神圣罗马帝国历史并不表明1871年的结果是历史必然的，或甚至是可能的。它只有通过两种方式来与现代民族主义联系在一起：一个是世俗的民族敌人的观念，通过反对这一敌人，德意志人民确定了自己的认同，并努力实现国家统一；另一个是征服或文化、政治和军事霸权的观念，借此，分散于众多其他国家中，其中主要是在中东欧的德意志民族，就能宣称有权统一成一个更大的德意志国家。第二种观念并不是“小德意志”的俾斯麦帝国所愿意强调的，尽管普鲁士本身，就像这一名字所暗含的，很大程度上是通过向斯拉夫、波罗的海这样的神圣罗马帝国以外地区扩张而在历史上逐渐建立的。

建筑和纪念碑是形成有关德国历史的新解释的最明显形式，或更确切地说，是将1848年以前的旧的浪漫主义色彩的德国民族主义 274
的“发明传统”与新政权结合起来：最强有力的象征是那些已完成这种结合的。因此，德国体操运动、直至19世纪60年代的自由派和大德意志运动、1866年以后的俾斯麦以及最终的泛德意志和反犹运动，都关注三个其创意基本上并非来自官方的纪念碑：在条顿堡森林的彻路西人的阿米尼乌斯纪念碑（其大部分早在1838年至1846年就已建造，至1875年正式落成）；莱茵河上的幼林（Niederwald）纪念碑，纪念1871年德国统一（建于1877—1883年）；莱比锡战役一百周年纪念碑，它于1894年由“为莱比锡各民族大会战树立纪念碑之德意志爱国者同盟”发起，1913年正式落成。另一方面，人们似乎对将基夫霍伊泽山（Kyffhauser，民间神话中所宣称的皇帝腓特烈一世将再次出现的地点）上的威廉一世纪念碑变成一个民族象征的建议（1890—1896年）没有任何热情，而且对在莱茵河与摩泽尔河交汇处（即德意志角）建造威廉一世和德国纪念碑以反对法国有关莱茵河左岸的领土要求也没有特别的反应。①

抛开这些差异，这一时期德国兴建的砖石建筑与雕像的体量是非常大的，这使得足够顺从和能干的建筑师与雕刻家们名利双收。②仅在19世纪90年代建造或是设计的建筑中，就有正面上有精心制作的历史塑像的新帝国国会大厦（1884—1894年），已经提到过的基夫霍伊泽山纪念碑（1890—1896年），威廉一世的国家纪念碑——显然他被看作官方认可的国家之父（1890—1897年），威斯特法里亚港的威廉一世纪念碑（1892年），德意志角的威廉一世纪念碑（1894—1897
275 年），柏林“胜利大道”（Siegesallee）上的霍亨索伦王朝君主们的巨大殿堂（1896—1901年），德国城市中的各种威廉一世雕像（1894年多特蒙德，1894年威斯巴登，1898年普伦茨劳，1901年哈雷，1903年汉堡），以及不久以后大量出现的俾斯麦纪念碑，它们在民族主义者中赢得了更为真心的支持。③其中一个纪念碑的正式落成，则成为在帝国邮票中首次使用历史题材的起因（1899年）。

对砖石建筑与雕像的这种不断积累可以做出两点评论。第一点有关民族象征的选择。有两种是现成的：含糊不清但在军事上足以胜任的“日耳曼尼亚”，尽管在雕塑上没有什么显著地位，但是从一开始就广泛出现于邮票上，因为还没有一个能象征作为整体的德国

---

① 汉斯—乔治·约翰：《政治和体操：1870—1914年德意志帝国中的德国全国体操运动》（Hans-Georg John, *Politik und Turnen: die deutsche Turnerschaft als nationale Bewegung im deutschen Kaiserreich von 1871—1914*［Ahrensberg bei Hamburg, 1976］），第41页及其后内容。

② “与他的意愿相反，命运决定了，他将成为一个纪念碑雕刻家，用巨大的青铜和石头纪念碑，以及一种比喻和过分强调的哀怨的语言来赞美威廉二世的帝国观念。”见乌尔里奇·蒂默与费力克斯·贝克尔：《古代至现代造型艺术家大百科全书》（Ulrich Thieme and Felix Becker, *Allegemeines Lexikon der bildenden Kunstler von der Antike bis zur Gegenwart*［Leipzig, 1907—1950］），第3卷，第185页。同时请看有关Begas、Schilling、Schmitz的条目。

③ 约翰，前引书；尼佩尔代：《19世纪德国的民族思想和民族纪念碑》，第577页以下。

的单一王朝形象；"德意志米歇尔"形象，它实际上在俾斯麦纪念碑中具有次要地位。它属于民族的奇特的代表，不是作为国家，而是作为"人民"的民族，它赋予19世纪漫画家的通俗政治语言以活力，并被认为（就像约翰牛和长着山羊胡的美国佬所表现的一样，但与作为共和国形象的玛利亚娜所表现的**不**一样）表现了民族特性，就像民族本身的成员所看到的那样。尽管与国歌一样，它们的起源和早期历史是模糊不清的，但是几乎可以肯定它们首先在18世纪的英国出现。[①]"德意志米歇尔"的核心在于，这一形象既强调易被狡猾的外国人轻易利用的幼稚与头脑简单，也强调当最终被激怒时他能运用来挫败他们的狡诈骗局与征服的身体力量。"米歇尔"似乎从根本上说已成为一种反对外国人的形象。

第二点有关俾斯麦式的德国统一作为新帝国的公民们所共同拥有的**唯一**国家历史经历的至关重要的意义，即使在此之前的德国与德国统一的所有观念都是"大德意志"的。而且在这一经历中，法德战争是核心。德国所拥有的（短暂的）"民族"传统通过三个名字得以象征化：俾斯麦、威廉一世和色当。

这在发明出来的典礼与仪式（也主要是在威廉二世统治时期）中 276
得到清楚体现。因此，在一所中学的年鉴中，记载了1895年8月至1896年3月期间举行的不下十次纪念普法战争二十五周年的仪式，其中包括对战争中的各场战斗的大量纪念活动、庆祝皇帝的生日、官方转交一位帝国亲王的肖像，以及各种图饰和公开演说，有关1870年至

① J.叙雷尔：《约翰牛的最早形象，激进的资产阶级，忠诚的英国人（1779—1815年）》（J.Surel, 'La Premiere Image de John Bull, Bourgeois Radical, Anglais Loyaliste (1779—1815)', *Le Mouvement Social*, cvi [Jan.—Mar. 1979]），第65—84页；赫伯特·M.阿瑟顿：《霍格思时代的政治出版物》（Herbert M. Atherton, *Political Prints in the Age of Hogarth* [Oxford, 1974]），第97—100页。

1871年战争、战争中皇帝观念（Kaiseridee）的发展、霍亨索伦王朝的特性等。①

有关此种仪式的更详细的描述可以阐明它们的特点。在父母与朋友们的注视下，男孩子们唱着《守卫莱茵河》（最直接地体现对法国人敌视的民族歌曲，但有意思的是，它既不是普鲁士的也不是德国的国歌），行进至校园中。② 他们列队，面对着高举饰有橡树叶的旗帜的每个班的代表，这些旗帜是由每个班集资购买的。（橡树与条顿—日耳曼民间文化有关联，民族主义和军事美德也包含在橡树叶中，后者在希特勒时期是最高等级军事勋章的标记：它是拉丁民族的月桂树的合适的德国替代物。）为首的男孩将这些旗帜交给校长，后者随即在集会上讲话，赞美已故的威廉一世皇帝的辉煌岁月，并要求为现任皇帝及其皇后欢呼三次。然后孩子们在自己旗帜的引导下开始行进。随即校长再一次讲话，之后在合唱伴奏下种一棵“帝国橡树”（Kaisereiche）。整个一天以远足至绿色森林（Grunewald）为结束。所有这些活动仅仅是两天以后的色当纪念日纪念活动的准备，而且一
277 个学年不时被宗教和世俗性的仪式集会所打断。③ 同年，一道帝国命令宣布建造胜利大道，将之与普法战争二十五周年纪念联系在一起，

---

① 海因茨·斯塔尔曼：《舍讷贝克的海因里希亲王中学：1890—1945年，一所学校的历史》（Heinz Stallmann, *Das Prinz-Heinrichs-Gymnasium zu Schoneberg*, *1890—1945. Geschichte einer Schule*［Berlin, n.d.1965］）。

② 事实上没有官方的德国国歌。在三首相竞争的歌曲中，《上帝以胜利者的花环保佑》（‘Heil Dir Im Siegerkranz’，是以《上帝保佑国王》的曲调）是与普鲁士国王联系最密切的，但是却激起最少的民族热情。《守卫莱茵河》与《超越一切之上的德国》（“Deutschland Uber Alles”）直至1914年还都是被同等对待的，但是逐渐地，更适宜于扩张主义帝国政策的《超越一切之上的德国》压倒了《守卫莱茵河》，后者所引起的联想纯粹是反法国的。到1890年为止，在德国体操运动成员中，前一首歌曲出现的情况是后一首的两倍，不过他们的运动是特别喜爱《守卫莱茵河》的，在促使这首歌的普及上有推动作用。见约翰，前引书，第38—39页。

③ 斯塔尔曼，前引书，第16—19页。

这一战争被称为德意志民族“作为一个整体”的兴起，尽管是“遵循它的王公们的号召”，但“在辉煌的胜利中击退了外国入侵，实现了祖国的统一与帝国的光复”。[①] 人们回忆中的胜利大道，完全意味着霍亨索伦王朝的王公们回到了勃兰登堡的侯爵们的时代。

将法国与德国的创新进行比较是有益的。两者都强调新政权的奠基行为——处于尚不明确和最少争论时期的法国大革命（攻占巴士底狱）与普法战争。除这一历史参照点外，法兰西共和国避免做历史性的回溯，而德意志帝国则非常显著地沉浸其中。由于大革命已经确立了法兰西民族和爱国主义的业绩、特性和界限，因此共和国可以将自己的行为限定在利用一些明显的象征，如玛利亚娜、三色旗、《马赛曲》等，并辅之以一种（对它的较为贫穷的公民们的）意识形态解释，详细阐述自由、平等、博爱的显而易见但有时又有些理论性的益处，从而使自己的公民们回想起这些。由于1871年以前的“德意志民族”并没有政治定义或是统一，而且它与新帝国（它排除了德意志民族中的很大一部分）的关系也是含糊、象征或意识形态的，因此认同不得不是更复杂和更不明确的，不过霍亨索伦王朝、军队和国家的地位则是例外。由此，参照物是多样的，从神话和民间文化（德国橡树、皇帝腓特烈一世），到利用它的敌人来界定民族的简略的漫画模式。像很多被解放的“民族”一样，“德国”更容易通过它所反对的东西来界定，而不是通过任何其他方式来界定。

这可以解释德意志帝国“发明传统”中最明显的缺陷：未能赢得社会民主党的谅解。确实，威廉二世起初喜欢称自己是“社会皇帝”（social emperor），而且与俾斯麦禁止社会民主党的政策有着明显区

① R. E.哈特：《霍亨索伦王朝》(R. E. Hardt, *Dir Beine der Hohenzollern*［E. Berlin, 1968］)。

别。然而，称社会主义运动是反民族的（vaterlandslose Gesellen）这一
278 诱惑是如此强烈以致无法抗拒，由此，与以往如哈布斯堡帝国相比，社会主义者们被更系统地排除出政府（通过一项专门通过的法案，包括被排除出高等教育职位）。毫无疑问，帝国感到头痛的政治问题中，有两项已得到明显缓解。军事辉煌与力量，以及有关德国伟大的华丽辞藻，消除了“大德意志者”或泛德意志者的反对，逐渐使他们与自由派甚至是民主派的起源相脱离。如果他们想要最终实现自己的目标，那么现在就必须通过新帝国，否则就不可能。天主教徒并不带来严重问题，这一点在俾斯麦反对天主教徒的运动被废弃以后变得明显。只有在帝国中正明显不可避免地走向多数派地位的社会民主党构成了一种政治力量，如果以这一时期其他国家的情况为指导的话，那么这种政治力量应该已使德国政府转向一种更灵活的态度。

然而，在一个其自我界定在如此大程度上依赖于它的内、外部**敌人**的国家中，这并不是完全意想不到的；① 而且由于明确反民主的军事精英形成了一个如此强大的机制，以将中产阶级吸收进统治阶级，那么就更是如此了。不过，选择社会民主党以及犹太人（不那么正式地）为国内敌人还有其额外好处，尽管帝国的民族主义思想并不能充分利用它。它为同时反对资产阶级的自由主义思想和无产阶级的社会主义思想提供了颇具煽动性的请求，这能在“民族”的旗帜下动员为数众多的下层中产阶级、手工业者和农民，他们感觉受到前面两种思想的威胁。

有悖常理的是，最民主的而且在领土和宪法上都是最清楚界定

① H.-U.韦勒：《1871—1918年的德意志帝国》（H.-U.Wehler, *Das deutsche Kaiserreich 1871—1918* [Göttingen, 1973]），第107—110页。

的国家之一，在面对民族认同问题时，在某些方面也与帝制的德国相似。一旦脱离联邦因素被消除，美国的基本政治问题就是如何同化人种各异的大众，他们并非一出生就是美国人，而都是移民，在我们考察的这个历史时期结束之时，美国有着一个几乎无法控制的移民潮。美国人不得不被创造出来。这一时期美国的发明传统首先就是为了实现这一目标。一方面，移民们被鼓励照原样接受那些纪念国家历史的仪式，如美国革命和它的国父们（7月4日），以及新教徒的盎格鲁—撒克逊传统（感恩节），因为现在这些仪式已成为节日和公共、私人庆 279
祝活动的时刻。[①]（反过来，"国家"也将移民的集体仪式，如圣帕特里克节、后来的哥伦布纪念日，吸纳入美国生活之中，这主要是通过市政与州政治中的强有力的同化机制。）另一方面，教育体系也被转变成为政治社会化的机构，这通过美国国旗崇拜之类的工具实现，这种国旗崇拜从19世纪80年代开始成为美国学校的一项日常仪式。[②]作为一种**选择**行为（决定学习英语、申请公民权），以及一种对特殊信仰、行为与行为方式的选择，崇美主义（Americanism）的概念暗含着相应的"非崇美主义"（un-Americanism）的概念。在基于存在界定民族性的那些国家中，可能有不爱国的英国人或法国人，但是他们作为英国人和法国人的身份是不容置疑的，除非他们也能被界定为外国佬（metèque）。然而在美国，与在德国一样，"非美国人"或"不爱国的

① 虽然这些节日的历史尚有待撰写，但是似乎显而易见的是在19世纪的最后30年，它们已在全国范围内变得更加制度化了。G.W.道格拉斯：《美国的节日》（G. W. Douglas, *American Book of Days*［New York, 1937］）；伊丽莎白·霍夫·西克里斯特：《纪念日：节日习俗》（Elizabeth Hough Sechrist, *Red Letter Days: A Book of Holiday Customs*［Philadelphia, 1940］）。

② R.弗思：《象征，公共与私人》（R. Firth, *Symbols, Public and Private*［London, 1973］），第358—359页；W. E.戴维斯：《游行中的爱国主义：1783—1900年美国的老战士与传统组织的故事》（W. E. Davies, *Patriotism on Parade: The Story of Veterans and Hereditary Organisations in America 1783—1900*［Cambridge, Mass., 1955］），第218—222页；道格拉斯，前引书，第326—327页。

人”(vaterlandslose)使得他或她作为国家成员的真实身份存疑。

可以想见,工人阶级成了民族共同体中这种受怀疑成员的最大与最明显的群体;在美国,他们则更受怀疑,因为在那里他们确实能被归入外国人中。大量新移民都是工人;反过来,至少从19世纪60年代以来,美国几乎所有大城市工人中的绝大多数都是移民。能至少被追溯至19世纪70年代①的“非崇美主义”概念,更多的是本国生人对外国人的一种反应,还是盎格鲁—撒克逊新教徒中产阶级对移民工人的一种反应,这尚不清楚。不管怎样,它提供了一个内部敌人,通过反对它,好的美国人就能坚持他或她的崇美主义,尤其是通过所有正式与非正式仪式中的烦琐表演,从而坚持所有那些在习俗和制
280 度上被确立为好美国人的特点的信仰。

表1 1914年以前历史邮票的首次使用②

国 家	第一张邮票	第一张历史邮票	周年纪念或具体原因
奥匈帝国	1850年	1908年	弗兰茨·约瑟夫六十大庆
比利时	1849年	1914年	战争(红十字会)
保加利亚	1879年	1901年	起义纪念
德国	1872年	1899年	纪念碑揭幕
希腊	1861年	1896年	奥林匹克运动会
意大利	1862年	1910—1911年	周年纪念

① 这一点我要感谢赫伯特·古特曼教授。

② 资料来源:《1972年世界邮票:斯坦利·吉本斯分类目录》(*Stamps of the World 1972: A Stanley Gibbons Catalogue*[London, 1972])。

（续表）

国　家	第一张邮票	第一张历史邮票	周年纪念或具体原因
荷兰	1852年	1906年	德赖特三百周年纪念
葡萄牙	1852年	1894年	航海家亨利五百周年
罗马尼亚	1865年	1906年	统治四十年
俄国	1858年	1905年，1913年	战争慈善，三百周年
塞尔维亚	1866年	1904年	王朝一百周年
西班牙	1850年	1905年	《堂吉诃德》三百周年
瑞士	1850年	1907年	——

我们可以更为粗略地考察一下这一时期其他国家中的国家传统的发明情况。由于显而易见的原因，君主制国家倾向于将它们与君主相连，而且在这一时期中，我们看到，现在已为人所熟知的、以王室或帝国仪式为中心的公共关系实践开始出现，它在很大程度上受到了周年纪念或仪式性的周年纪念日的巧思，或更确切地说是发明的促进。它的创新性在《新英语辞典》中得到了评论。① 周年纪念所具有的宣传价值在以下场合中得到清楚体现：如表1所示，它们常常为邮票这一货币之外最普遍的公共图像形式提供历史或相似图像的首要主题。

几乎确定无疑的，1887年维多利亚女王诞辰五十周年纪念（由于 281

① “jubilee”一词，除了在《圣经》中的意思以外，以前只是指五十周年。在19世纪后期之前，没有迹象显示百周年（一百或几百），以及少于五十年的周年纪念是公共庆祝的时刻。在“jubilee”词条下，《新英语辞典》（1901年）注意到“在19世纪的最后二十年，1887年和1897年维多利亚女王的两次‘周年纪念’、1900年瑞士纪念万国邮政协会以及其他庆祝活动尤其频繁”，第5卷，第615页。

它所取得的显著成功，十年后又举行了一次纪念活动)，在英国和其他地方激起了类似的王室或帝国活动。甚至最传统主义的王朝(哈布斯堡王朝在1908年，罗曼诺夫王朝在1913年)，也发现了这种宣传形式的好处。在它以公众为目标时，它是新的，不像传统的王家仪式，后者的目的是将统治者与神的关系和他们在显贵等级中的顶点地位象征化。法国大革命以后，每一个君主都或早或晚地从"法国国王"向"法国人的国王"的转变中学到了一些东西，也就是说，学会要建立与他或她的全体臣民的直接关系，无论这些臣民的地位怎样低下。尽管一种"资产阶级君主制"(由路易·菲利浦创始)的选择已成为可能，但似乎它只被那些想保持低姿态的中等国家的国王所接受，如在荷兰、斯堪的纳维亚国家，而一些最富神性色彩的统治者，尤其是皇帝弗兰西斯·约瑟夫，似乎幻想如勤奋工作的公务员一样，生活简朴却舒适。

从技术上说，目的是增强有效统治(如哈布斯堡和罗曼诺夫王朝，另外如印度帝国)的君主制的政治使用，与议会制国家中建构君主们的象征功能之间，没有什么明显不同。两者都依赖于利用王室成员(借助或不借助王室的祖先)，都依赖于宣传活动与人民的广泛参与相结合的精心策划的仪式活动，尤其是教育体系中的官方说教，从而使听众着迷。两者都使统治者成为他的人民或各个民族统一体的核心，国家的伟大与光荣、国家的整个过去以及与正在变化的现在的连续性的象征。然而，在王室仪式的复兴被看作对人民民主制之威胁的必要平衡的地方，如英国，这些创新可能是更加深思熟虑和系统的。白哲特已经注意到第二次选举法修正法案时期政治顺从和宪法中"有威严"的部分(与"有效的"相区分)的价值。老迪斯雷利，不像青年迪斯雷利，已知道将"对王位及其占有者的尊敬"用作"权力和影响的强有力工具”，而且到维多利亚女王统治末期，这一工具的特性已被充分理解。关于爱德华七世的加冕，J.E.C.博德利如此写道：

> 古老的仪式被一个热情洋溢而又讲求实际的民族用来显现他们帝国的现代辉煌，自由民主制承认一个世袭君主为自己种 282
> 族的世界统治的象征，这不仅仅是庆典，而且还是一个有着最大历史价值的事件。①

光荣与伟大，财富与权力，可以通过王权及其仪式，而使穷人在象征层面得以分享。人们可以如此认为，权力越大，资产阶级取代君主制的观念就越少吸引力。我们可以回想起，在1870—1914年的欧洲，君主制依然是最普遍的国家形式，只有法国和瑞士例外。

二

这一时期发明的最具普遍性的政治传统，都是由国家完成的。然而，宣称与国家相脱离甚或是国家之替代的有组织的群众运动的兴起，也导致了类似的发展。这些运动中的一些，尤其是政治性的天主教运动和各种民族主义运动，敏锐地注意到了典礼、仪式和神话（通常包括一种虚构的过去）的重要性。当发明传统在那些原本对之相当敌视，并且缺乏预先准备的象征和仪式的理性主义运动中出现时，它们的意义就更加显著了。因此研究它们的出现的最好办法，是研

① J. E. C.博德利：《爱德华七世的加冕：欧洲与帝国史上的一页》(J. E. C. Bodley, *The Coronation of Edward VII: A Chapter of European and Imperial History* [London 1903])，第153、201页。

究它们在社会主义工人运动中的出现。

这些运动的主要国际性仪式，五一劳动节（1890年），在一个令人惊异的短暂时期里自发地发展出来。开始时，它只是被设计为一个持续一天的、要求八小时工作日的罢工和游行，日期固定在这天，因为在美国这个日子与这种要求相关联已有一段时间了。在欧洲选择这一日子肯定是相当实际的。在美国它可能没有什么仪式上的意义，因为在那里"劳动日"已经被确定在夏末。已经有人指出（并不是难以置信的），它被如此确定是为了与"搬迁日"（Moving Day），即纽约和宾夕法尼亚等地传统的结束雇用合同的日子相一致。① 与传统的欧洲农业地区中类似的契约时期一样，它在最初形成了前工业的劳
283 动年份的象征性的完整年度循环，但是它与工业无产阶级的联系明显是偶然的。新的第二国际并没有采取什么独特的示威形式。工人节日的观念不仅没有在第二国际的最初决议中（1889年）被提及，而且还被不同的革命积极分子在意识形态层面上予以否定。

然而，选择一个通过古老的传统而与象征主义如此紧密相连的日期是重要的，虽然（就像范格纳普所指出的）在法国，工人运动中的反教权主义反对将传统的民间文化活动纳入五一节中。② 从一开始，这一节庆就吸引和吸收了仪式与象征成分，尤其是类似宗教或超自然的庆祝（"Maifeier"）以及双重意义上的节日的成分。（在称它为"示威游行"后，恩格斯从1893年起使用节日［Feier］一

① 莫里斯·多芒吉：《五一节历史》（Maurice Dommanget, *Histoire du Premier Mai*［Paris 1953］），第36—37页。

② A.范格纳普：《法国民间文化手册》，第4卷，《周期性和季节性的仪式》（A. Van Gennep, *Manuel de Folklore Français* I, iv, *Les Cérémonies Périodiques Cycliques et Saisonnières*, 2: Cycle de Mai［Paris, 1949］），第1719页。

词。[①] 阿德勒自1892年起注意到奥地利的这一特点，王德威尔得则自1893年起注意到比利时的这一特点。）安德列亚·科斯塔简洁地指出了意大利的情况（1893年）：“天主教徒有复活节，因此工人也将有自己的复活节。”[②] 还有少量情况提及圣灵降临节。1898年，在沙勒罗瓦（比利时）出现了令人好奇的调和的“五一节布道”，它将“一切无产阶级联合起来”和“互爱”这样的格言结合在一起。[③]

工人运动的唯一普遍象征，红旗，从一开始就出现了，而在一些国家中花也从一开始就出现了：在奥地利是康乃馨，德国是红玫瑰（纸做的），法国是多花蔷薇与罂粟花，而作为复兴象征的山楂花也日渐渗入了铃兰，并且从1900年代中期开始被铃兰所取代，后者的联想是非政治的。有关这种花的语言知之甚少，而根据社会主义文学中的五一节诗歌来判断，它也是自发地与这一节日联系在一起的。它确实指出了五一节的主旨所在，即它是一个复兴、发展、希望和快乐的时刻（我们回想起在大众记忆中与1891年五一节时发生在富尔米的枪杀事件联系在一起的那位装饰有山楂花枝的姑娘）。[④] 同样，五一 284
节在19世纪90年代新的社会主义象征手法的发展中占据了主要地位，在这一发展中，尽管有意料之中的对斗争的强调，但是希望、自信和更加光明的未来的即将来临（经常在植物生长这样的比喻中得到

① 1893年5月17日恩格斯致佐尔格的信，见《与佐尔格通信选》(*Briefe und Auszuge aus Briefen an F.A.Sorge u.A.*[Stuttgart, 1906])，第397页。另见维克托·阿德勒：《论文、谈话和书信》(Victor Adler, *Aufsatze, Reden und Briefe*[Vienna, 1922])，第1卷，第69页。

② 多芒吉，前引书，第343页。

③ E.王德威尔得、J.德斯特雷：《比利时的社会主义》(E.Vandervelde and J.Destrée, *Le Socialisme en Belgique*[Paris 1903])，第417—418页。

④ 马克西姆·勒鲁瓦：《工人习俗》(Maxime Leroy, *La Coutúme Ouvrière*[Paris,1913])，第1卷，第246页。

表现),是占主导地位的。①

正如所发生的一样,在许多国家中,五一节在工人与社会主义运动巨大发展的时刻出现,而且在缺乏希望的政治环境中可能不会得到确立。如此偶然与之相连的古老的有关春天的象征,在19世纪90年代初期很好地适应了需要。

因此,它迅速被转变为一个充满激情的一年一度的节日与仪式。每年重复一次是为了满足普通群众的需要。由此,这一天原本具有的政治含义,即要求八小时工作日,让位于任何能在特定年份中吸引全国工人运动的口号,或是更经常地,让位于对工人阶级存在的模糊强调,以及在很多拉丁国家中对"芝加哥烈士"的纪念。唯一还得到保存的原始因素是,示威游行所具有的完全是自发的国际主义:在一个极端例子中,1917年俄国革命者实际上放弃了他们自己的历法,以和世界其他国家在同一天庆祝五一节。而且确实,**作为一个阶级**的工人的公共游行组成了仪式的核心。正如评论者所指出的,甚至在激进的和革命的周年纪念中,它也是**唯一**与产业工人阶级而不是其他阶级相连的节日;不过,至少是在英国,产业工人的特殊团体已经显现出发明一般集体表述的迹象,他们将自己作为工人运动的一部分。(达勒姆矿工的节日于1871年首次举行。)② 与所有这样的仪式一

---

① E. J.霍布斯鲍姆:《社会主义象征中的男人与女人》(E. J. Hobsbawm, 'Man and Woman in Socialist Iconography', *History Workshop*, vi[Autumn 1978]),第121—138页;A.罗塞尔:《五一节,世界群众斗争90年》(A. Rossel, *Premier Mai. Quatre-Vingt-Dix ans de Luttes Populaires dans le Monde*[Paris,1977])。

② 爱德华·韦尔伯恩:《诺森伯兰和达勒姆的矿工工会》(Edward Welbourne, *The Miners' Unions of Northumberland and Durham*[Cambridge, 1923]),第155页;约翰·威尔逊:《1870—1904年达勒姆矿工协会史》(John Wilson, *A History of the Durham Miners' Association 1870—1904*[Durham,1907]),第31、34、59页;W.A.莫伊斯:《旗帜》(W.A.Moyes, *The Banner Book*[Gateshead, 1974])。这些一年一度的游行似乎是从1866年的约克郡首次开始的。

样，它或已成为一个主要是令人愉快的家庭聚会。标准的政治游行并不必然是这样的。（这一特点在像意大利共产党中央机关报《团结报》的全国性庆祝活动这样的后来的“发明传统”中仍能看到。）像所 285
有这些节日一样，它将公共和私人的欢庆活动与工人阶级意识的基本成分，即对工人运动忠诚的强调结合到一起：慷慨激昂的演说（在那时越长越好，因为好的演讲既鼓舞人心又是娱乐），旗帜、徽章、标语等。最关键的是，它通过工人阶级力量的最基本表现形式，即放弃工作，来强调工人阶级的存在。矛盾的是，五一节的成功与否，与它脱离运动的具体日常活动的程度成正比。在社会主义愿望胜过政治现实主义和工会考虑时（就像英国和德国的情况[①]，人们倾向于支持在该月的第一个星期天举行游行，而不是一年一度的五月一日罢工一天），这种成功是最大的。感觉到了奥地利工人们的想法的维克托·阿德勒，坚持示威性的罢工以反对考茨基的主张[②]，而奥地利的五一节随后也获得了非同寻常的力量和反响。因此，就如我们已看到的那样，五一节并不是由工人运动的领导人们正式发明的，而是他们依照运动参加者的创意而接受它并使之制度化。

新传统的力量被它的敌人所明显感觉到。希特勒，以他对象征主义的敏锐感觉，发现将工人旗帜的红色和五一节据为已有是有利的，1933年，他将它变为官方的“全国劳动节”，随即又削弱了它与无

① 卡尔·肖斯克：《1905—1917年的德国社会民主主义，大分裂的形成》（Carl Schorske, *German Social Democracy, 1905—1917: The Development of the Great Schism* [New York, 1965 edn] ），第91—97页。

② M.埃默尔斯：《维克托·阿德勒：社会党的飞速发展》（M. Ermers, *Victor Adler: Aufstieg u. Grösse einer sozialistischen Partei* [Vienna and Leipzig, 1932] ），第195页。

产阶级的联系。[1] 附带地，我们可以发现，现在在欧洲经济共同体中，它已成为一个普遍性的劳动节。

五一节和类似的工人仪式处于“政治的”与“社会的”传统之间，属于前者是通过它们与可能（而且确实目的在于）成为政权和国家的群众组织与政党的关系，属于后者则是由于它们真正地表达了工人对自己作为一个独立阶级存在的意识，因为这是与那个阶级的组织
286 密不可分的。而在很多情况中，如奥地利社会民主主义，或是英国矿工，阶级和组织变得不可分，这并不是说它们变得一致了。“运动”形成了自己的传统，由领导者和积极分子分享，但并不必须由选民和追随者分享，而且相反地，阶级可能形成了自己的“发明的传统”，它或是独立于有组织的运动，或甚至为这些激进主义分子所怀疑。其中的两个，都明显是我们时代的产物，值得做简短考察。首先是作为阶级之体现的服装的出现，这在英国尤为明显，但是在其他国家可能也有。其次与群众体育有关。

因此并非偶然的，温和地讽刺英国老工业区（尤其是东北部地区）的传统男性工人阶级文化的连环漫画，会选择已在事实上成为不工作时的英国无产阶级的阶级成员资格的徽章的帽子，“安迪帽”（Andy Capp），作为它的题目与象征。阶级与帽子之间存在的类似关联性某种程度上在法国也存在[2]，而且在德国某些地方可能也存在。至少在英国，图像材料证据显示，在19世纪90年代之前，无产阶级与帽子尚

① 赫尔穆特·哈特维希：《1934—1939年的五一节纪念章》（Helmut Hartwig, ‘Plaketten zum 1. Mai 1934—1939’, *Aesthetik und Kommunikation*, vii, no.26［1976］），第56—59页。

② 不像有阶级意识的巴黎工人，“这里的工人甚至不戴鸭舌帽和穿工作罩衣”，茹尔·瓦莱1872年在伦敦轻蔑地评论道。保尔·马丁内斯：《1871—1880年在英国流亡的法国公社社员》（Paul Martinez, *The French Communard Refugees in Britain, 1871—1880*［Univ. Of Sussex Ph. D. thesis, 1981］），第341页。

未被普遍等同，而到了爱德华七世时代末期，就像有关离开足球场的人群或是群众集会的照片所证实的，这种等同已几乎完成。无产阶级帽子的出现尚有待史学家考证。他们将会发现这一历史是与群众体育的发展历史相连的，因为这种独特的帽子最初是上层与中产阶级体育运动时戴的帽子。无论其起源如何，它显然已成为工人阶级的特点，这不仅是因为其他阶级的成员，或是那些渴望这一地位的人不愿被人混作无产阶级，而且也是因为体力劳动者们并不想在众多其他式样中选择一种来戴在自己的头上（毫无疑问除了那些十分正式的场合）。基尔·哈迪示威性地戴着帽子进入国会（1892 年）表明，阶级主张成分已得到承认。① 有理由认为，群众并非没有注意到这一 287
点。在 19 世纪的最后十年与 20 世纪的最初十年，他们以某种隐秘的方式迅速形成了戴帽子的习惯，以作为当时正在形成的“工人阶级文化”之特征的组成部分。

其他国家中，类似的无产阶级装束的历史仍有待撰写。这里我们只能指出，它的政治含义显然已为人所知，即使不在 1914 年以前，也在两次世界大战之间，就像以下有关 1933 年柏林第一次纳粹（官方的）五一节游行的回忆所证明的：

> 工人们……穿着破旧但整洁的衣服，戴着那些水手帽，它们在那时是他们阶级的普遍的外部标志。这些帽子上都装饰有一条不醒目的带子，绝大多数是黑漆的，但是也常有带扣子的皮带。社会民主党人和共产党人戴着有这种带子的帽子，纳粹主义者则戴着另一种类型的中间分开的帽子。这一细小差异突然

① 哈迪自己的类似猎鹿帽的帽子，代表了迈向最终流行的“安迪帽”的一个过渡阶段。

> 显现出来。比以往更多的工人戴着这种有分开的带子的帽子，这一简单事实传递了战斗已失败这样的重大信息。[1]

工人与帽子之间的政治联系在两次世界大战之间的法国也已建立（工作服，la salopette），但是其在1914年之前的历史还有待研究。

体育，尤其是足球，为广大无产阶级所狂热喜爱之过程，同样是模糊不清的，但毫无疑问是同样迅速的。[2] 其时机更明确。在最早的19世纪70年代中期至19世纪80年代中期或后期，足球获得了我们现在仍熟知的所有制度和仪式上的特点：职业化、联赛、足总杯（怀着无产阶级在首都胜利之信念的一年一度的朝圣）、定期到场观看周六的比赛、“支持者”和他们的文化，以及仪式上的对抗，通常发生在一个工业城市或大都市的不同部分之间（曼彻斯特城队与曼彻斯特联队，诺丁汉城队与诺丁汉森林队，利物浦队与埃弗顿队）。此外，不像其他有地区或地方无产阶级基础的体育项目，如南威尔士的橄榄球联
288 盟[3]、北英格兰地区的板球，足球同时在地方和国家范围内进行，所以有关当天比赛的话题就为英格兰或苏格兰的任何两个男性工人间的谈话提供了共同基础，而一些著名的得分手则为所有人提供了共同的参照点。

这一时期足球文化的特征（在它深深渗入其他国家的城市与工

---

① 斯特凡·赫姆林：《夜色》（Stephan Hermlin, *Abendlicht*［Leipzig, 1979］），第92页。

② 托尼·梅森：《1863—1915年的足总会与英国社会》（Tony Mason, *Association Football and English Society, 1863—1915*［Brighton, 1980］）。

③ 参见大卫·B.史密斯和加雷思·W.威廉姆斯：《荣耀之地，1881—1981年威尔士橄榄球联盟之官方史》（David B. Smith and Gareth W. Williams：*Field of Praise: Official History of the Welsh Rugdy Union,1881—1981*［Cardiff, 1981］）。

业文化之前[①]），还没有被很好地认识。它的社会经济结构则显得清楚得多。足球开始是被公学的中产阶级作为一项业余的和陶冶性格的体育项目，后迅速（到1885年）无产阶级化，并由此而职业化；象征性的转折点（也被看作一种阶级冲突），是1883年足总杯决赛，伊顿公学老校友队被博尔顿奥林匹克队击败。随着职业化的进程，来自国家精英的绝大多数从事慈善和说教的人离开了，俱乐部的管理权被交给了地方商人和其他名流，作为雇主，他们的雇工中无产阶级劳动力占压倒多数，由此他们之间保持着一种有趣而讽刺的工业资本主义阶级关系，这些无产阶级被吸引到这一行，是因为它有更高的工资率，在退休前有获得巨额的意外收益（义赛）的可能，但是首先是因为出名的可能。英国足球职业化的结构与贵族或中产阶级参与（板球）或控制（赛马）的体育项目的职业化相当不同，也与通俗的娱乐产业的结构以及摆脱工人阶级命运的其他方式不同，后者也为一些穷人的体育项目（如拳击）提供了典范。[②]

足球运动员一般很可能是从有技能的工人，而不是没有技能的工人中选拔出来的[③]，这一点可能不像拳击，后者作为　项体育项日，在这样的环境中招募运动员，其中控制自我的能力或者有益于生存，如在大城市的贫民窟中，或者是男性职业文化的一部分，如在矿山

① 在国外，足球常常是那些移居国外的英国人和由英国人管理的工厂中的队伍最早玩的，不过很明显，到1914年它就已在某种程度上被引入欧洲大陆的一些都市和工业城市中了，但是它尚未成为一项群众体育项目。

② W. F. 曼德尔：《19世纪英格兰的职业板球手》（W. F. Mandle, ‘The Prfessional Cricketer in England in the Nineteenth Century’, *Labour History* [*Journal of the Australian Society for the Study of Labour History*], xxiii [Nov.1972]），第1—16页；雷·范普略：《赛马场：赛马之社会与经济史》（Wray Vamplew, *The Turf: A Social and Economic History of Horse Racing* [London, 1976]）。

③ 梅森，前引书，第90—93页。

中。尽管足球观众的城市与工人阶级特点是显而易见的①，但是他们确切的年龄或社会出身构成并不清楚；"支持者文化"及其实践的发
289 展也不清楚；典型的足球爱好者（不像典型的赛马爱好者）在多大程度上是或曾经是一个积极的业余选手也不清楚。另一方面，显而易见的是，就像那个杜撰的工人运动积极分子临终遗言（因为其中对耶稣基督、基尔·哈迪与哈德斯菲尔德联队的衷心信仰混杂在一起）所显示的，有组织的运动对体育缺乏集体热情，就像对待工人阶级意识中的其他一些非政治方面一样。确实，与中欧的社会民主运动不同，英国工人运动并未形成自己的体育组织，可能19世纪90年代的自行车俱乐部是个例外，它们与进步思想的联系是明显的。②

我们对英国群众体育了解不多，而对欧洲大陆情况则知之更少。从英国传来的体育在欧洲大陆作为中产阶级专有领地的时间，似乎比在英国要长得多，然而足球对工人阶级的吸引力，中产阶级（业余）被平民（职业）足球所取代，以及城市群众与俱乐部结合的出现，也是以相似方式发展的。③ 主要的一个例外，除了摔跤（为德国体操运动

---

① 梅森，前引书，第153—156页。

② 人们自然会想到号角自行车俱乐部，同时还有由地方激进的偷猎者、工人积极分子和行政堂区政务委员创立的奥德比自行车俱乐部，这一体育项目的特点——在英国主要是由年轻的业余者参加——与群众性的无产阶级体育有很大不同。大卫·普林：《1890年代以来的英国号角俱乐部、闲逛和节日社团》(David Prynn, 'The Clarion Clubs, Rambling and Holiday Associations in Britain since the 1890s', *Journal of Contemporary History*, xi, nos.2 and 3 [July 1976])，第65—77页；作者不详：《号角俱乐部友情》(anon., 'The Clarion Fellowship', *Marx Memorial Library Quarterly Bulletin*, lxxvii [Jan.—Mar.1976])，第6—9页；詹姆斯·霍克：《一个维多利亚时代的偷猎者》(James Hawker, *A Victorian Poacher*, ed. G.Christian [London,1961])，第25—26页。

③ 在鲁尔的沙尔克04俱乐部中，在1904—1913年间的44位可辨认身份的成员中有35位是矿工、工人或工匠，1914—1924年间88人中有73人，1924—1934年间122人中有91人。见西格弗里德·格尔曼：《工业区的足球运动》(Siegfried Gehrmann, 'Fussball in einer Industrieregion', in J. Reulecke and W. Weber eds., *Familie, Fabrik, Feierabend, Wuppertal*, 1978)，第377—398页。

所猜疑，但是其追随者颇为普及）这样更接近于商业表演而不是户外活动的比赛外，就是自行车运动。在欧洲大陆，自行车可能是唯一的现代群众体育项目，就像大城市中建造自行车“赛车场”（1913年以前仅柏林就建了四座）以及1903年环法自行车赛的创立所表明的那样。至少在德国，最好的职业自行车运动员都是工人。[①] 从1881年起，职业锦标赛就在法国出现了，瑞士与意大利是从1892年起，比利时是从1894年起。毫无疑问，这一项目对制造者和其他广告业所具有的巨 290
大商业利益加速了它的普及。[②]

三

在宣称拥有中产阶级地位的职业或是渴望获得中产阶级地位的人数在工业化国家中迅速增长的时代里，确立一个全国性的中产阶级精英的阶级形象以及范围更广的中产阶级成员资格，是一件更为困难的事，然而也是更为紧迫的。这一阶级成员资格的标准不可能像出身、土地所有权、手工劳动或是工资收入这么简单，而且尽管某种社会承认的最低标准的财产和收入水平毫无疑问是一个必要条件，但仅此尚嫌不足。而且，必然的是，这一阶级包括了财富与影响程度相当广泛的个人（或是家族），每一社会阶层往往都看不起比自己低的社会阶层。各阶层间的流动性，使得社会区分的明确标准变得异常困难。因为中产阶级是社会流动与个人自我改善的中心，所

① 安妮玛丽·朗格：《威廉时代的柏林》（Annemarie Lange, *Das Wilhelminische Berlin*, E. Berlin, 1967），第13章，尤其是第561—562页。

② 迪诺·斯帕塔萨·蒙卡达：《从古至今的自行车运动史》（Dino Spatazza Moncada, *Storia del Ciclismo dai Primi Passi ad Oggi*, Parma, n.d.）。

以根本不可能关闭进入这一阶级的通道。问题是两方面的。首先，一旦在稳定的地方共同体中确定主观的阶级成员资格的相对明确的标准已被破坏，而且世系、亲属关系、通婚、地方商业网络、私人社交和政治不再提供明确指导的时候，如何确定和区分一个中产阶级上层（大资产阶级）的真正的国家精英。其次，如何为那些相对广泛的既不属于这一精英，也不属于“群众”，甚至也不属于“下层中产阶级”中的明显低等的小资产阶级（对于他们，有一英国观察者明确地将之与体力劳动者一起归入“边缘人”中）的人确立一种认同和存在。[①] 除了像研究这一时期英国情况的一位法国研究者所认为的那样，“它本质上是由社会层面上正处于上升阶段的家庭组成的”，或是像一位英
291 国研究者所指出的，它是越来越明显得以区分的群众与“社会最上层（upper ten）”被从人民中减去后所剩下的那些人之外，它能被界定，或是界定自身吗？[②] 更进一步的问题使得情况变得复杂：日益得到解放的中产阶级妇女以她们自己的能力开始在公共舞台上发挥作用。当1897年至1907年间法国公立中学男生数量增长不多时，女生数量则增加了170%。

对于中产阶级上层或是“大资产阶级”来说，以前曾用来使贵族统治阶级显得与众不同的标准和制度提供了一个鲜明的典范：它们只需被扩大和调整。两个阶级的混合（其中新的组成阶级不再被看作新的）是最理想的，然而即使是在英国这也不可能完全实现，虽然在那里一个诺丁汉银行家家庭有可能在几代后与王室通婚。使这种

① W. R.劳森：《约翰牛和他的学校：一本给父母、纳税人和生意人的书》（W. R. Lawson, *John Bull and his Schools: A Book for Parents, Ratepayers and Men of Business*, Edinburgh and London, 1908年），第39页。

② 保尔·德康：《英国学校教育》（Paul Descamps, *L'Education dans les Ecoles Anglaises*, Bib. de la Science Sociale, Paris, Jan.1911），第25页；劳森，前引书，第24页。

融合尝试成为可能的（在制度上被允许的范围内），是稳定性因素，正如一位法国观察者就英国情况所指出的，它使早已确立和完成的上层资产阶级家族与第一代的上升者相区分开来。① 迅速获得非常巨大的财富，也能确保第一代的富豪为自己买得贵族地位，在资本主义国家中，这种地位不仅依靠头衔和出身，而且也需要有足够的金钱来保持一种与之相适宜的奢侈的生活方式。② 在爱德华七世时代的英国，富豪们热切地抓取这样的机会。③ 然而，个人的融合只适合于为数很少的一些人。

不过出身这一基本的贵族标准，可以被用来界定一个相对广泛的新的上层中产阶级精英。因此，在19世纪90年代的美国形成了一种有关血统的狂热。它主要是一种女性取向的："美国革命之女（Daughters of the American Revolution，1890年）"继续存在并广泛传播，而较早之前的"美国革命之子（Sons of the American Revolution）"则逐渐消失了。尽管其表面目的是将本土的、既是白人又是清教徒的美国人与大量新移民区分开，但事实上它的目的是，在白人中产阶级中建立一个排他性的上层。1900年时"美国革命之女"仅有三万名成员，
其中绝大多数在"旧"富人的根据地，如康涅狄格州、纽约州、宾夕法 292
尼亚州，尽管也有一些属于芝加哥的正在迅速发展的百万富翁。④ 这些组织与那些试图将一些家族确立为准贵族精英的更为限制性的尝试（通过列入《社会名人录》或类似的方式）是不同的，因为它们提供

---

① 德康，前引书，第11、67页。

② 同上，第11页。

③ 杰米·坎普林：《富豪的兴起：爱德华七世时代英国的财富与权力》（Jamie Camplin, *The Rise of the Plutocrats: Wealth and Power in Edwardian England*［London,1978］）。

④ 戴维斯：《游行中的爱国主义》，第47、77页。

了全国范围内的联系。排他性较小的“美国革命之女”更有可能在奥马哈这样的城市中，而不是在非常精英化的《社会名人录》中发现合适的成员。中产阶级寻求谱系的历史尚有待书写，但是美国系统化地专注于实现这一目标，这在这一时期却可能是有些例外的。

更重要的是在某些方面得到业余体育补充的学校教育，在盎格鲁—撒克逊国家中，业余体育与学校教育有着密切联系。因为学校教育不仅为原来没有个人关系的个人或家庭提供了社会相似性的便利方式，在全国范围内建立行为与价值的共同模式，而且还提供了一套相似的制度的产物间的相互关联的网络，以及通过“校友（old boy）”、“毕业生（alumnus）”、“老男子（Alte Herren）”的制度化而间接地提供了代际之间稳定性和连续性的牢固网络。而且它还在一定范围内使以某种适当的、可接受的方式社会化的上层中产阶级精英的扩展成为可能。确实，教育在19世纪成为决定社会分层的最适宜和最普遍的标准，尽管当它如此做时并不十分明显。仅受过初等教育的人不可避免地被归属于较低的社会阶层。被接受的中产阶级地位的最低标准，是十四到十六岁以上的中等教育。高等教育，除了某些只是职业训练的形式以外，明显使一个人具有了上层中产阶级和其他精英的资格。附带地，传统的资产阶级—企业主让他们十多岁的儿子从事商业或是逃避大学教育的做法，已逐渐消失了。在德国肯定是如此，1867年，十四个莱茵区工业城市中有十三个拒绝为波恩大学五十周年庆典捐款，理由为无论是工业家还是他们的儿子都未曾
293 就读于此。[①] 而到了19世纪90年代，波恩大学学生中来自产业资产

① 引自霍布斯鲍姆：《资本的年代》（E. J. Hobsbawm, *The Age of Capital*［London,1977］），第59页；F.聪克尔：《德意志西部的工业资产阶级》（F. Zunkel, ‘Industrieburgertum in Westdeutschland’, in H. U. Wehler［ed.］, *Moderne deutsche Sozialgeschichte*［Cologne and Berlin, 1966］），第323页。

阶级家庭的比例从23%增加到了近40%，同时那些来自传统的职业资产阶级家庭的则从42%下降至31%。①在英国情况可能也是如此，尽管19世纪90年代的法国观察家们仍然惊讶地指出，英国人很少在十六岁以后离开学校。②虽然在"上层中产阶级"中肯定不再是这样了，但是就这一问题仍缺乏系统研究。

虽然中等学校教育为中产阶级成员资格提供了一个广泛标准，但是它太广泛，以致不能界定或是挑选那种正在迅速增长但数量仍相当小的精英，我们可称他们是统治阶级或是"权势集团"，这些精英确实统治着各国的国家事务。即使在20世纪之前不存在全国中等教育体系的英国，也不得不在中等教育中形成一个"公学"的分支。它们首先于19世纪60年代获得官方确认，而且不断发展：那时得到承认的九所此类学校的人数在扩大（从1860年的2741名男生，增加至1906年的4553名），被承认属于精英阶级的其他学校在增加。1868年前，至多只有二十四所学校郑重声称具备这一地位，而到了1902年，根据霍尼的统计，在最少的"短名单"上已有六十四所学校，而在最多的"长名单"上则有一百零四所学校，而且此外可能还有六十所身份更不确定的学校。③这一时期大学的扩展是通过扩大入学人数而不

① K. H.雅罗什克：《大学的社会转型：以1865—1915年的普鲁士为例》（K. H. Jarausch, 'The Social Transformation of the University: The Case of Prussia 1865—1915', *Journal of Social History*, xii, no.4 [1979]），第625页。

② 马克斯·勒克莱克：《英国中产阶级与领导阶级的教育》（Max Leclerc, *L'Education des Classes Moyennes et Dirigeantes en Angleterre* [Paris,1894]），第133、144页；P.布罗：《我在一个英国小城市的逗留情况》（P.Bureau, 'Mon Séjour dans une Petite Ville d'Angleterre', *La Science Sociale* [*suivant la Méthode de F. Le Play*], 5th yr, ix [1890]），第70页；另参见帕特里克·乔伊斯：《工作、社会和政治：维多利亚时代晚期英国的工厂文化》（*Patrick Joyce, Work, Society and Politics: The Culture of the Factory in Later Victorian England* [Brighton, 1980]），第29—34页。

③ 霍尼：《汤姆·布朗的世界：维多利亚时代公学的发展》（J. R. De S. Honey, *Tom Brown's Universe: The Development of the Victorian Public School* [London, 1977]），第273页。

是扩建新的学校，但是这种增长是如此突然，以至于至少在德国，引起了对大学生过剩的严重担忧。在19世纪70年代中期至19世纪80年代中期的时期里，大学生人数在德国、奥地利、法国和挪威增加一倍，而在比利时、丹麦则增加一倍多。① 美国的增长情况甚至更为突出。到
294 1913年，美国每一万人中有38.6名大学生，而通常欧洲大陆的数字是9—11.5名（英国与意大利少于8名）。② 在那些不断增加的、拥有所需的教育资格证书的人中界定真正精英的问题成为现实。

它在最广泛的意义上受到制度化的影响。《公学年鉴》（1889年起出版）把所谓"校长会议"的成员学校确定为受到承认的国家性甚至国际性团体，它们即使不是相同的，至少也是相似的；贝尔德的《美国大学联谊会》（*American College Fraternities*）（1879年至1914年间出了七版）做的是与"希腊字母联谊会"③ 相同的事，后者的成员资格将那些精英与广大的美国大学生区分开来。然而，渴望模仿已成功的制度的趋势使得人们希望，在真正的"上层中产阶级"或精英与那些同样是中产阶级但地位逊于前者的人之间划清界限。④ 如此的原因并非完全出于势利。不断增加的国家精英也要求建立真正有效的互动网络。

① J.康拉德：《欧洲大陆主要文化地区的大学情况》（J. Conrad, 'Die Frequenzverhaltnisse der Universitaten der hauptsachlichsten Kulturlander auf dem Europaischen Kontinent', *Jahrbucher f. N. OK u. Statistik*, 3rd series, i [1891]），第376—394页。

② 约瑟夫·本—大卫：《当今社会阶级体系中的职业》（Joseph Ben-David, 'Professions in the Class System of Present-Day Societies', *Current Sociology*, xii, no.3 [1963—1964]），第63—64页。

③ 以希腊字母作为联谊会的名字，下文中的"Beta Theta Pi"联谊会、"Phi Delta Theta"联谊会和"Delta Kappa Epsilon"联谊会即是代表。——译注

④ "英国人，首先是那些社会地位正在上升的英国人的普遍势利的结果是：中产阶级的教育往往模仿上层中产阶级的教育，尽管它们在时间与金钱的支出上都要少。"德康：《英国学校教育》，第67页。这一现象远不只是英国独有的。

应当指出，这里体现出了“校友”、“毕业生”或“老男子”这些现在已形成的制度的重要性，没有它们，“校友网络”就不能如此存在。在英国，“校友晚餐”似乎是从19世纪70年代开始的，“校友协会”大约也在同时出现——它们在19世纪90年代增加得尤为迅速，此后不久，与之相适应的“母校领带”(old school tie)也发明了。①确实，在19世纪末以前，送儿子去父亲的母校的做法尚不普遍：阿诺德的学生中只有5%的人送儿子去拉各比公学。②在美国，19世纪70年代开始也建立了“毕业生分会”，“把那些本来将互不相识的有教养的人组织成各个团体”，③此后不久，在各大学中建造了精心设计的联谊 295
会场所，由那些毕业生提供资金，由此他们不仅展示了自己的财富、代际之间的联系，而且还有他们对年轻一代的影响，就像德国学生“联谊会”(Korps)中的类似发展一样。④因此，“Beta Theta Pi”联谊会在1889年有十六个毕业生分会，而到了1913年则有一百一十个；在1889年只有一个联谊会场所(尽管有些正在建造)，而到了1913年有了四十七个。“Phi Delta Theta”联谊会在1876年有了第一个毕业生协会，到了1913年这一数字增长至约一百个。

---

① 《公学、校友、大学、海军、陆军、空军和俱乐部领带》，导论是由詹姆斯·拉弗写的(*The Book of Public School, Old Boys, University, Navy, Army, Air Force and Club Ties*, intro. by James Laver [London, 1968])，第31页；另见霍尼，前引书。

② 霍尼，前引书。

③ W.雷蒙·贝尔德：《美国大学联谊会：通过详细描述每一个联谊会来细致分析美国大学的协会体系》(W.Raimond Baird, *American College Fraternities: A Descriptive Analysis of the Society System of the Colleges of the US with a Detailed Account of each Fraternity*, 4th edn [New York, 1890])，第20—21页。

④ 贝尔纳·乌丹：《德国大学生团体》(Bernard Oudin, *Les Corporations Allemandes d'Etudiants* [Paris, 1962])，第19页；德特勒夫·格里斯维尔：《1870—1914年友爱联谊会的社会学》(Detlef Grieswelle, 'Die Soziologie der Kosener Korps 1870—1914', in *Student und Hochschule im 19 Jahrhundert: Studien und Materialien* [Gottingen, 1975])。

表2 “Delta Kappa Epsilon”联谊会的校友（达特茅斯）[1]

	19世纪50年代	19世纪90年代
公务员与司法人员	21	21
医生	3	17
教士	6	10
教师	8	12
商人	8	27
记者与知识分子	1	10
其他	3	5
总数	50	102

在美国与德国，这些代际网络的地位被有意识地体现出来，这可能是因为在这两个国家中，这些网络提供公职人员的初始作用是非常明显的。友爱联谊会（Kosener Korps）中“老男子”是活跃的，这是19世纪70年代的精英团体，包括18位大臣、835位文职官员、648位司法官员、127位市镇官员、130位军人、651位医生（其中10%是官员）、435位中学和大学教师，以及331位律师。这些数字远远超过了“地主”（257位），银行家、公司经理和商人（241位），76位技术与27位科学职业者，以及“艺术家和编辑”（37位）。[2] 早期的美国大学联谊会
296 也强调类似的校友（“Beta Theta Pi”联谊会在1889年以拥有9位参议员、40位众议员、6位大使和15位州长而自豪），但是正像表2所显示

① 《“Delta Kappa Epsilon”联谊会目录》（Delta Kappa Epsilon Catalog［1910］）。

② 格里斯维尔，前引书，第357页。

的，经济和政治的发展给了它们一个越来越适中的地位，而且到了20世纪初，这些联谊会赋予资本家们以越来越突出的地位。而且像“Delta Kappa Epsilon”这样的团体，在1913年包括了卡伯特·洛奇、西奥多·罗斯福，以及18位著名的纽约银行家，其中有J. P.摩根和惠特尼，9位来自波士顿的有影响力的商人，标准石油公司的三位台柱，甚至在遥远的明尼苏达州还有詹姆斯·N.希尔和魏尔霍伊泽，它自然是一个令人生畏的商业小集团。在英国，我们可以放心地说，由学校和大学创立，并通过家庭连续性、商业社交和俱乐部而得以巩固的非正式网络，比正式的协会团体更有效。如何有效这一点，可以通过布赖切里的破译密码机构和特别行动执行委员会这样的机构在第二次世界大战中的记录来判断。① 正式的团体，除非有意识地限定于某一精英（如德国的友爱联谊会，1887年它们包括了8%的德国大学生，1914年则是5%②），它主要是为社会“可识别性”（recognizability）提供普遍标准。**任何**希腊字母联谊会的成员资格（即使是从19世纪90年代以后不断增多的职业联谊会③）和拥有**任何**包含着各种颜色的斜条纹的领带，都服务于这一目的。

然而，使一个理论上是开放的和正在扩展的体系分层的关键性的非正式策略，是可接受的社会伙伴的自我选择，而这首先是通过古老的贵族式的体育爱好而得以实现的，并且它被转变成为一种正式比赛制度，即与那些依照其社会地位值得被选择为对手的比赛。重

① R.卢因：《极端主义者走向战争》(R. Lewin, *Ultra goes to War*［London, 1980 edn］)，第55—56页。

② 格里斯维尔，前引书，第349—353页。

③ 贝尔德列举了41个1890年没有提到的1914年时的联谊会。它们中28个形成于1900年以后，10个建立于1890年以前，其中28个是限于律师、医生、工程师、牙医和其他特定职业。

要的是：已发现的判定“公学团体”的最好标准是研究那些准备相互比赛的学校[1]，而在美国，精英大学（“常春藤联合会”）的界定，至少在居主导地位的东北部地区，是取决于那些选择相互比赛橄榄球的大学（在美国，橄榄球从一开始就基本上是一个大学体育项目）。牛津与剑桥之间的正式体育比赛基本上是在1870年以后，尤其是1890年至1914年间形成的（见表3），这一点也就并非偶然了。在德国，这
297 一社会标准尤为明确。

表3　依据其设立时间的牛津—剑桥定期比赛 [2]

时　间	比赛项目数	体育项目
1860年前	4	板球、划船、执拍项目、庭院网球
19世纪60年代	4	田径、射击、台球、障碍赛马
19世纪70年代	4	高尔夫、足球、橄榄球、马球
19世纪80年代	2	越野赛跑、网球
19世纪90年代	5	拳击、曲棍球、滑冰、游泳、水球
1900—1913年	8	体操、冰球、长曲棍球、摩托车赛、拔河、击剑、赛车、摩托车爬坡赛（其中一些以后被废止。）

使大学中的年轻人作为一个独特的社会团体而与社会其他团体区分开来的特点，是挑战者（Satisfaktionsfahigkeit）[可被接受为决斗中的挑战者]的概念，即要求一个独特的社会确定的荣

① 霍尼，前引书，第253页及其后。
② 统计数字来自皇家保险公司：《体育记录》（Royal Insurance Company, *Record of Sports*, 9th edn[1914]）。

誉标准（Standesehre）。①

在其他地方，事实上存在的分离状况被隐藏在通常开放的体系之中。

这将我们带回到这一时代中最重要的新社会活动之一：体育。虽然上层和中产阶级体育的社会史仍有待书写②，但是有三点值得指出。首先，19世纪的最后三十年标志着旧体育项目的传播、新项目的发明和绝大多数体育项目在全国乃至国际范围内的制度化上的决定性转变。其次，这种制度化既为体育提供了公开展示的场所——这一点人们可以（不可当真地）与政治中追求公共建筑和雕像的时尚相比较；也为将以前局限于贵族和富裕资产阶级的活动扩展开来，以使它的生活方式能同化范围正在扩大的“中产阶级”提供一种机制。当然，在欧洲大陆，至1914年以前，它依然局限于一个相当有限的精 298
英中，这则是另一回事。再次，它为将社会地位相同但缺乏有机的社会或经济联系的人结合到一起提供了机制，而且可能首先为资产阶级妇女提供了一种新的地位。

将成为中产阶级最大特点的体育，可以显现所有以上这三点。网球于1873年在英国发明，并于1877年在那里出现传统的国家锦标赛（温布尔登公开赛），这比美国要早四年，比法国国家锦标赛早十四年。到1900年，它成为有组织的国际性比赛（戴维斯杯）。就像高尔夫，另一项将对中产阶级有非同寻常的吸引力的体育项目，它并不依

① 冈特·博策尔：《大学生联谊会的社会转变》（Gunter Botzert, *Sozialer Wandel der studentischen Korporationen* [Munster, 1971]），第123页。

② 相关材料参见卡尔·迪姆：《世界体育和体育锻炼史》（Carl Diem, *Weltgeschichte des Sports und der leibeserziehung* [Stuttgart, 1960]）；Kl. C.维尔特：《体育史资料》，第2卷《1750—1894年的欧洲》（Kl.C.Wildt, *Daten zur Sportgeschichte*. Teil 2. *Europa von 1750 bis 1894* [Schorndorf bei Stuttgart, 1972]）。

赖团体努力，而且它的俱乐部（管理有时相当昂贵的房地产需要相当大的开支）并不与“联赛”联系在一起，其功能有如潜在的或是真实的社会中心：在高尔夫中，基本上是男性（最终主要是商人），而在网球中，则包含了中产阶级的男女年轻人。此外重要的是，女子的竞争性比赛在男子竞争性比赛确立以后也很快出现了：在男子单打之后七年，女子单打也进入了温布尔登公开赛，美国和法国国家锦标赛则是在它们创立六年以后。① 因此，几乎是第一次，体育为上层和中产阶级中受尊敬的妇女，提供了作为个体的人被承认的公共地位，从而脱离了她们作为妻子、女儿、母亲、婚姻伙伴（marriage-partners）或其他男性在家庭内外的附属物的功能。在分析女性解放时，体育的作用需要获得比以往更多的关注，就像它与中产阶级旅行和节日的关系一样。②

体育的制度化在19世纪的最后几十年发生，这一事实几乎无须证明。甚至在英国，它在19世纪70年代以前也几乎没有确立，足总杯可以追溯到1871年，郡际板球锦标赛是1873年，而此后一些新的体育项目被发明（网球、羽毛球、曲棍球、水球等），或事实上被扩展到全国
299 范围（高尔夫），或被系统化（拳击）。在欧洲其他地方，现代形式的体育是有意识地从英国引入的社会价值和生活方式，这在很大程度上是通过那些深受英国上层阶级教育体系影响的人，例如顾拜旦男爵，

① 《体育百科全书》（*Encyclopaedia of Sports*［S.Brunswick and New York, 1969 edn］）：草地网球。

② 对于网球俱乐部作为“中产阶级子女反叛角色”的早期认识，参见T.H.S.埃斯科特：《维多利亚时代的社会转型》（T.H.S.Escott, *Social Transformations of the Victorian Age*［London, 1897］），第195—196、444页。也见R.C.K.恩索尔：《1870—1914年的英国》（R.C.K.Ensor, *England 1870—1914*［Oxford, 1936］），第165—166页。

一位阿诺德博士的崇拜者。① 重要的是，这些转变飞速完成，尽管事实上的制度化花了更久。

因此，中产阶级体育包含了传统发明的两个因素：政治的和社会的。一方面，它体现了一种有意识的努力，尽管通常并不是官方的，即依据英国模式形成一个统治精英，以此来补充、挑战或是寻求替代旧的贵族—军人的大陆模式，并且由此依据地方情况，与地方上层和中产阶级中的保守或是自由成分建立联系。② 另一方面，它体现了一种更为自发的尝试，即与群众划清阶级界限，主要是通过系统地强调业余性，作为上层和中产阶级体育（尤其是在网球，与英式足球和联盟制橄榄球相区别的业余英式橄榄球，以及奥林匹克运动会中）的标准。然而，它还体现了这样一种尝试，即同时形成一种新的独特的资产阶级休闲活动方式与生活方式，既包含男女两性，又是在郊区或城市以外的③，以及一种有关集体成员资格的灵活而又可扩展的标准。

群众和中产阶级体育都以另一种方式包含了政治与社会传统的发明：通过为民族认同和人为的共同体提供中介。这本身并不新颖，因为群众体育锻炼长久以来就和自由—民族主义运动（如德国的"体操运动"，捷克的"索科尔体育协会"），或是民族认同（瑞士的步枪

① 皮埃尔·德·顾拜旦：《英国的学校》(Pierre de Coubertin, *L'Ecole en Angleterre* [Paris, 1888])；迪姆，前引书，第1130页及其下。

② 马塞尔·斯皮瓦克：《1852—1914年法国体育教育和体育的发展》(Marcel Spivak, 'Le Développement de L'Education Physique et du Sport Français de 1852 à 1914', *Revue d'Histoire Moderne et Contemporaine*, xxiv [1977])，第28—48页；D.勒热纳：《19—20世纪法国的社会史和登山运动》(D.Lejeune, 'Histoire Sociale et Alpinisme en France, XIX—XXs.', ibid., xxv [1978])，第111—128页。

③ 这必须与旧的贵族和军人的体育与户外休闲方式相区分，即使他们有时也开始喜欢新的体育项目或是体育锻炼形式。

射击)联系在一起。确实,总体而言出于民族主义立场,尤其是反对英国立场的德国体操运动的抵制,明显减慢了群众体育在德国的发展。① 通过选择或是发明独特的民族体育项目,体育的兴起就为民族主义提供了新的表达方式,如有别于英式足球的威尔士橄榄球,爱尔
300 兰的盖尔人足球(1884年),后者在大约二十年以后获得了真正的群众支持。② 然而,尽管体育锻炼与作为民族主义运动的组成部分的民族性的独特关联依然是重要的(就像孟加拉所表现的一样③),但是现在它肯定不如其他两个现象重要。

第一个现象是,在所有英国足球文化,或是更确切的,在像自行车手的环法自行车赛(1903年)以及随后的环意大利自行车赛(1909年)这样的体育制度中,具体展现那些将民族国家中的所有居民,无论其地方和地区差异,结合在一起的各种联系。更为重要的是,这些现象都是自发或是通过商业机制形成的。第二个现象是国际体育竞赛,它们很快补充了国家体育竞赛,1896年奥林匹克运动会的恢复就是典型例证。今天我们太清楚这些国际竞赛为间接的民族认同进程所提供的巨大影响了,而事实上在1914年以前,它们几乎还没有获得现代特点,记住这一点是重要的。最初,"国际"竞赛更多的是像跨地区竞赛一样,是为了强调国家或帝国的统一。英国的国际比赛(与通常一样,也是最早的),使英伦群岛上的各民族(足球:19世纪70年代

① 约翰,前引书,第107页及其下。

② W.F.曼德尔:《作为政治的体育。1884—1916年的盖尔人体育运动协会》(W. F. Mandel, 'Sport as Politics. The Gaelic Athletic Association 1884—1916', in R. Cashman and M.Mckernan [eds.], *Sport in History* [Queensland U.P., St Lucia, 1979])。

③ 约翰·罗塞利:《衰老的自我形象:19世纪孟加拉的体育教育和民族主义》(John Rosselli, 'The Self-Image of Effeteness: Physical Education and Nationalism in 19th Century Bengal', *Past and Present*, 86 [1980]),第121—148页。

的不列颠各民族，19世纪80年代爱尔兰也被包括进来），或是大英帝国的不同部分相互竞争。英伦群岛之外的第一次国际性足球比赛，是在奥地利与匈牙利之间（1902年）进行的。国际体育，很少有例外，仍旧主要是业余性的，也就是中产阶级体育占主导，即使在足球中也是如此，1904年，在没有多少群众支持的情况下，一些国家（法国、比利时、丹麦、荷兰、西班牙、瑞典、瑞士）组织了国际足联（F. I. F. A.）。奥林匹克运动会依旧是这一体育的主要国际舞台。在这个范围内，这一时期通过体育而进行的针对外国人的民族认同进程，似乎主要是一种中产阶级现象。

这本身就是重要的。正如我们已经看到的，最广泛意义上的中产阶级发现，主观的团体认同进程非同寻常地困难，因为他们事实上并不是一个人数稀少的少数派，从而可以建立某种全国范围的俱乐 301
部的事实上的成员资格，例如将绝大多数牛津和剑桥毕业生联合起来的俱乐部；也不像工人那样，通过共同命运和潜在的团结一致而变得足够紧密联合。① 从否定角度来讲，中产阶级发现，通过严格强调体育中的业余性，以及“体面”的生活方式和价值这样的方法，就可以轻易地将他们自己与比自己低的社会阶层区分开来，更不用说居住上的分离了。从肯定意义上说，他们发现通过外在的象征，其中民族主义（爱国主义、帝国主义）的象征可能是最重要的，可以更容易建立

① 在那些其语言允许这种区分的国家里，考察第二人称单数（社会兄弟关系和个人亲密关系的象征）在社会中的相互使用中的变化将是有意思的。在较高阶级中，它在同学（以及像法国综合工科学校毕业生那样的前同学）、同僚以及类似人之间的使用是常见的。工人，甚至当他们相互之间并不认识时，也习惯使用它。莱奥·乌恩：《工业化世纪中德国工人的集体意识与集体构成》（Leo Uhen, *Gruppenbewusstsein und informelle Gruppenbildung bei deutschen Arbeitern im Jahrhundert der Industrialisierung* [Berlin, 1964]），第106—107页。工人运动在自己的成员中将这一用法制度化了（“亲爱的先生与兄弟”）。

一种共同的归属感。我们可以认为，正是通过成为典型的爱国阶级，新的或有抱负的中产阶级发现最容易从集体层面确认自己。

这只是推测。本章并不允许我们进一步探讨这一问题。这里只可能指出，关于这一问题至少存在一些显而易见的证据，从南非战争期间爱国主义对英国白领阶层的吸引力[1]，以及右翼民族主义的群众组织（绝大多数是由中产阶级而不是精英组成的）在1880年以后的德国所占的地位、舍纳尔（Schonerer）的民族主义对（德语区）大学生的吸引力中就可以看出，在许多欧洲国家里，中产阶级深受民族主义影响。[2]已然流行的民族主义与政治右翼完全一致。19世纪90年代，原来是自由—民族主义者的德国体操运动成员，大量抛弃了旧的国旗而采用新的黑—白—红旗帜：1898年，6501个“体操协会”（Turnervereine）中只有100个还使用旧的黑—红—
302 金旗。[3]

很明显，通过民族教会、王室家族或是其他具有凝聚力的传统，或是集团的自我表述，民族主义已成为社会凝聚的替代物，一种新的世俗宗教，而最需要这种凝聚形式的阶级，是正在上升的新中产阶级，或确切地说，非常缺乏其他凝聚形式的、居于中间的广大民众。在这一点上，政治传统的发明再一次与社会传统的发明相一致。

---

① 理查德·普赖斯：《帝国战争与英国工人阶级：1899—1902年工人阶级对布尔战争的态度与反应》（Richard Price, *An Imperial War and the British Working-Class: Working-Class Attitudes and Reactions to the Boer War, 1899—1902*［London, 1972］），第72—73页。

② 有必要指出，在德国，与非精英的团体不同，精英的大学生联谊会是抵制反犹主义思想的，尽管事实上也在使用它（格里斯维尔，前引文，第353页）。相似地，反犹主义被运用于德国体操运动之中，尽管运动的旧的民族—自由资产阶级领导层是抵制的，但这是由于来自下层的压力（约翰，前引书，第65页）。

③ 约翰，前引书，第37页。

四

证明1870年至1914年间西方国家中“发明的传统”集中涌现的现象是相对容易的。本章已就这些革新给出了足够多的例证，从校友领带和王室周年纪念、攻占巴士底狱日、美国革命之女、五一劳动节、国际歌、奥林匹克运动会，到作为群众仪式的足总杯决赛和环法自行车赛，以及国旗崇拜在美国的确立。对可以解释这种集中涌现现象的政治发展和经济转型，我们也做了分析，尽管对后者的分析比对前者的分析要更简单和更具猜测性。因为不幸的是，记录那些处于正式制定这些革新的位置的人的动机和意图乃至它们的结果，要比记录那些在基层自发传播的新实践容易得多。未来渴望对20世纪后期做类似考察的英国历史学家，在分析蒙巴顿遇刺的仪式后果时，要比分析购买有个人特色的汽车牌照（常常是以昂贵的价格）这样的新活动更容易。不管怎样，本书的目的是鼓励这一较新课题的研究，而且除了试验性方法以外，别无他法。

然而，这一时期的“发明的传统”中，仍有三个方面需要在结论中做一些简短的评论。

首先是这一时期中那些将是持久的新实践和那些并不持久的实践间的区分。回想起来，跨越第一次世界大战的这一时期，似乎标志着象征话语体系中的分水岭。例如在军装中，可被称为歌剧风格的军装，让位于散文风格的军装。为两次世界大战之间的群众运动而 303
发明的制服（它几乎不能以作战伪装为理由）回避了明亮的颜色，而宁愿选择法西斯主义者和纳粹主义者的黑色与褐色这样更为晦暗的色调。[1]毫无疑问，用于仪式场合的化装服也在1870年至1914年间为男性发明了，尽管几乎没有什么想得起来的例子，可能除了那些通过将旧形式延伸至同样类型以及同样地位的新制度之中的衣装，例如用于新学院和学位的学院服装和披肩布。旧的服装肯定仍然保留着。然而，人们有这样一个清晰印象，即在这方面，这一时期是依赖于已积累的财富的。不过另一方面，它明显地以特有的热情发展了旧的表现风格。前面已经提到了对雕塑和寓言式的装饰或是象征性的公共建筑的狂热，而且毫无疑问的是，它在1870年至1914年间达到了巅峰。然而，这种风格的象征话语注定在两次世界大战之间突然衰落。它的非同寻常的流行被证明几乎像另一种象征主义——“新艺术”——在当时的爆发一样短暂。无论是为了公共目的而对传统寓言和象征主义进行大量调整，还是主要为了私人或是半私人目的而即兴创造一种有关繁衍或是女性的但无论如何是曲线的象征主义的新的不明确的语言，它们似乎都没能做到不只是临时性地满足那些产生它们的社会要求。我们只能推测其原因，不过受篇幅所限，这里无法这么做。

另一方面，应当指出，另一种风格的公共象征话语，即舞台表演式的话语则更为持久。公共仪式、游行和仪式化的群众集会远非新生事物。然而，它们在这一时期扩大到为了官方目的和非官方的世俗目的（群众示威游行、足球比赛等）这一点，是相当引人注目的。前面已经提到了一些例子。此外，在德国民族主义中已有意识考虑到的建造正式的仪式场所，甚至在那些以前很少注意它的国家里（如爱

---

① 这些制服中最明亮的似乎是社会主义青年运动曾有过的蓝衬衫与红领带。据我所知，没有红色、橙色或黄色衬衫，也没有真正的多色调的仪式服装。

德华七世时代的伦敦）也开始系统地进行，而且我们也不应忽视这一
时期为了演出和事实上的群众仪式而发明的大量新建筑，例如室外 304
和室内体育场馆。[①] 王室出席温布利体育场的足总杯决赛（从1914年开始），以及像柏林的体育宫（Sportspalast）或是巴黎的冬季赛车场（Velodrome d'Hiver）这样的建筑于各自的国度中在两次世界大战之间的群众运动中的使用，预示了公共群众仪式的正式场所的形成（从1918年以后的红场），而法西斯政权则系统地鼓励和促进了公共群众仪式。顺便应当指出，与旧的公共象征语言的衰落相一致，这些公共仪式的新布景强调简单和纪念性，而不是像19世纪维也纳的环城路或是罗马的维克托·伊曼纽尔纪念碑一样强调寓言式的装饰[②]；这一趋势在我们这个时期已然加速。[③]

因此在公共生活舞台上，强调的重点从能以连环漫画或是画面形式被"阅读"的精致而又各不相同的舞台布景的设计，转向了演员自己的活动——或者，像阅兵或王室检阅中一样，仪式中的少数人为了旁观的群众而表演；或者，像这一时期的政治性群众运动（例如五一节游行）和重大的群众性体育比赛中所加速进行的，演员和公众合二为一。这些是1914年以后注定将进一步发展的趋势。在没有对

① 引自瓦斯穆特：《建筑百科辞典》，第4卷，《城市大厅》（*Wasmuth's Lexikon der Baukunst* [Berlin, 1932], iv: 'Stadthalle'）；W.沙罗维尔斯：《体操的组织与地区，运动和体育》（W. Scharauwils, *Gebaude und Gelande fur Gymnastik, Spiel und Sport* [Berlin, 1925]）；D. R.奈特：《博览会：伟大的白城，牧羊人布什》（D. R. Knight, *The Exhibition: Great White City, Shepherds Bush* [London, 1978]）。

② 卡尔·肖尔克：《世纪末的维也纳：政治和文化》（Carl Schorske, *Fin de Siècle Vienna: Politics and Culture* [New York, 1980]），第2章。

③ 引自阿拉斯泰尔·瑟维斯：《爱德华七世时代的建筑：1890—1914年英国建筑设计手册》（Alastair Service, *Edwardian Architecture: A Handbook to Building Design in Britain 1890—1914* [London, 1977年]）。

这一形式的公共仪式化做进一步思索的情况下，就将它与旧传统的衰落和政治民主化联系在一起，似乎并非是没有道理的。

这一时期发明传统的第二个方面，涉及那些与特定社会阶级或阶层相关联的实践活动，这些阶级或阶层与国家或“民族”这样的更广泛的跨阶级的集体不同。在一些这样的实践活动被正式设计为阶级意识的象征的同时，如工人中的五一节活动，农民（事实上较富裕的农民）中“传统的”农民服装的重新流行或是发明，更多的实践活动并没有在理论上被确认，而且很多确实是对那些原先由更高的社
305 会阶层创始的实践活动的改造、专门化或是征服。体育就是一个明显的例证。由上而下，体育中的阶级界限通过三种方式划定：通过维持贵族或中产阶级对统治机构的控制；通过社会排他性，或更常见的，通过高消费或是必须的资本条件的稀缺（真正的网球场或猎松鸡沼泽地）；当然首先是通过严格区分业余（上层社会阶层的体育标准）和职业化（下层的城市与工人阶级的自然结果）。[①] 平民阶级特有的体育项目很少是像这样有意识地形成的。当它这样做时，通常是通过采用上层阶级的运动方式，排除它们以前的实践者，然后在一个新的社会基础上形成一套独特的实践活动（如足球文化）。

因此，那些在社会中自上而下慢慢传开，从贵族到资产阶级，再从资产阶级到工人阶级的实践活动，在这一时期可能是占主导地位的，不仅在体育中，而且总体上在服装和物质文化中也是，这是由于

① 职业化意味着职业上的专门化和一个“市场”，后者几乎不可能存在于定居的农村人口中。职业体育运动员或者是上层阶级的仆人或供应者（职业赛马骑师，高山向导），或者是业余的上层阶级比赛的附属物（职业板球选手）。上层和下层阶级的狩猎之间的区别并不是经济上的——尽管一些偷猎者以此为生——而是法律上的。它在《渔猎法》（*Game Laws*）中得到了体现。

中产阶级的势利和工人阶级精英中资产阶级的自我改进与获取成就的价值观的影响。① 虽然它们已被转变，但是它们的历史根源依然可见。相反方向的运动虽不缺乏，但是在这一时期是较不明显的。少数人（贵族、知识分子、离经叛道者）可能赞赏某些城市平民亚文化和活动，例如歌舞杂耍艺术（music-hall art），但是在下层阶级中或是为了大众而形成的文化活动的广泛融合尚有待时日。1914年以前，这方面的一些迹象已然显现，主要是通过娱乐，而且可能首先是通过交谊舞而传播的，后者与日益发展的妇女解放相关联：散拍舞或探戈的流行。然而，有关这一时期文化发明的任何研究，都不可能不指出这一点：与来自更高社会阶层的典范无关的、原生的下层阶级亚文化和实践的发展，几乎肯定是城市化和大众移民的副产品。布宜诺斯艾利斯的探戈文化就是一个例证。② 它们在多大程度上可进入传统发明 306
的讨论范围，则仍然是一个争论的话题。

最后一个方面是有关"发明"和"自发产生"、计划与发展之间的关系。这是一个不断困扰现代大众社会中的观察者的问题。"发明的传统"有着重要的社会与政治功用，而且如果它们不具备这些功能，就既不会存在，也不会得以巩固。然而，它们在多大程度上是可以控制的？使用它们，甚至常常是发明它们以便控制的意愿是明显的；在政治中两者都有，而在商业中（在资本主义社会中）主要是前者。在这个意义上，反对这种操纵的阴谋论理论家（conspiracy theorists）不仅

① 关于1960年前的德国体育与新教之间的韦伯式的相互关系已有研究。G. 吕岑：《体育与文化的相互依赖》（G. Luschen, 'The Interdependence of Sport and Culture', in M. Hart [ed.], *Sport in the Sociocultural Process* [Dubuque, 1976] ）。

② 引自布拉斯·马塔莫罗：《探戈之都》（Blas Matamoro, *La Ciudad del Tango* （Tango Historico y Sociedad [Buenos Aires, 1969] ）。

貌似有理，而且证据也在他们一边。然而，似乎同样显而易见的是，最成功的操纵例子是那些明显满足特定人群中被感觉到的（不必是清楚被理解的）需求的情况。第二帝国时期德国民族主义政治并不能只是自上而下地加以理解。已有研究指出，在某种程度上，民族主义在这一时期的所有事件中，都摆脱了那些发现操纵它是有利可图的人的控制。① 品位与时尚，特别是在大众娱乐中，只能在非常狭小的范围内被“创造出来”；在被利用和发展之前，它们必须被发现。历史学家的职责是回溯性地发掘它们，并试图依照不同历史条件下的不
307 同社会，去理解为什么这些需要会被感觉到。

① 杰弗里·埃利：《重塑德国右派》（Geoffrey Eley, *Re-shaping the German Right* [Yale U. P., London and New Haven, 1980] ）。

索 引

（条目后的页码为原书页码，见本书边码）

abdication，退位，139，141
Adler, Victor，阿德勒，284，286
advertising，广告，137，291
Afghanistan，阿富汗，175
Africa, colonial: Asians in，殖民地非洲：亚洲人在，219; European neo-tradition in，欧洲新传统在，213ff，217—219，220—221，226，229ff，237—238，239—240; food-growing，食物的增长，214，218; hierarchy in，等级制，224，227—228; indirect rule for，间接统治，242，258; and modernization，与现代化，223—224，227—228，243—244，247—248; multiple identities in，多重身份，248; peasants in，农民，211，213—214，218—219，228，235，236; and invented tradition，与发明的传统，211—212，244ff，247—252，252—260
Alexandra, Queen，亚历山德拉王后，133—134
Ali, Mir Aulad，阿里，202
allegories, national，国家寓言，270，272，276
almanacks，历书，54; and eisteddfods，与诗歌大会，57—58
America: education in，美国的教育，294—295，296—297; national identity for，为了民族认同，11，112，129，279—280; Welsh emigration to，威尔士移入，84; white middle class in，白人中产阶级，292—293
Anglicanism，英国国教，227，252; in Wales，在威尔士，46，48，65，69，70，73—74，90，94，95
Archaeologica Britannica，《不列颠考古学百科》，68，73
archaeology，考古学，64，69，183

architects,建筑师,275—276
aristocracies: in colonial Africa, 贵族:在殖民地非洲,221,223—226,254,260; in India, 在印度,166,188,189—190,192,194—195; and sport,与体育,298,300
Armistice Day,停战日,140
army, British, 英国军队,215—216; Africans in,其中的非洲人,225—226; Highlanders in,其中的高地人,25
Arnold, Thomas,阿诺德,295,300
Arthur, Chester Alan,阿瑟,129
Arthur, King,阿瑟王,46
Asiatic Society of Bengal, 孟加拉亚洲协会, 182
assassinations,刺杀,129n
Austria,奥地利,288
authority,权威,167,170,180; in ritual,仪式中的,178—179,191—192,208—209,243

Bagehot, Waler,白哲特,107,110,119,121,131,282
Baldwin, Stanley,鲍德温,140
ballads,民歌,47,78; or interludes,或中间剧,53,55—56
Bangladesh,孟加拉国,208
banners,旗帜,63,191,200,203—204,302; craft, 工艺, 213; bards, 吟游诗人,49—50,57,62,63,65; Gorsedd of, 威尔士的吟游诗人集会, 60ff,91—92; proscription of,被禁, 82,83
Bastille Day,攻占巴士底日(法国国庆日),271
biographies, royal,王室传记,123n,142
Bismarck, Otto von,俾斯麦,264,275,276,278,279; and 'Little German' empire,与"小德意志"帝国,273—274
Black Book, The (1820),《黑书》,101,102
Black Watch,苏格兰高地警卫团,25
Blue Books,蓝皮书,92—93
Bombay,孟买,189,194—195
bourgeois,中产阶级,237—238,283
boxing,拳击,289,299
bribery,行贿,171
Britain, as a power, 作为大国的不列颠,108,126,157—158
British South Africa Company, 不列颠南非公司,239
buildings, public, 公共建筑物,113,126—128,146—147,298; in France,法国的,271—272; in Germay,德国的,274—276,278

Calcutta,加尔各答,177
Caledonian Mercury,《苏格兰信使报》,23
Canterbury, Archbishops of,坎特伯雷大主教,132,141,143
capital cities: choice, for India,大城市:印度的选择,174—175; planning,计划,113,126—127,129,146—147

carriages, royal, 皇家马车, 112, 123, 124
cartoons, 漫　画, 7, 123, 276, 287; of monarchy, 对于王室, 111, 141
'cash nexus', "现金交易", 268
Cecil, Lord Robert, 塞西尔勋爵, 101, 102, 116, 185, 187, 201
Celtic Society of Edinburgh, 爱丁堡凯尔特社团, 15, 29
Celts, 凯尔特人, 45—46, 67—69, 99
Cenotaph, 纪念碑, 147
census (India), 印度人口普查, 183
ceremonial, 仪式, 1, 4, 12, 128—129, 152ff, 244—245; books on, 仪式书, 111n, 123n; Britishdevelopment of, 英国对仪式的发展, 102, 107—110, 112—114, 116—118, 133—135, 138, 143—144, 161—162; emulated, 模仿, 240—241; exploitation of, 开发, 120, 154; heroes and, 英雄与, 116, 120, 264; interpretation of, 解释, 103—104, 104ff; public, 公共的, 145, 150—151, 207—208, 271, 273, 283, 285—286; royal, and stability, 皇家的, 与稳定, 140—141, 148, 156
chiefs, African, 非洲酋长, 229, 243, 253—254, 260
choirs, cathedral, 教堂唱诗班, 114—115, 131—132
church: early Christian, 教会：早期基督教的, 45; and monarchy, 与王权, 131—132, 230, 267
Churchill, Sir Winston, 丘吉尔, 157
citizenship, 公民权, 12, 264ff, 268
Civil List, 王室专款, 119
Clans of the Scottish Highlands, 苏格兰高地氏族, 39
class traditions: badges of, 阶级传统：徽章, 287—288, 305ff; middle, 中产阶级, 7, 280, 298ff, 301—302; and politics, 与政治, 96, 97, 265, 267; working, 工人阶级, 122—123, 124, 131—132, 211, 285—286, 290—291
clergy, 牧师, 94—95, 96—97, 115, 132; in Africa, 在非洲, 213—214, 226, 242, 244, 253—254
colonial rule, 殖民统治, 165—167, 179, 182, 216, 271; and indigenous festivals, 与本土节日, 235—236; military tradition in, 军队传统, 224—225, 226—227, 245—246; noe-tradition in, 新传统, 219—220, 237, 243—244, 261; political change in, 政治变化, 220—221, 249—250, 254; sociology of, 社会学, 189ff, 192—195
common law, 习惯法, 2—3
communism, 共产主义, 8—9
'communitarian' tradition, "团体" 的传统, 10
communities, in India, 印度的团体, 189, 190
constitutions, cultural-symbolic, 宪法, 文化象征, 173—174, 176, 178, 179—

183
convention,习俗, 3—4
coronations,加冕礼,10,104,105,117,118,120,125,134,136,142,227,230,234,241,243; of George Ⅵ,乔治六世的,152; of Elizabeth Ⅱ,伊丽莎白二世的,158; expenditure on,支出,163; survival of British,不列颠的残存物,145,153—154
Costume of the Clans,《克兰的装束》,35—37
cremation,火葬,66
cricket,板球,239,289,299
custom,风俗,2—3,8,54; rural,乡村的,249,254—255,256,260

dancing,舞蹈,226,244—245,307—308; folk,民间的,51,54; street,街头的,271
Delhi,德里,174,175; Imperial Assemblage at,帝国集会,188,195—196
democracy,民主,267—268,274
Disraeli, Benjamin,迪斯雷利,184,185,187,207,282
dissent,异见,58,65,93—94,95—96
dress: academic,服装:学院的,304; carnival,狂欢节的,228; of class,阶级的,287—288,306; Highland,高地的,18,20—22,23,25—28,31; traditions of,传统,18ff,24—25,36—37; Indian,印度的,183,193,194,209; Irish,爱尔兰的,19—20; uniform,制服,226,303—304; Welsh,威尔士的,79—81
Druidism,德鲁伊特教,43,60—61,62—66,75,91
durbars,接见礼,134,136,138,172,174,180,181,191,208; and Imperial Assemblage,与帝国集会,187,196—197,198—199; significance of,意义,166—167
dynasties, European,欧洲的王朝,266,275,277,278,279,282

East India Company,东印度公司,170,171—174,175
Edinburgh,爱丁堡,29—31
education,教育,92,271,280,293ff,298,300; colonial,殖民地的,177,217,221—222; indoctrination in,教化,264,282
Edward Ⅶ, King,爱德华七世,118,121,130,131,135—136; Prince of Wales,威尔士亲王,110,124—125
eisteddfods,诗歌大会,56ff,66,77,79,97; almanac,历书,57—58; as national influence,民族影响,91—92,94—95
elders, village,乡村年长者,229,249,254—257
elephants,象,168,169,199,204,205
élites,精英,10,104,162; African,非洲的,261,262; class,阶级的,291—292,306; colonial,殖民地的,179;

military, 军队的, 279; mission, 使命, 242; sporting, 体育, 289, 297—298, 300; university, 大学, 293ff, 296—297; white, 白人的, 213
Elizabeth Ⅱ, Queen, 伊丽莎白二世, 102, 150, 154, 155—158
empire, 帝国, 108, 124—125, 149, 212, 278—279; concept of Indian, 印度的概念, 174, 179, 180, 184, 194—195, 208, 282
enemies, concept, of, 敌人的概念, 274, 279
Engels, F., 恩格斯, 13, 284
entertainment, tastes in, 娱乐, 趣味, 289, 306, 307
ethnicity, 种族划分, 249—250; multi, 多重的, 261
ethnography, 人种学, 258
etymology, 语源学, 68

fanaticism, 狂热, 53
feudalism, 封建主义, 181, 184, 189—190
flags, 旗帜, 6, 7, 11, 12, 261, 266—267, 273, 277, 280, 284, 286, 303
football, 足球, 1, 12, 53, 54, 96n, 297, 299, 300—301, 306; in colonial Africa, 在殖民地非洲, 219, 239
forgery, literary, 伪造文献, 7, 17, 26, 27, 36ff, 41, 44, 65, 85, 99
France, Republican: Celtic legend in, 法国共和制: 其中的凯尔特传说, 69; in colonial Africa, 在殖民地非洲, 212, 224, 245; and Franco-Prussian War, 与普法战争, 278; invented tradition in, 发明的传统, 267, 269ff; innovatory, 革新性的, 271—272
French Revolution, 法国大革命, 13, 60, 65, 271
funerals: royal, 葬礼: 王室的, 104, 105, 118, 129, 134, 136, 150, 152, 153; state, 国葬, 116, 134, 135, 157, 225

Gaelic language, 盖尔语, 16, 26, 67
Game Laws, 狩猎规则, 306
games, rules of, 游戏规则, 3—4
Gandhi, M. K., 甘地, 209
Gemeinschaft, 礼俗社会, 9, 268
genealogy, 谱系, 292—293
General Strike (1926), 总罢工, 13
gentlemen: native, 绅士: 本土的, 189, 192, 194—195; neo traditions of, 新传统, 213, 214—215, 218, 233
George Ⅲ, King, 乔治三世, 108
George Ⅳ, King, 乔治四世, 29—30, 108, 109, 114, 117
George Ⅴ, King, 乔治五世, 125, 131, 139—140, 142, 148, 208, 230
George Ⅵ, King, 乔治六世, 139, 140, 149, 152—153
Germany, 德国, 10, 267, 279—280; in colonial Africa, 在殖民地非洲, 212, 214, 229, 244, 245; education

in，教育，293—295，296—297；and Franco-Prussian War，与普法战争，276—277；nationalist，民族主义者，4，12，274，279；revolutionary，革命的，13n；invented tradition in，发明的传统，244，273ff，277—278
gerontocracies，老人政治，249
Gesellschaft，法理社会，268
Gibbon, Edward，吉本，17
Gladstone, William Ewart，格莱斯顿，119—120，134，135
golf，高尔夫，299
Government of India Act (1858)，印度政府组织法，165，178
gun salutes，鸣炮礼，6，174，180，196，205，207
gymnast movement，体操运动，275，277，290，300
gypsies，吉卜赛人，77—78

Hebrew，希伯来人，67
Hellenism，希腊文化，268
Henry Tudor，亨利·都铎，46
heroes，英雄，81ff，85—86，263，272；funerals of，葬礼，134
Highland Society of London，伦敦高地社团，26，27，32，38，39
Hindus，印度教徒，177—178
history，历史，7，12—13，14，45—48，68；unification in，统一，272—274
Hitler, Adolf，希特勒，148，277，286
holidays, public，公共节日，263，280
Holy Roman Emprie，神圣罗马帝国，274
honours and titles，荣誉与头衔，138，167，181—182，195，207，209，234
horses: in ceremonial，仪式中的马，134，143，199，205；as presents，作为礼物，168，169
human sacrifice，人祭，62，63，65，66
hymnology，赞美诗学，74，79，95—96，130

iconography, socialist，社会主义象征手法，285
identities, multiple，多重身份，248
Imperial Assemblage (India，1877)，帝国集会，179，195—198，199—200，203—204，206—207；and colonial sociology，与殖民社会学，189ff，192—195；historical significance of，历史的重要性，189，207—209；intentions of，意图，185—189，206
India, British，英属印度，108，124，125；colonial rule for，殖民规则，165—167，170ff；cultural symbolism in，文化符号，173—174，176，178—183，207；feudalism in，封建主义，181—184，189—190；native princes and，土王，178，180，184—185，191，192，196，203—204，208；privy council for，枢密院，190；and self-rule，与自我统治，166—167，209
Indian Mutiny，印度兵变，170，178—

179,203
industrial revolution,工业革命,8,9
industrial society,工业社会,81,89,96,104,107,110,122,136—137,228
innovation, 创新,2,3,8,150,271—272,282
investitures, 授职, 90,134,143,159,181—182
Ireland,爱尔兰,16,17,19—20,300
irrationalism,非理性主义,8—9,268—269
Israel,以色列,13
Italy,意大利,266,267

Jacobins,雅各宾派,270
Jacobites,詹姆斯二世党人,20
James, Evans and James, 詹姆斯兄弟,79
Japan, modernization in, 日本的现代化,266
Johnson, Samuel,约翰逊,24
Jones, Edward,琼斯,44,56,62,76,77,78
Jones, Ginshop,琼斯,93
Jones, John,琼斯,77
Jones, John, 'Tegid',琼斯,94
Jones, Owen, 'Qwain Myfyr',琼斯, 59
Jones, Rice, of Blaenau,琼斯,70
Jones, Robert, of Rhos-lan,琼斯,54,98
Jones, Rowland,琼斯,71,72
Jones, Thomas (exciseman), 琼斯(税务官),59
Jones, Thomas (lexicographer), 琼斯(辞典编纂者), 44,45,48,71
jubilees, 周年纪念庆典,104,125,128—129,131,134,136,223,225,236; changing significance,含义的变化,151—152,159—160,281—282

'Kaiser-i-Hind',"印度女皇",201—202,206
Kautsky, K. J.,考茨基,286
Kenya, white society in, 肯尼亚白人社会,218,219,220,244—246,255,262
Khelat,克和拉特,167—172,176,191,204
kilt,褶裙,18,20—22,23,25,26—27,28—29,31,245
kingship,王位,230—233
Kipling, J. Lockwood, 吉卜林,199—200
knighthood, hereditary,世袭爵位,181,195

Labour Day,劳动节,213,283
labour movement, 劳工运动,2,285,290
land rights, 地权,173,249,250,251,260
landscape,风景,86—89
languages: Celtic, 语言: 凯尔特语,67—69,99; Flemish, 佛兰德语,14; Indic, 印度语,183,204,206,

207; Welsh，威尔士语，44—45，48，52，58，65，66，69ff，92，94，98; dictionaries，辞典，71，73; recreation of，娱乐，72—74
Leibniz, G. W.，莱布尼茨，68
leisure，休闲，53，300
Leslie, John (Bishop of Ross)，莱斯利，33，35，40
Lhuyd, Edward，路易德，47，51，52，62，67—68，69，73
liberalism，自由主义，5，8—9，268，269，279
Llanover, Lady (Augusta Waddington)，兰多维利夫人，77，80—81，91，94，96—97
loyal addresses，忠诚演说，243
loyalties，忠诚，265—266
Lytton, Lord，利顿，185—187，190，192，198，199，201，203

MacDonells of Glengarry，迈克唐奈尔，21，22，31，36
Macpherson, James，麦克弗森，17—18，26，27，40—41，63，99
Macpherson, Sir John，麦克弗森，17，26，27
Madoc，马多，83—84，97
Madras，马德拉斯，189，194
Marianne，玛利亚娜(法国共和女神)，7，270，272，276
masculinity cult，男性崇拜，289
Mass Observation，民意测验，104，142，153
May Day，五一节，283—286，303，305
medals, commemorative，纪念章，120，137—138，154，163，174，176，204
media, the，媒体，141，142
Methodism，循道宗，7; and Welsh culture，与威尔士文化，53—55，70，74，92—94，95，97，98
migrants，移民，84，244，260，265—266，280
miners，矿工，211，213，223，287，289
missionaries: adaptation theory，传教士：适应理论，251—252，253—254，258; as educators，作为教育者，221—222; and military metaphor，军事隐喻，227，245—246; and tradition，与传统，213—214，242，249
modernization，现代化，5，223，227—228，247—248，266
monarchy，君主制，103—104，106—107，108，233—236; mysticism of，神话，168—169，229—230，252; popularity of，声望，109ff，111，116，120ff; stability and，稳定与，122，133，139，141; as state form，作为国家形式，266—269，282，283; dictatorships compared，与专制比较，233—234
monuments, public，纪念碑，公共的，126—128，147，164，298; in France，在法国，270，271—272; in

Germany，在德国，274—276
Morris brother，莫里斯兄弟，50—51，53，69，71，75，82，87；Lewis，刘易斯，48，58，63，68，70，96；Richard，理查德，96；William，威廉，65
Mughal Empire，莫卧儿帝国，166，168—169，170—171，173—174，176，178，185，191，193
music：for coronations，音乐，加冕礼的，114—115，130—132，136，144—145；Scottish，苏格兰的，15，16，18，24，245；Welsh，威尔士的，44，50—52，59—60；harp，竖琴，51，55，59，74ff，77—78，91
Muslims，穆斯林，177—178，181，188，195
mythology，神话，203，242，275；Welsh，威尔士的，44—47，55，60—62，67，69，78—79，83—85，86—87，93，97—100

national anthems，国歌，7，11，79，114，125n，130，163，177，204，261，266；German，德国的，277；Marseillaise，马赛曲，270
national days，国庆，140，271，273，276—277，279—280，283
nationalism，民族主义，6，7，12，13—14，74—75，209，243—245，265；reasons for，理由，126，278—280，302—303；in sport，体育中的，300—301
nazar，纳杂尔（金币），168—172，176，180，191，204
Nigeria，尼日利亚，215—216，224
nonconformity，非国教徒，92，95—96，99—100
novelty，新奇，2，5—6，14

occupations (social class and)，职业，291，296—297
Opium War，鸦片战争，176
orders：life peers，册封：终生贵族，234；Star of India，印度之星，181，207
Ossian，奥西恩，17—18，26，36，37

Pakistan，巴基斯坦，208
Paris Commune，巴黎公社，270
parliament，议会，171；state opening of，盛大的，101，118，136，159，183
Parry, Blind John，帕里，75，76，78，82
past，过去，1—2，4—5，7—8，11，12，13，106，272；colonial，殖民的，167，183，191，193—195，212；maritime，海上的，175；remote，遥远的，99—100
patriotism，爱国主义，10—11
pavillions，帐篷，6，90，196—197，199—200，208
peasants，农民，2，7，279；African，非洲的，211，213—214，218—219，228，235，236；Italian，意大利的，266；Welsh，威尔士的，75—76，95
Pennant, Thomas，彭南特，53，56，65，68，76，77，81—82，91，96

peshkash, 波什卡什(贵重贡品), 168—172, 191
philibeg, 苏格兰短裙, 19, 22, 25, 26, 27—28
plaid, 格子花呢披肩, 19, 20, 23, 27
plutocrats, first-generation, 第一代富豪, 292
politics: and deference, 政治：与顺从, 282; mass, 大众, 110, 265, 267—269; and sport, 与体育, 300
poor, the: ceremonial and, 穷人：与仪式, 207, 283; sports of, 体育, 289
pottery, commemorative, 纪念陶器, 120, 137—138
power, theatre of, 权力剧场, 103, 108, 112, 116, 121
prayer meetings, 祈祷大会, 209
precedent, 先例, 2—3, 134
presents: commemorative, 纪念品, 154; ritual, 仪式的, 168, 169—170, 172
prophecy, 预言, 46, 62
Protestantism, 新教, 47, 48, 292, 360n
public receptivity, 公众接受力, 11, 12, 263—264

Quakers, 贵格派, 21
Queens Consort, 女王配偶, 150—151

racing, 赛马, 289, 290
radicalism, 激进主义, 58, 60, 96, 99—100, 119
regalia, 王位标示, 92
regiments: disciplinary tradition in, 军团化：纪律传统, 221, 224, 226, 228; Highland, 高地的, 25; Welsh, 威尔士的, 91
republicanism, 共和派, 266—267, 270—271, 284
revolutions, 革命, 2, 13, 96, 270; French, 法国的, 13, 60, 65, 271
Rhodesia, 罗得西亚, 217—219; northern, 北, 230, 232—233, 236, 240, 243; southern, 南, 258
ritual, 仪式, 1, 4, 6, 8, 11—12; imperial, 帝国的, 172—173, 282; language of, 语言, 133—134; nationalist, 民族主义, 146, 148; of public occasions, 公共场合, 177—178; religious, 宗教的, 131—132; royal, 皇室的, 101—102, 103, 106—107, 116—117, 120—121, 150, 156—157; summarized, 概述, 160—162
Roman Catholicism, 罗马天主教, 44, 267, 274, 279, 283
romanticism, 浪漫主义, 8, 44, 61, 66, 78, 80, 98, 99—100, 261
royal titles (imperial), 皇家(帝国)称号, 157, 185—186, 191, 201—202
Royal Titles Act (1876), 《女皇称号法案》(1876), 183—184, 185, 187, 188
royalty, 皇室, 140, 141—142; tours by, 旅游, 29—31, 124—125, 149, 182, 184, 232—233, 240, 243; weddings of, 婚礼, 104, 117, 118, 120, 151

rural society, 乡村社会, 11, 110; model of, 模范, 213—214
Russia, 俄国, 285

scandals, royal, 皇室丑闻, 110, 111, 118, 124
Scandinavia, 斯堪的纳维亚, 282
schoolchildren, 学童, 207, 264, 277
schools, 学校, 6, 11, 221—222, 280, 292, 293—294; public, 公立的, 10, 216, 217, 294, 295—296
Scotland: in colonial Africa, 苏格兰: 在殖民地非洲, 245; Highland traditions of, 其高地传统, 15—16, 24; Lowland, 低地, 16, 18
Scott, Sir Walter, 司各特, 18, 29, 31, 32, 33, 78; semitism, anti-, 反犹主义, 275, 279, 302n
servants, 仆人, 223—224, 228; 1745 rebellion, 1745年叛乱, 23—24
Sobieski Stuarts, 索别斯基, 31ff, 34, 35, 37—38, 39—41
Social Democrats, 社会民主党, 273, 274, 278, 279
socialism, 社会主义, 8—9, 270, 285
sociology, 社会学, 104, 183, 189ff, 192—195
sport: colonial white, 体育: 殖民白人的, 238—239; institutionalized, 制度化的, 299—300; international, 国际的, 301—302; mass, 大众的, 288—290, 300—301; middle-class, 中产阶级的, 298ff, 305—306; university, 大学的, 297—298
squires, Welsh, 威尔士乡绅, 52
stamps, commemorative, 纪念邮票, 155, 164, 281; national comparisons of, 国家间比较, 272—273, 276
Stanford, Sir Charles Villiers, 斯坦佛, 130
Stanley, Dean Arthur Penrhyn, 斯坦利, 115
Star of India, 印度之星, 181, 207
states, new, 新国家, 261, 266—268
Statute of Gruffydd ap Cynan, 格里菲斯·阿普·库南规则, 57, 58
Stewart, Colonel David, of Garth, 伽斯的大卫·斯图尔特上校, 28—29, 30
Stewart, D. W., 斯图尔特, 23
story-telling, 讲故事, 86
Stuart, Richard, 斯图亚特, 258
student Korps, 学生社团, 296, 297
subordination, tradition of, 属下传统, 221, 223
suffrage, 投票, 141, 267
superstition, 迷信, 8, 252
Swiss, the, 瑞士, 6
symbolism, 象征, 1, 4, 9, 11, 12, 14; influence of British, 不列颠的影响, 171, 200, 242—243, 266—267; of nationalist emblems, 国徽的, 89—92, 263, 277; republican, 共和的, 270—271, 284

Tanganyika,坦噶尼喀人,236,250,252; corridor,走廊,248,249
tartan: clan,格子呢:氏族的,23,25—26,28—29; books, 书,38—40; Highland,高地的,30; industry,工业,25,30—31,38,41; Lowland,低地的,33—34; setts,图案,23; tradition,传统,18—19,24,27
technical progress,技术进步,271
tennis,网球,299,300
Time, the,《泰晤士报》,153,202
Times Literary Supplement,《泰晤士报文学增刊》,233
trading,贸易,170
tradition,传统,7n,8,10,63—64; adaptation of, 适应,5—7,8,211,303ff; invented,发明的,1,8ff,12,56ff,97,98—99,100ff,133,138,211—212,244ff,252ff,272—273; legacy of,遗产,237,261; mass-generation of,大众产生的,263—268; state,国家的,281—283,286—287
transport, for ceremonial,仪式用的交通工具,111—112,116,118,123—124,142—143
travel,旅游,299
tree planting, commemorative,纪念树,154—155
tricolour,三色,7,266,273

Uganda,乌干达,234,240
unionism: craft (white),工联主义:手艺人(白人)的,212—213,223—224,228—229; trade,工会,286
Unitarianism,唯一神论,65
universities,大学,1,5,216,302; German,德国的,293—294; growth of,增长,294—295,304; redbrick,新学院,138; and sport,与体育,297—298
urbanization,城市化,8,110,306

Vedas, the,《吠陀经》,182
Vestiarium Scoticum,《苏格兰的衣橱》,33,35,36,39—40
viceregal régime: audiences in,总督制:听众,203; dais for,讲台,196,199,200,208; dual authority of,双重权威,138,167,180,193; and speech at Imperial Assemblage,在帝国集会上的讲话,205—206
Victoria, Queen: criticized,维多利亚女王:受到批评,110,111; and the Highlands,与高地人,38,39; Memorial Committee,纪念委员会,128; powers of, 权力,109,120—121; imperial,帝国的,165,179,184,201—202,203; as recluse,作为隐遁者,118—120,133—134

Wales: Celtic,威尔士:与凯尔特人,45—48,67—69; and clergy,牧师,94—95,96—97; culture and custom of,文化与风俗,43—44,47—49,51—52,62,69,79—81,89—92,

94—95, 96—97; dissent in, 异见者, 53—55, 58, 65, 70, 74, 92—94, 95—96, 98—100; and education Blue Books, 与教育蓝皮书, 68, 92—93; and French Revolution, 与法国革命, 60, 65; peasants in, 农民, 75—76, 95; poetry of, 诗歌, 37—38, 47, 49, 53, 55—56, 57—58, 75, 78, 79; and rugby, 与橄榄球, 300; tourists in, 旅游者, 59, 78, 79—80, 85, 87, 89; and genuine tradition, 与真实传统, 63—64; need for new, 对变化的需要, 56ff, 98—99; changing way of life in, 生活方式的变化, 44—45, 47—48, 51—52, 55, 56, 97—100
Wales, princes of, 威尔士亲王, 79, 89
Wallas, Graham, 华莱士, 268
war memorials, 战争纪念物, 272
Watch Tower movement, 守望塔运动, 236n, 256—257
Welsh books, 威尔士书, 48, 59, 69—70, 73—74, 82
Welsh societies, 威尔士社团, 58—59, 60; in London, 在伦敦, 50, 52, 58, 61, 72, 89, 99
Westminster Abbey, 威斯敏斯特教堂, 114, 115, 144, 151
William Ⅳ, King, 威廉四世, 118
William Ⅰ of Germany, 威廉一世(德国), 7
William Ⅱ of Germany, 威廉二世(德国), 135, 277, 278
Williams, Edward, 'Iolo Morganwg', 威廉姆斯("格拉摩根的艾罗"), 60—61, 64, 65, 72—73, 75, 77, 83, 84, 85, 91, 93
Williams, John, 威廉姆斯, 64, 94, 97
Wilson, William, and Son, of Bannockburn, 威尔逊父子, 30, 32, 39
Windsor Castle, 温莎城堡, 118
witchcraft, 魔法, 54—55, 256
women: emancipation of, 妇女: 解放, 292—293, 299, 306; and breach of tradition, 与传统的分支, 92, 248—249, 254, 257—259

xenophobia, 仇外, 267

Yeta of Barotseland, 巴罗策兰的耶塔, 240—241, 243
youth, 青年, 249, 254—257
youth cultures, 青年文化, 11n

Zambesi river, 赞比西河, 240